新时代新理念职业教育教材·铁道运输类

铁路新技术、新业态、新规范、新课程探索教材

服务高铁综合维修改革试验教材

工电供基础

主编 韩军峰

主审 孙玉平

北京交通大学出版社

·北京·

内 容 简 介

本教材紧跟中国铁路基础设施综合维修生产一体化管理改革趋势,服务职业教育铁道工程、信号、供电、桥隧,以及铁路(高速铁路)工电供综合维修等铁道运输类专业人才培养。本教材包括 12 个项目单元,分别为铁路路基、铁路桥隧建筑物、铁路轨道、铁路信号设备、铁路通信设备、铁路供电设备、自轮设备及其作业、工电供作业安全、天窗及其作业、工电供联合作业组织、高铁综合维修一体化管理实践、打造亮丽"中国名片"——中国高铁。本教材突出铁路生产力的发展与生产关系的变革,将高铁综合维修一体化管理实践写入铁路专业教材尚属首次,把中国铁路人的智慧(重点突出工电供中国技术)列为拓展模块,课程思政特色鲜明。

本教材适合作为职业教育铁路综合维修类课程的教材,也可作为铁路综合维修工种的职业培训教材。

图书在版编目(CIP)数据

工电供基础 / 韩军峰主编. -- 北京 : 北京交通大学出版社,2024. 11.
ISBN 978-7-5121-5382-0

Ⅰ. U2

中国国家版本馆 CIP 数据核字第 2024SF5701 号

工电供基础
GONG-DIAN-GONG JICHU

策划编辑:刘 辉　　责任编辑:刘 辉
出版发行:北京交通大学出版社　　　　电话:010-51686414　　http://www.bjtup.com.cn
地　　址:北京市海淀区高梁桥斜街 44 号　　邮编:100044
印 刷 者:北京时代华都印刷有限公司
经　　销:全国新华书店
开　　本:185 mm×260 mm　　印张:22.25　　字数:581 千字
版 印 次:2024 年 11 月第 1 版　　2024 年 11 月第 1 次印刷
定　　价:78.00 元

本书如有质量问题,请向北京交通大学出版社质监组反映。对您的意见和批评,我们表示欢迎和感谢。
投诉电话:010-51686043,51686008;传真:010-62225406;E-mail:press@bjtu.edu.cn。

　　《工电供基础》是落实职业教育相关国家教学基本文件的贯标教材，是根据《职业教育专业目录》（2021 年）、《职业教育专业简介》（2022 年）、铁道运输类专业（铁道工程、信号、供电、桥隧等）最新修订的专业人才培养方案而编写的，是服务铁路新技术、新业态、新规范而设置的相关新课程的配套教材，是山西省"十四五"首批职业教育规划教材立项建设教材。

　　本教材紧跟中国铁路基础设施综合维修生产一体化管理改革趋势，服务职业教育铁道工程、信号、供电、桥隧，以及铁路（高速铁路）工电供综合维修等铁道运输类专业人才培养，本教材也适用于铁路综合维修工种的职业培训。本教材具有以下特点。

　　（1）本教材突出铁路生产力的发展与生产关系的变革。本教材内容以国家铁路工电供基础设施为轴心，把工务基础设施（路基、桥隧建筑物、轨道）、电务基础设施（信号设备、通信设备）、供电基础设施（供电设备）列为基础模块；把自轮设备作业、工电供作业安全、天窗及其作业、工电供联合作业组织、高铁综合维修一体化管理实践列为职业模块；把中国铁路人的智慧（重点突出工电供中国技术）列为拓展模块，课程思政特色鲜明。其中，将高铁综合维修一体化管理实践写入铁路专业教材尚属首次。

　　（2）本教材突出铁路文化基因的传承。本教材精选 12 个思政案例，宣讲中国铁路的优良传统和新时代的铁路精神，达到综合育人的目的。

　　（3）本教材突出以学生为主体的职业教育教改精神。教师通过本教材引导学生创造性学习，注重"长知识、强能力、提素养"。在教学实践中，尽可能创造条件组织学生深入铁路现场、培训基地，亲自感受、实际体验铁路运输基础设施及运维作业组织。通过学习，使学生在思政立场、职业素养、岗位技能和专业知识方面获得综合提升。

　　自承担省级职业教育规划教材编写任务以来，教材编审团队全体人员，深入铁路沿线体验生活、扎实调研、收集案例、查阅资料，分析铁路工电供基础设施设施运维生产典型工作任务，优化教材编写内容，在组稿、审稿、定稿等各个环节，始终坚持教材建设的职业性、技能性、教育性和时代性。

　　本教材属于学校、企业、出版社共建项目，在课程标准建设、教材编写过程中，得到中国铁路北京局集团有限公司衡水工务段孙玉平、中国铁路太原局集团有限公司刘建彪、北京交通大学刘建明、北京交通大学出版社刘辉等校、企、社专家的指导，借此机会，向他们表示感谢。

本教材共分 3 大教学模块，12 个项目单元，34 个任务，教学任务由目前铁路工电供基础设施、运维任务、岗位作业转化而来，情境客观，内容真实。本教材具体脉络如下。

模块	单元
基础模块	项目 1　铁路路基
	项目 2　铁路桥隧建筑物
	项目 3　铁路轨道
	项目 4　铁路信号设备
	项目 5　铁路通信设备
	项目 6　铁路供电设备
职业模块	项目 7　自轮设备及其作业
	项目 8　工电供作业安全
	项目 9　天窗及其作业
	项目 10　工电供联合作业组织
	项目 11　高铁综合维修一体化管理实践
拓展模块	项目 12　打造亮丽"中国名片"——中国高铁

本教材由太原铁路机械学校韩军峰主编，并负责统稿。中国铁路北京局集团有限公司衡水工务段孙玉平主审。编写人员具体分工如下：太原铁路机械学校秦宏鑫编写项目 1、项目 3；太原铁路机械学校安轩编写项目 2；太原铁路机械学校罗乐乐编写项目 4、项目 5；太原铁路机械学校郝帅编写项目 6、项目 7；中国铁路太原局集团有限公司刘建彪编写项目 8；太原铁路机械学校韩军峰编写项目 9、项目 10、项目 11、项目 12。

由于教材编写团队水平有限，加上时间仓促，本教材中不当之处在所难免，欢迎读者指正，恳请同仁赐教。索取相关教学资源，请与出版社编辑刘辉联系（邮箱：hliu3@bjtu.edu.cn；微信：BJTUPLLT）。

编　者

2024 年 11 月

本书思政案例介绍

本书编写了 12 个典型案例，浓缩了中国人修建铁路的智慧和精神，是数代铁路人在铁路建设中接力传承形成的精神文化积淀，是国家和中华民族的记忆。

项目 1 思政案例　中国首条自行设计和建造的铁路——京张铁路

1905 年，京张铁路开始修建，它是中国人在积贫积弱中奋起，自主勘测、设计、施工的第一条铁路，"由丰台之柳村，趋东而北，沿都城，越清河，抵南口，穿八达岭，出岔道城，跨怀来、宣化，以达张家口。"京张铁路建成于 1909 年。如今，承载着中国铁路文化的京张铁路，向世人讲述着詹天佑、八达岭山脚下的青龙桥车站、"人"字形迂回线、怀来河大桥……

项目 2 思政案例　新中国建设史上的第一个奇迹——成渝铁路

1950 年，铁路人以强烈的主人翁责任感投身社会主义建设，充分发挥了开路先锋的作用。党和政府为了西南人民，决定在极其艰难的条件下兴建成渝铁路。新中国刚刚成立，百废待兴，还面临西方国家的封锁禁运，要修铁路谈何容易。有人问，钢轨、枕木、机车从哪来？依靠地方，群策群力，就地取材，修好铁路……

项目 3 思政案例　打不烂、炸不断——抗美援朝铁路运输线

1950 年，铁路人坚决响应"抗美援朝、保家卫国"号召，用血肉之躯筑起了一条"打不烂、炸不断的钢铁运输线"。在近 3 年的抗美援朝战争期间，铁道兵团以 1 481 名同志壮烈牺牲、2 989 位同志光荣负伤的代价，共抢修、抢建、复旧正桥 2 294 座次，隧道 122 座次，线路 14 691 处次，新建铁路 212 km……

项目 4 思政案例　移山填海建造的铁路——鹰厦铁路

1954 年冬，铁道兵调集第 1、第 2、第 3、第 5、第 6、第 7、第 10、第 11 师，以及独立桥梁团，加上闽赣两省调遣的 12 万民工进入工地，开始鹰厦铁路的施工准备。1955 年 2 月，鹰厦铁路工程开建。鹰厦铁路线路大部蜿蜒于崇山峻岭、河川峡谷之中，要穿越武夷山，翻过戴云山，不仅要移山，还要填海，把海中的厦门岛和陆地连接起来，工程艰巨复杂……

项目 5 思政案例　象征 20 世纪人类征服自然的奇迹——成昆铁路

1958 年，成昆铁路动工，1970 年 7 月 1 日全线竣工运营。成昆铁路建设者们培育铸就了热爱祖国、敢于吃苦、敢于奉献、敢于牺牲的"成昆精神"。1984 年 12 月 8 日，成昆铁路、美国阿波罗宇宙飞船登月和苏联第一颗人造卫星共同被联合国评为"象征 20 世纪人类征服自然的三大奇迹"……

项目 6 思政案例　筑路难、护路更难的国防大漠铁路——清绿铁路

1958 年，党中央决定由中国人民解放军铁道兵在巴丹吉林沙漠边缘修建一条保密的国防铁路。大漠天上无飞鸟、地上不长草、千里无人烟、风吹石头跑的恶劣气候，没有难倒铁道兵，他们住扯皮帐篷，吃沙枣骆驼刺，在党叫干啥就干啥的主旋律指引下战天斗地……

项目 7 思政案例　军民共建铁路的成功范例——襄渝铁路

1968 年，三线建设时期，为满足国防需要，党中央决定修建襄渝铁路。当时工程中段的

陕西境内紫阳县没有一条公路，没有一辆汽车，所有工程和生活物资主要靠肩挑背负；所有施工用水和生活用水都要用机械从汉江中引上来，扬程高达百米。施工部队边安家，边准备，积极为正式施工创造条件。铁道兵共架设高压线 1 795 km，修建临时房屋、工棚等 652 万 m^2，铺设给水管道 1 061 km，仅修建的公路和运输便道就达 3 140 km，是铁路正线的 3 倍还多……

项目 8 思政案例　吃冰疙瘩、烤火焰山修筑的铁路——南疆铁路

1974 年，南疆铁路动工。南疆铁路是"三北"铁路建设的重点工程之一。按照中央军委指示，铁道兵向着戈壁荒滩、向着"火焰山"挺进，西北地区冬季施工环境温度为零下 30 多摄氏度，送到工地的面疙瘩常常成了冰疙瘩，战友们那一双双冻得紫红的手捧着那碗没有多少油水的"冰疙瘩"时，常常两手发抖。夏季在吐鲁番"火焰山"上筑路架桥，胶鞋烤变了形，脸部晒脱了皮，嘴唇干裂出血，食欲和体重急剧下降，但铁路依然迅速向前延伸……

项目 9 思政案例　中国重载第一路——大秦铁路

1985 年，大秦铁路动工建设，于 1992 年全线竣工运营。大秦铁路是我国修建的第一条重载铁路，是中国第一条开行重载单元列车的线路，是中国第一条双线电气化一次建成的铁路，是中国第一条全线采用光纤通信系统的铁路，是我国能源运输"大动脉"。进入新时代，大秦铁路继续以"听党话、跟党走"的自信之基与振兴之本，赓续共产党人的精神血脉，传承铁路的红色基因，以交通强国、铁路先行为使命担当，攻坚克难、奋勇前行……

项目 10 思政案例　生态化施工组织设计的铁路——青藏铁路

2001 年，青藏铁路格拉段（格尔木—拉萨）开工建设，2006 年 7 月 1 日全线通车。青藏铁路是重要的进藏路线，被誉为天路，是世界上海拔最高、在冻土上路程最长的高原铁路，是中国新世纪四大工程之一，2013 年 9 月入选"全球百年工程"，是世界铁路建设史上的一座丰碑。青藏铁路沿线的环境具有"原始、独特、高寒、脆弱"的显著特点，为了全面系统地保护生态环境，在青藏铁路格拉段建设中，环保投资达 15.4 亿元，占工程总投资的 4.6%，大大高出当时国家规定的大型工程环保投入应达到 3%的标准……

项目 11 思政案例　"一带一路"廉洁之路——中老铁路

2010 年 5 月 21 日，中老铁路昆玉先建段开工建设，2021 年 12 月 3 日，中老铁路全线通车。中老铁路是"一带一路"倡议的标志性成果。为贯彻落实习近平总书记提出的让"一带一路"成为廉洁之路的重要倡议，中老两国开展了中老铁路"廉洁之路"建设……

项目 12　打造亮丽"中国名片"——中国高铁

中国高铁从零起步，截至 2024 年 9 月，运营里程突破 4.6 万 km。以 2008 年我国第一条设计时速 350 km 的京津城际铁路建成运营为标志，一大批高铁串珠成线、连线成网。从当初的"四纵四横"到如今的"八纵八横"，四通八达的高铁以最直观的方式向世界展示了"中国速度"，创造了从"追赶者"到"引领者"的跨越奇迹。中国高铁也以技术先进、安全正点、便捷高效、节能环保等优势受到国内外的普遍赞誉，成为亮丽的"中国名片"……

目 录

基 础 模 块

职 业 模 块

拓 展 模 块

基础模块

项目 1

铁 路 路 基

铁路路基（railway subgrade）是为满足轨道铺设和运营条件而修建的土工构筑物，路基必须保证轨顶标高，并与桥梁、隧道连接，组成完整贯通的铁路线路。路基处于各种地形地貌、地质、水文和气候环境中，有时还会遭受各种灾害，如洪水、泥石流、崩塌、地震等。

站在铁路运营的角度，铁路路基是承受并传递轨道重力及具有列车动态作用的结构，是轨道的基础，是保证列车运行的重要建筑物。

本项目共 3 项任务：

任务 1.1　路基本体认知

任务 1.2　路基排水设施认知

任务 1.3　路基防护设施认知

这 3 项任务全部依托目前铁路运维体系的实际情况，情境客观，内容真实。

学习目标

（1）掌握路基本体构造。

（2）掌握路基排水技术。

（3）掌握路基防护技术。

（4）培养学习铁路路基知识的兴趣。

（5）提升自主学习、互助学习、探索学习的能力。

（6）提升利用线上线下手段查阅资料的技能。

（7）通过完成课前自主学习、课中小组研学、课后作品制作，提高个性化创作能力和互助研学能力。

（8）尊重铁路工务人的劳动及劳动智慧，增强职业荣誉感。

（9）塑造新时代健康人格，热爱中国式现代化铁路，激发爱国主义情怀。

学习建议

（1）课前自主学习。认真阅读每项任务中的基础知识，通过线上线下教学资源，查阅与任务相关的资料，阅读中国铁路路基工程的文献资料，收集文字、数字、影像资料。

（2）课中小组研学。以事先划定的学习小组为单位，交流个人自主学习情况，分享个人

收集的相关资料，研讨学习中发现的疑点、难点，制作关于小组研学过程的微课。

（3）课后作品制作。学生个人单独制作一个开放、个性、富有创造性的学习过程和学习成效的视频，既要反映课程基本学习目标的完成情况，又要反映个人学习的收获。

任务 1.1　路基本体认知

活动 1.1.1　自主学习

建议本活动在课前进行。按照教学安排，学生预习基础知识，并查阅与本任务相关的资料。

基础知识

铁路路基是铁路线路的重要组成部分，路基是轨道的基础，它与桥梁、隧道共同组成线路整体。

1.1.1.1　路基工程组成

路基工程主要由三部分土工构筑物组成。

1. 路基本体

路基本体是直接铺设轨道结构并承受列车荷载的部分，它是路基工程中的主体建筑物。

2. 路基排水设备

排水设备也属路基的附属建筑物，例如：排除地面水的排水沟、侧沟、天沟和排除地下水的排水槽、渗水暗沟、渗水隧洞等。

3. 路基防护和加固建筑物

路基防护和加固建筑物属路基的附属建筑物，例如：挡土墙、护坡等。

1.1.1.2　路基主要技术特点

1. 普速铁路路基主要技术特点

（1）路基主要由松散的土（石）材料所构成；

（2）完全暴露在大自然中；

（3）路基同时受轨道静荷载和列车动荷载的反复作用，易出现疲劳伤损。

2. 高速铁路无砟轨道路基主要技术特点

（1）路基工后沉降控制；

（2）路基与其他线下基础纵向刚度匹配；

（3）路基工程防排水。

1.1.1.3　路基结构

1. 路基断面形式

路基断面的 6 种基本形式如图 1-1 所示。

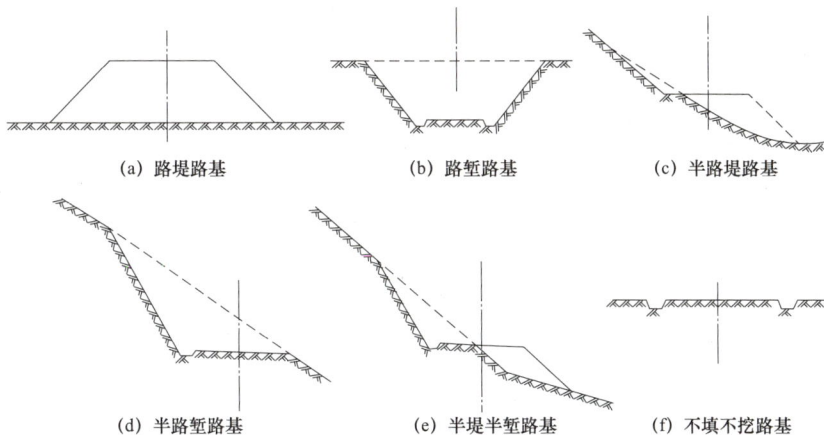

图 1-1 路基断面的 6 种基本形式

(a) 路堤路基　　(b) 路堑路基　　(c) 半路堤路基
(d) 半路堑路基　　(e) 半堤半堑路基　　(f) 不填不挖路基

其中（a）、（b）不受地形限制；（c）、（d）、（e）受地形限制；（f）不受地形限制，但受高程限制。

2. 路基标准横断面

路堤及路堑标准横断面如图 1-2 所示。

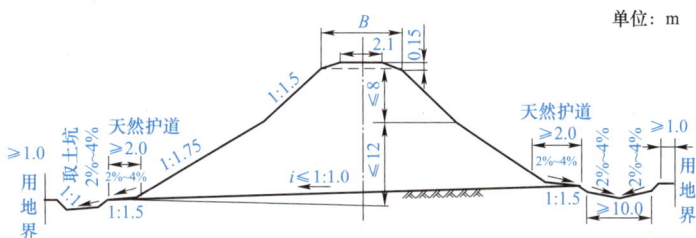

(a) 直线地段一般黏性土路堤横断面

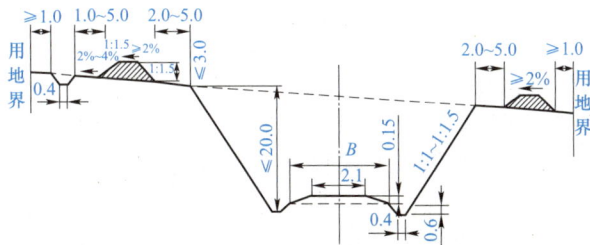

(b) 直线地段一般黏性土路堑横断面

图 1-2 路堤及路堑标准横断面

1）护道

护道是指路堤坡脚与排水沟或取土坑边缘之间的天然地面。

（1）护道的作用。保护路堤坡脚不受排水沟或取土坑中水流的冲刷和浸润，以及农田开垦和耕作的影响。

（2）护道的技术要求。宽度不小于 2.0 m，困难地段可减少至 1.0 m；护道表面应平顺，做 2%～4% 的向外排水坡。

2）取土坑设置要求

（1）平坦地段，设在路堤一侧；

（2）桥头河滩路堤，设在下游一侧；

（3）兼作排水的取土坑，应确保水流通畅排出；

（4）与路基坡脚的距离要满足护道的设置要求；

（5）良田地段，当路堤填方大而集中，且地下水位较高时，可远距离运输或集中取土。

3. 路基结构

路堤和路堑是路基最典型的两种形式，如图 1-3 所示。

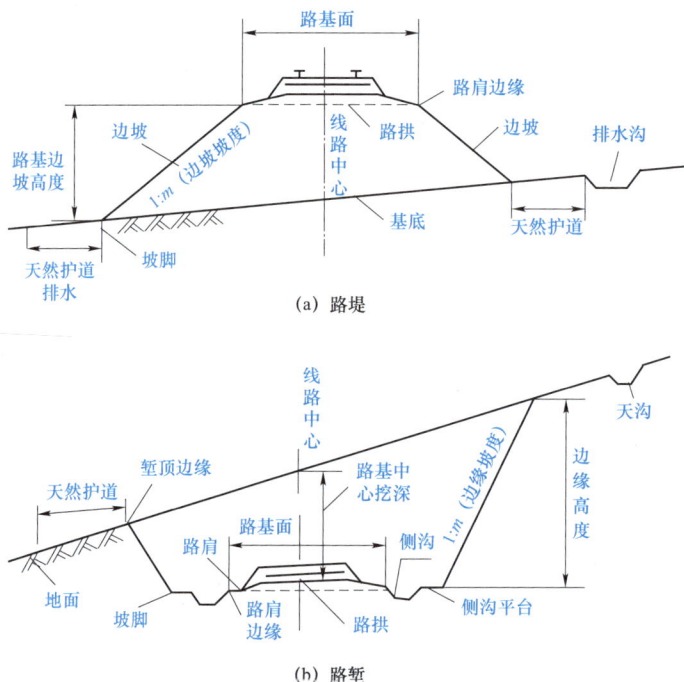

（a）路堤

（b）路堑

图 1-3　路基典型结构

（1）路基由路基本体和附属建筑物组成；

（2）路基本体由路基面、路肩、路基边坡、路基基床、路基基底 5 个部分组成；

（3）路基附属建筑物由路基防护和加固建筑物、路基排水设备 2 个部分组成。

1.1.1.4　路基本体

1. 路基面

路基面即路基顶面，由直接在其上面铺设轨道的部分及路肩组成。

在路堤中，路基面即为路堤堤身的顶面，也称路堤顶面。在路堑中，路基面即为堑体开挖后形成的构造面。

路基顶面的宽度是指从路基一侧的路肩边缘到另一侧路肩边缘之间的距离。

路基面结构有两种形式，有路拱的路基面、无路拱的路基面，如图 1-4 所示。

水是造成路基病害的重要原因，良好的排水条件是保证路基正常工作的基本要素。

单位：m

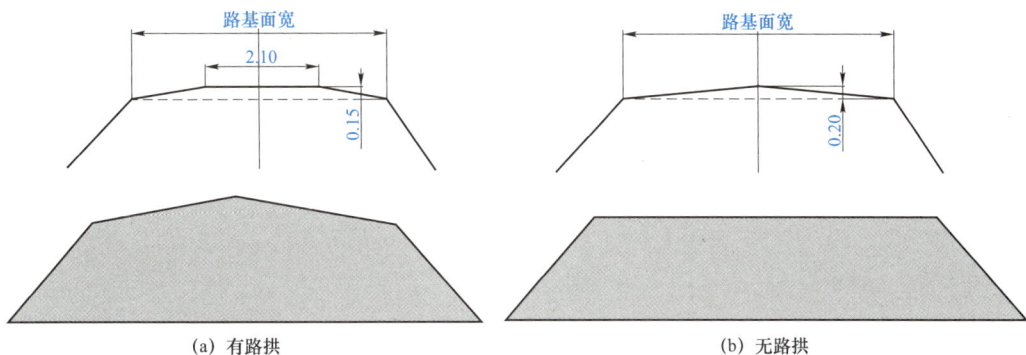

(a) 有路拱　　　　　　　　　　　(b) 无路拱

图 1-4　路基面结构示意图

采用一般的非渗水性材料建筑的路基，为迅速排除路基地表水，需要设置三角形路拱，以利于排出雨水。路拱是坡度为 4% 的排水坡，在曲线加宽时，仍应保持路基面的三角形形状。

采用岩石、渗水性材料建筑的路基，排水性能好，故不设置路拱。

学而思之

为什么有的路基设有路拱，而有的路基不设路拱？

2. 路肩

路肩、路基边坡如图 1-5 所示。

图 1-5　路肩、路基边坡

如图 1-5 所示，路肩是路基顶面两侧无道床覆盖的部分。路肩的作用如下。

（1）抵抗路基核心部分在受压力时向外发生挤动、变形，加强路基的稳定性；

（2）防止道砟滚落于路基坡面，保持道床完整；

（3）便于设置必要的线路、信号标志；

（4）供铁路现场作业人员行走，便于进行工作。

3. 路基边坡

如图 1-5 所示，路基边坡指路肩边缘以外的斜坡，用力学计算法和工程地质法确定边坡形状和边坡坡度，以保证边坡的稳定性。

4. 路基基床

路基基床及路基基底如图 1-6 所示。

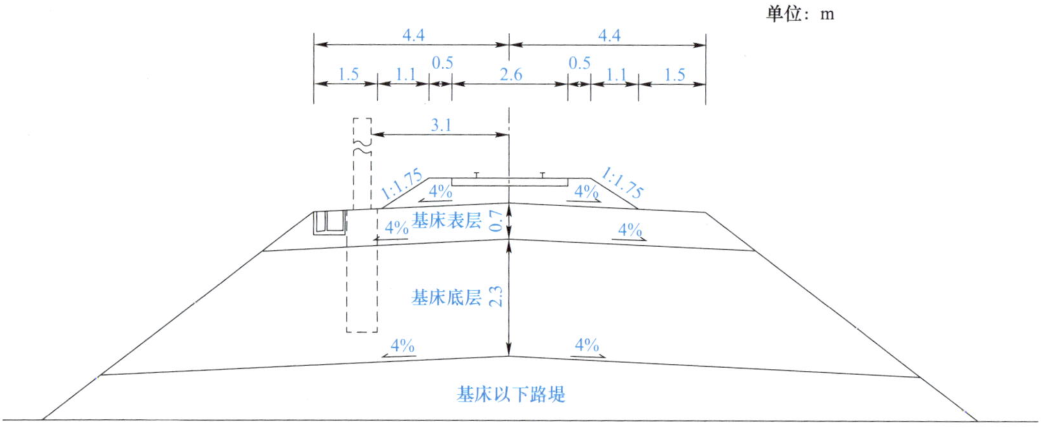

单位：m

图1-6 路基基床及路基基底

如图1-6所示，路基基床是路基上部承受轨道、列车动力作用，并受水文、气候变化影响而具有一定厚度的土工结构物。基床包括基床表层和基床底层。

5. 路基基底

如图1-6所示，路基基底是路基的基础。

在路堤中，路基基底是在填土的天然地面以下受填土自重及轨道、列车动载影响的土体部分。

在路堑中，路基基底是在地层以内开挖方式构成的路堑路基面下的天然地层，受填土自重及轨道、列车动载影响的土体部分。

基底部分土体的稳定性对整个路基体乃至轨道的稳定性都极为关键。

学而思之

路基沉降可能导致什么后果？

查阅资料

（1）在阅读基础知识的基础上，通过线上线下教学资源，查阅铁路路基本体的资料，进一步了解路基构造。

（2）个人下载3～5张关于铁路路基本体的图片，用于小组学习交流。

活动1.1.2 集体研学

建议本活动在课中进行。在教师指导下，以学生为主体，工学结合，做中学、做中教。

场所建议

场所1：现场。到施工现场观看铁路路基本体构造。

场所2：仿真实训室。通过仿真系统展示铁路路基本体构造。

场所3：多媒体教室。通过多媒体课件展示铁路路基本体构造。

上述3个教学场所，最好选择场所1，其次选择场所2，起码保证场所3。

视频欣赏

进入教学资源库，观看铁路路基本体构造及运维视频，学习、弘扬铁路职工的劳模精神、劳动精神和工匠精神。

小组交流

（1）以事先划定的学习小组为单位，交流个人课前、课中学习情况，分享个人收集的相

关资料，对学习中发现的疑点、难点进行小组研讨，并在规定时间内制作小组研学过程的微课，时间不超过 3 min。

（2）各研学小组向全班分享关于铁路路基本体构造集体研学的微课，并提交任课教师。

学习评价

教师引导学生总结本次课学习收获，并进行自我评价。

1. 长知识（5分）

1）路基横断面 6 种基本形式

（1）路堤路基；（2）路堑路基；（3）半堤半堑路基；（4）半路堤路基；（5）半路堑路基；（6）不填不挖路基。

2）路基本体组成

（1）路基面；（2）路肩；（3）路基边坡；（4）路基基床；（5）路基基底。

2. 强能力（5分）

（1）能简要说明铁路路基工程的特点。

（2）会识别任一路基横断面的形式。

（3）能描述路基本体组成。

（4）对学习铁路路基产生兴趣爱好。

（5）提升利用互联网、教学资源库、图书查阅专业资料的技能。

（6）逐步养成自主学习习惯，提升互助学习、探索学习的能力。

3. 提素养（5分）

（1）尊重铁路工务人的劳动及劳动智慧，增强职业荣誉感。

（2）塑造新时代健康人格，热爱中国式现代化铁路，激发爱国主义情怀。

（3）成为铁路劳模精神、劳动精神、工匠精神的传承人。

活动 1.1.3　作品制作

建议本活动在课后进行。每名学生单独制作一个开放、个性、富有创造性的学习过程和学习成效的视频，既要反映课程基本学习目标的完成情况，又要反映个人学习的收获，时间在 5 min 以内，至少包括以下 3 项内容。

（1）路基横断面 6 种基本形式。

（2）路基本体组成。

（3）通过本次课学习，个人在知识增长、能力强化、素养提升方面的小结。

课后 2 天内将作品提交任课教师，作为教师评价学生学习效果的依据。

活动 1.1.4　学习测试

（1）简述路基横断面 6 种基本形式。

（2）简述路基本体组成。

🔍 **拓展学习**

资料一：泡沫水泥轻质土

泡沫水泥轻质土是一种新型的科技工程材料，主要用于路基填方，软基处理，桥头处理，桥台背填筑应用等领域。

轻质材料是指使用人工材料制作的表观密度较低，而强度较高的材料，其主要特点是表观密度比一般的土体小，而强度和变形特性可以达到甚至超过良好土体。泡沫水泥轻质土具有良好的流动性、水硬性、施工性及经济性等特点，应用前景非常广阔。

泡沫水泥轻质土的基本性质：一般表观密度在 $500\sim1\,500$ kg/m³ 的范围内调整；抗压强度在 $0.1\sim1.5$ MPa 的范围内进行调整；流动性指标即扩展度在（180 ± 20）mm 左右。浸水后其表观密度有所增加，增加幅度约 8%。在实际应用时，其自身的压缩下沉量可以忽略不计，其抗剪强度约为单轴抗压强度的 1/3。若将反复疲劳荷载控制在单轴抗压强度的 50% 左右，其对强度的影响可以忽略不计。在泡沫水泥轻质土用于路堤等的设计时，应考虑背面土压、水压、自重、上部载荷、水平土压力、浮力、地震力、冲击力等因素，以及不同条件下的安全系数，其稳定分析项目包括局部稳定分析与整体稳定分析。

资料二：路基下沉质量事故

1. 石太客运专线路基下沉质量事故

2009 年 7 月 7 日至 8 日，石太客专沿线普降暴雨，部分地段路基严重下沉，运行列车晃车严重，其中 K178+910、K158+300、K106+300 三处路基下沉病害严重，最大下沉分别达到 64.2 cm、16 cm、9.7 cm，造成列车限速运行，严重影响铁路正常运输秩序，危及行车安全。铁道部安监司综合认定石太客专 K178+910 质量事故为铁路建设工程质量大事故，K158+300、K106+300 质量事故为铁路建设工程质量一般事故。

事故处理结果如下：

石太客专 K178+910 处，施工单位取消 10 次铁路大中型项目施工投标资格，赔偿损失 70%，设计和监理单位各赔偿损失 15%；

石太客专 K158+300 处，施工单位取消 5 次铁路大中型项目施工投标资格，赔偿损失 90%，监理单位赔偿损失 10%；

石太客专 K106+300 处，施工单位取消 5 次铁路大中型项目施工投标资格，赔偿损失 90%，监理单位赔偿损失 10%；

设计单位，取消 2 次铁路大中型项目设计方案投标资格；

监理单位，取消 10 次铁路大中型项目监理投标资格。

2. 沈大铁路路基沉降事故

2008 年 3 月 3 日，大连至沈阳铁路第 2 幅隧道由于路基沉降，导致行车时出现两节车厢脱轨事故，当时共有 58 人受伤。

分析：该事故的发生是由于施工单位未按设计标准和测量标准的要求，未考虑隧道段地质条件的变化，隧道内部部分路基沉降导致钢轨不平，进而引发了列车脱轨事故。

预防措施：严格落实施工设计要求，施工前充分开展地质调查和勘察，保证施工符合规范和标准，确保路基稳固，充分排水、排泄，增加路基的承载能力等，以保证列车行驶的安全。

任务 1.2　路基排水设施认知

活动 1.2.1　自主学习

建议本活动在课前进行。按照教学安排，学生预习基础知识，并查阅与本任务相关的资料。

基础知识

水的危害及来源
水的危害：降低路面材料的强度；使路基路面承载能力下降。 水的来源：地面水和地下水。 　　路基排水设计的目的是将路基范围内的土基湿度降低到一定的限度范围内，保持路基常年处于干燥状态，确保路基路面具有足够的强度与稳定性。

1.2.1.1　地面排水

地面排水设施主要包括边沟、截水沟、排水沟、跌水、急流槽等。

1. 边沟

边沟如图 1-7 所示。

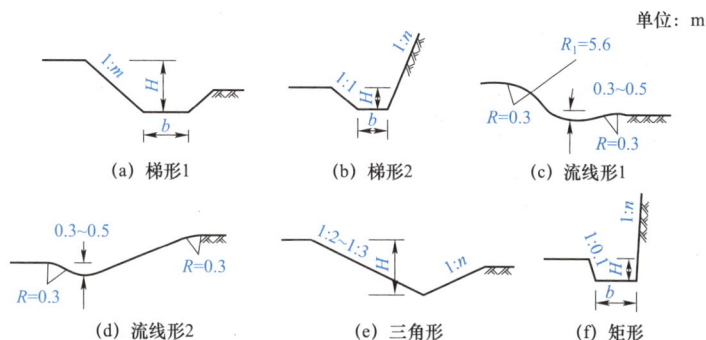

单位：m

(a) 梯形1　　(b) 梯形2　　(c) 流线形1

(d) 流线形2　　(e) 三角形　　(f) 矩形

图 1-7　边沟

（1）边沟在挖方路基的路肩外侧或低路堤的坡脚外侧，多与路中线平行，用以汇集和排除路基范围内和流向路基的少量地面水。

（2）长度。边沟不宜过长，其纵坡一般与路线纵坡一致，但不小于 0.5%。

（3）形式。边沟有梯形、矩形、三角形、流线形等形式。

（4）尺寸。边沟一般底、高为 0.4 m～0.6 m，特殊时局部加大尺寸。

2. 截水沟

截水沟如图 1-8 所示。

(a) 挖方路段截水沟示意图　　　　(b) 挖方路段弃土堆与截水沟关系图

1—截水沟；2—土台；3—边沟

图 1-8　截水沟

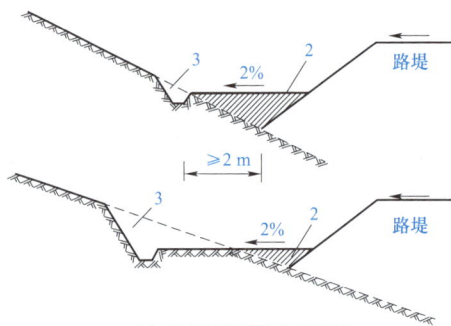

(c) 填方路段截水沟示意图
1—截水沟；2—土台；3—边沟

图 1-8　截水沟（续）

截水沟用以拦截并排除路基上方流向路基的地面径流，减轻边沟的水流负担，保证挖方边坡和填方坡脚不受流水冲刷。挖方路基截水沟应设在坡顶 5 m 以外，填方路堤上侧的截水沟距填方坡脚的距离不应小于 2 m。

3. 排水沟

排水沟实景和排水沟与水道衔接示意图如图 1-9 所示。

(a) 排水沟实景　　　　　　　　(b) 排水沟与水道衔接示意图
1—排水沟；2—其他渠道；3—路基中心线；4—桥涵

图 1-9　排水沟实景和排水沟与水道衔接示意图

4. 跌水与急流槽

1）跌水

跌水如图 1-10 所示。

单位：m

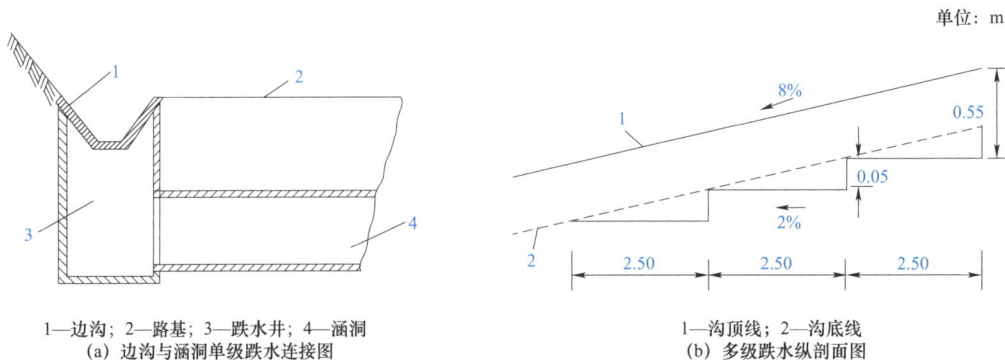

1—边沟；2—路基；3—跌水井；4—涵洞　　　　　1—沟顶线；2—沟底线
(a) 边沟与涵洞单级跌水连接图　　　　　　　　(b) 多级跌水纵剖面图

图 1-10　跌水

跌水设置于需要排水的高差较大而距离较短或坡度陡峻的地段。

跌水是阶梯形的建筑物，是水流以瀑布形式通过的排水设施，有单级和多级形式，其作用主要是降低流速和削减水的能量或改变水流方向。

（1）单级跌水。单级跌水适用于排水沟连接处，由于水位落差大，需要消能或改变水流方向。

（2）多级跌水。多级跌水适用于较长陡坡地段的沟渠，以减缓水流速度，并予以消能。

2）急流槽

急流槽如图 1-11 所示。

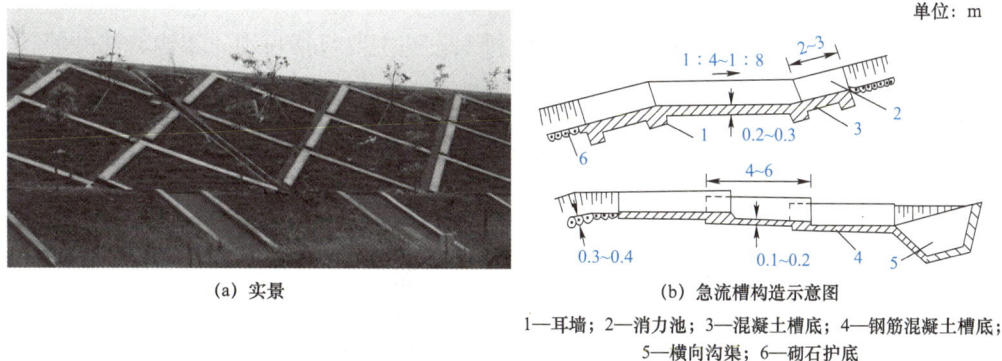

(a) 实景

(b) 急流槽构造示意图

1—耳墙；2—消力池；3—混凝土槽底；4—钢筋混凝土槽底；
5—横向沟渠；6—砌石护底

图 1-11　急流槽

急流槽是具有很陡坡度的水槽，是水流以陡坡形式通过的排水设施，但水流不离开槽底。

急流槽的作用主要是在距离很短，水面落差很大的情况下进行排水。其多用于涵洞的进出水口和高路堑边沟流入排水沟的进出水口，或在特殊情况下，截水沟流向边沟的场合。沟底纵坡可达 45°。

5. 倒虹吸与渡水槽

倒虹吸与渡水槽设置于水流需要横跨路基，同时受到设计标高的限制，从路基底部或上部架空跨越。前者称为倒虹吸，后者称为渡水槽。

1）倒虹吸

倒虹吸如图 1-12 所示。

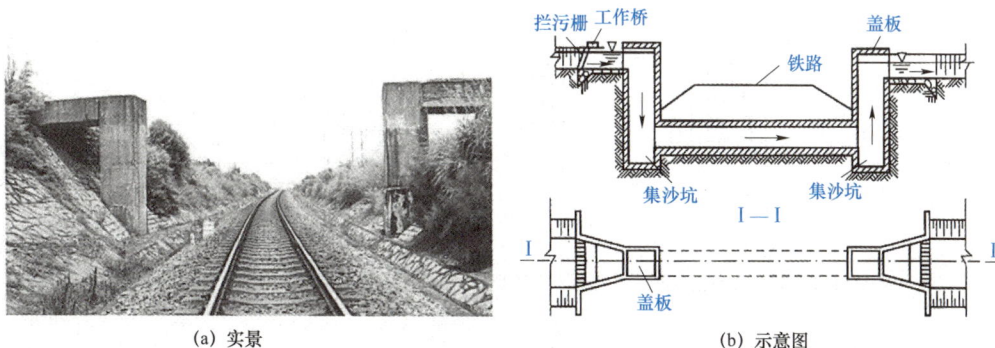

(a) 实景

(b) 示意图

图 1-12　倒虹吸

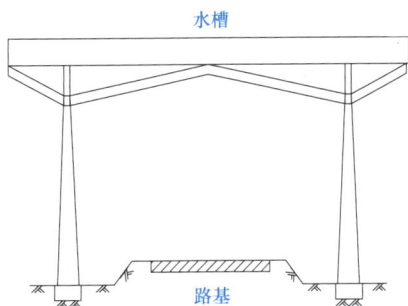

图 1-13　渡水槽

利用势能迫使水流降落，经路基下部管道流向路基另一侧。倒虹吸利用的是上下游沟渠水位差作用，管道为有压管道，水流条件较差，结构要求高，应谨慎使用。

2）渡水槽

渡水槽如图 1-13 所示。

通过架设简易桥梁，水槽或管道，从路基上部跨越，以沟通路基两侧的水流。

1.2.1.2　地下排水设施

地下排水设施主要包括盲沟、渗沟、渗井等。

1. 盲沟

盲沟（亦称暗沟）如图 1-14 所示。

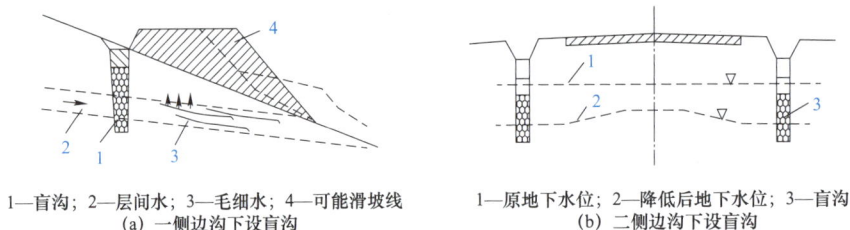

1—盲沟；2—层间水；3—毛细水；4—可能滑坡线
(a) 一侧边沟下设盲沟

1—原地下水位；2—降低后地下水位；3—盲沟
(b) 二侧边沟下设盲沟

图 1-14　盲沟

盲沟不宜过长，沟底具有 1%～2% 纵坡，出水口标高高于沟外最高水位 20 cm，防止水流倒流。

2. 渗沟

渗沟如图 1-15 所示。

渗沟用于降低地下水位和排除地下水，有深度为 2～6 m 的浅埋渗沟和深度为 6 m 以上的深埋渗沟。

渗沟的结构形式包括盲沟式、洞式、管式。

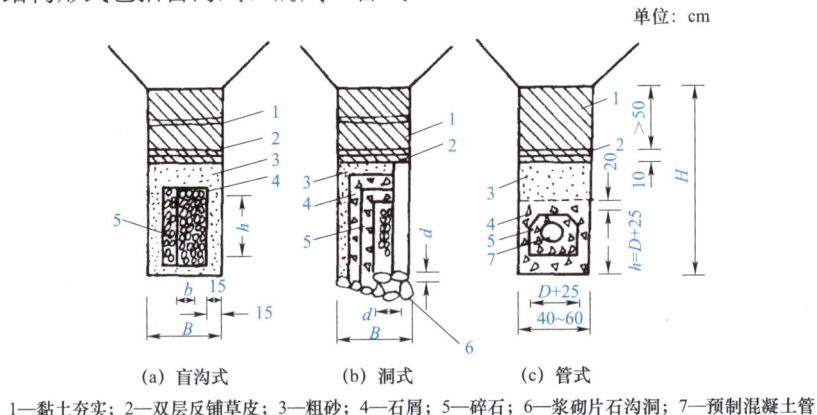

(a) 盲沟式　　　(b) 洞式　　　(c) 管式

1—黏土夯实；2—双层反铺草皮；3—粗砂；4—石屑；5—碎石；6—浆砌片石沟洞；7—预制混凝土管

图 1-15　渗沟

3. 渗井

渗井如图 1-16 所示。

渗井是将土基上层存水引入透水层，以降低地下水位高度，是竖直方向的地下排水设备。

路基排水不畅可能导致什么后果？

查阅资料

（1）在阅读基础知识的基础上，通过线上线下教学资源，查阅铁路路基排水设施的资料，进一步了解路基构造。

（2）个人下载 3～5 张关于铁路路基排水设施的图片，用于小组学习交流。

活动 1.2.2　集体研学

建议本活动在课中进行。在教师指导下，以学生为主体，工学结合，做中学、做中教。

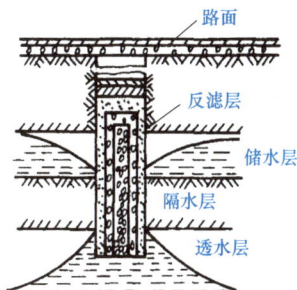

图 1-16　渗井

场所建议

场所 1：现场。到现场观看铁路路基排水设施。

场所 2：仿真实训室。通过仿真系统展示铁路路基排水设施。

场所 3：多媒体教室。通过多媒体课件展示铁路路基排水设施。

上述 3 个教学场所，最好选择场所 1，其次选择场所 2，起码保证场所 3。

视频欣赏

进入教学资源库，观看铁路路基排水设施及运维视频，学习、弘扬铁路职工的劳模精神、劳动精神和工匠精神。

小组交流

（1）以事先划定的学习小组为单位，交流个人课前、课中学习情况，分享个人收集的相关资料，对学习中发现的疑点、难点进行小组研讨，并在规定时间内制作小组研学过程的微课，时间不超过 3 min。

（2）各研学小组向全班分享关于铁路路基排水设施集体研学的微课，并提交任课教师。

学习评价

教师引导学生总结本次课学习收获，并进行自我评价。

1. 长知识（5 分）

1）路基地面排水设施

（1）边沟；（2）截水沟；（3）排水沟；（4）跌水；（5）急流槽。

2）路基地下排水设施

（1）盲沟；（2）渗沟；（3）渗井。

2. 强能力（5 分）

（1）会识别常见路基地面排水设施。

（2）能描述路基地下排水设施。

（3）对学习铁路路基排水设施产生兴趣爱好。

（4）提升利用互联网、教学资源库、图书查阅专业资料的技能。

（5）逐步养成自主学习习惯，提升互助学习、探索学习的能力。

3. 提素养（5 分）

（1）尊重铁路工务人的劳动及劳动智慧，增强职业荣誉感。

（2）塑造新时代健康人格，热爱中国式现代化铁路，激发爱国主义情怀。

（3）成为铁路劳模精神、劳动精神、工匠精神的传承人。

活动 1.2.3　作品制作

建议本活动在课后进行。每名学生单独制作一个开放、个性、富有创造性的学习过程和学习成效的视频，既要反映课程基本学习目标的完成情况，又要反映个人学习的收获，时间在 5 min 以内，至少包括以下 3 项内容。

（1）路基地面排水设施。

（2）路基地下排水设施。

（3）通过本次课学习，个人在知识增长、能力强化、素养提升方面的小结。

课后 2 天内将作品提交任课教师，作为教师评价学生学习效果的依据。

活动 1.2.4　学习测试

（1）简述路基地面排水设施。

（2）简述路基地下排水设施。

拓展学习

资料一：高速铁路路基排水设施布置

（1）路堤地段在天然护道外，单侧或双侧设置排水沟。

（2）路堑地段应于路肩两侧设置侧沟，堑顶以外单侧或双侧设置天沟。

（3）年降水量大于等于 400 mm 的地区，路堑边坡平台宜设置边坡平台截水沟。

（4）地面横坡明显地段的排水沟、天沟可在横坡上方一侧设置。当地面横坡不明显时，宜在路基两侧设置。

（5）地面排水设施的纵坡不应小于 2%。

（6）排水沟沟顶应高出设计水位不小于 0.2 m。

资料二：暴雨水害冲毁路基

1）暴雨水害冲毁嫩林铁路路基

2018 年 8 月 9 日，受暴雨水害的影响，位于嫩林铁路红彦至哈力图区间的近百米线路路基被洪水冲毁，导致嫩林铁路加格达奇至北京、大连等方向 K7150 次、K7104 次、K498 次、2062 次、2668 次、2061 次、K497 次、6245 次、K7149 次 9 趟旅客列车不同程度晚点。

2）暴雨冲毁南同蒲铁路路基

2021 年 10 月 6 日上午 9 时 50 分左右，受强降雨影响，南同蒲铁路山西祁县昌源河铁路大桥桥台尾部路基被冲空，轨枕悬空，上下行线路均中断，巡查人员在发现险情后，中国铁路太原局集团有限公司和晋中市县两级立即组织抢修。

经全力抢修，10 月 8 日 21 时 20 分，一列货车安全通过南同蒲线山西省祁县昌源河铁路大桥。这也意味着受强降雨影响中断行车近 60 h 后，南同蒲铁路上行线路抢修成功。

任务 1.3　路基防护设施认知

活动 1.3.1　自主学习

建议本活动在课前进行。按照教学安排，学生预习基础知识，并查阅与本任务相关的资料。

基础知识

铁路路基防护的重点是边坡防护。

路基边坡病害主要有边坡流坍、边坡坍塌、风化剥落和坡面冲刷等类型。

路基防护工程就是防止路基坡面风化和冲刷，保护路基边坡的整体稳定性，主要起隔离、封闭作用的工程。路基防护有坡面防护、冲刷防护、加固工程等类型。

1.3.1.1 坡面防护

1. 植物防护

植物防护是指在土质或严重风化的基岩风化层边坡上种草、铺草皮、植灌木等。

1）种草防护

种草防护如图1-17所示。

种草防护适用于边坡稳定，坡面受雨水冲刷轻微，且易于草类生长的路堤与路堑边坡。

2）铺草皮防护

铺草皮适用于需要迅速绿化的土质边坡。

3）植灌木防护

植灌木与种草、铺草皮配合使用，使坡面形成良好的防护层，适用于土质边坡和膨胀土边坡，但对盐渍土边坡，经常浸水、经常干旱的边坡，以及粉质土边坡不宜采用。

2. 骨架植物防护

骨架植物防护适用于土质或风化岩石边坡，采用混凝土、浆砌片（块）石、卵（砾）石等作骨架，框格内宜采用植物防护。

1）浆砌片石或水泥混凝土骨架植草护坡

浆砌片石或水泥混凝土骨架植草护坡如图1-18所示。

图1-17 种草防护

图1-18 浆砌片石或水泥混凝土骨架植草护坡

2）锚杆混凝土框架植草护坡

锚杆混凝土框架植草护坡如图1-19所示。

3. 圬工防护

圬工防护主要是指砖砌、片石砌筑而成的路基防护结构。

1）喷浆防护

喷浆防护如图1-20所示。

喷浆是针对坚硬易风化但尚未严重风化的岩石边坡，为防止进一步风化，在坡面上喷射的一层保护层。常用的喷浆材料有：掺砂水泥土（砂+水泥+黏土）、纯水泥砂浆或水泥石灰砂浆、混凝土喷浆等。

图 1-19　锚杆混凝土框架植草护坡

图 1-20　喷浆防护

2）锚杆挂网喷浆（混凝土）

锚杆挂网喷浆（混凝土）如图 1-21 所示。

锚杆钢丝网喷浆或喷射混凝土护坡适用于直面为碎裂结构的硬岩或层状结构的不连续地层，以及坡面岩石与基岩分离并有可能下滑的挖方边坡。其施工简便，效果较好。

3）片石护坡

片石护坡如图 1-22 所示。

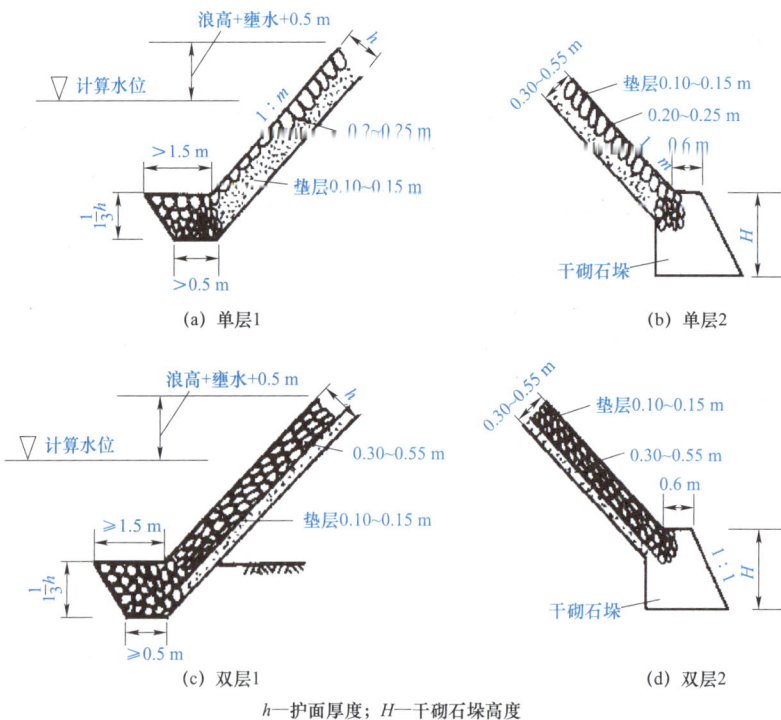

图 1-21　锚杆挂网喷浆（混凝土）

(a)　单层1

(b)　单层2

(c)　双层1

(d)　双层2

h—护面厚度；H—干砌石垛高度

图 1-22　片石护坡

片石护坡有干砌片石护坡、浆砌片石护坡。

（1）干砌片石护坡适用于易受水流侵蚀的土质边坡、严重剥落的软质岩石边坡、周期性浸水及受水流冲刷较轻（流速小于 2～4 m/s）的河岸或水库岸坡的坡面防护。

（2）浆砌片石护坡适用于防护流速较大（3～6 m/s）、波浪作用较强、有流水、漂浮物等撞击的边坡。对过分潮湿或冻害严重的土质边坡应先采取排水措施再行铺筑。

4）护面墙

护面墙如图 1-23 所示。

图 1-23 护面墙

护面墙用于封闭各种软质岩层和较破碎的挖方边坡，以及坡面易受侵蚀的土质边坡。用护面墙防护的挖方边坡不宜陡于 1:0.5，并应符合极限稳定边坡的要求。护面墙分为实体、窗孔式、拱式等类型，应根据边坡地质条件合理选用。

1.3.1.2 冲刷防护

1. 直接防护

直接防护是直接在路堤坡面或坡脚处设置防护结构物，起加固岸坡的作用，常见的有石砌护面、抛石防护、石笼防护等。路基边坡冲刷防护如图 1-24 所示。石笼防护如图 1-25 所示。

图 1-24 路基边坡冲刷防护

图 1-25 石笼防护

2. 间接防护

间接防护改变水流性质，消除和减缓水流对堤岸的直接破坏，常见的有丁坝（挑水坝）、顺坝（导流坝）、改河工程。

1）丁坝

丁坝又称挑水坝，是一段伸入江水（或海水）中的堤，呈"丁"字形，可以减轻江（潮）

水对路基的冲击，延长路基的使用寿命。丁坝如图 1-26 所示。

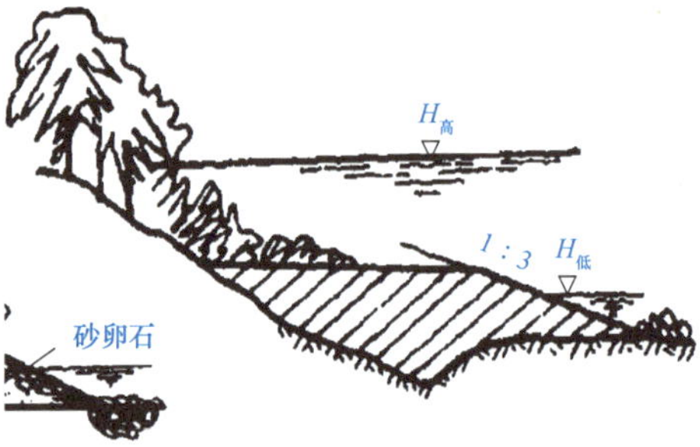

(a) 丁坝及防水林  　　　　　　(b) 丁坝实景

图 1-26　丁坝

2) 顺坝

顺坝又称导流坝，是指防止河流侧向侵蚀及河道局部冲刷路基的建筑物。顺坝与水流方向平行或呈锐角，使河流的主流线偏离受冲刷的路基。它是一种常见的护岸保路工程。

3) 改河工程

改河工程（常用扩宽河槽、清除孤石、挖滩改河、裁弯取直等措施）避免水流直接冲刷、危害路基。改河工程如图 1-27 所示。

图 1-27　改河工程

1.3.1.3　加固工程

加固工程通过修建、加固结构物或其他措施，使路基获得稳定，如挡土墙（见图 1-28）、挡棚（见图 1-29）。

图 1-28　挡土墙 　　　　　　图 1-29　挡棚

"锚山"战斗

1973 年 10 月 19 日，襄渝铁路接轨试通车，突遭特大暴雨袭击，山洪强力冲击，一些地段巨大山体缓缓滑向汉江，造成路基坍塌，隧道开裂，钢轨变形。施工部队及时制定固山锁石的处置方案，展开了一场别开生面的"锚山"战斗。在 20 多处严重滑坡的地段，增筑大型钢筋混凝土锚固桩 228 根。最大的锚固桩断面长 7 m，宽 3.5 m，桩深达 48 m，把移动的大山稳稳"钉"在地球上，保证行车安全。

学而思之

路基防护不当可能导致什么后果？

查阅资料

（1）在阅读基础知识的基础上，通过线上线下教学资源，查阅铁路路基防护设施的资料，进一步了解路基构造。

（2）个人下载 3～5 张关于铁路路基防护设施的图片，用于小组学习交流。

活动 1.3.2　集体研学

建议本活动在课中进行。在教师指导下，以学生为主体，工学结合，做中学、做中教。

场所建议

场所 1：现场。到现场观看铁路路基防护设施。

场所 2：仿真实训室。通过仿真系统展示铁路路基防护设施。

场所 3：多媒体教室。通过多媒体课件展示铁路路基防护设施。

上述 3 个教学场所。最好选择场所 1，其次选择场所 2，起码保证场所 3。

视频欣赏

进入教学资源库，观看铁路路基防护设施及运维视频，学习、弘扬铁路职工的劳模精神、劳动精神和工匠精神。

小组交流

（1）以事先划定的学习小组为单位，交流个人课前、课中学习情况，分享个人收集的相关资料，对学习中发现的疑点、难点进行小组研讨，并在规定时间内制作小组研学过程的微课，时间不超过 3 min。

（2）各研学小组向全班分享关于铁路路基防护设施集体研学的微课，并提交任课教师。

学习评价

教师引导学生总结本次课学习收获，并进行自我评价。

1. 长知识（5 分）

1）坡面防护

（1）植物防护；（2）骨架植物防护；（3）圬工防护。

2）冲刷防护

（1）直接防护；（2）间接防护。

3）加固工程

（1）挡土墙；（2）挡棚。

2. 强能力（5 分）

（1）会识别常见路基防护设施。

（2）能描述路基防护技术。

（3）对学习铁路路基防护设施产生兴趣爱好。

（4）提升利用互联网、教学资源库、图书查阅专业资料的技能。

（5）逐步养成自主学习习惯，提升互助学习、探索学习的能力。

3. 提素养（5分）

（1）尊重铁路工务人的劳动及劳动智慧，增强职业荣誉感。

（2）塑造新时代健康人格，热爱中国式现代化铁路，激发爱国主义情怀。

（3）成为铁路劳模精神、劳动精神、工匠精神的传承人。

活动 1.3.3 作品制作

建议本活动在课后进行。每名学生单独制作一个开放、个性、富有创造性的学习过程和学习成效的视频，既要反映课程基本学习目标的完成情况，又要反映个人学习的收获，时间在 5 min 以内，至少包括以下 4 项内容。

（1）路基坡面防护设施。

（2）路基冲刷防护设施。

（3）路基加固设施。

（4）通过本次课学习，个人在知识增长、能力强化、素养提升方面的小结。

课后 2 天内将作品提交任课教师，作为教师评价学生学习效果的依据。

活动 1.3.4 学习测试

（1）简述路基坡面防护设施。

（2）简述路基冲刷防护设施。

（3）简述路基加固设施。

拓展学习

路基病害及防治

1. 路基病害的类型

路基病害可归纳为滑坡、坡面溜坍、崩塌落石、冻害、水浸路基、基床下沉外挤等 14 种类型。

2. 路基发生病害的主要原因（内外因）

（1）路基土体整体或一部分不稳定；

（2）路基以下的地基土体不稳定；

（3）重复的行车荷载作用；

（4）填土方法不正确或压实不足；

（5）自然因素的作用（含水量变化、温度变化）。

3. 路基病害防治措施

在设计与修建路基时，应采取结构上和技术上的措施使路基土的湿度和温度变化减至最小，以保证路基具有足够的强度与稳定性，防止各种病害的产生，具体可从以下几方面考虑。

（1）正确设计路基横断面；

（2）选择良好的路基用土填筑路堤，必要时对地基上层土壤做稳定处理；

（3）采用正确的填筑方法，不同性质的土分层填筑，充分压实路基，提高土基的水稳定性；

（4）适当提高填土高度，防止水分从侧面渗入，或地下水位上升而进入路基工作区范围；

（5）正确进行排水设计（包括地面排水、地下排水、路面结构排水及地基特殊排水）；

（6）必要时设置隔水层以阻断毛细水上升的通路；设置隔温层，减少路基冰冻深度和水分积聚，设置砂垫层以疏干土基；

（7）采取边坡加固措施、修筑挡土构筑物以提高路基整体稳定性。

采取这些措施的目的在于限制水分侵入路基，或使水分从路基迅速排出，降低路基土体含水量，提高路基路面整体强度和稳定性。

4. 不良土质路基的处理方法

不良土质路基的处理方法如表 1-1 所示。

表 1-1　不良土质路基的处理方法

土质名称	特　点	常用处理方法
软土	天然含水量高、孔隙比大、透水性差、压缩性高、强度低	换填法、挤密法、排水固结法
湿陷性黄土	质地较均匀、结构疏松、孔隙发育。在未受水浸湿时，一般强度较高，压缩性较小，但若在一定压力下受水浸湿，会产生较大附加下沉，强度迅速降低。抗剪强度表现出明显的各向异性	采取灰土垫层法、强夯法、灰土挤密桩等方法，并采取措施做好路基的防冲、截排、防渗。加筋土挡土墙是湿陷性黄土地区得到迅速推广的有效防护措施
膨胀土	吸水膨胀、失水收缩	用灰土桩、水泥桩或用其他无机结合料进行加固和改良；也可进行开挖换填、堆载预压对路基进行加固。同时应采取措施做好路基的防水和保湿
冻土	分为季节性冻土和多年性冻土两大类。冻结状态时强度较高，压缩性较低。融化后承载力急剧下降，压缩性提高	（1）可增加路基总高度，使其满足最小填土高度要求。 （2）选用不发生冻胀的路面结构层材料。 （3）对于不满足防冻胀要求的结构，可采用调整结构层的厚度或采用隔温性能好的材料等措施来满足防冻胀要求。多孔矿渣是较好的隔温材料。 （4）为防止不均匀冻胀，防冻层厚度（包括路面结构层）应不低于标准的规定

思政案例　中国首条自行设计和建造的铁路——京张铁路

京张铁路自北京丰台，经八达岭、居庸关、河北沙城、宣化等地至张家口，全长约 200 km，1905 年 9 月开工修建，于 1909 年 10 月 2 日，举行通车典礼。始发站丰台与既有线京奉铁路（京师至奉天，今北京至沈阳）接轨。

京张铁路是清政府排除英国、俄国等殖民主义者阻挠，委派中国的铁路工程师詹天佑为京张铁路局总工程师（后兼任京张铁路局总办），负责设计和修建。京张铁路是中国人自行设计和建造的第一条干线铁路。

京张铁路工程异常艰巨。

一、独一无二的蓝图

京张铁路的第一段是丰台至南口段，用时一年完成修建，于 1906 年 9 月 30 日通车。第二段由南口经关沟，过八达岭至岔道城，这段承上启下的工程是最艰难的。

在詹天佑最终勘测的路线中，京张铁路要从南口到八达岭，地势高低悬殊，山势蹉跎巍峨，必须开凿居庸关、五桂头、石佛寺和八达岭四座隧道才能通过。

如今在詹天佑纪念馆中，有一张独一无二的蓝图。深黝的孔雀蓝底色上分布着淡而清晰的点线纹理，图上一根根站立的线代表着京张铁路的车站和不同地段的海拔。由此可以看出，八达岭关沟路段的海拔对于铁路修建来说相当棘手。

二、用人字坡对抗陡峭坡度

八达岭长城是明长城中保存最好的一段，城墙多建在高山深谷处，墙体用巨型花岗岩条石和青砖依山而筑，高大坚固，城墙险要处由城台、墙台等构成。八达岭坚不可摧的特质，也给詹天佑修建京张铁路的后续工作提出了挑战。

当时的火车根本无法顺着陡峭的山坡直着爬上去。由于关沟路段的自然条件限制，一般的螺旋环山法也不适用。詹天佑如何解决这个难题呢？

詹天佑把南美矿山铁路"之字线"的形式引到青龙桥车站，将青龙桥车站作为一个临时停车点，设计折返线。这样就大幅缩短了八达岭隧道的长度。

如果在海拔较低处开凿隧道，隧道的长度就会比较长，到达隧道的出口点需要 1 800 m，但如果通过人字坡来对抗陡峭的坡度，火车直接到达山体中间位置，这时再开凿隧道，隧道的长度就会大大减少，只剩 1 091 m。

詹天佑制定的越岭方案，使京张铁路关沟段线路的坡度降低至 28‰，满足了火车通过的最低条件。八达岭隧道也因此缩短了 709 m，这不但大幅缩短了工期，也降低了工程危险，为提前通车提供了条件。

三、首次使用炸药爆破技术

人字形铁路设计大幅缩短了隧道长度，降低了施工难度，但当时中国的铁路修建力量薄弱，即使是修建 1 000 m 的隧道，也是巨大的挑战。

拉克洛炸药是当时一种进口炸药，最早在煤矿使用。詹天佑尝试在开凿隧道的时候用这种炸药，这样比用手工每天 1～2 市尺 [(1/3～2/3) m] 的进度快多了。

这是中国人第一次使用炸药爆破技术开凿山岭隧道。詹天佑排兵布阵，凿工两人一组轮流用钢钎和铁锤在岩石上打出很深的炮眼，再装上炸药炸开岩石。之后，土石运输工在狭窄的空间里将爆破后的碎石泥土运走，凿工再向前凿进。

四、采取分段施工法

除了炸药这个先进武器外，詹天佑在施工中还采取了分段施工法，从山的南北两端同时对凿，并在山中开大小井各一座，在井中分头对这 6 个工作面同时施工，大大加快了工程进度。

从 1906 年第二段开始动工，到 1908 年 5 月 22 日，八达岭隧道完美贯通，工期 18 个月，长达 1 000 多 km。在没有大机械的情况下，不仅速度快，而且质量好。

五、修建怀来河大桥

京张铁路的第三段由岔道城经怀来、宣化到达张家口。沿路一带有稻田，平时浅涸，一到夏天就上水涨发，河流奔涌，所以想修铁路就得先修大桥。

怀来河大桥是京张铁路全线桥梁中最长的桥，设 6 座桥墩，两座桥台，长 213 m。詹天佑与负责这段工程的工程师翟兆麟一起研究方案，决定提前开工。

怀来河大桥于 1907 年冬开工，1908 年 4 月竣工。在钢轨尚未铺到此处时大桥便圆满完成，有效缩短了京张铁路整体施工进程。

六、提前两年竣工

1909 年 10 月，在詹天佑的主持修建下，京张铁路全线贯通。詹天佑和他的团队完美完成了任务，不但提前两年竣工，还节省了约 30 万两白银的经费。京张铁路工程造价之低，用资之节省，在中国铁路史上前所未有。

1919 年 4 月 24 日，詹天佑积劳成疾，病逝于湖北武汉。依照詹氏后人遗愿，1982 年 5 月，政府将詹天佑夫妇合葬，迁至京张铁路青龙桥车站。这座新墓背靠雄伟的长城，面对八达岭隧道和人字坡。自此，詹天佑与他修建的京张铁路永不分离。

项目 **2**

铁路桥隧建筑物

桥隧建筑物是铁路设施的基础组成部分，为铁路正常行车提供基础支撑。铁路桥隧从业人员应熟练掌握桥隧建筑物的相关知识。

本单元主要学习铁路桥隧建筑物的组成、分类等知识。通过学习、掌握桥隧建筑物的基本构成及分类，熟悉桥隧建筑物的基本技术条件及相关技术标准，提高日常设备养护能力，创建平安铁路行车环境。

本项目共3项任务：

任务2.1　铁路桥梁认知

任务2.2　铁路隧道认知

任务2.3　涵洞及桥隧附属建筑物认知

这3项任务全部依托铁路桥隧建筑物现场实际，内容真实、客观。

学习目标

（1）了解铁路桥梁类型。

（2）掌握铁路桥梁构造及技术特点。

（3）掌握铁路隧道构造及技术特点。

（4）掌握铁路涵洞构造及技术特点。

（5）培养学习铁路桥隧建筑物的兴趣。

（6）提升自主学习、互助学习、探索学习的能力。

（7）提升利用线上线下手段查阅资料的技能。

（8）通过完成课前自主学习、课中小组研学、课后作品制作，提高个性化创作能力和互助研学能力。

（9）尊重铁路工务人的劳动和劳动智慧，增强职业荣誉感。

（10）塑造新时代健康人格，热爱中国式现代化铁路，激发爱国主义情怀。

学习建议

（1）课前自主学习。认真阅读每项任务中的基础知识，通过线上线下教学资源，查阅与任务相关的资料，阅读中国铁路桥隧建筑物的文献资料，收集文字、数字、影像资料。

（2）课中小组研学。以事先划定的学习小组为单位，交流个人自主学习情况，分享个人

收集的相关资料，研讨学习中发现的疑点、难点，制作关于小组研学过程的微课。

（3）课后作品制作。学生个人单独制作一个开放、个性、富有创造性的学习过程和学习成效的视频，既要反映课程基本学习目标的完成情况，又要反映个人学习的收获。

任务 2.1 铁路桥梁认知

活动 2.1.1 自主学习

建议本活动在课前进行。按照教学安排，学生预习基础知识，并查阅与本任务相关的资料。

基础知识

2.1.1.1 桥梁的组成及分类

1. 桥梁的组成

桥梁由上部结构、下部结构、防护设备及调节河流建筑物组成，如图 2-1 所示。

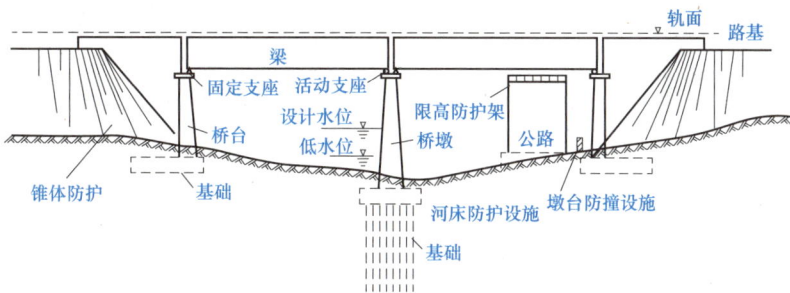

图 2-1 桥梁的组成

上部结构包括：桥面、桥跨结构（梁拱）、支座。

下部结构包括：桥墩、桥台及基础。

防护设备及调节河流建筑物包括：限高防护架、墩台防撞设施、护锥、护岸、护基、护底、导流堤、丁坝、梨形堤等。

2. 桥梁的分类

1）按桥梁长度分类

特大桥：桥长 500 m 以上。

大桥：桥长 100 m 以上至 500 m。

中桥：桥长 20 m 以上至 100 m。

小桥：桥长 20 m 及以下。

2）按梁拱材质分类

钢桥：以钢材作为桥跨结构主要建筑材料的桥，如图 2-2（a）所示。

圬工桥：以石、砖、混凝土、钢筋混凝土、预应力钢筋混凝土作为桥跨结构主要建筑材料的桥，如图 2-2（b）、图 2-2（c）所示。

混合桥：以多种材料共同作为桥跨结构主要建筑材料的桥，如图 2-2（d）所示。

(a) 钢桥

(b) 圬工桥（混凝土）

(c) 圬工桥（石）

(d) 混合桥

图 2-2　梁拱材质不同的桥梁

3）按桥面位置分类

上承式桥：桥面位于桥跨结构上部的桥，如图 2-3（a）所示。

中承式桥：桥面位于桥跨结构中部的桥，如图 2-3（b）所示。

下承式桥：桥面位于桥跨结构下部的桥。

下承式又分为全穿式桥和半穿式桥，桥面上方有横向联结系者称为全穿式桥，如图 2-3（c）所示；桥面上方无横向联结系者称为半穿式桥，如图 2-3（d）所示。

(a) 上承式桥

(b) 中承式桥

图 2-3　桥面位置分类不同的桥梁

(c) 下承式桥（全穿式）

(d) 下承式桥（半穿式）

图 2-3　桥面位置分类不同的桥梁（续）

4）按桥跨结构承受荷载的特征分类

梁桥：用梁作为桥跨结构的桥，承重结构是以它的抗弯能力来承受荷载的，有简支梁桥、连续梁桥、悬臂梁桥之分，如图 2-4（a）、图 2-4（b）、图 2-4（c）所示。

拱桥：用拱圈或拱肋作为桥跨结构的桥，主要承重结构是拱肋（或拱箱），以承压为主。拱桥又可按结构形式分为无铰拱、双铰拱、三铰拱；按有无外推力分为有推力拱、无推力拱。拱桥如图 2-4（d）所示。

刚构桥：桥跨结构与桥墩或桥台刚性连接的桥，它是由受弯的上部梁（或板）结构与承压的柱（或墩）整体结合在一起的结构，如图 2-4（e）所示。

框架桥：桥梁为整体箱形框架的桥，如图 2-4（f）所示。

悬索桥：用桥塔支撑锚于两岸（端）的缆索，借助挂于缆索上的吊杆悬吊桥面和梁形成桥跨结构的桥，以悬索为主要承重结构，如图 2-4（g）所示。

斜拉桥：以斜拉索连接索塔和主梁作为桥跨结构的桥，它是由承压的塔、受拉的索与承弯的梁体组合起来的一种结构体系，如图 2-4（h）所示。

复合体系桥：桥跨同时有几个体系特征结构，相互联系结合而成。

(a) 简支梁桥

(b) 连续梁桥

(c) 悬臂梁桥

(d) 拱桥

图 2-4　桥跨结构承受荷载特征不同的桥梁

(e) 刚构桥

(f) 框架桥

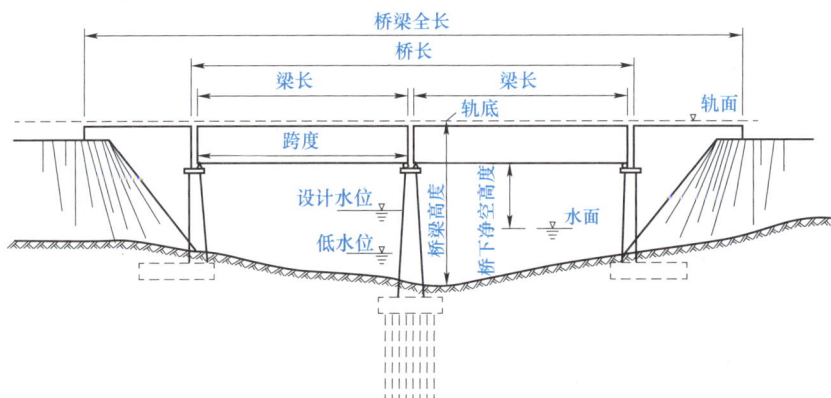

(g) 悬索桥

(h) 斜拉桥

图 2-4　桥跨结构承受荷载特征不同的桥梁（续）

3. 各部尺寸的规定

桥梁各部尺寸的规定，如图 2-5 所示。

图 2-5　桥梁各部尺寸的规定

1）梁的跨度（计算跨度）

梁桥、斜拉桥、悬索桥和拱桥（双铰）梁的跨度为各孔两端支座中心之间的距离，拱桥（无铰）、刚构桥和框架桥为其净孔。

2）梁的全长

梁的全长指梁两端面之间的长度。钢桁梁为沿纵梁（下承式、半穿式）或上弦（上承）的全梁长度；板梁、工字梁为上边的长度；圬工梁为两端面之间的长度；连续梁为相连各孔的总长；悬臂梁为锚固跨加悬臂的总长；拱桥、框架桥或刚构桥边孔为最外端至相邻墩中心的水平距离，中间孔为相邻两墩或立柱中心线间的水平距离。

3）桥孔总长

桥孔总长指桥梁排水宽度。斜拉桥为各两墩（台）间垂直距离之和；拱桥为各孔起拱线处净长之和，当锥体填土突出桥台之外时，则改沿计算水位与低水位之间的中线来量度。

4）桥梁长度（桥长）

梁桥的桥梁长度指桥台挡砟前墙之间的长度；拱桥的桥梁长度指拱上侧墙与桥台侧墙间两伸缩缝外端之间的长度；刚架桥（或框构桥）的桥梁长度指刚架（或框构）顺跨度方向外侧间的长度。

5）桥梁全长

桥梁全长指桥梁轴线上两桥台尾部之间的距离。曲线桥为中心线上墩台之间各段折线之和。

6）桥梁高度

桥梁高度指由桥面的轨底至河床最凹点的垂直距离。

7）桥下净空高度

桥下净空高度指桥跨结构底面至水面、路面或轨面之间可用于交通的自由高度。

8）温度跨度

温度跨度指梁跨受温度影响而伸长和缩短的区段长度。简支梁及连续梁为一孔梁的固定支座至相邻固定支座或桥台挡砟墙间的距离；悬臂梁为墩台上的相邻两固定支座间或固定支座到桥台挡砟墙间的距离；拱桥（无下拉杆的）为梁水平长度一半。

2.1.1.2　桥面

1. 道砟桥面

道砟桥面由道床、轨枕、钢轨及联结零件等组成，普速铁路道床外侧一般设置有挡砟块或设置挡砟墙，高速铁路有砟道床外侧设置挡砟墙，如图2-6（a）、图2-6（b）所示。

2. 无砟桥面

无砟桥面根据轨道类型不同可分为板式无砟轨道桥面、双块式无砟轨道桥面和长枕埋入式无砟轨道桥面。板式无砟轨道桥面具有稳定性、平顺性良好，建筑高度低、自重轻等特点。双块式无砟轨道桥面具有明显层状结构，弹性逐层递减，结构整体性好，耐久性好等特点。长枕埋入式无砟轨道具有结构简单、施工方便、整体性好等特点，如图2-6（c）所示。

3. 明桥面

明桥面的桥枕置于梁上，桥枕上铺设钢轨。明桥面一般由木桥枕或新型桥枕、防爬设备、护轨等组成，如图2-6（d）所示。

(a) 普速铁路道砟桥面　　　　　　　　(b) 高速铁路道砟桥面

图2-6　桥面

(c) 无砟桥面

(d) 明桥面

图 2-6 桥面（续）

4. 大跨度桥梁梁端伸缩装置

我国铁路大跨度桥梁采用的梁端伸缩装置多为滑动钢枕与支承梁结合的结构形式，分为支承梁布置在滑动钢枕下方或上方两种。一般情况下，桥上每线铁路单独设置一套梁端伸缩装置，并与线路中心线重合。如图 2-7 所示。

2.1.1.3 桥跨结构

桥跨结构是桥梁承力结构，根据材料主要分为钢梁桥和圬工桥。

1. 钢梁桥

钢梁桥主要有钢板梁和钢桁梁。

1）钢板梁构造

钢板梁桥构造简单，一般用于 40 m 以内的跨度，从结构形式上可分为上承式和下承式两种，其中上承式较常用。

（1）上承式钢板梁。

上承式钢板梁由主梁和联结系组成，如图 2-8 所示。

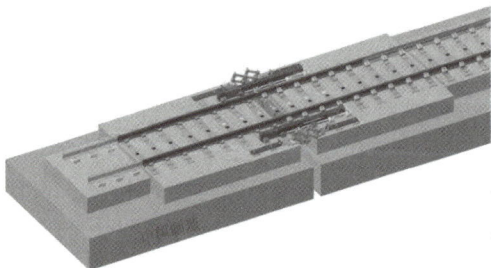

图 2-7 伸缩装置

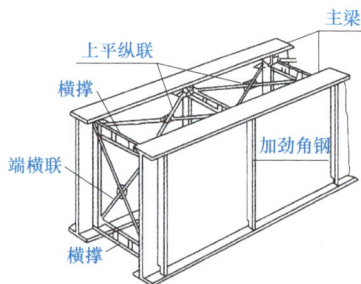

图 2-8 上承式钢板梁

主梁：一般有两片对称布置，为腹板及上下翼缘构成的工字形截面，在腹板侧面还设置加劲肋。

联结系：由上下平纵联及横联组成，它和主梁共同形成一空间结构。

（2）下承式钢板梁。

下承式钢板梁由桥面系（纵梁与横梁）、主梁和联结系组成。由于限界的要求，不设上平纵联、横联，只设下平纵联。其横撑杆即为横梁。横梁与主梁联结处设三角形肋板，形成开口钢架以利稳定，如图 2-9 所示。

2）钢桁梁构造

当跨度增大时，梁的高度也要增大，板梁尺寸巨大而笨重。若采用腹杆代替腹板组成桁梁，则质量大为减轻。由于桁梁构造比较复杂，所以其一般适用于 48 m 以上的跨度。钢桁梁也分上承式和下承式，一般大跨度钢桁梁采用下承式。下承式钢桁梁主要由桥面、桥面系、主桁架、联结系等部分组成，如图 2-10 所示。

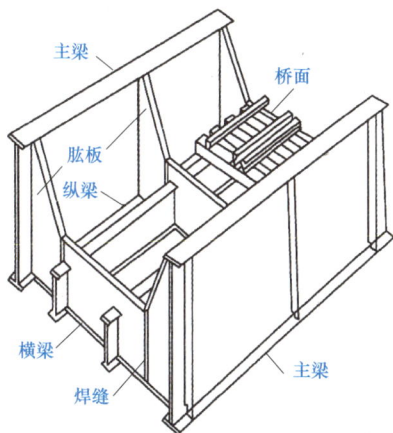

图 2-9　下承式钢板梁

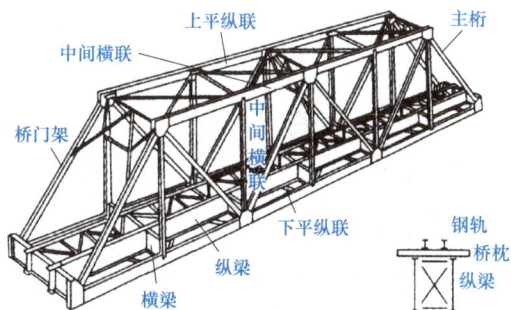

图 2-10　下承式钢桁梁

（1）主桁架。

主桁架是桥跨结构中的主要承重结构。主桁架一般由上弦杆、下弦杆、斜杆及竖杆等组成，斜杆及竖杆统称为腹杆。主桁架各杆件在节点处交会，用节点板通过铆钉或高强度螺栓连接起来，联结系杆件和横梁也均在节点板处与主桁架连接。

（2）桥面系。

桥面系包括纵梁、横梁以及纵梁之间的联结构件。每段纵梁长度等于主桁架节间长度，它的两端用连接角钢和横梁相连。

（3）联结系。

联结系是为了能形成空间稳定结构以承受横向力，减少受压弦杆的自由长度而设置的各种形式的联结构件。联结系包括上下平纵联，横向联结系。端部横联又称桥门架，它可设置在端斜杆平面内或第一根吊杆平面内。

2. 圬工桥

1）拱桥

（1）石拱桥。

石拱桥是用石料建造的拱桥，外形美观，可以就地取材，造价较低。其缺点是自重大，跨越能力有限，石料的开采、加工和砌筑均需要较多的劳动力，且工期较长，一般用于小跨径桥梁。

（2）混凝土拱桥。

混凝土拱桥除可预制成块，像天然石料那样砌筑外，还可浇成整体的拱桥。拱桥一般由拱圈、拱上结构、防水层等组成，可做成实体的也可做成由小拱组成的空腹式拱上结构的拱桥，一般用于小跨径桥梁。

（3）钢筋混凝土拱桥。

钢筋混凝土拱桥按不同划分形式分系杆拱和无系杆拱；实腹拱和空腹腔拱；上承式、中承式和下承式；有铰拱和无铰拱（有铰拱又可分两铰拱和三铰拱）。实腹式的钢筋混凝土拱桥适用于小跨度，大跨度拱桥均采用空腹式的拱上结构。

2）梁桥

（1）简支梁桥。

简支梁桥按有无施加预应力分为钢筋混凝土简支梁、预应力混凝土简支梁。按断面形式可分为板梁、T形梁、Π形梁、箱形梁等。一般由工厂或现场预制运至工地安装。其由主梁（包括梁身及道砟槽板）、挡砟墙、横隔板及防水层等组成。

① 板梁。板梁构造简单、受力明确，可以采用钢筋混凝土和预应力混凝土结构，如图2-11所示。在建筑高度、桥下净空受到限制处所较常见，一般适用于中、小跨径桥梁。

| (a) 实景 | (b) 示意图 |

图 2-11 板梁

② T形梁。T形梁指横截面形式为T形的梁，两侧挑出部分称为翼缘，其中间部分称为梁肋（或腹板），如图2-12所示。由于其相当于是将矩形梁中对抗弯强度不起作用的受拉区混凝土挖去后形成的，与原有矩形抗弯强度完全相同外，却既可以节约混凝土，又减轻构件的自重，提高了跨越能力。T形梁之间需增加横隔板，使梁体之间相互串联，共同受力，增加整体稳定性。

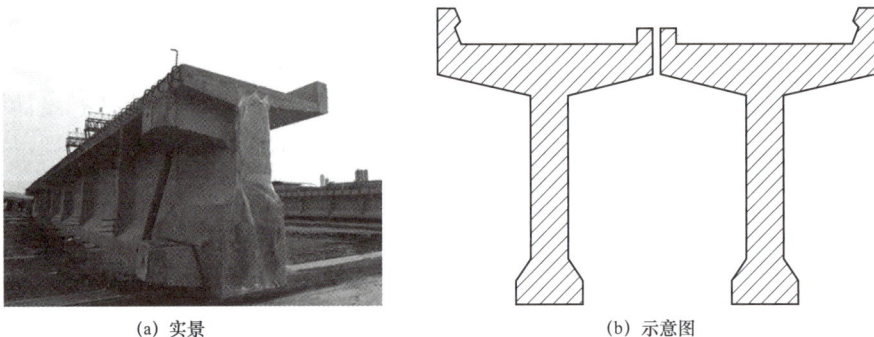

| (a) 实景 | (b) 示意图 |

图 2-12 T形梁

③ Π形梁。Π形梁指横截面形式为Π形的梁，属于肋式梁，与T形梁受力相近，下部两个梁肋与上盖板形成整体，如图2-13所示。Π形截面有较高的抗扭刚度、横向刚度和稳定性，特别是分片式Π形截面梁，架设后不需任何连接，就可继续架设下一孔梁，但这种形式，内模拆装比较困难，对支座不平所产生的"三条腿"现象比较敏感。

④ 箱形梁。箱形梁指横截面形式为箱形的梁，如图2-14所示。当桥梁跨度较大时，箱形梁是最好的结构形式，它的闭合薄壁截面抗扭刚度很大，对于弯桥和采用悬臂施工的桥梁尤为有利。其顶底板都具有大的面积，能有效抵抗正负弯矩并满足配筋需要，具有良好的动

力特性和小的收缩变形值。箱形梁根据箱室数量分为单箱单室、单箱双室、双箱单室或多箱单室等截面形式梁，一般常采用单箱单室梁。

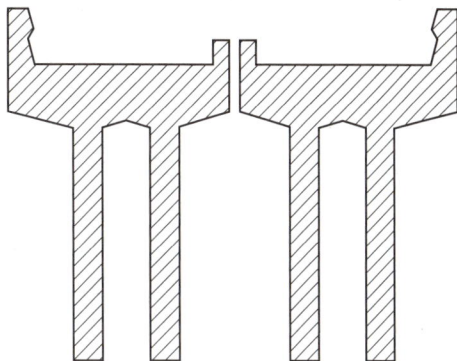

(a) 实景　　　　　　　　　　　　　　　　　(b) 示意图

图 2-13　Π形梁

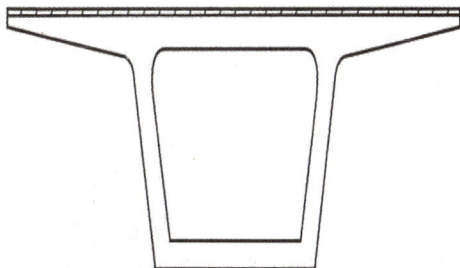

(a) 实景　　　　　　　　　　　　　　　　　(b) 示意图

图 2-14　箱形梁

（2）连续梁桥。

钢筋混凝土连续梁是指上部结构由连续跨过三个以上支座的梁作为主要承重结构的桥梁，其比简支梁经济，但连续梁墩台不能有不均匀下沉，否则将导致梁身开裂而损坏。

（3）悬臂梁桥。

悬臂梁桥指的是以一端或两端向外自由悬出的简支梁作为上部结构主要承重构件的梁桥。悬臂梁桥可分为单悬臂梁桥、双悬臂梁桥、多孔悬臂梁桥、带挂孔的 T 形悬臂梁桥等多种形式。

3. 特殊桥跨结构

1）悬索桥

悬索桥是桥面支撑在悬索上的桥。悬索桥包括大缆、塔和锚碇，这是它的承重构件。大缆由高强、冷拔、镀锌铁丝组成；塔给大缆提供支承；锚碇是用于固定大缆的端头，防止大缆走动的巨大构件。

2）斜拉桥

斜拉桥主要由斜拉索、主梁、索塔、墩台和基础组成，有时在边跨设置辅助墩。主梁是斜拉桥的主要受力构件之一，直接承受自重和车辆荷载，并将主要荷载通过斜拉索传递到索塔，表现为压弯受力状态。

图 2-15　复合体系桥

3）复合体系桥

复合体系桥的承重结构系由两种及以上结构体系组合而成，如图 2-15 所示。常见的组合方式有实腹梁与桁架的组合、梁与拱的组合、钢桁梁与悬吊系统的组合、钢桁梁与斜拉索的组合、悬索与斜拉索的组合。

2.1.1.4　支座

桥梁支座：设在桥梁上部与下部结构之间的传力装置，其应能使上部结构具有必要的活动性。

固定支座：仅允许梁端绕横桥方向水平轴转动的桥梁支座。

活动支座：允许梁端绕横桥方向的水平轴转动且在顺桥方向做水平移动的桥梁支座。

1. 钢支座

1）铸钢平板支座

铸钢平板支座是由钢制的上座板和下座板组成的桥梁支座，如图 2-16 所示。固定支座的上下座板间用销钉固定，活动支座的上座板设长圆形销孔，使梁能纵向伸缩，但梁端不能完全自由转动。

(a) 实景　　　　　　　　　　　(b) 示意图

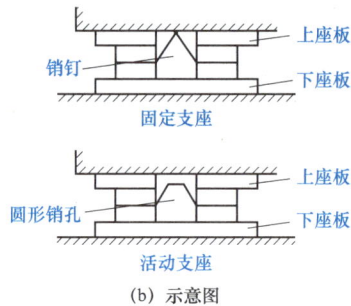

图 2-16　铸钢平板支座

2）铸钢弧形支座

铸钢弧形支座是由钢制的上座板和带有弧形面的下座板组成的支座，如图 2-17 所示。其与平板支座相仿，只是下座板的顶面为一弧面，因而梁端可进行一定程度的转动。

(a) 实景　　　　　　　　　　　(b) 示意图

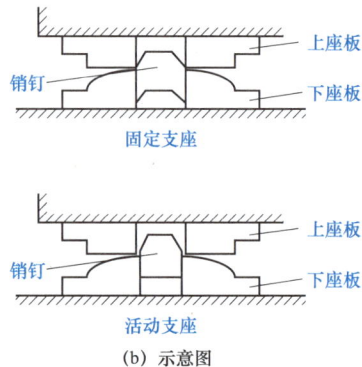

图 2-17　铸钢弧形支座

3）铸钢摇轴支座

铸钢摇轴支座是由钢制的上摆、摇轴和下摆等组成的支座，如图 2-18 所示。其由上下摆、底板和两者间摇轴组成。上下摆与底板间设一个由圆形的辊轴两侧削去为扇形的摇轴，此即为活动支座。

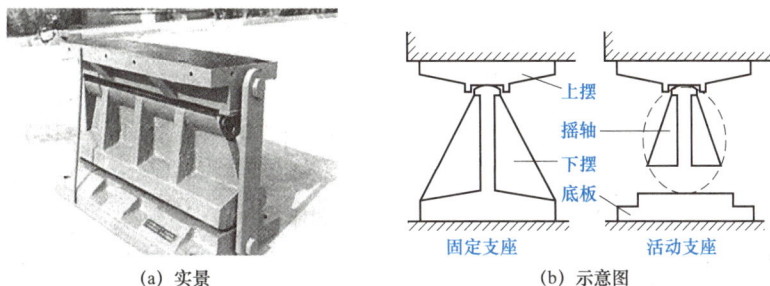

(a) 实景　　　　　　　　(b) 示意图

图 2-18　铸钢摇轴支座

4）铸钢辊轴支座

铸钢辊轴支座是由钢制的上摆、下摆、辊轴和座板组成的支座，如图 2-19 所示。将摇轴的固定支座放在一组辊轴上，此即组成辊轴支座的活动支座。

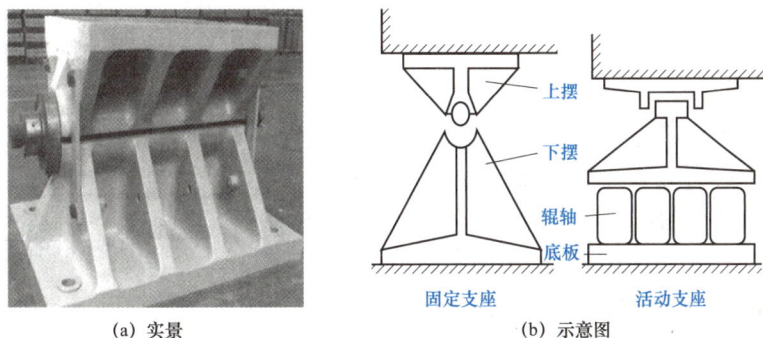

(a) 实景　　　　　　　　(b) 示意图

图 2-19　铸钢辊轴支座

5）球型支座

球型支座是由上座板、球面板、下座板等组成的钢支座，如图 2-20 所示。球型支座将盆式支座中的橡胶板改为球面四氟板而得名，由于球型支座中间钢板及底盆亦相应地改成球面，减小了摩擦系数，其位移由上支座板与平面四氟板之间的滑动来实现。在上支座板上设置导向槽或导向环来约束支座的单向或多向位移，可以制成球型单向活动支座和固定支座。通过球型板和球面四氟板之间的滑动来满足支座转角的需要。

(a) 实景　　　　　　　　(b) 示意图

图 2-20　球型支座

6）圆柱面钢支座（柱面钢支座）

圆柱面钢支座是由上摆、滑板、下摆座等组成的钢支座，如图 2-21 所示。

（a）实景　　　　　　　　　　　　　　（b）示意图

图 2-21　圆柱面钢支座

7）双曲面钢支座

双曲面钢支座是由上支座板、双曲面衬板、下支座板等组成的钢支座，如图 2-22 所示。

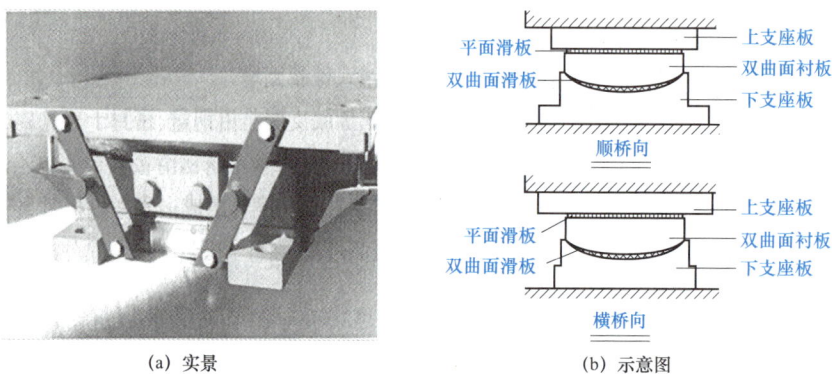

（a）实景　　　　　　　　　　　　　　（b）示意图

图 2-22　双曲面钢支座

8）铰轴滑板钢支座

铰轴滑板钢支座是由钢制上摆、下摆、铰轴等组成的支座，如图 2-23 所示。铰轴滑板支座是在辊轴支座基础上改进而成的一种支座形式。

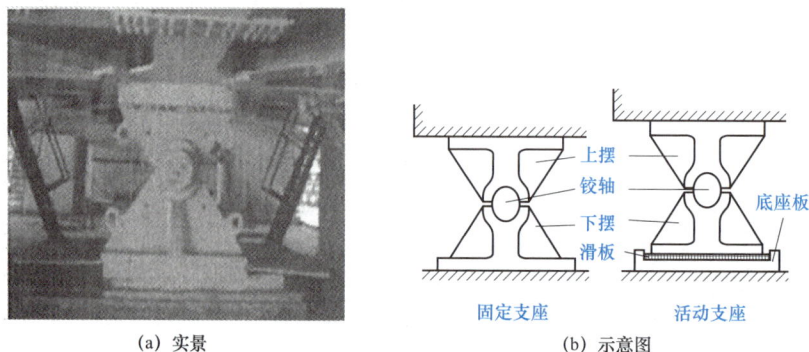

（a）实景　　　　　　　　　　　　　　（b）示意图

图 2-23　铰轴滑板钢支座

2. 橡胶支座

1）板式橡胶支座

板式橡胶支座是由薄钢板加劲的橡胶平板所组成的桥梁支座，如图 2-24 所示。其一般不分固定支座及活动支座，有受力均匀、变形良好、吸震性能好，更换方便的优点，现多使用于跨度 20 m 及以下的圬工梁上。这种类型的橡胶支座有足够的竖向刚度以承受垂直荷载，且能将上部构造的压力可靠地传递给墩台；有良好的弹性以适应梁端的转动；有较大的剪切变形以满足上部构造的水平位移。

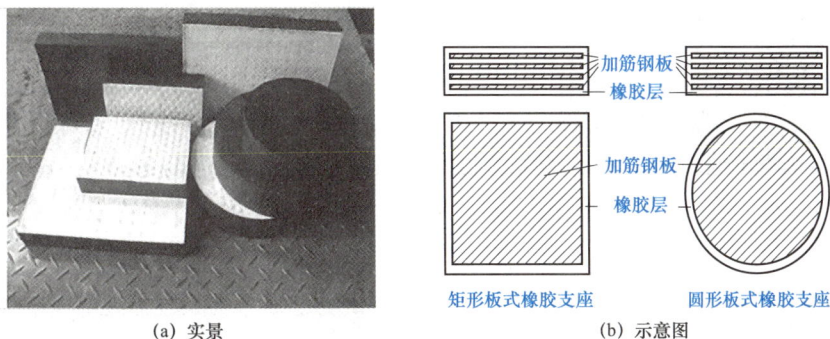

(a) 实景   (b) 示意图

图 2-24 板式橡胶支座

2）盆式橡胶支座

盆式橡胶支座是由钢盆、密封于钢盆内的橡胶板以及滑板组成的桥梁支座，如图 2-25 所示。其有水平位移量大、转动灵活等特点，且重量轻，结构紧凑，构造简单，建筑高度低，加工制造方便。

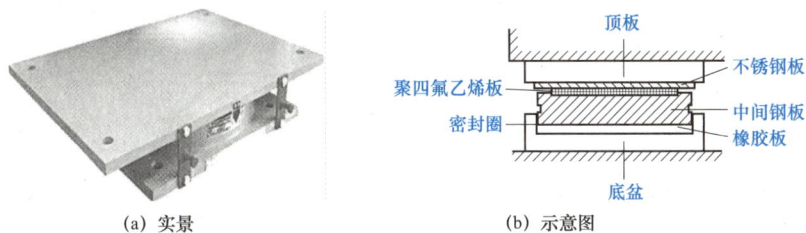

(a) 实景   (b) 示意图

图 2-25 盆式橡胶支座

2.1.1.5 墩台及基础

1. 桥墩的构造

桥墩是支撑相邻桥跨结构，并将其荷载传给基础的建筑物。

桥墩主要由墩帽、墩身、基础三部分组成，如图 2-26 所示。

目前采用的桥墩按墩身截面可分圆形、圆端形、矩形、尖端形等几种，如图 2-27 所示。桥墩墩身绝大多数是实体的，即用石料、混凝土或片石混凝土筑成，对于高桥墩（墩身高超过 30 m 者）

图 2-26 桥墩组成

采用薄壁空心钢筋混凝土桥墩。近年来发展轻型墩台，除薄壁空心钢筋混凝土桥墩及双柱式桥墩外，还采用预应力拼装式空心薄壁桥墩、基桩栈桥以及柔性墩等。

(a) 圆形桥墩

(b) 圆端形桥墩

(c) 矩形桥墩

(d) 尖端形桥墩

图 2-27 桥墩

2. 桥台的构造

桥台是连接桥跨结构和路基的支挡建筑物。

桥台形式主要取决于填土高度、梁跨形式和跨度。目前主要有 U 形、T 形、"十"字形及埋置式等几种重力式桥台，还有耳墙式桥台及桩柱式桥台、锚定板式桥台等轻型桥台。

1）重力式桥台

（1）U 形桥台。

U 形桥台由台身（前墙）、台帽、基础与两侧的翼墙组成，在平面上呈 U 形，如图 2-28 所示。U 形桥台是由支承桥跨结构的台身与两侧翼墙在平面上成 U 形而得名。其适合于填土高度在 8~10 m 以下，跨度稍大的桥梁，但体积和自重较大。

（2）T 形桥台。

T 形桥台的截面形状为 T 形，由前墙和后墙组成，如图 2-29 所示。T 形桥台前墙支承桥跨，后墙平行于线路，墙顶设道砟槽，承托桥跨和路堤间的线路上部建筑。这种桥台具有较好的刚度、强度和较强的适应性，以及工程量较少等优点，因此应用较广泛。

（3）"十"字形桥台。

"十"字形桥台与 T 形桥台相近，后墙长度相对较短，在前墙前增加斜撑，增加桥台的稳定性，如图 2-30 所示。

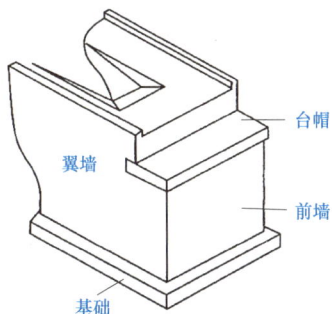

图 2-28　U 形桥台

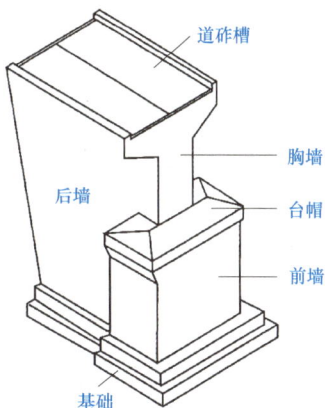

图 2-29　T 形桥台

（4）埋置式桥台。

埋置式桥台台身埋置于台前护坡内，不需另设翼墙，仅由台帽两端的耳墙与路堤衔接，如图 2-31 所示。

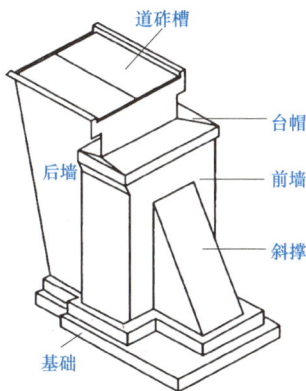

图 2-30　"十"字形桥台

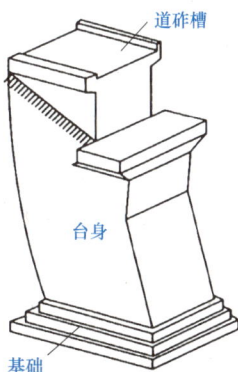

图 2-31　埋置式桥台

2）轻型桥台

（1）耳墙式桥台。

耳墙式桥台的外形相当于割去台尾下部的 U 形桥台，如图 2-32 所示。耳墙式桥台较 U 形桥台具有工程量少的优点，但其构造较复杂，钢筋混凝土耳墙施工也较困难。

（2）桩柱式桥台。

桩柱式桥台一般为双柱式桥台，当桥较宽时，为减少台帽跨度，可采用多柱式，或直接在桩上面建造台帽。为满足桥台与路堤的连接，在台帽上部设置耳墙，必要时在台帽前方两侧设置挡板，如图 2-33 所示。

（3）锚定板式桥台。

锚定板结构由锚定板、立柱、拉杆和挡土板组成，可分为分离式锚定板式桥台、结合式锚定板式桥台。

分离式锚定板式桥台，台身与锚定板、挡土结构分离，台身承受桥跨结构传来的竖向力和水平力，挡土结构承受土压力，如图 2-34 所示。

图 2-32　耳墙式桥台

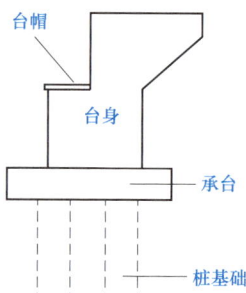

图 2-33　桩柱式桥台

　　结合式锚定板式桥台，台身与锚定板、挡土结构结合，较分离式锚定板式桥台结构简单，施工方便，工程量小，但受力不明确，若设计计算中台顶位移量的选取不准确，将影响施工和运营，如图 2-35 所示。

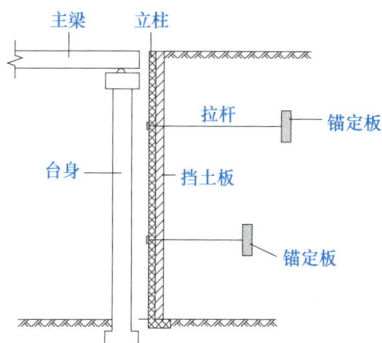

图 2-34　分离式锚定板式桥台

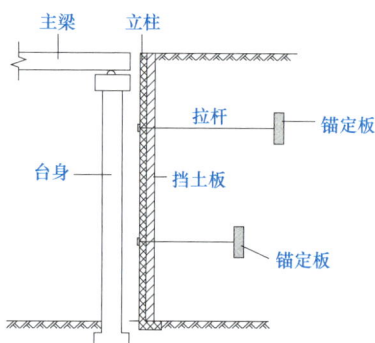

图 2-35　结合式锚定板式桥台

3. 基础

常见的桥梁基础类型有扩大基础、沉井基础、桩基础等。

图 2-36　扩大基础

1）扩大基础

　　扩大基础是将桥墩或桥台及上部结构传来的荷载由其直接传递至较浅支承地基的一种基础形式，如图 2-36 所示。桥梁扩大基础荷载通过逐步扩大的基础直接传到土质较好的天然地基上，其尺寸由地基承载力所承受的荷载决定。基础埋置深度与宽度相比很小，属于浅基础范畴。

　　由于扩大基础埋深浅，结构形式简单，施工方法简便，造价也较低，因此其是建筑物最常用的基础类型。

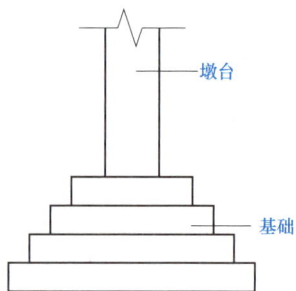

2）沉井基础

　　沉井基础是井筒状的结构物，以人工或机械清除井内土石，依靠自身重力克服井壁摩擦力后下沉到设计标高，然后经过混凝土封底并填塞净孔，使其成为桥梁墩台基础，如图 2-37 所示。

3）桩基础

　　桩基础是通过承台把若干根桩的顶部联结成整体，共同承受动静荷载的一种深基础，如图 2-38 所示。桩是设置于土中的竖直或倾斜的基础构件，其作用在于穿越软弱的高压缩性土层或水，将桩所承受的荷载传递到坚硬、密实或压缩性较小的地基持力层上，我们通常将桩基础中的桩称为基桩。

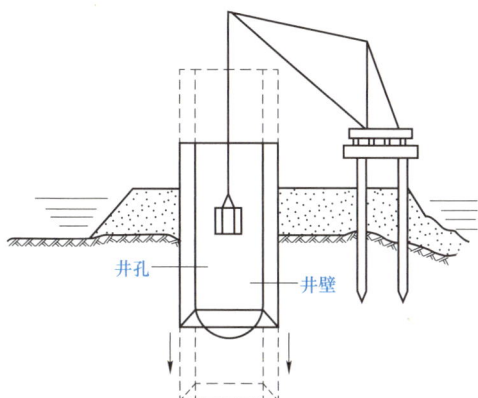

图 2-37 沉井基础

图 2-38 桩基础

桩基础根据桩的材料可分为木桩、钢筋混凝土桩、钢桩等；根据桩的形状可分为板桩、方桩、管桩、螺旋桩、灌注桩、桩尖爆破桩和钻（挖）孔桩等；根据基础承台的所在位置可分为低桩承台（承台修建在冲刷线以下）和高桩承台（承台底高出河底或水面）；根据传力方法的不同又可分为摩擦桩与端承桩两种。

2.1.1.6 桥梁的附属设备

1. 安全检查设备

为经常检查桥梁建筑物各部位的情况和保证桥梁养护维修人员的正常工作及操作安全，需要在桥梁的不同部位配备相应的安全检查设备。梁的跨度大于 10 m，墩台顶帽面至地面的高度大于 2 m 或经常有水的河流，墩台顶应设置围栏、吊篮、检查梯及检查台阶等。

1）围栏

围栏是保证养护人员在墩台面作业时的安全的设备，其由立柱和栏杆扶手组成，如图 2-39 所示。

2）吊篮

吊篮是供检查或维修、养护桥梁支座和梁端时用的设备，由支架、步板、栏杆及扶手组成，如图 2-40 所示。支架可由钢材或钢筋混凝土制成，步板可为木板、钢筋混凝土板或钢板。

图 2-39 围栏

图 2-40 吊篮

3）检查梯

墩顶检查梯是便于从桥面下到墩台顶进行检查作业用的设备，空心墩内设便于检查墩身的检查梯，如图 2-41 所示。

图 2-41　检查梯

4）检查台阶

当桥头路堤高度（路肩至坡脚）大于 3 m 时，应根据需要在路堤边坡上设置简易台阶，如图 2-42 所示。

5）检查小车

检查小车是用于对桥梁各结构进行全面的检查与维护，为作业人员提供作业平台的检查设备，分为上弦检查车、下弦检查车。上弦检查车主要用于钢桁梁上部结构的检查，下弦检查车主要用于对桥梁底部的检查，如图 2-43 所示。

图 2-42　检查台阶

图 2-43　检查小车

2. 桥梁防撞设施

1）梁体防撞

"铁跨公"立交道路桥梁梁体防撞是在立交桥梁行车方向前端合适位置设置桥梁限高防护架，防止汽车直接冲撞桥梁梁体，如图 2-44 所示。铁路立交桥梁其净空不足 5 m 且通行机动车辆的均应设置限高防护架。

2）墩台防撞

常采取在铁路桥梁墩台周边设置一定的防撞设施，以避免通行的车辆或船舶直接撞击铁路桥梁墩台，如图 2-45 所示。

图 2-44　桥梁限高防护架

图 2-45　桥墩防撞

3）防抛（砟）网

在铁跨铁或铁跨公地段，为避免铁路上道砟掉落砸伤车辆或行人，应在铁路桥梁面两侧栏杆处设置防抛（砟）网，如图 2-46 所示。

4）通航桥梁航标

通航河道铁路桥梁上应设置桥梁航标、桥柱标、桥梁水尺标等助航标志（桥梁水尺标见图 2-47）。

图 2-46　防抛（砟）网

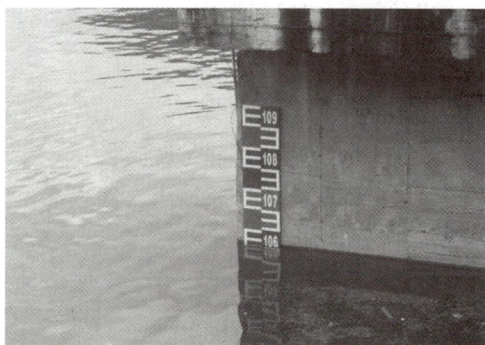

图 2-47　桥梁水尺标

3. 救援疏散通道

为了在桥梁上出现重大意外情况时，旅客能够快速、有序地疏散至安全地区，桥长超过 3 km 时，应结合地面道路条件，在桥梁两侧每隔 3 km（单侧 6 km）左右交错设置可上下桥的救援疏散通道，救援疏散通道侧对应的桥上栏杆或声屏障位置应预留出口,如图 2-48 所示。

(a) 顺向式

(b) 折向式

图 2-48　桥梁救援疏散通道

4. 调节河流建筑物

调节河流建筑物是桥涵设备的重要组成部分，主要有护锥、导流堤等。

1）护锥

桥台两侧的锥体填土部分称为护锥。护锥的作用是保护桥头路堤不被河水、雨水冲刷，加强桥头路基的稳定，在锥体边坡上，用干砌片石、浆砌片石、混凝土等加以防护，如图2-49所示。

2）导流堤

在河滩较宽而桥孔较短的桥梁中，为了使桥梁上游的水流能平顺地引向桥孔排泄，可在桥头修建不漫水的导流堤，如图2-50所示。

图2-49　护锥

图2-50　导流堤

5. 阻尼器

当桥梁结构受到外荷载（如风、地震等）冲击时，通常采用阻尼器用作桥梁的减振设施，阻尼器常常和桥梁支座一起使用，用以提供运动的阻力，耗减运动能量，如图2-51所示。

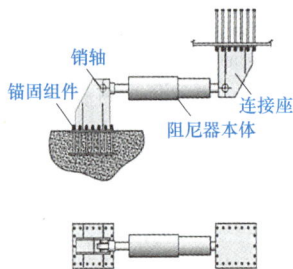

图2-51　阻尼器

图2-52　铁路桥梁声屏障

2.1.1.7　桥梁声屏障

桥梁声屏障是安设在桥梁地段用以降低列车运行噪声对声环境产生影响的构筑物。声屏障主要由钢结构立柱和吸隔声屏板两部分组成，立柱是声屏障的主要受力构件，它通过螺栓或焊接固定在道路防撞墙或轨道边的预埋钢板上，吸隔声屏板是主要的隔声吸声构件，形成声屏障。铁路桥梁声屏障如图2-52所示。

（1）简述铁路桥梁的组成。

（2）简述铁路桥梁支座的功能，固定支座和活动支座的区别。

（3）简述常见铁路桥梁安全检查设备的主要功能。

查阅资料

（1）在阅读基础知识的基础上，通过线上线下教学资源，查阅铁路桥梁的资料，进一步了解铁路桥梁的基本技术条件。

（2）个人下载 3～5 张关于铁路桥梁的图片，用于小组学习交流。

活动 2.1.2　集体研学

建议本活动在课中进行。在教师指导下，以学生为主体，工学结合，做中学、做中教。

场所建议

场所 1：现场。现场观看铁路桥梁构造及养护作业。

场所 2：仿真实训室。通过仿真系统展示铁路桥梁构造及养护作业。

场所 3：多媒体教室。通过多媒体课件展示铁路桥梁构造及养护作业。

上述 3 个教学场所，最好选择场所 1，其次选择场所 2，起码保证场所 3。

视频欣赏

进入教学资源库，观看铁路桥梁构造及养护作业视频，学习、弘扬铁路职工的劳模精神、劳动精神和工匠精神。

小组交流

（1）以事先划定的学习小组为单位，交流个人课前、课中学习情况，分享个人收集的相关资料，对学习中发现的疑点、难点进行小组研讨，并在规定时间内制作小组研学过程的微课，时间不超过 3 min。

（2）各研学小组向全班分享关于铁路桥梁构造及养护作业集体研学的微课，并提交任课教师。

学习评价

教师引导学生总结本次课学习收获，并进行自我评价。

1. 长知识（5 分）

1）桥梁的组成及分类

（1）桥梁的组成；（2）桥梁的分类；（3）桥梁各部尺寸的规定。

2）桥面

（1）道砟桥面；（2）无砟桥面；（3）明桥面；（4）大跨度桥梁梁端伸缩装置。

3）桥跨结构

（1）钢梁桥；（2）圬工桥；（3）特殊桥跨结构；（4）支座；（5）墩台及基础；（6）桥梁的附属设备；（7）桥梁声屏障。

2. 强能力（5 分）

（1）能简要说明铁路桥梁的组成。

（2）会辨识常见铁路桥梁类型。

（3）对学习铁路桥梁产生兴趣爱好。

（4）提升利用互联网、教学资源库、图书查阅专业资料的技能。

（5）逐步养成自主学习习惯，提升互助学习、探索学习的能力。

3. 提素养（5分）

（1）尊重铁路桥梁养护作业人员的劳动及劳动智慧，增强职业荣誉感。

（2）塑造新时代健康人格，热爱中国式现代化铁路，激发爱国主义情怀。

（3）成为铁路劳模精神、劳动精神、工匠精神的传承人。

活动2.1.3　作品制作

建议本活动在课后进行。每名学生单独制作一个开放、个性、富有创造性的学习过程和学习成效的视频，既要反映课程基本学习目标的完成情况，又要反映个人学习的收获，时间在5 min以内，至少包括以下4个内容。

（1）铁路桥梁的组成及分类。

（2）铁路桥梁支座的主要功能及类型。

（3）桥梁常见附属设备及其主要功能。

（4）通过本次课学习，个人在知识增长、能力强化、素养提升方面的小结。

课后2天内将作品提交任课教师，作为教师评价学生学习效果的依据。

活动2.1.4　学习测试

（1）简述铁路桥梁的主要组成。

（2）简述桥梁固定支座和活动支座的区别。

（3）简述桥梁安全检查设备的主要类型及其功能。

拓展学习

西堠门公铁两用跨海大桥

西堠门公铁两用跨海大桥（见图2-53），是浙江省甬舟铁路和甬舟高速公路复线跨越西堠门水道的共用跨海桥梁，连接舟山市的金塘岛和册子岛。其主跨为1 650 m，建成时为中国第一、世界第二跨径的悬索桥。

图2-53　西堠门公铁两用跨海大桥

2022年10月31日，甬舟铁路西堠门公铁两用跨海大桥正式开工。

西堠门公铁两用跨海大桥长为3 118 m，桥面宽为68 m，主跨为1 488 m，涉海长度为2 754.4 m，主桥采用双线铁路（设计时速250 km）、6车道高速公路（设计时速100 km）合建同层布置，南、北两侧各布置单向三车道公路，中间布置双线客运铁路；为国内首座跨海大桥设置沉井基础，是世界上首个嵌入式设置沉井深水基础。

大桥位于既有G9211甬舟高速公路西堠门大桥以北2.8 km处，并在水上通过碗盖礁；起点位于金塘岛东北端，终点位于册子岛西北端。

西堠门公铁两用跨海大桥是甬舟铁路、甬舟高速公路复线控制性工程。甬舟铁路西起宁波东站，经宁波市鄞州区、北仑区，至舟山市金塘岛、册子岛、富翅岛及本岛，终于定海区白泉镇所设舟山站。

施工难度大

（1）西堠门公铁两用跨海大桥位于舟山群岛，具有"水深、流急、风大、浪高、裸岩"等恶劣外部建设条件，加上桥梁本身须承担高速铁路功能，给设计带来了不小挑战。西堠门公铁两用跨海大桥的施工难度列表如图 2-54 所示。

（2）西堠门航道是进出宁波舟山港的海上黄金通道，每天过往 200 多艘 3 万 t 级集装箱船和多种散货船，通航需求高、海中地形地质复杂。根据使用要求，西堠门公铁两用跨海大桥必须既能过高铁，也能让汽车高速通行；按通航要求，大桥主跨必须超过 1 km。

技术创新

2017 年，西堠门公铁两用跨海大桥设计组提出了主跨 1 488 m 斜拉-悬索协作体系桥方案。斜拉-悬索协作体系方案不仅可以减少深水基础的数量，还可让构件规模小于同跨度斜拉桥或悬索桥，降低施工风险；还能同时吸收斜拉桥刚度大及悬索桥跨越能力强的优点。

为解决大桥抗风问题，主梁采用抗风性能更优的三箱分离式钢箱梁结构（见图 2-55）。公路和铁路在同一层通行，中间箱通行高铁，两侧边箱分幅通行公路。大桥的梁宽达 68 m，抗风效果好、稳定性好，增加了行车的舒适度。

图 2-54　西堠门公铁两用跨海大桥的施工难度

水深、流急、风大、浪高、裸岩

➤ 水深：西堠门水道最大水深 93 m
➤ 流急：不规则半日潮，最大流速 3.23 m/s
➤ 风大：设计基本风速42.3 m/s，颤振检验风速82.3 m/s
➤ 浪高：百年重现期浪高8.81 m
➤ 裸岩：海床基岩裸露，施工船舶抛锚困难

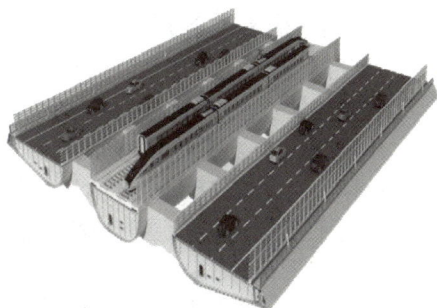

图 2-55　三箱分离式钢箱梁结构

册子岛侧的主塔基础水深达 60 m，大桥采用直径 6.3 m 的空心钻孔灌筑桩基础，并同步研究水化热控制、成桩超声波检测等成套技术，使该基础成为世界上直径最大的桥梁钻孔桩基础。

针对斜拉-悬索协作体系桥在后期施工中合龙控制难度大、斜拉体系和悬索体系刚度过渡不匀顺等问题，大桥团队创新地提出相应的施工解决方案，申请相关发明专利 20 余项，并还将多项专利成果成功运用到 G3 铜陵公铁长江大桥、李埠公铁长江大桥等同类型桥梁中。

世界纪录

（1）西堠门公铁两用跨海大桥主跨为 1 488 m，是世界最大跨度公铁大桥。

（2）西堠门公铁两用跨海大桥的桥面宽为 68 m，是世界最宽的跨海大桥。

（3）西堠门公铁两用跨海大桥册子岛侧主塔基础是世界上直径最大的桥梁钻孔桩基础。

任务 2.2　铁路隧道认知

活动 2.2.1　自主学习

建议本活动在课前进行。按照教学安排，学生预习基础知识，并查阅与本任务相关的资料。

📖 **基础知识**

铁路隧道是修建在地下或水下并铺设轨道供机车车辆通行的建筑物。隧道群是相邻隧道洞口间距小于一列旅客列车长度的一组隧道。

2.2.1.1 隧道的组成及分类

1. 隧道的组成

隧道包括主体建筑物和附属设备两部分。主体建筑物由洞身和洞门组成；附属设备包括避车洞和防排水设施，长大隧道还有专门的通风及照明设备，有通信、信号电缆等设施的还应设电缆槽。隧道的组成如图 2-56 所示。

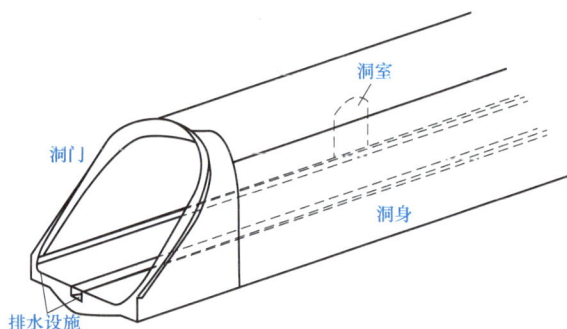

图 2-56　隧道的组成

2. 隧道的分类

隧道按照长度、边墙形式、埋置深度、跨度、围岩压力、所在位置、瓦斯浓度等可进行相应分类。

1）按隧道长度分类

特长隧道：全长 10 000 m 以上。

长隧道：全长 3 000 m 以上至 10 000 m。

中隧道：全长 500 m 以上至 3 000 m。

短隧道：全长 500 m 及以下。

隧道长度指进出口洞门端墙墙面之间的距离，即以端墙面与内轨顶面的交线同线路中线的交点计算。计算时，双线隧道以左线为准；位于车站上的隧道以正线为准。设有缓冲结构的隧道长度应从缓冲结构的起点计算。

2）按隧道边墙形式分类

直边墙隧道：隧道边墙为直墙形式，适用于地质条件较好，围岩压力以竖向为主的隧道。

曲边墙隧道：隧道边墙为曲墙形式，适用于地质较差，岩体松散破碎，强度不高，侧向水平压力较大的隧道。

3）按隧道埋置的深度分类

浅埋隧道：当地表水平或接近水平，且隧道拱顶以上覆盖层厚度小于 2.5 倍的深埋隧道垂直荷载计算高度时，为浅埋隧道。

深埋隧道：当地表水平或接近水平，且隧道拱顶以上覆盖层厚度大于 2.5 倍的深埋隧道垂直荷载计算高度时，为深埋隧道。

4）按隧道的跨度分类

小跨度隧道：隧道开挖跨度在 5～8.5 m 的隧道，适用于 120～160 km/h 单线隧道。

中等跨度隧道：隧道开挖跨度在 8.5～12 m 的隧道，适用于 120 km/h 双线隧道、200～350 km/h 单线隧道。

大跨度隧道：隧道开挖跨度在 12～14 m 的隧道，适用于 160～200 km/h 双线隧道。

特大跨度隧道：隧道开挖跨度大于 14 m 的隧道，适用于 250～350 km/h 双线隧道、三线及以上隧道。

隧道开挖跨度是指隧道开挖横断面的水平最大宽度。

5）按隧道内道床结构不同分类

预应力混凝土宽轨枕（混凝土宽枕）道床隧道：混凝土宽枕俗称轨枕板，即采用平面尺寸加宽的混凝土轨枕，用于铺设碎石道床也可用于铺设沥青道床，道床顶面经混凝土宽枕密排覆盖，石砟不易污染，地面水经轨枕面排向轨道两侧。轨道稳定、平顺、维修工作量少。适用于繁忙干线、大型客货场及线路维修不便的隧道。

（1）整体道床隧道。整体道床隧道铺设整体道床。混凝土整体灌注而成的道床，道床内可预埋混凝土枕或混凝土短枕，也可在混凝土整体道床上直接安装扣件、弹性垫层和钢轨。整体道床隧道如图2-57所示。

（2）碎石道床隧道。碎石道床隧道铺设碎石道床。碎石道床由质地坚韧，不易风化，吸水率小，耐寒性能好，有弹性且不易捣碎的散粒材料填筑。碎石道床隧道如图2-58所示。

图2-57　整体道床隧道

图2-58　碎石道床隧道

2.2.1.2　洞门

洞门是隧道门的简称，通常也泛指隧道门与明洞门。洞门是在隧道进出口用混凝土或砌体灌筑而成的门式建筑物。洞门的作用是用来维持山体的稳定，主要是支挡洞口正面仰坡和路堑边坡，拦截仰坡落石与掉块，并将仰坡、洞顶汇集的水排出洞口以外，以稳定洞口保证隧道正常使用和行车安全。

隧道洞门由端墙（正面挡土墙）、两翼挡土墙、排水系统和衬砌的第一个环节等组成，如图2-59所示。

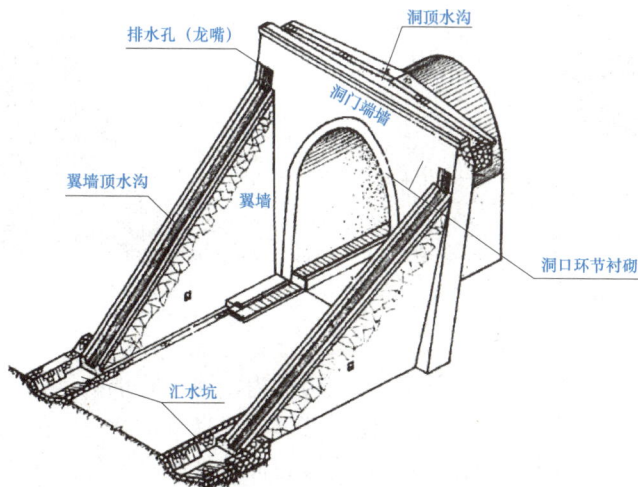

图2-59　隧道洞门

1. 隧道洞门

隧道洞门有斜切式、端墙式、柱式、翼墙式、耳墙式、台阶式等形式。

1）斜切式洞门

斜切式洞门是一种新型的高速铁路隧道洞门构造，其线条流畅、整洁美观，能有效缓解洞口处的空气动力效应，具有良好的整体稳定性。斜切式洞门如图2-60所示。

2）端墙式洞门

端墙式洞门适用于地形开阔、岩层稳定的围岩地区，由端墙、洞门顶和排水沟组成。端墙的作用是抵抗山体纵向推力及支持洞口正面上的仰坡，保持其稳定。洞口顶排水沟用来将仰坡流下来的地表水汇集后排走。端墙式洞门如图2-61所示。

图2-60 斜切式洞门   图2-61 端墙式洞门

3）柱式洞门

当地势陡峭，仰坡有下滑的可能性，又受地质或地形条件的限制，不能设置翼墙时，可在挡墙中设置断面较大的柱墩，以增加端墙的稳定性。柱式洞门如图2-62所示。

4）翼墙式洞门

当洞门地质条件较差，山体纵向推力较大时，可以在端墙式洞门的单侧或双侧设置翼墙。翼墙在正面起到抵抗山体纵向推力，增加洞门的抗滑及抗倾覆能力的作用。两侧面保护路堑边坡，起挡土墙的作用。翼墙式洞门如图2-63所示。

图2-62 柱式洞门   图2-63 翼墙式洞门

5）耳墙式洞门

将翼墙式洞门端墙两侧各接出一个耳墙至边坡内，呈带耳墙的结构。这种洞门结构形式对于排泄仰、边坡地表汇水，阻挡洞顶风化剥落体效果良好，并可大幅减少对坡面的冲刷，洞口显得宽敞，结构式样比较美观，而且对于边、仰坡坡度不一致的洞口，设计时亦便于处理。耳墙式洞门如图2-64所示。

6）台阶式洞门

当洞门位于傍山侧坡地区，洞门一侧边仰坡较高时，为了提高靠山侧仰坡起坡点，减少仰坡高度，将端墙顶部改为逐渐提高的台阶形式，以适应地形的特点，减少洞门圬工及仰坡开挖数量，起到美化洞门的作用。台阶式洞门如图 2-65 所示。

图 2-64　耳墙式洞门

图 2-65　台阶式洞门

7）斜交式洞门

当隧道洞口线路与地面等高线斜交时，为了缩短隧道长度，减少挖方数量，可采用平行等高线与线性成斜交的洞口。

8）喇叭口式洞门

在高速铁路隧道，为减缓高速列车的空气动力学效应，一般设喇叭口式洞口缓冲段，同时兼作隧道洞门。喇叭口式洞门如图 2-66 所示。

2. 明洞洞门

明洞洞门主要配合明洞结构类型设计，明洞有拱形明洞和棚洞之分，相应明洞门也分为拱形明洞门和棚式明洞门两大类。

1）拱形明洞门

拱形明洞门可分为路堑式和半路堑式两类。

（1）路堑式明洞门。

路堑式明洞门有端墙式和翼墙式两种，与一般隧道门形式类似。

（2）半路堑式明洞门。

半路堑式明洞门多用于傍山线路，为了适应地形，多以台阶形式加高端墙，并在山侧设置挡墙，外侧有覆盖填土的偏压明洞，为支挡填土，设置了较低的翼墙。

2）棚式明洞门

棚式明洞门并不单独设置，而是在棚洞洞口端横向顶梁上加设端墙。棚式明洞门如图 2-67 所示。

图 2-66　喇叭口式洞门

图 2-67　棚式明洞门

2.2.1.3　衬砌

隧道衬砌是指支持和维护隧道的长期稳定和耐久性的永久结构物。其作用是支持和维护隧道的稳定、保持列车运行所需要的空间、防止围岩的风化、解除地下水的影响等。隧道衬砌主要由拱圈、边墙、仰拱和底板几部分构成。为排出隧道内的水，隧道内还设排水沟（中心排水沟或侧沟）。

隧道衬砌可分为整体衬砌、喷锚衬砌、复合式衬砌、装配式衬砌和连拱衬砌。

1. 隧道衬砌

1）整体衬砌

整体衬砌指就地灌筑混凝土衬砌，其衬砌的特点是：对地质条件的适应性强，易于按需要成形，整体性好、抗渗性强，适用于多种施工条件，如可用木模板、钢模板或衬砌台车等，如图 2-68 所示。按边墙的形式，整体衬砌可分为直墙式和曲墙式两种。

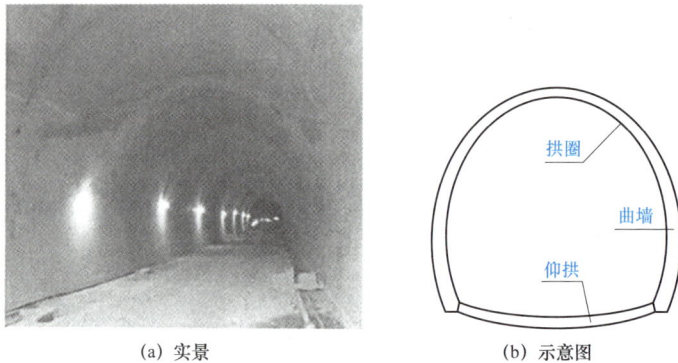

(a) 实景　　　　　　　　(b) 示意图

图 2-68　整体衬砌

2）喷锚衬砌

喷锚衬砌指以喷射混凝土为主体，根据需要与锚杆、钢筋网、钢架等构件组合而成的衬砌，如图 2-69 所示。

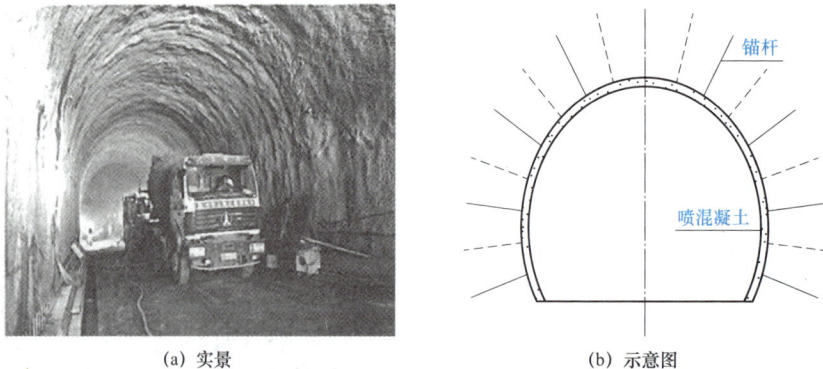

(a) 实景　　　　　　　　(b) 示意图

图 2-69　喷锚衬砌

喷锚衬砌是以锚喷支护作永久衬砌的统称。锚喷支护包括锚杆支护、喷射混凝土支护、喷射混凝土锚杆联合支护、喷射混凝土钢筋网联合支护、喷射混凝土与锚杆及钢筋网联合支护及由上述几种类型支撑（或格栅支撑）组成的联合支护。

3）复合式衬砌

复合式衬砌是新奥法施工隧道的基本结构形式，由内、外两层衬砌组合而成，如图 2-70 所示。通常称第一层衬砌为初期支护，第二层衬砌为二次衬砌；复合式衬砌内外两层组合的方式有喷锚与整体、装配与整体、整体与整体等多种，常用的是喷锚与整体的组合。其优点是能充分发挥围岩的自承能力，调整衬砌受力状态，充分利用衬砌材料的抗压强度，从而提高衬砌的承载力。为了提高防水等级，在初期支护与二次衬砌之间铺设防水层。

 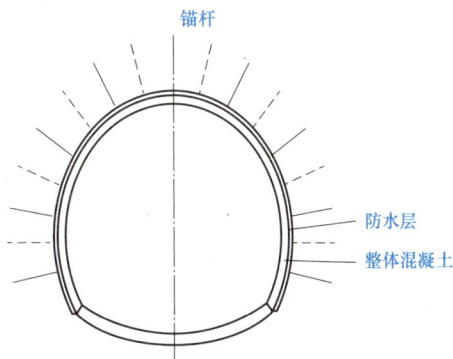

(a) 实景　　　　　　　　　　　　　　(b) 示意图

图 2-70　复合式衬砌

4）装配式衬砌

装配式衬砌由预制的混凝土或钢筋混凝土构件在隧道内拼装而成，如图 2-71 所示。这种衬砌的优点是一经装配成环，不需要养护时间，即可承受围岩压力；由于构件是预先在工厂成批生产的，可以保证质量；在洞内采用机械化拼装，缩短了工期，改善了劳动条件；拼装时不需要临时支撑，可节省大量的支撑材料和劳力。但装配式衬砌在实际应用中也存在一些缺点，如需要坑道内有足够的拼装空间，制备构件尺寸要求一定的精度，接缝多，防水较困难等。

 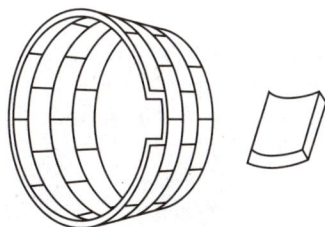

(a) 实景　　　　　　　　　　　　　　(b) 示意图

图 2-71　装配式衬砌

5）连拱衬砌

连拱衬砌是洞室衬砌结构相连的一种特殊双洞结构形式，两隧道间的岩体用混凝土替代，中间连接部分通常称为中墙，如图 2-72 所示。

(a) 实景 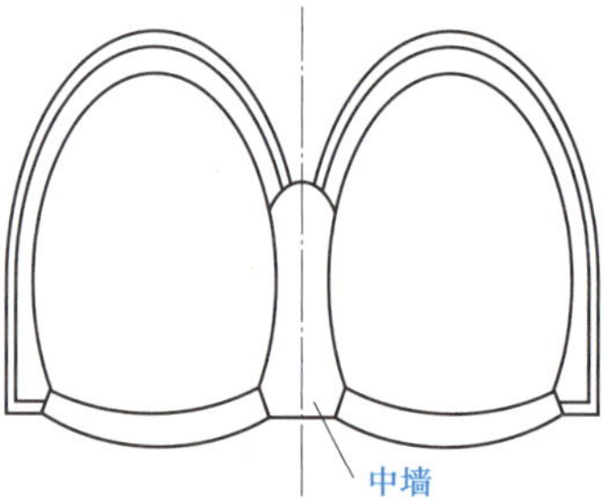   (b) 示意图

图 2-72　连拱衬砌

2. 明洞衬砌

明洞是用明挖法（即露天开挖）修筑的一种遮护线路的构筑物，筑成后再在顶部及侧面填土石，外形大部分和隧道无异。其主要用于遭受塌方、落石、泥石流危害的隧道洞口、深路堑，以及线路上方通过公路、铁路、沟渠等但不宜做立交桥或暗洞的特定地段，也是在通车后整治这类病害的有效手段。顶部为拱形，内轮廓线和隧道相同的明洞称为拱形明洞。除此以外，在某些半路堑地段，山坡侧压力不大，或者地形难以设置拱形明洞的外墙时，可在顶部用梁板、外墙用框架等结构，甚至把顶板做成锚定在岩壁上的悬臂结构，均呈棚形，仍起遮挡落石、保护线路的作用，这种明洞称为棚式明洞，简称"棚洞"。

1）拱形明洞

拱形明洞可分为路堑式和半路堑式两类。

（1）路堑式拱形明洞：适用于相对较深路堑，施工后发现地质不良、边坡上或原山坡有小量坍塌、掉块或洞口岩层破碎、松散，洞顶覆盖较薄，难以用暗挖法修建隧道的地段。

（2）半路堑式拱形明洞：根据覆土压力可分为偏压式拱形明洞和单压式拱形明洞。

2）棚洞

棚洞适用于有小量塌方落石病害的半路堑，线路内侧路堑边坡较陡，外侧地形狭窄或外墙地基软硬差别较大，不宜修建拱形明洞地段。

棚洞主要由盖板、内边墙和外侧支承建筑物等部分组成。盖板形式通常有 T 形和矩形两种，一般多采用 T 形截面构件，便于预制吊装，缩短工期。内边墙根据地形、地质情况，分为重力式和锚杆式。

棚洞根据外墙形式分为墙式、柱式、刚架式、悬臂式等。

2.2.1.4　洞室

1. 避车洞

重载铁路隧道、设计速度小于或等于 160 km/h 的客货共线铁路隧道，列车通过隧道时，为保证洞内人员及维修设备安全，在隧道两侧边墙上交错均匀地修建了洞室，用于躲避列车，故称为避车洞（见图 2-73）。其可分为大避车洞、小避车洞。

图 2-73　避车洞

1）大避车洞

大避车洞主要用于存放设备及材料，碎石道床每侧每隔 300 m 设置一个，整体道床每侧每隔 420 m 设置一个，隧道长度在 300～400 m 时，在隧道中间布置一个，隧道长度在 300 m 以下时可不设置。

隧道长度在 300 m 以下时，如果两端洞口接桥或路堑，当桥上无避车台或路堑两边侧沟外无平台时，应与隧道一并考虑设置大避车洞。

2）小避车洞

小避车洞主要用于人员躲避列车。单线隧道每侧每隔 60 m 设置一个，双线隧道每侧每隔 30 m 设置一个。

避车洞不应设于衬砌断面变化处或变形缝处；旅客列车行车速度为 160 km/h 及以上的隧道内，避车洞内应沿洞壁设置高 1.2 m 的钢制扶手。

2. 专用洞室

高速铁路、城际铁路、设计速度 200 km/h 的客货共线铁路隧道，应设置存放专用器材等运营养护设备的专用洞室。专用洞室设置应根据相关专业要求和维修要求确定。

2.2.1.5　防排水设施

1. 隧道防水

隧道防水是为确保隧道运营，不致因漏水、积水造成灾害，影响使用功能和腐蚀设备而采取的防水措施。一般采用"防、截、堵、排相结合，因地制宜，综合治理"的原则进行整治。

1）混凝土防水

混凝土防水是通过混凝土自身的防水特性达到结构防水的目的。防水混凝土是通过调整配合比，掺加外加剂、掺合料，并采用相应的施工工艺而使其抗渗等级不小于 P8 的混凝土，可分为普通防水混凝土和外加剂防水混凝土。

2）注浆防水

注浆方式是将注浆材料按一定的配比制成的浆液，通过一定的方式压入隧道围岩或衬砌壁后的空隙中，经凝结、硬化后起到堵水和加固围岩作用的一种施工方法，可采用注入水泥浆液、水泥砂浆、化学浆液等进行防水。

3）防水层和防水板

防水层是附加在衬砌上的防水结构，由防水板及其垫层组成，它能将地层中的渗水隔离于二次衬砌之外，避免水与二次衬砌混凝土接触，防止地下水通过二次衬砌的薄弱环节渗入隧道。垫层的作用是保护防水板，使防水板免遭尖锐物的刺伤，同时充当渗水通道。

防水层分为水泥砂浆防水层、卷材防水层、涂料防水层、金属防水层等。

防水板是由工厂生产的具有一定厚度和抗渗能力的高分子薄板等防水材料，可采用聚乙烯类单一或复合防水板，如图 2-74 所示。

图 2-74　防水板

4）施工缝和变形缝防水

变形缝是伸缩缝和沉降缝的总称。施工缝是施工中由于混凝土不连续灌注出现的缝隙，也叫冷缝。目前由于施工水平不一，施工缝、变形缝渗漏水已成隧道漏水的主要漏水形式。目前常采用一字形、L形、企口形、排水暗槽、塑料（橡胶）止水带等形式施工缝（变形缝）进行防水处理，如图 2-75 所示。

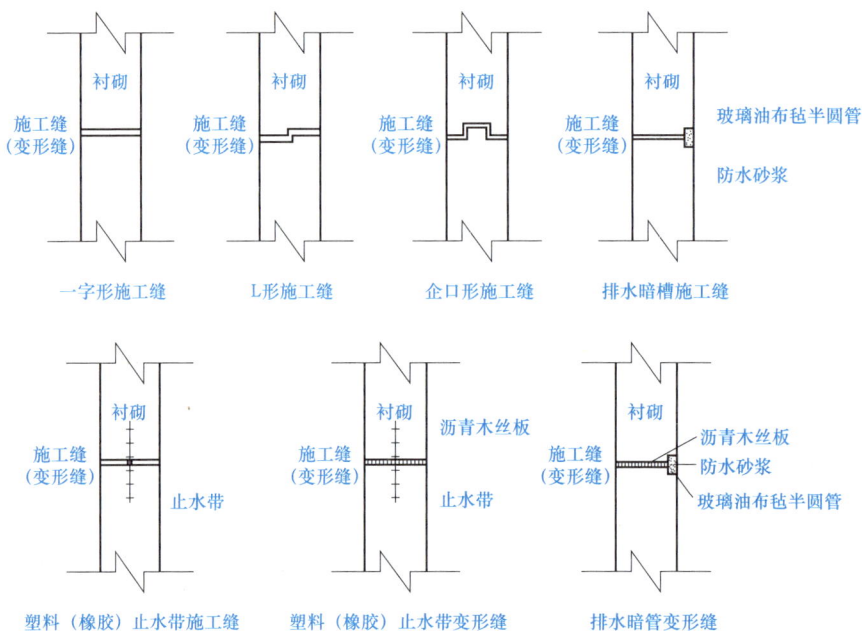

图 2-75　施工缝和变形缝防水

2. 隧道排水

隧道排水是在隧道内外设置排水设施，排放、疏干或减缓隧道内地下水的工程措施。隧道排水分为洞外排水、洞内排水。

1）洞外排水

洞外排水主要是将隧道上方地表洼地、浅埋等处所的水排走，并将洞口水排走，以免水流浸泡冲刷洞口仰坡。

（1）天沟。

天沟用于隧道仰坡开挖坡面以外，可设置一道或几道，用以截排坡面上方流向洞口的地表水。

（2）吊沟。

吊沟是将天沟内水排至既有水系或侧沟内。

（3）泄水洞。

泄水洞是为解决隧道正洞排水设施排水能力不足而专门修建的泄水通道。其主要设置于富水隧道，施工时可兼作施工通道使用。

2）洞内排水

洞内排水主要是将隧道内水流排走。洞内排水设施可分为隧道侧沟、中心水沟、环向盲管（沟）、纵向盲管（沟）等，如图 2-76 所示。

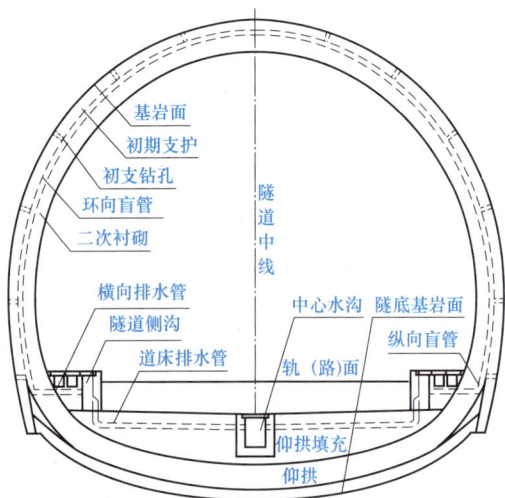

图 2-76　洞内排水

（1）隧道侧沟。

隧道侧沟是隧道内设置在单侧或两侧的排水沟。

单侧沟：设置在隧道一侧的排水沟，一般适用于单线有砟道床隧道。

双侧沟：设置在隧道两侧的排水沟，一般适用于双线隧道或整体道床隧道。双线隧道宜在两侧及中心沟设置水沟，并不得单独采用中心水沟。

（2）中心水沟。

中心水沟是设置在隧道中间的排水沟，适用于双线隧道或整体道床隧道，现阶段双线隧道一般采用中心水沟排水，并结合双侧沟设置。

（3）环向盲管（沟）。

环向盲管（沟）是为疏导和防止衬砌背后积水，避免洞内漏水，减少静水压力，降低隧底地下水位，在隧道外周按一定间距设置的排水设施。环向盲管的作用是在岩面与初期支护之间、初期支护与防水板间提供过水通道，并使之下渗汇集到纵向排水管。

（4）横向盲管（沟）。

横向盲管（沟）是位于衬砌基础和路面的下部，布设方向与隧道轴线方向垂直，连接纵向排水盲管与中央排水管的通道。

（5）纵向盲管（沟）。

纵向盲管（沟）是沿隧道纵向设置在衬砌底部外侧的透水盲管，它将环向排水管和防水板垫层排下的水汇集并通过横向排水管排出。

（6）泄水孔。

泄水孔用于方便在隧道边墙安设泄水管，使其里端与盲沟接通，外端穿过衬砌与纵向排水沟接通。泄水管可采用钢管、竹管、塑料管、蜡封纸管等。

2.2.1.6　通风与照明

1. 隧道通风

列车通过隧道时，会排出大量有害气体，同时还会散发许多热量。为此，长大隧道必须进行洞内通风将有害气体及热量等排出洞外，并把新鲜空气引入洞内。隧道通风方式可分为自然通风和机械通风。

1）自然通风

空气在水平气压差的作用下，会沿着等气压线垂直的方向，由高气压区流向低气压区，从而使隧道内空气流动。

2）机械通风

利用风机通风，一般采用纵向通风方式，即利用风机把空气从隧道一端吹向另一端。机械通风设施主要有风机、动力设备、通风机房、通风道和帘幕等。

2. 隧道照明

隧道照明是保障设备维修，提高设备质量，保证运输安全的重要设施。全长 1 000 m 及以上的直线隧道和全长 500 m 及以上的曲线隧道应设照明设备；全长大于 3 000 m 的隧道应设置固定式照明设施；其他隧道可配备移动式照明设施。

2.2.1.7　辅助坑道

辅助坑道是指修筑隧道时，由于施工需要，在近旁另外开挖的一条通到正洞中线位置的小断面坑道，其主要是为增加正洞施工的工作面，加快工程进度，从而缓解长隧道对整条线路工期的制约；改善施工中的通风、运输、排水以及安全状况。辅助坑道的纵断面可以是水平、倾斜甚至是垂直的，分别称为横洞、平行导坑、斜井及竖井。

1. 横洞

横洞适用于傍山沿河隧道，洞口施工干扰大、场地狭窄或地质不良等难以进洞隧道，如图 2-77 所示。

2. 平行导坑

平行导坑适用于难以采用其他辅助坑道的深埋长隧道。平行导坑通风及排水效果较好，特别适于有地下水或瓦斯的隧道。平行导坑亦可作为远期计划二线隧道或作为运营隧道的维修养护、防灾救援通道，如图 2-78 所示。

图 2-77　横洞

图 2-78　平行导坑

3. 斜井

斜井适用于无设置横洞条件，但隧道旁侧有低洼地形，且地质条件较好的隧道，后期可作为应急疏散通道使用，如图 2-79 所示。

4. 竖井

竖井适用于无设置横洞和斜井的条件，洞顶局部地段地质条件较好，覆盖较薄，且位置适宜时，有通风需要的隧道，如图 2-80 所示。

图 2-79　斜井

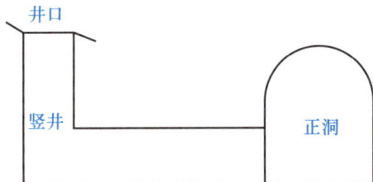

图 2-80　竖井

学而思之

（1）简述铁路隧道的组成及分类。

（2）简述铁路隧道衬砌种类。

（3）简述常见铁路隧道防水设施。

查阅资料

（1）在阅读基础知识的基础上，通过线上线下教学资源，查阅铁路隧道的资料，进一步了解铁路隧道的基本技术条件。

（2）个人下载 3～5 张关于铁路隧道的图片，用于小组学习交流。

活动 2.2.2　集体研学

建议本活动在课中进行。在教师指导下，以学生为主体，工学结合，做中学、做中教。

场所建议

场所 1：现场。现场观看铁路隧道。

场所 2：仿真实训室。通过仿真系统展示铁路隧道构造及养护作业。

场所 3：多媒体教室。通过多媒体课件展示铁路隧道构造及养护作业。

上述 3 个教学场所，最好选择场所 1，其次选择场所 2，起码保证场所 3。

视频欣赏

进入教学资源库，观看铁路隧道构造及养护作业视频，学习、弘扬铁路职工的劳模精神、劳动精神和工匠精神。

小组交流

（1）以事先划定的学习小组为单位，交流个人课前、课中学习情况，分享个人收集的相关资料，对学习中发现的疑点、难点进行小组研讨，并在规定时间内制作小组研学过程的微课，时间不超过 3 min。

（2）各研学小组向全班分享关于铁路隧道构造及养护作业集体研学的微课，并提交任课教师。

学习评价

教师引导学生总结本次课学习收获，并进行自我评价。

1. 长知识（5 分）

1）隧道的组成及分类

（1）隧道的组成；（2）隧道的分类。

2）洞门

（1）隧道洞门；（2）明洞洞门。

3）衬砌

（1）隧道衬砌；（2）明洞衬砌。

4）洞室

（1）避车洞；（2）专用洞室。

5）防排水设施

（1）隧道防水；（2）隧道排水。

6）通风与照明

（1）隧道通风；（2）隧道照明。

7）辅助坑道

（1）横洞；（2）平行导坑；（3）斜井；（4）竖井。

2. 强能力（5 分）

（1）能简要说明铁路隧道的组成。

（2）会辨识常见铁路隧道类型。

（3）对学习铁路隧道产生兴趣爱好。

（4）提升利用互联网、教学资源库、图书查阅专业资料的技能。

（5）逐步养成自主学习习惯，提升互助学习、探索学习的能力。

3. 提素养（5 分）

（1）尊重铁路隧道养护作业人员的劳动及劳动智慧，增强职业荣誉感。

（2）塑造新时代健康人格，热爱中国式现代化铁路，激发爱国主义情怀。

（3）成为铁路劳模精神、劳动精神、工匠精神的传承人。

活动 2.2.3　作品制作

建议本活动在课后进行。每名学生单独制作一个开放、个性、富有创造性的学习过程和学习成效的视频，既要反映课程基本学习目标的完成情况，又要反映个人学习的收获，时间在 5 min 以内，至少包括以下 4 个内容。

（1）铁路隧道的组成及分类。

（2）不同类型铁路隧道衬砌的区别。

（3）铁路隧道常见附属设备及其主要功能。

（4）通过本次课学习，个人在知识增长、能力强化、素养提升方面的小结。

课后 2 天内将作品提交任课教师，作为教师评价学生学习效果的依据。

活动 2.2.4　学习测试

（1）简述铁路隧道的主要组成。

（2）简述桥梁固定支座和活动支座的区别。

（3）简述桥梁安全检查设备的主要类型及其功能。

拓展学习

国产首台 16 m 级超大直径盾构机"京华号"实现创新飞跃

你知道什么是"钢铁穿山甲"吗？它不是一种动物，而是一种机器，一种能在地下钻出一条条隧道的机器。它的名字叫"京华号"，是我国迄今研制的最大直径盾构机，也是世界第三大开挖直径盾构机。它的"腰围"直径超过 5 层楼、身长相当于 7 节地铁车厢、体重高达4 300 t，由 10 万个精密部件组成，号称"工程机械之王"。

在北京东六环地下潜行两年，打通 7.4 km 的隧道，2023 年 6 月 28 日，国产最大直径盾构机"京华号"（见图 2-81）出洞，标志着北京东六环改造工程西线隧道顺利贯通。

图 2-81　国产最大直径盾构机"京华号"

凭借丰富的施工经验和参数积累，首发集团联合中铁十四局等单位量身打造掘进利器"京华号"——国产首台 16 m 级超大直径盾构机，配备第四代常压换刀、伸缩主驱动等核心技术，多次邀请钱七虎院士等专家团队"把脉问诊"。

施工单位建设智慧管控平台，应用"互联网+BIM+GIS"技术，实现安全、质量、进度、应急保障全方位数字化管控。"隧道所在地层极其复杂，先后下穿京哈铁路、在建亚洲最大地下综合交通枢纽，以及地铁、公路、河流、燃气管线、高压电塔和既有建筑等 55 处风险源。"首发集团东六环项目处负责人何历超介绍，超大直径、超长距离、超深覆土、超敏感环境等难点，对施工提出巨大挑战。

"京华号"的诞生，是我国盾构技术发展的一个缩影。从无到有，从买到卖，中国盾构机实现了历史的转身。2002 年列入国家重点项目，仅仅 6 年，首台具有中国自主知识产权的复合式土压平衡盾构机横空出世。突破核心技术封锁，此后 10 多年间，中国这个后来者，持续刷新着世界盾构领域的纪录。2012 年，中国第一台盾构机走出国门。法国、意大利……目前，仅中铁工程装备集团有限公司的盾构机产品就已覆盖全球 25 个国家和地区，产销量连续 4 年第一。

"京华号"的出现，不仅提高了我国基建效率和质量，也展示了我国制造业的硬实力和创新能力。它是我国科技自立自强的一个缩影，也是我国面向未来的高精尖产业新体系的一个代表。它让我们感受到了国之重器的强大魅力和无限可能。

"京华号"盾构机，是中国智造的骄傲，也是中国人民的骄傲。它不仅为我们建设了一条条高速公路、地铁和隧道，还为我们打开了一扇扇通向未来的大门。让我们一起期待，"京华号"在地下创造出更多的奇迹，让我们的生活更加美好！

任务 2.3　涵洞及桥隧附属建筑物认知

活动 2.3.1　自主学习

建议本活动在课前进行。按照教学安排，学生预习基础知识，并查阅与本任务相关的资料。

基础知识

2.3.1.1　涵洞

铁路涵洞是指横穿铁路路基，用以排洪，用作行人通道等的建筑物。

1. 涵洞构造

涵洞包括洞身、基础和洞口建筑物，洞口建筑物包括端墙或翼墙，以及导流堤、截水墙、缓流井、上下游吊沟等调节河流建筑物。涵洞构造如图 2-82 所示。

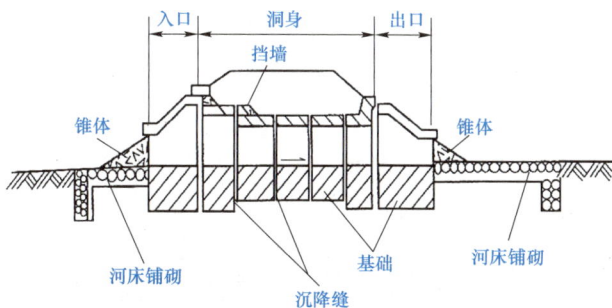

图 2-82　涵洞构造

2. 涵洞分类

1）按照构造形式分类

按照构造形式，涵洞可分为圆涵、拱涵、盖板涵、框构（架）涵。

（1）圆涵。圆涵由洞身及洞口两部分组成，如图 2-83 所示。洞身是过水孔道的主体，主要由管身、基础、接缝组成。洞口是洞身、路基和水流三者的连接部位，主要有八字墙和一字墙两种形式。

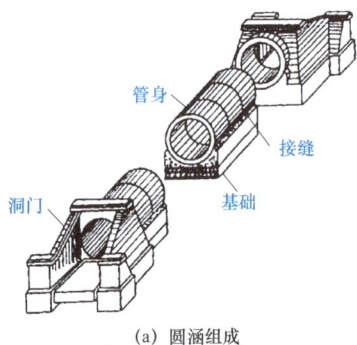

(a) 圆涵组成   (b) 实景

图 2 83 圆涵

（2）拱涵。拱涵是指洞身顶部呈拱形的涵洞，一般承载能力较大。拱涵的构造由洞身，出、入口端墙，翼墙和出、入口的铺砌组成。洞身又分为拱圈、边墙（双孔的还有中墩）及基础三部分。拱涵如图 2-84 所示。

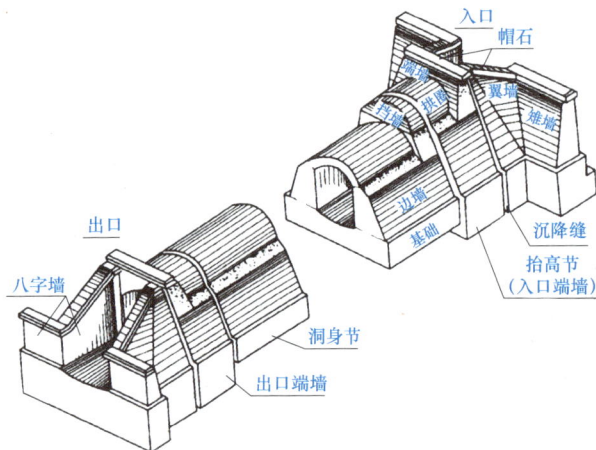

(a) 拱涵组成   (b) 实景

图 2-84 拱涵

（3）盖板涵。钢筋混凝土盖板涵由基础、边墙、钢筋混凝土盖板组成。基础、边墙用石砌圬工或混凝土就地砌筑，盖板用钢筋混凝土预制。盖板箱涵进口节有抬高式和不抬高式两种。盖板箱涵的基础有整体基础和分离式基础，如图 2-85 所示。

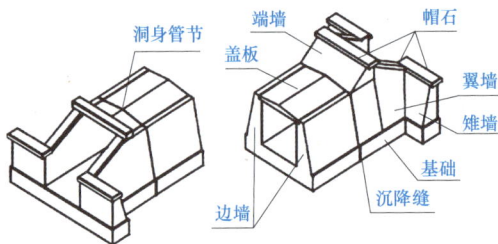

(a) 盖板涵组成   (b) 实景

图 2-85 盖板涵

（4）框构（架）涵。框构（架）涵是将盖板涵的盖板、铺底与边墙连成整体，洞身截面变成了箱形。涵身也叫箱身，由钢筋和混凝土组成。框构架涵基础分为有基础和无基础两种，如图 2-86 所示。

2）按照水利性能分类

按照水利性能，涵洞可分为无压力式涵洞、半压力式涵洞、压力式涵洞。

（1）无压力式涵洞是指入口处水流的水位低于洞口上缘，洞身全长范围内水面不接触洞顶的涵洞。

（2）半压力式涵洞是指入口处水流的水位高于洞口上缘，部分洞顶承受水头压力的涵洞。

图 2-86　框构（架）涵

（3）压力式涵洞进出口被水淹没，涵洞全长范围内以全部断面泄水。

3. 洞口形式

涵洞的洞口有八字式、一字墙式（端墙式）、扭坡式、平头式、走廊式、流线式、跌水井式等形式。

2.3.1.2　防灾疏散救援设施

1. 桥梁救援疏散设施

桥梁救援疏散设施是铁路防灾救援保障体系的组成部分，对于长度超过 3 km 的桥梁，当发生地震、火灾等自然灾害或桥上列车出现紧急情况时用来快速疏散旅客，并兼顾部分养护维修功能。

桥梁救援疏散设施由疏散通道及其附属设施组成，其中疏散通道包括休息平台、梯板、栏杆、梯梁、立柱、基础；附属设施包括安全防护罩、顶部休息平台安全门、桥上疏散指示标志等。

桥梁救援疏散设施分为顺坡式、折向式、螺旋式三种。顺坡式桥梁救援疏散设施适用于桥梁高度为 5～20 m；折向式桥梁救援疏散设施适用于桥梁高度为 10.6～20 m。救援疏散通道优先采用顺坡式、折向式。

2. 隧道防灾疏散救援设施

列车在隧道内发生火灾时，应控制列车驶出隧道进行疏散，当列车不能驶出隧道，应控制列车停靠在隧道防灾疏散救援设施附近进行疏散和救援。隧道防灾疏散救援设施主要包括疏散通道、横通道、紧急出口及避难所、紧急救援站、防护门、通风设施、机电设施等。

1）疏散通道

疏散通道是隧道内纵向贯通设置，供人员应急疏散的通道。疏散通道宜利用隧道内水沟电缆槽盖板面设置。疏散通道走行面高度不低于轨顶面。

2）横通道

横通道是连接两座并行隧道或隧道与平行导坑，供人员应急疏散的通道。横通道内一般设有防护门、应急照明、应急通信等设施。

3）紧急出口及避难所

紧急出口设置在隧道内，供事故列车内人员直接疏散到隧道外的坑道；避难所设置在隧

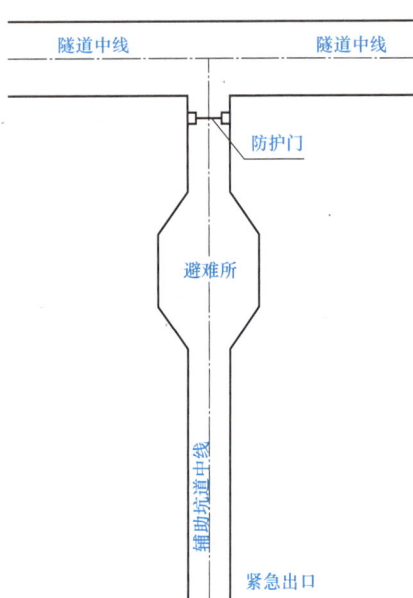

图 2-87 紧急出口及避难所

道内，供事故列车内人员临时避难，并能疏散到隧道外的坑道。紧急出口及避难所一般利用平行导坑或横洞设施，内有通风、应急照明、应急通信、监控等设施，如图 2-87 所示。

4）紧急救援站

紧急救援站应结合隧道及隧道群特点采用隧道内紧急救援站或隧道口紧急救援站。

（1）隧道内紧急救援站。

隧道内紧急救援站是设置在隧道内，满足着火列车停靠、人员疏散及救援的站点。

（2）隧道口紧急救援站。

隧道口紧急救援站是设置在隧道群明线及洞口段，满足着火列车停靠、人员疏散及救援的站点。

5）防护门

紧急救援站的横通道与隧道连接处应设置防护门，紧急救援站以外的横通道设置防护门、紧急出口，避难所与隧道连接处均应设置防护门。

6）通风设施

隧道内紧急救援站可采用半横向式排烟通风、集中排烟通风等方式；隧道口紧急救援站应采用自然排烟或与机械加压防烟相结合的防灾通风方式。紧急出口、避难所及底部廊道可采用纵向通风方式。

7）机电设施

隧道疏散救援机电设施包括应急照明、应急通信、设备监控、应急供电等。疏散救援工程机电设施可采用远程遥控、现场手动控制或两者相结合的方式。

学而思之

（1）为什么要设置铁路涵洞？

（2）为什么要设置铁路桥隧附属建筑物？

查阅资料

（1）在阅读基础知识的基础上，通过线上线下教学资源，查阅铁路涵洞及桥隧附属建筑物的资料，进一步了解铁路涵洞的基本技术条件。

（2）个人下载 3～5 张关于铁路涵洞及桥隧附属建筑物的图片，用于小组学习交流。

活动 2.3.2 集体研学

建议本活动在课中进行。在教师指导下，以学生为主体，工学结合，做中学、做中教。

场所建议

场所 1：现场。现场观看铁路涵洞及桥隧附属建筑物。

场所 2：仿真实训室。通过仿真系统展示铁路涵洞及桥隧附属建筑物。

场所 3：多媒体教室。通过多媒体课件展示铁路涵洞及桥隧附属建筑物。

上述 3 个教学场所，最好选择场所 1，其次选择场所 2，起码保证场所 3。

视频欣赏

进入教学资源库，观看铁路涵渠及桥隧附属建筑物视频，学习、弘扬铁路职工的劳模精神、劳动精神和工匠精神。

小组交流

（1）以事先划定的学习小组为单位，交流个人课前、课中学习情况，分享个人收集的相关资料，对学习中发现的疑点、难点进行小组研讨，并在规定时间内制作小组研学过程的微课，时间不超过 3 min。

（2）各研学小组向全班分享关于铁路涵洞及桥隧附属建筑物集体研学的微课，并提交任课教师。

学习评价

教师引导学生总结本次课学习收获，并进行自我评价。

1. 长知识（5 分）

1）涵洞

（1）构造；（2）类型。

2）防灾疏散救援设施

（1）桥梁救援疏散设施；（2）隧道防灾疏散救援设施。

2. 强能力（5 分）

（1）能简要说明铁路涵洞的组成。

（2）会辨识常见铁路涵洞类型。

（3）会辨识防灾疏散救援设施。

（4）对学习铁路涵洞及桥隧附属建筑物产生兴趣爱好。

（5）提升利用互联网、教学资源库、图书查阅专业资料的技能。

（6）逐步养成自主学习习惯，提升互助学习、探索学习的能力。

3. 提素养（5 分）

（1）尊重铁路涵洞养护作业人员的劳动及劳动智慧，增强职业荣誉感。

（2）塑造新时代健康人格，热爱中国式现代化铁路，激发爱国主义情怀。

（3）成为铁路劳模精神、劳动精神、工匠精神的传承人。

活动 2.3.3　作品制作

建议本活动在课后进行。每名学生单独制作一个开放、个性、富有创造性的学习过程和学习成效的视频，既要反映课程基本学习目标的完成情况，又要反映个人学习的收获，时间在 5 min 以内，至少包括以下 4 项内容。

（1）铁路涵洞的组成及分类。

（2）不同类型铁路涵洞的构造区别。

（3）常见防灾疏散救援设施的主要功能。

（4）通过本次课学习，个人在知识增长、能力强化、素养提升方面的小结。

课后 2 天内将作品提交任课教师，作为教师评价学生学习效果的依据。

活动 2.3.4　学习测试

（1）简述铁路涵洞的主要组成。

（2）常见防灾疏散救援设施的主要功能。

拓展学习

在长城地下搞装修 她打造了领跑式的"智能高铁"

2024 年 1 月 19 日，首次开展的"国家工程师奖"表彰共有 81 名个人获得"国家卓越工程师"称号、50 个团队获得"国家卓越工程师团队"称号。中国铁道科学研究院集团有限公司首席研究员李平便是其中之一。

李平，今年 51 岁，长期从事智能铁路研究，是智能高铁体系架构、大脑平台等科研团队的核心成员，带领团队从架构规划、实施方案、关键技术、系统研发、工程实施等多方面推动智能铁路技术发展，构建起了涵盖智能建造、智能装备、智能运营和大脑平台的智能高铁成套技术体系。

2017 年 6 月，国铁集团党组提出打造"精品工程、智能京张"的建设目标，成立了智能京张建设领导小组和工作组，组织路内外相关单位共同开展科技攻关。李平作为工作组核心成员，参与提出智能高铁定义、理论和体系架构，主持研发了智能高铁大脑平台。

当智能高铁体系架构完成，李平所在的铁科院紧接着联合设计、装备、建设、运营等相关单位，开展了智能建造、智能装备、智能运营等技术的攻关，选取冬奥运重要保障工程——京张高铁作为示范载体，打造世界首条智能高铁。李平接受媒体采访如图 2-88 所示。

图 2-88 李平接受媒体采访

京张铁路是中国自主设计并建造的第一条铁路，完成于 1909 年。中国铁路工程的开拓者詹天佑在这里创设了"竖井开凿法"和"人"字形线路，震惊中外。

100 年后的 2019 年 12 月 30 日，京张高速铁路开通运营。人们惊叹于它的自动化驾驶技术，但它的建造技术同样取得了重大突破，实现了高铁工程从设计、施工到运营全生命周期全要素的协同，创新了高速铁路的智能建造体系。八达岭长城下，深达 102 m 的地方，是我国国内埋深最大的高速铁路地下站；车站层次多、洞室数量极大、洞型复杂、交叉节点密集，78 个洞室，88 种断面，是国内最复杂的暗挖洞群车站。

在传统的想象中，京张高铁的建设场面应该是车水马龙，机械轰鸣，但京张高铁的建设中，工人们是在数字化工厂的中控室里操纵机器实现桥梁、隧道、轨道等构件的预制化生产，到施工现场只需要像搭积木一样，采用智能化装备进行装配式施工，采用这样的技术，大大替代了原来的人在现场工作的需求，真正实现了工厂化预制、智能化建造和装配式施工。

智能建造到智能运营，京张高铁还采用了智能客站、调度指挥、检测监测、养护维修等构成的智能运营成套技术。在高铁车站创新实现了车站人员异常行为检测、智能客运组织、站内环境自适应调整等功能，提升旅客的出行体验。

京张高速铁路还采用了智能综合调度指挥技术，融合中国气象局数据，实现风雨公里级预警，并结合检测监测数据开展智能运维，从计划修走向视情修、预测修，天窗利用率提升 15%～20%。这些实实在在的改变得益于李平攻关团队构建的智能高铁大脑平台。它融合应用北斗、5G、大数据、人工智能等技术，为智能建造、装备、运营等提供算法和数据支撑。

作为世界首条时速 350 km 的智能高铁，京张高铁是在智能高铁体系架构 1.0 标准指导下建成的第一条智能高铁示范线。2022 年，智能建造推广应用到所有新建高铁，智能客站、智能综合调度等成果全面推广到全国铁路。2023 年 9 月，智能福厦高铁开通运营。2023 年 10 月，印尼雅万高铁智能化系统投入应用，智能高铁系列成果在支撑"一带一路"、走出去战略中发挥重要作用。

思政案例　新中国建设史上的第一个奇迹——成渝铁路

从清末到民国，西南人民盼这条铁路，盼了近半个世纪，也没见着一寸钢轨。新中国成立后，共产党人只用两年就完成了铁路通车。这就是被称为新中国建设史上第一个奇迹的成渝铁路。

车轮滚滚，汽笛长鸣。穿越近 70 年岁月，几经提能改造，成渝铁路依然是成都、重庆两城之间的重要交通大动脉。如今，货物班列、慢火车与时速 350 km 的高铁，并肩驰骋在祖国西南的群山之间，让成渝地区双城经济圈血管更加通畅。

以为人民服务的精神解决困难

四川省内江市梅山公园内，耸立着的成渝铁路筑路民工纪念碑，与成都人民公园屹立百余年的"辛亥秋保路死事纪念碑"遥相呼应，浓缩记载了巴蜀群众保路、筑路的历史风云和不朽功绩。

"蜀道难，难于上青天。"这片土地上的人们，千百年来一直梦想能打通天堑，畅游神州。1903 年，四川总督锡良上书奏请自办川汉铁路，成渝铁路为其西段。川蜀民众踊跃认股。1911 年，清政府宣布"铁路国有"，转而卖给英、法等国。轰轰烈烈的保路运动由此爆发，成为辛亥革命导火索。正如孙中山所说，"若没有四川保路同志会的起义，武昌革命或者要迟一年半载"。

后来，国民政府重启成渝铁路，但直到新中国成立，成渝线依旧是地图上的一条虚线，四川百姓的出山梦依旧遥远。

共产党没有让人民继续等待。开国大典后不久，时任中共中央西南局书记邓小平主持召开西南局常委办公会，决定"兴建成渝铁路，造船修建码头"。报告得到中央批准，成渝铁路成为国家战略。

1950 年 6 月铁路动工，四川各界群情振奋。华中轮船公司负责人说："过去反动政府借口修筑成渝铁路，不知搜刮了多少民脂民膏，结果只是在地图上画了一条虚线。现在西南解放才几个月，西南人民 40 多年来的理想，在人民政府领导下就开始实现了。"

毛泽东主席为成渝铁路通车题词："庆贺成渝铁路通车，继续努力修筑天成路（即后来的宝成铁路，编者注）。"

新中国刚刚成立，百废待兴，还面临西方国家的封锁禁运，要修铁路谈何容易。有人问，铁轨、枕木、机车从哪来？

"依靠地方，群策群力，就地取材，修好铁路！"党中央的指示明确有力。鞍钢的钢锭、上海的钢梁、武汉的机车，源源不断运到重庆。铁轨、螺丝钉、炸药、水泥等材料，全部自制。全川人民踊跃捐献枕木，青年献出做新床的木料，老人献出做寿棺的方材，有的人还献出了珍藏多年的樟木、楠木，全川共献枕木 129 万根。

不久，朝鲜战争爆发，筑路主力军北调参加抗美援朝。他们留下的任务，由从各城镇招募的失业工人和沿线动员的农民工所接替。

分散在 500 km 线路上的十万民工如何管理？更不要说其中还混迹着土匪、特务等敌对势力。铁路建设还能顺利推进吗？

"许多的困难问题，必须以为人民服务的精神，逐步地求得解决。"各级领导干部遵照邓小平在铁路开工典礼上的讲话，将修建铁路的过程，变成将党的政策在群众中间生根开花的过程。

干部、指导员如何做，民工看在眼里。饭不够吃，指导员先放下碗；工棚地下回潮，指导员把稻草让给民工多铺些；发生塌方，指导员让民工先出洞口，自己最后出来……好的干部带出了好的筑路队伍。隧道里放炮后，常常硝烟未散，工人就冲进去干活。当年参加筑路的华荣、凌云柱曾回忆："那时抗美援朝，别人捐飞机大炮，我们没钱，只有加快施工，劳动报国。大家约定下班后义务加班半小时，届时班头吼一声'捐献飞机大炮的时候到了'，我们就不仅不休息，反而干得更卖力，那半小时就像现在的自动传送带似的，工效比正常上班提高两倍。"成渝铁路工程师萨福均感慨道："人民政府一声号召，从最高级的政府到最下级的政府一齐动员，几十万民工马上集合到路线上来。过去国民党抓都抓不来，现在他们是争着来，干了还不肯回去。"

只有人民政府才能领导人民走向幸福

1952 年 7 月 1 日，成渝铁路全线通车。沿线农民个个兴高采烈。他们在送给筑路工人的锦旗上写着："毛主席来了，火车也来了！""人民政府把我们的幸福的道路修通了！"到处可以听到这样的歌声："人民政府爱人民呀！共产党的恩情说不完！""人民的铁路人民修呀！人民的铁路人民护！人民的江山万万年。"

老百姓的欢歌笑语，充分表明共产党办了一件深得民心的大好事。时任政务院副总理兼财政经济委员会主任陈云说："中央人民政府两个年度的经济投资，使全国人民普遍地有了一种感觉：仅仅这个政府才是为人民服务的政府；只有这个政府才能领导我国人民走向幸福。"时任西南军政委员会副主席贺龙说："这是中国第一条全部用自己的器材修成的铁路，西南人民把它看作通往繁荣和幸福的起点。"时任民盟主席张澜在通车贺电中说："渴望数十年的成渝铁路，能在中国共产党 31 周年纪念日胜利通车，这充分证明了西南人民在毛主席领导下，才可能发挥伟大力量，获得今天的胜利和成功。"

铁 路 轨 道

轨道与路基、桥隧建筑物共同组成铁路线路。有砟轨道和无砟轨道是现代铁路轨道的主流技术。

本项目共 3 项任务：

任务 3.1 有砟轨道构造认知

任务 3.2 无砟轨道构造认知

任务 3.3 无缝线路、轨道几何形位认知

这 3 项任务全部依托目前铁路运维体系的实际，情境客观，内容真实。

学习目标

（1）掌握有砟轨道基本构造及技术要求。

（2）掌握无砟轨道基本构造及技术要求。

（3）掌握无缝线路的类型。

（4）掌握轨道几何形位的内涵。

（5）会识别各类轨道。

（6）会标识铁路标准轨距。

（7）培养学习铁路轨道的兴趣。

（8）提升自主学习、互助学习、探索学习的能力。

（9）提升利用线上线下手段查阅资料的技能。

（10）通过完成课前自主学习、课中小组研学、课后作品制作，提高个性化创作能力和互助研学能力。

（11）尊重铁路工务人的劳动及劳动智慧，增强职业荣誉感。

（12）塑造新时代健康人格，热爱中国式现代化铁路，激发爱国主义情怀。

学习建议

（1）课前自主学习。认真阅读每项任务中的基础知识，通过线上线下教学资源，查阅与任务相关的资料，阅读有关中国铁路轨道的文献资料，收集文字、数字、影像资料。

（2）课中小组研学。以事先划定的学习小组为单位，交流个人自主学习情况，分享个人收集的相关资料，研讨学习中发现的疑点、难点，制作关于小组研学过程的微课。

（3）课后作品制作。学生个人单独制作一个开放、个性、富有创造性的学习过程和学习成效的视频，既要反映课程基本学习目标的完成情况，又要反映个人学习的收获。

任务 3.1 有砟轨道构造认知

活动 3.1.1 自主学习

建议本活动在课前进行。按照教学安排，学生预习基础知识，并查阅与本任务相关的资料。

基础知识

重载铁路和客货共线铁路轨道结构多为有砟轨道结构。有砟轨道是由钢轨、轨枕、联结零件、道床、防爬设备和道岔等组成的铁路线路基本结构，有砟轨道基本组成如图 3-1 所示，有砟轨道实景如图 3-2 所示。

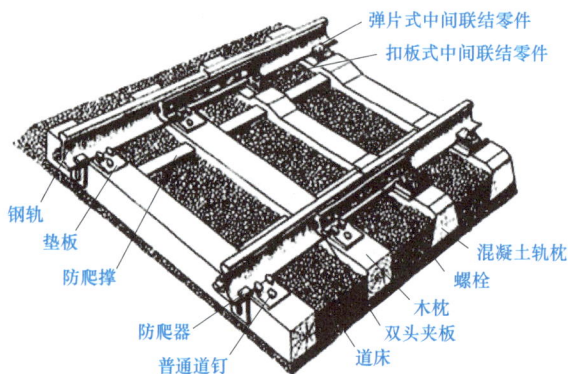

图 3-1 有砟轨道基本组成

图 3-2 有砟轨道实景

3.1.1.1 钢轨

1. 钢轨断面形状及要求

钢轨断面的形状为工字形，由轨头、轨腰、轨底三大部分组成。钢轨断面形式如图 3-3 所示，钢轨断面如图 3-4 所示。

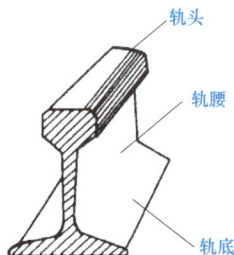

图 3-3 钢轨断面形式

图 3-4 钢轨断面

之所以采用"工"字形是因为它受力好、省材料，具有最佳抗弯性能。对钢轨的基本要求如下。

（1）轨头宜大而厚，并具有与车轮踏面相适应的外形。

（2）轨腰必须具有足够的厚度和高度，具有较大的承载能力和抗弯能力。

（3）轨底应有足够的宽度和厚度，并具有必要的刚度和抗锈蚀能力。

2. 钢轨分类

在我国，钢轨的类型以每米长度的质量（kg/m）表示，现行的标准钢轨类型有：75 kg/m、60 kg/m、50 kg/m 及 43 kg/m。

钢轨按厂制钢轨长度的不同可分为 12.5 m、25 m 标准轨及曲线地段铺设内轨用的标准缩短轨和 100 m 定尺轨。75 kg/m 的钢轨没有 12.5 m 的轨条。

按材质的不同可分为：碳素轨、合金轨、淬火轨。

按货源可分为：国产轨、进口轨、试验轨。

3. 钢轨功能

（1）为车辆提供连续、平顺和阻力最小的滚动面，引导机车车辆前进。

（2）承受车轮传来的巨大压力，并以分散的形式传给轨枕。

（3）在电气化铁道或自动闭塞区段，兼作轨道电路，为轨道电路提供导体。

3.1.1.2　轨枕

1. 轨枕长度

轨枕被称为钢轨的"基座"，我国普通轨枕的长度为 2.5 m，桥枕和岔枕的长度是 2.6～4.85 m。

2. 轨枕类型

1）按制作材料分类

按制作材料，轨枕分为钢筋混凝土枕和木枕两种，如图 3-5 所示。目前。我国铁路所使用的主要是预应力钢筋混凝土轨枕。

(a) 钢筋混凝土枕　　　　　(b) 木枕

图 3-5　轨枕

（1）混凝土轨枕的特点。

① 材源较多，并能保证尺寸，使轨道弹性均匀，提高了轨道的稳定性。

② 不受气候、腐朽、虫蛀及火灾影响，使用寿命长。

③ 截面为梯形，上窄下宽。梯形截面可以节省混凝土用量，减少自重。轨枕顶面支撑钢

轨的部分称为承轨槽，做成 1∶40 的斜面，以适应轨底坡的要求。

④ 具有较高的道床阻力，这对提高无缝线路的横向稳定性是十分有利的。

⑤ 自重大、刚度大，与木枕线路相比其轨底挠度较平顺，故轨道动力坡度小。

⑥ 列车通过不平顺的混凝土枕线路时，轨道附加力增大。故对轨下部件的弹性提出了更高的要求，以提高线路抵抗能力。

（2）木枕的特点。

① 具有弹性好，形状简单，加工容易，重量轻，铺设和更换方便等优点。

② 主要缺点是消耗大量木材，使用寿命较短。

2）按用途分类

按用途，轨枕分为普通轨枕、岔枕（见图 3-6）和桥枕（见图 3-7）。

图 3-6 岔枕

图 3-7 桥枕

3）按承载能力分类

按承载能力，混凝土轨枕分为Ⅰ型、Ⅱ型、Ⅲ型，其中Ⅰ型枕用于中型或轻型轨道；Ⅱ型枕用于重型和次重型轨道；Ⅲ型枕用于 75 kg/m 钢轨配套使用的特重型轨道。

当前正线上铺设的普遍为Ⅱ型枕和Ⅲ型枕。由于Ⅱ、Ⅲ型枕的适用条件不同，铁路在新线建设和旧线改造、大修中，将根据线路的不同等级要求合理地分级使用。Ⅲ型枕主要用于重载、提速的铁道线路，而Ⅱ型枕用于一般正线等。

设计速度 120 km/h 以上铁路正线有砟轨道应采用Ⅲ型轨枕和与轨枕配套的弹性扣件，以及一级碎石道砟。

我国自行研制的Ⅲ型钢筋混凝土轨枕，其长度有 2.5 m 和 2.6 m 两种，而且重量、内配钢筋数，以及底面积等都高于Ⅰ、Ⅱ型轨枕，大大提高了轨道的强度和稳定性。在提速线路和重载线路及新建的客运专线上，都已经使用Ⅲ型钢筋混凝土轨枕。

3. 轨枕功能

（1）轨枕承受来自钢轨的各向压力，并弹性地传布于道床。

（2）有效地保持轨道的几何形位，特别是轨距和方向。

（3）具有必要的坚固性、弹性和耐久性，并能便于固定钢轨，有抵抗纵向和横向位移的能力。

4. 轨枕间距

轨枕间距与每千米配置的轨枕根数有关，每千米配置的轨枕根数应根据运量、行车速度及线路设备条件确定，并和钢轨及道床等综合考虑，合理配套，以求在最经济的条件下，保证轨道具有足够的强度和稳定性。

轨枕密一些，道床、路基面、钢轨以及轨枕本身受力都可小一些，同时，使轨距、方向易于保持，对行车速度高的地段尤为重要，但也不能太密，太密则不经济，而且净距过小，也会在一定程度上影响捣固质量。

我国铁路规定：对木枕轨道，每千米最多为 1 920 根，混凝土枕为 1 840 根；每千米最少均为 1 440 根。轨枕的级差为每千米 80 根。每千米铺设数量由线路等级决定。轨枕根数越多，轨道强度越大。轨枕铺设间距如图 3-8 所示。

图 3-8　轨枕铺设间距

学而思之

轨枕间距是不是越密集越好呢？

3.1.1.3　联结零件

联结零件包括：接头联结零件、中间联结零件。

1. 接头联结零件

钢轨的接头联结及联结零件如图 3-9 所示。

两节钢轨的末端，用接头联结零件联结。先用两块鱼尾板夹住钢轨，然后用螺栓拧紧。为防止螺栓松动，在螺帽与鱼尾板之间，加有弹簧垫圈。目前，广泛采用的钢轨接头形式是悬接而又对接，如图 3-10 所示。

图 3-9　钢轨的接头联结及联结零件

悬接　　　　　　　　　　　　对接

图 3-10　钢轨接头形式

2. 中间联结零件（扣件）

中间联结零件把钢轨与轨枕牢固地联结起来，以确保钢轨位置稳定。

根据轨枕的性质，中间联结扣件可以分为：木枕联结扣件和混凝土枕联结扣件。

1）木枕联结扣件及木枕联结方式

木枕轨道地段中间联结方式主要有混合式和分开式两种。

（1）混合式。

木枕轨道大量采用的联结方式是混合式，如图 3-11 所示。

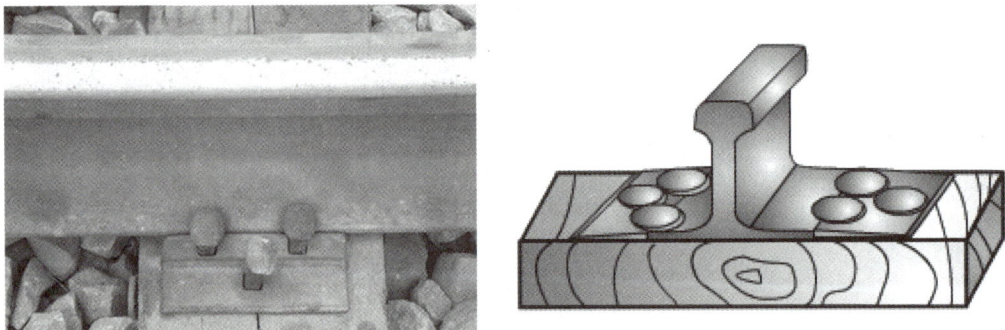

图 3-11　钢轨与木枕的混合式联结

混合式是先用道钉把垫板与木枕扣紧，然后再用道钉将钢轨、垫板和木枕三者同时联结。混合式扣件零件少，安装成本低，但扣紧力不如分开式。

（2）分开式。

分开式是将垫板分别与轨枕和钢轨单独扣紧。分开式扣压力大，能有效防止钢轨的横、纵向位移，同时便于安装与更换，但成本高。在特殊线路与桥上线路中使用，如图 3-12 所示。

2）混凝土枕联结扣件及混凝土枕联结方式

由于混凝土枕重量大、刚度大，因而混凝土枕扣件的性能也比木枕扣件好，主要表现为：扣压力足；适当的弹性；具有绝缘性能。

钢轨与混凝土枕联结如图 3-13 所示。

钢筋混凝土用的扣件有扣板式、拱形弹片式和 ω 型弹条式三种。

图 3-12 钢轨与木枕的分开式联结

图 3-13 钢轨与混凝土枕联结

3.1.1.4 道床

1. 道床结构

道床介于轨枕与路基之间，是轨道的重要组成部分。道床是铺设在路基面上的石砟（道砟）垫层，如图 3-14 所示。

2. 道床材质

常用的材料有碎石、卵石、粗砂等。其中以碎石为最优，我国铁路一般都采用碎石道床，如图 3-15 所示。道床材质应具备的性能如下。

（1）质地坚硬，耐压、耐高温、耐磨，具有弹性；

（2）排水性能好，吸水度小；

（3）不易风化、不易侵蚀。

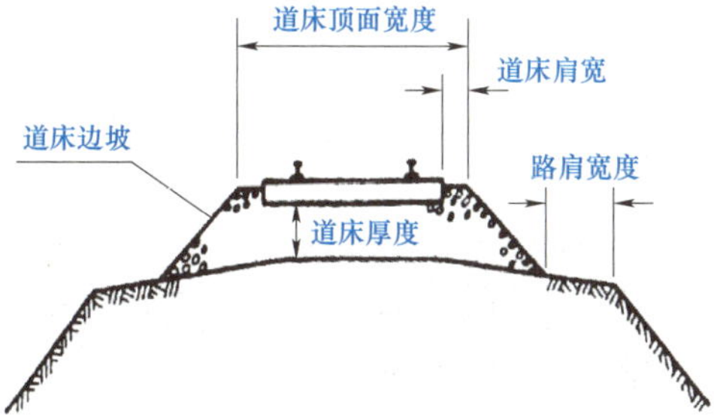

图 3-14 道床断面示意图

图 3-15 碎石道床

3. 道床功能

（1）承受来自轨枕的压力，将其均匀地传递到路基。

（2）提供轨道的横、纵向力，保持轨道的稳定。

（3）提供轨道弹性，减缓、吸收轮轨的冲击、振动。

（4）提供良好的排水性能，减少路基病害。

（5）便于轨道养护维修作业。

3.1.1.5 防爬设备

1. 轨道爬行

列车运行时，车轮作用于钢轨上除产生竖直力和横向力外，还产生一个纵向水平推力，能引起钢轨的纵向移动，有时甚至带动轨枕沿着线路方向一起移动，这种现象称为轨道的爬行。轨道爬行经常出现运量大的方向和制动地段。

2. 轨道爬行危害

（1）钢轨爬行后使接头挤成连续瞎缝，促使胀轨跑道。

（2）另一端则拉大轨缝，造成夹板螺栓拉完或拉断，拉完中间扣件，拉裂木枕或拉斜轨枕，造成轨道不平顺，增加了维修工作量。

（3）在道岔上，会影响尖轨的正确位置造成转辙器扳动不灵活。

（4）轨道爬行往往使轨枕离开捣固坚实的道床，造成轨道沉落，产生低接头。

3. 防爬措施

防止爬行，需要加强接头扣件、中间扣件的扣紧力。扣紧力的加强，是通过安装防爬设备实现的。

1）防爬设备

在直线地段，由于列车纵向力的作用，轨枕可能被拉斜。预防方法是将防爬器与防爬支撑配合使用，防爬设备组成如图 3-16 所示，穿销式防爬器如图 3-17 所示，石质防爬器如图 3-18 所示。

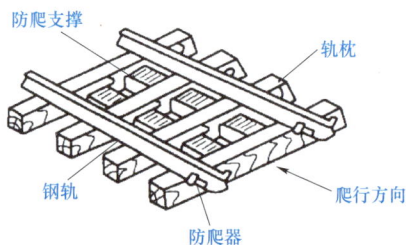

图 3-16　防爬设备组成

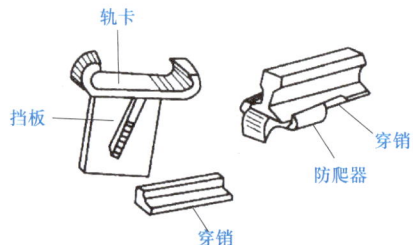

图 3-17　穿销式防爬器

2）轨距拉杆

在曲线地段，由于列车横向力的作用，很容易引起轨距扩大。预防方法是采用轨距拉杆进行加固，如图 3-19 所示。

图 3-18　石质防爬器

图 3-19　轨距拉杆

学而思之

轨道爬行的危害有哪些？哪种危害最严重？

3.1.1.6　道岔

道岔是铁路线路相连接或交叉设备的总称，是机车车辆从一股轨道转入或越过另一股轨道的设备，是铁路轨道的重要组成部分。

1. 道岔类型

道岔种类较多，常见的有普通单开道岔、双开道岔、三开道岔、菱形道岔、交分道岔等。

1）普通单开道岔

（1）组成。

单开道岔是最常用的道岔之一，主线为直线，侧线在主线的右侧（右开道岔）或左侧（左开道岔）。单开道岔是线路上铺设数量最多的道岔。单开道岔由转辙器部分、连接部分、辙叉与护轨部分组成，如图 3-20 所示。

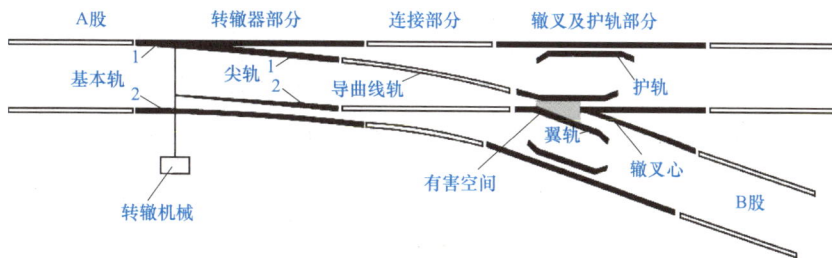

图 3-20　普通单开道岔

① 转辙器部分，包括两根尖轨和两根基本轨，是引导机车车辆转线的部分。

基本轨是用 12.5 m 或 25 m 标准轨经过适当加工制成。主线基本轨为直线。侧线基本轨为折线或曲线。

尖轨是转辙器部分最重要的组成部件。通过转辙机械的作用，两根尖轨往复摆动，从而引导机车车辆进入主线或侧线行驶。

② 连接部分，包括两根直轨和两根导曲线轨，是将转辙器和辙叉连接起来的部分。在导曲线上一般不设缓和曲线和超高，所以列车在侧向过岔时，速度要受到限制。

③ 辙叉及护轨部分，包括辙叉心、两根翼轨和两根护轮轨。其作用是保证车轮安全通过互相交叉的两根钢轨。

护轨能正确地引导机车车辆轮对的走向，防止其撞击辙叉心，使列车平顺、安全地通过有害空间。

（2）道岔号。

铁路用辙叉角（α）的余切值来表示道岔号。辙叉角 α 越小，N 值越大，导曲线半径也就越大，侧线过岔速度越高，如图 3-21 所示。

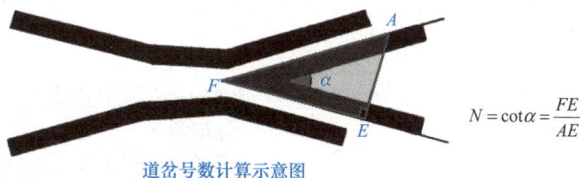

$$N = \cot\alpha = \frac{FE}{AE}$$

道岔号数计算示意图

图 3-21　道岔号数计算简图

（3）有害空间。

从两翼轨最窄处到辙叉心实际尖端之间，存在着一段轨线中断的空隙，叫作辙叉的有害空间。

车轮通过此处时，有可能因走错辙叉槽而引起脱轨。设置护轨的目的也就在此，它要强制引导车轮的运行方向。尽管如此，这个有害空间的存在限制了列车通过道岔的速度。

（4）可动心轨辙叉。

可动心轨辙叉的心轨与尖轨同时扳动，心轨尖端总是同一根翼轨密贴而同另一根翼轨分离，这样就不存在有害空间，使行车平稳而安全，消除了列车直向过岔速度的限制，如图 3-22 所示。

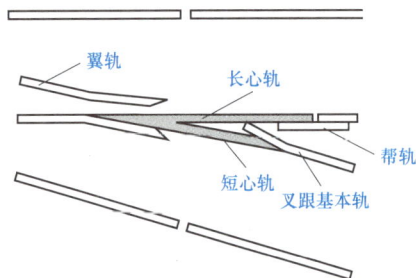

图 3-22　可动心轨辙叉

2）双开道岔

双开道岔也叫对称道岔，是两条线各向左右对称分开的道岔。在结构上，道岔对称于线路的中线，道岔连接部分有 4 条导曲线轨而无直轨，如图 3-23 所示。

3）三开道岔

三开道岔是把一条线分成三条线，其中主线是直线，两侧线分别向左右对称岔开，如图 3-24 所示。

图 3-23　双开道岔　　　　　图 3-24　三开道岔

4）菱形道岔

菱形道岔是两股轨道在同一平面上相互交叉时所铺设的一种轨道交叉设备，由两组锐角辙叉和两组钝角辙叉组成，如图 3-25 所示。

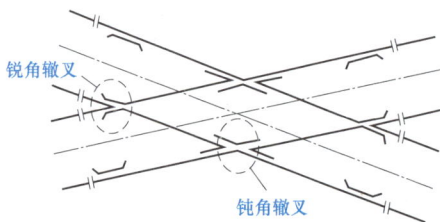

图 3-25　菱形道岔

5）交分道岔

交分道岔相当于两组对向布置的单开道岔，它可以减少占地面积，改善列车运行条件，是铁路线路上铺设的最为复杂的道岔。如图 3-26 所示。

2. 提速道岔

提速道岔是适应我国铁路提速的要求而产生的一种新型道岔，在时速为 120 km 及其以上的区段要采用外锁闭方式的提速道岔，目前提速道岔的辙叉号很多，最小的是 12 号，还有 18 号、30 号等，如图 3-27 所示。

图 3-26 交分道岔

图 3-27 提速道岔

3. 道岔功能

（1）线路的连接设备，引导铁路机车车辆由一条线路进入另一条线路。

（2）线路的交叉设备，引导铁路机车车辆由一条线路跨越另一条线路。

（3）连接与交叉设备，既可以引导铁路机车车辆由一条线路进入另一条线路，也能够引导铁路机车车辆由一条线路跨越另一条线路。

学而思之

提速道岔有几种形式？

查阅资料

（1）在阅读基础知识的基础上，通过线上线下教学资源，查阅铁路有砟轨道的资料，进一步了解有砟轨道的基本技术条件。

（2）个人下载 3～5 张关于铁路有砟轨道的图片，用于小组学习交流。

活动 3.1.2　集体研学

建议本活动在课中进行。在教师指导下，以学生为主体，工学结合，做中学、做中教。

场所建议

场所 1：现场。现场观看铁路有砟轨道。

场所 2：仿真实训室。通过仿真系统展示铁路有砟轨道。

场所 3：多媒体教室。通过多媒体课件展示铁路有砟轨道。

上述 3 个教学场所，最好选择场所 1，其次选择场所 2，起码保证场所 3。

视频欣赏

进入教学资源库，观看铁路有砟轨道视频，学习、弘扬铁路职工的劳模精神、劳动精神和工匠精神。

小组交流

（1）以事先划定的学习小组为单位，交流个人课前、课中学习情况，分享个人收集的相

关资料，对学习中发现的疑点、难点进行小组研讨，并在规定时间内制作小组研学过程的微课，时间不超过 3 min。

（2）各研学小组向全班分享关于铁路有砟轨道集体研学的微课，并提交任课教师。

学习评价

教师引导学生总结本次课学习收获，并进行自我评价。

1. 长知识（5分）

1）有砟轨道组成

（1）钢轨；（2）轨枕；（3）联结零件；（4）道床；（5）防爬设备；（6）道岔等。

2）普通单开道岔组成

（1）转辙器部分；（2）连接部分；（3）辙叉及护轨部分。

2. 强能力（5分）

（1）能简要说出有砟轨道基本组成部件的名称。

（2）会识别有砟轨道各组成部件。

（3）对学习有砟轨道产生兴趣爱好。

（4）提升利用互联网、教学资源库、图书查阅专业资料的技能。

（5）逐步养成自主学习习惯，提升互助学习、探索学习的能力。

3. 提素养（5分）

（1）尊重铁路工务人员的劳动及劳动智慧，增强职业荣誉感。

（2）塑造新时代健康人格，热爱中国式现代化铁路，激发爱国主义情怀。

（3）成为铁路劳模精神、劳动精神、工匠精神的传承人。

活动 3.1.3　作品制作

建议本活动在课后进行。每名学生单独制作一个开放、个性、富有创造性的学习过程和学习成效的视频，既要反映课程基本学习目标的完成情况，又要反映个人学习的收获，时间在 5 min 以内，至少包括以下 5 个内容。

（1）有砟轨道组成。

（2）普通单开道岔组成。

（3）道岔号。

（4）有害空间和可动心轨。

（5）通过本次课学习，个人在知识增长、能力强化、素养提升方面的小结。

课后 2 天内将作品提交任课教师，作为教师评价学生学习效果的依据。

活动 3.1.4　学习测试

（1）简述有砟轨道组成。

（2）简述普通单开道岔组成。

（3）简述有害空间和可动心轨。

拓展学习

混凝土轨枕 I、II、III 型

目前，全国有固定的混凝土轨枕生产企业 40 多家，还有若干为适应新线建设应运而生的现场制枕场，年生产能力可达 2 000 万根以上。根据新线建设和旧线大修、维修换枕需要，混凝土轨枕年需求量为 1 000 多万根，我国混凝土轨枕市场总体虽有些供大于求，但分布却不尽合理。此外，根据对外经援和经贸的需要，我国曾帮助坦桑尼亚、蒙古等国设计并建造了混凝土轨枕厂。回顾我国混凝土轨枕发展的历史，大体可分为三个阶段。

第一个阶段为 1958—1980 年，这是预应力混凝土轨枕研制成功并开始推广应用的阶段。这个阶段是在以前研制了多种形式混凝土轨枕的基础上，统一了外形尺寸，采用两种不同的预应力钢材，即直径为 3 mm 的高强碳素钢丝（每根轨枕共 36 根）和直径为 8.2 mm 的高强热处理低合金钢筋（每根轨枕共 4 根），配筋率基本相同，混凝土强度等级同为 C50，轨枕型号分别称 S69（钢丝轨枕）和 J69（钢筋轨枕），后来改称为 S-1 和 J-1 型，统称为 I 型枕，二者除预应力钢筋品种不同外，在外形尺寸、张拉力、混凝土强度等级、构造配筋、轨枕力学性能等方面基本一样，这个阶段的生产工艺主要是流水机组法，生产效率不是很高，工人劳动强度较大。

第二个阶段为 1981—1995 年，这是推广应用 II 型枕的阶段。

II 型枕的预应力钢材是直径 3 mm 的高强碳素压波钢丝（数量比 I 型枕有所增加，每根轨枕共 44 根）和直径 10 mm 的高强热处理低合金钢筋（每根轨枕共 4 根），分别称 S-2 和 J-2 型，由于采用了减水剂，混凝土强度等级提高为 C60，截面高度、张拉力等均比 I 型枕有所增加，轨枕力学性能有所加强。在这个阶段，混凝土轨枕的生产工艺也有了比较大的改进，首先是完全由桥式吊车移动模型的流水机组法发展为模型以辊道传送为主，吊车仅作为将模型吊出、吊入养护池的流水机组传送法。在这个阶段，轨枕行业为保证产品质量稳定，在洁净骨料、科学级配、准确计量、均匀搅拌、低温蒸养、蒸养温度和预应力钢筋张拉自动控制、工艺设备改进等方面均有了很大进步。

第三个阶段是 1995 年以后至今，这是应用推广 III 型枕并改进 II 型枕的阶段。在这个阶段，首先是进一步提高 II 型枕的质量，在产品设计上，采用以直径 7 mm 和直径 6.25 mm 的螺旋肋钢丝，设计并生产新 II 型枕，同时在重要干线上逐步推广应用 III 型枕，以适应中国铁路重载提速发展的需要，在这个阶段，还研制成功 500 kN 轨枕静载试验机和轨枕外形尺寸专用量器具，为进一步提高轨枕质量提供了更强大的保障。

当前正线上普遍铺设新 II 型枕和 III 型枕。由于 II、III 型枕的适用条件不同，铁路在新线建设和旧线改造、大维修中，将根据线路的不同等级要求合理地分级使用。

由于 I 型轨枕存在一些问题和不足，所以当线路承受载荷比较大且重复多次的话，那么就要使用 II 型轨枕了，因为它与 I 型轨枕相比，其计算承载能力提高了 13%～25%，其中间截面的正弯矩则提高了 8.8%，并且中间截面的负弯矩提高了 14%～41%，所以，其强度是比较高的，其基本上能够适应于次重型及重型轨道。但是，II 型轨枕也是存在缺点的，主要是其安全储备不够大，不适用于特重型轨道的承载。

III 型轨枕主要用于重型及特重型轨道中，其主要特点如下。

（1）其结构合理，强度高，因此能够强化轨道结构。

（2）其增加了支承面积和质量，因此能够减缓道床的累积变形，从而提高线路的稳定性能。

（3）采用了无螺栓扣件，因此能够减少养护和维修的工作量。

线路上的轨枕类型及配置根数，应根据运量、线路允许速度及线路设备条件等确定。道砟平轨枕面，可防止掉道损坏轨枕。

轨枕因应用范围不同，长度也不同。在我国，普通轨枕长度为 2.5 m，道岔用的岔枕和钢桥上用的桥枕，长度有 2.6～4.85 m 多种。每公里线路上铺设轨枕的数量是根据铁路运量和行车速度等运营条件来确定的，一般而言，在 1 520～1 840 根之间。不言而喻，轨枕数量越多，轨道强度越大。

任务 3.2　无砟轨道构造认知

活动 3.2.1　自主学习

建议本活动在课前进行。按照教学安排，学生预习基础知识，并查阅与本任务相关的资料。

基础知识

随着列车速度的不断提高，有砟轨道线路道砟粉化及道床累积变形速率随之加快，须通过采用特级道砟、优化道床尺寸、铺设砟下胶垫、枕下胶垫等多种轨道结构强化措施，来满足高速铁路对轨道高平顺性、高稳定性、少维修的要求，无砟轨道技术指标符合这些要求。

无砟轨道线路如图 3-28 所示。

图 3-28　无砟轨道线路

无砟轨道技术特点如下。

（1）线路静态、动态平顺性高。

（2）线路维修量大幅减少。

（3）耐久性好，服务期长（设计使用年限为 60 年）。

（4）提供较大的线路纵、横向阻力，稳定性高。

（5）避免道砟飞溅。

（6）自重轻，减小桥梁的二期恒载。

（7）道床美观整洁。

（8）综合工程投资较大。

（9）无砟轨道高低调整能力有限（主要通过扣件系统），特殊情况下，结构失效修复较困难，维修的专业性要求高。

（10）道床面相对平滑，轮轨噪声相对较大。

目前，我国无砟轨道技术主要应用于高速铁路，无砟轨道结构形式如下。

（1）正线无砟轨道。CRTS Ⅰ 型板式无砟轨道；CRTS Ⅱ 型板式无砟轨道；CRTS Ⅲ 型板式无砟轨道；双块式无砟轨道。

（2）岔区无砟轨道应用。道岔区轨枕埋入式无砟轨道、岔区板式无砟轨道。

3.2.1.1　CRTSⅠ型板式无砟轨道认知

目前，CRTSⅠ型板式无砟轨道正线主要应用在哈大、沪宁、广珠、广深港、宁安、哈齐、成绵乐（成眉段）、海南东环等高速铁路；岔区板式无砟轨道主要应用在武广、京沪、沪杭、京石、石武等高速铁路；轨枕埋入式主要应用在武广、郑西、哈大等高速铁路。

1. CRTSⅠ型板式无砟轨道结构及技术特点

1）CRTSⅠ型板式无砟轨道结构

CRTSⅠ型板式无砟轨道结构如图 3−29 所示。

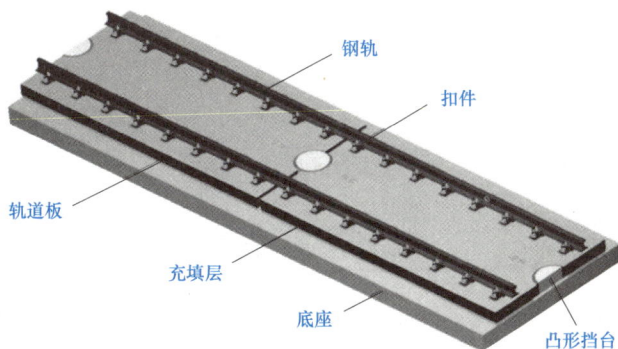

图 3−29　CRTSⅠ型板式无砟轨道结构

（1）钢轨：60 kg/m 钢轨。

（2）扣件：弹性分开式 WJ−7 型。

（3）轨道板：预制轨道板（无挡肩）。

（4）砂浆层：水泥乳化沥青砂浆充填层厚度 50 mm。

（5）凸形挡台（钢筋混凝土结构）周围树脂厚度 40 mm。

（6）钢筋混凝土底座（设置超高）。

2）技术特点

（1）路基、隧道、桥梁等不同结构物上轨道结构组成相同，标准化程度高，如图 3−30（a）所示。

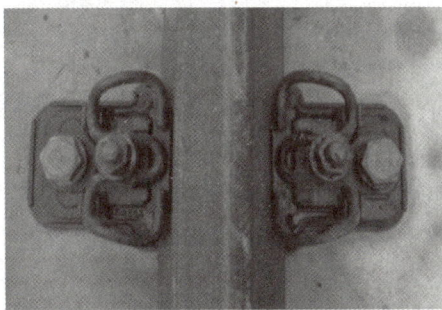

（2）配套采用无挡肩扣件，如图 3−30（b）所示。

（a）标准化程度高　　　　　　　（b）采用无挡肩扣件

图 3−30　CRTSⅠ型板式无砟轨道技术

（3）轨道板与砂浆层可分离，可修复性强。

（4）温度跨度较大的桥梁地段，梁端半圆形凸台受力较大。

（5）受日温差引起的温度梯度影响，轨道板易翘曲变形。

2. 预制混凝土轨道板

1）轨道板尺寸

轨道板标准尺寸为 4 962 mm×2 400 mm×190 mm，每块板上布置 8 个节点，间距 629 mm，板端缺口半径 300 mm；32 m 梁上轨道板长度有 4 962 mm 和 3 685 mm 两种，其中梁端 3 685 mm 板上布置 6 个节点；24 m 梁采用 4 856 mm 轨道板长度。

2）轨道板类型

轨道板类型如图 3-31 所示。

轨道板有双向预应力平板（P）、普通混凝土框架板（RF）、双向预应力框架板（PF）三种类型。

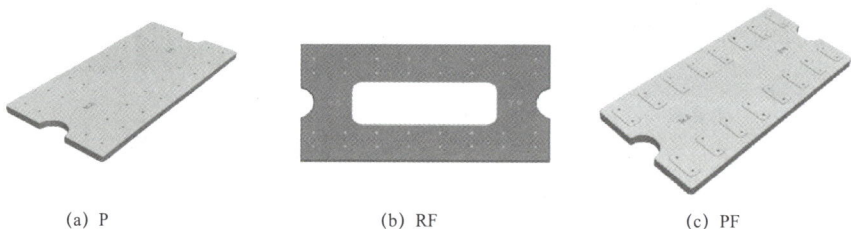

| (a) P | (b) RF | (c) PF |

图 3-31　轨道板类型

3）轨道板主要技术要求

（1）满足《CRTS I 型板式无砟轨道混凝土轨道板暂行技术条件》。

（2）预应力轨道板：C60，不允许开裂，锚穴封端状态良好。

（3）普通混凝土框架板：C50，混凝土裂缝宽度不得大于 0.2 mm。

（4）按标准铺设，并精调定位，如图 3-32 所示。

图 3-32　轨道板铺设、精调定位

4）轨道板主要功能

（1）钢轨和扣件的安装定位。

（2）承受列车荷载、温度荷载、施工临时荷载。

（3）传递竖向荷载、水平荷载。

（4）提供轨道电路、综合接地的轨道接口。

3. 钢筋混凝土底座

1）钢筋混凝土底座尺寸

钢筋混凝土底座尺寸如表 3-1 所示。

表 3-1　钢筋混凝土底座尺寸

外形尺寸	路基区段	桥梁区段	隧道区段（有仰拱）
宽度	3.0 m	2.8 m	2.8 m
厚度	300 mm	200 mm	200 mm
长度	10 m	5 m	10 m

2）钢筋混凝土底座设置

钢筋混凝土底座如图 3-33 所示。

钢筋混凝土底座分段设置，底座间（5～15 m）设宽度 20 mm 的伸缩缝。

图 3-33　钢筋混凝土底座

3）钢筋混凝土底座主要技术要求

（1）钢筋混凝土底座混凝土裂缝宽度不大于 0.2 mm。

（2）钢筋混凝土底座间伸缩缝状态良好。

（3）钢筋混凝土底座与路肩封闭层间的纵向接缝状态良好。

（4）板外侧的底座面排水良好。

4）钢筋混凝土底座主要功能

（1）轨道板的支承基础，承受列车荷载、温度荷载、混凝土收缩等效荷载、基础变形荷载。

（2）传递、分散荷载至线下基础。

（3）设置曲线超高（基床表层）。

（4）借助凸形挡台，固定轨道限位结构，底座与凸形挡台技术如图 3-34 所示。

图 3-34　底座与凸形挡台技术

4. 凸形挡台及周围填充树脂

（1）凸形挡台分圆形、半圆形（梁端），其半径为 260 mm，高度为 250 mm，圆形和半圆形凸形挡台如图 3-35 所示。

图 3-35　圆形和半圆形凸形挡台

（2）凸形挡台与底座钢筋连接，与底座面垂直。

（3）相邻挡台中心距偏差：±5 mm；左右偏差：±2 mm。

（4）周围填充树脂设计厚度为 40 mm，不得小于 30 mm，凸台周围树脂灌注如图 3-36 所示。

图 3-36　凸台周围树脂灌注

（5）满足《CRTS Ⅰ型板式无砟轨道凸形挡台填充聚氨酯树脂暂行技术条件》。

5. 水泥乳化沥青砂浆充填层

1）水泥乳化沥青砂浆组成

水泥乳化沥青砂浆由水泥、乳化沥青、细骨料（砂）、混合料、水、铝粉、各种外加剂等多种原材料组成。

2）充填层主要技术要求

（1）力学性能，28 天抗压强度大于 1.8 MPa，弹性模量 100～300 MPa。

（2）砂浆层厚度为 50 mm，不应小于 40 mm。

（3）砂浆与轨道板底部密贴，轨道板边角悬空深度小于 30 mm，水泥乳化沥青砂浆灌注如图 3-37 所示。

（4）满足《CRTS Ⅰ型板式轨道水泥乳化沥青砂浆暂行技术条件》和《CRTS Ⅰ型板式无砟轨道水泥乳化沥青砂浆和凸台树脂用灌注袋暂行技术条件》。

3）充填层主要功能

（1）传递荷载，提供纵向阻力，施工调整（40～100 mm）。

图 3-37　水泥乳化沥青砂浆灌注

（2）协调轨道板温度变形。

（3）缓冲列车对轨道的冲击。

（4）阻断底座混凝土的反射裂纹。

学而思之

CRTS Ⅰ型板式无砟轨道的底座板为什么要预留伸缩缝？

3.2.1.2　CRTS Ⅱ型板式无砟轨道认知

CRTS Ⅱ型板式无砟轨道是经过改进的博格板式无砟轨道，是我国高速铁路引进、消化、吸收、再创新的成果之一。

目前，CRTS Ⅱ型板式无砟轨道，在我国应用于京津、京沪、沪杭、宁杭、杭长、京石、石武、合蚌、津秦、合福等高速铁路。

CRTS Ⅱ型板式无砟轨道是通过水泥乳化沥青砂浆调整层将预制轨道板铺设在现场摊铺的混凝土支承层（路基隧道地段）或现浇注的钢筋混凝土底座上（桥梁地段），并适应 ZPW-2000 轨道电路要求的纵向连接板式无砟轨道结构形式。其主要技术特点如下。

（1）不同结构物上的无砟轨道结构纵向连续，受温度荷载影响大。

（2）采用常阻力的弹性不分开式扣件，轨道板设挡肩。

（3）轨道板承轨部位打磨，铺设于设计指定位置。

（4）桥梁地段的轨道结构组成与线路隧道地段不同。

（5）轨道板、支承层、底座板等均为容许开裂结构。

1. 路基隧道地段 CRTS Ⅱ型板式无砟轨道结构

路基隧道地段 CRTS Ⅱ型板式无砟轨道结构如图 3-38 所示。

（1）钢轨：60 kg/m 钢轨。

（2）扣件：WJ-8 型或 300-1 型。

（3）轨道板：200 mm 厚预制混凝土轨道板。

（4）砂浆层：30 mm 厚高弹高强水泥沥青砂浆充填层。

（5）支承层：300 mm 厚支承层。

（6）基床表层：曲线超高在路基基床表层上设置。

2. 桥梁地段 CRTS Ⅱ型板式无砟轨道结构

桥梁地段 CRTS Ⅱ型板式无砟轨道结构如图 3-39 所示。

（1）扣件：WJ-8 型或 300-1 型。

（2）轨道板：200 mm 厚预制混凝土轨道板。

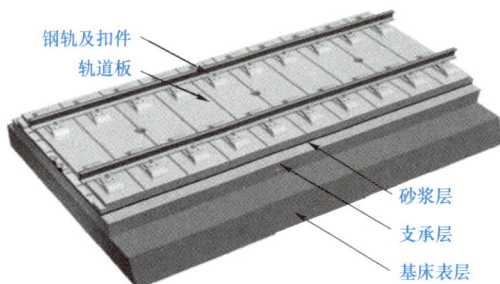

图 3-38　路基隧道地段 CRTS Ⅱ 型板式无砟轨道结构

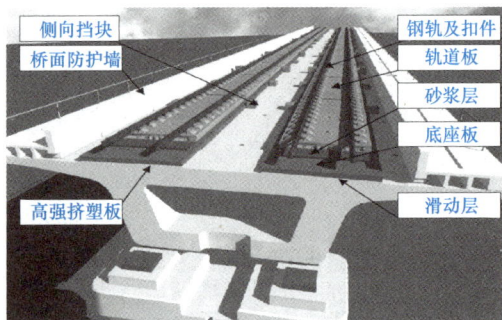

图 3-39　桥梁地段 CRTS Ⅱ 型板式无砟轨道结构

（3）砂浆层：30 mm 厚高弹高强砂浆充填层。

（4）底座板：190 mm 厚底座板。

（5）挤塑板：梁端高强度挤塑板。

（6）滑动层：梁跨间"两布一膜"滑动层，包括起防水渗漏的土工膜、位于土工膜下层的下层土工布、位于土工膜上层的上层土工布。

（7）侧向挡块。

（8）台后路基上锚固结构。

学而思之

路基隧道地段 CRTS Ⅱ 型板式无砟轨道结构、桥梁地段 CRTS Ⅱ 型板式无砟轨道结构有什么不同？

3. 预制混凝土轨道板

预制混凝土轨道板如图 3-40 所示。

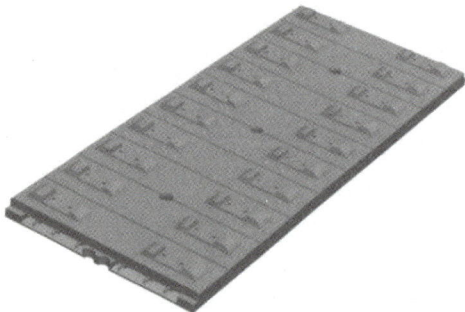

图 3-40　预制混凝土轨道板

（1）路基隧道地段标准板外形尺寸为 6 450 mm×2 550 mm×200 mm，宽度为 2 550 mm、厚度为 200 mm、长度为 6 450 mm；异型轨道板（补偿板）长度根据具体铺设段落合理配置。轨道板采用 C55 级混凝土，并应满足《客运专线铁路 CRTS Ⅱ 型板式无砟轨道混凝土轨道板（有挡肩）暂行技术条件》要求。

（2）桥梁地段预制轨道板和混凝土底座板在长桥上是跨过梁缝的连续结构，轨道板结构及外形尺寸不受桥跨的限制，可采用与路基、隧道内一致的轨道板，轨道板本身的制造和安装铺设简便。

（3）每块轨道板设 10 对扣件，节点间距为 650 mm，相邻承轨台间横向设深度为 38 mm 的 V 形预裂缝，除预裂缝以外，其他部位不得有裂缝。

（4）轨道板纵向设 6 根精轧螺纹钢筋，用于板间纵向连接。

（5）板面设 0.5% 的横向排水坡。

学而思之

预制混凝土 CRTS Ⅱ 型板式无砟轨道轨道板与 CRTS Ⅰ 型板式无砟轨道轨道板结构有何不同？

4. 水泥乳化沥青砂浆充填层

水泥乳化沥青砂浆充填层如图 3-41 所示。

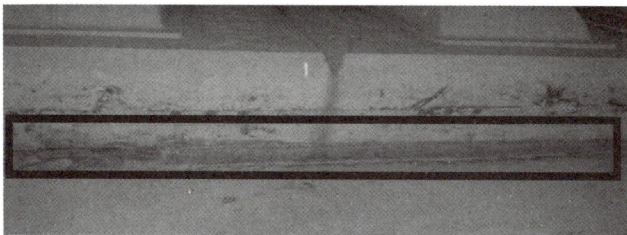

图 3-41　水泥乳化沥青砂浆充填层

（1）水泥乳化沥青砂浆充填层，由乳化沥青、水泥、细骨料、水和外加剂等组成，并应满足《客运专线铁路 CRTS Ⅱ 型板式无砟轨道水泥乳化沥青砂浆暂行技术条件》要求。

（2）主要技术要求如下。

① 力学性能：弹模为 7 000～10 000 MPa，28 天抗压强度大于 15 MPa，抗折强度为 3.0 MPa。

② 砂浆标准厚度为 30 mm（特殊地段不小于 20 mm、不大于 40 mm）。

③ 采用"模筑法"施工，应与轨道板底部和支承层或底座板密贴。

学而思之

水泥乳化沥青砂浆充填层有什么功能？

5. 板间接缝

板间接缝如图 3-42 所示。

图 3-42　板间接缝

（1）相邻轨道板之间通过 6 根直径 20 mm 精轧螺纹钢筋纵向连接。

（2）纵向连接顺序：板间窄接缝的封填—张拉锁件张拉—布置接缝钢筋—封填宽接缝—混凝土养护。

（3）板间接缝处混凝土裂缝不大于 0.2 mm。

（4）接缝处现浇混凝土与轨道板间的离缝不大于 0.3 mm。

（5）适宜的纵连锁定温度。

轨道板纵连锁定温度不当、窄接缝及砂浆施工质量差、离缝修补时机和材料不当等因素，可能引起高温季节的轨道板上拱、砂浆离缝贯通。

学而思之
CRTS Ⅱ型板式无砟轨道轨道板板间连接与CRTS Ⅰ型板式无砟轨道轨道板板间连接有何不同？

6. 支承层（路基隧道地段）

支承层（路基隧道地段）如图3-43所示。

图3-43　支承层（路基隧道地段）

（1）支承层顶面宽度为2 950 mm，底面宽度为3 250 mm，厚度为300 mm，并应满足《客运专线铁路无砟轨道支承层暂行技术条件》要求。

（2）沿线路纵向连续，一般每5 m切一横向缝，缝深约105 mm。

学而思之
CRTS Ⅱ型板式无砟轨道轨道板支承层（路基隧道地段）为什么每5 m切一横向缝？

7. 底座板（桥梁地段）

底座板（桥梁地段）如图3-44所示。

图3-44　底座板（桥梁地段）

（1）设计厚度：200 mm。

（2）设计宽度：2 950 mm。

（3）采用C30混凝土纵向连续铺设，结构配筋采用58根ϕ16的HRB500级钢筋。

（4）跨梁缝连续，容许开裂，高配筋率约2%，底座板混凝土裂缝不大于0.3 mm。

（5）桥上底座板合拢温度低于设计值-5℃时，需对底座板进行张拉，除设置齿槽后浇带外，需按200 m间距设置1处钢筋连接器后浇带。

学而思之
CRTS Ⅱ型板式无砟轨道轨道板支承层（路基隧道地段）和底座板（桥梁地段）施工技术有什么不同？其有什么作用？

8. 梁端高强度挤塑板

梁端高强度挤塑板如图3-45所示。

图 3-45　梁端高强度挤塑板

（1）梁缝附近的梁面上设置高强度挤塑板，吸收桥梁挠曲引起的梁端垂向变形，以减小梁端转角和竖向错位对轨道结构的影响。

（2）应满足《CRTSⅡ型板式无砟轨道高强度挤塑板暂行技术条件》要求。

（3）挤塑板应与底座板、梁面密贴。

学而思之

CRTSⅡ型板式无砟轨道梁端为什么要采用高强度挤塑板施工技术？

9. 侧向挡块与弹性限位板

侧向挡块与弹性限位板如图 3-46 所示。

图 3-46　侧向挡块与弹性限位板

（1）桥上轨道结构（底座板）的横向、垂向限位结构，侧向挡块与底座板、轨道板间设置由橡胶垫层、不锈钢板等组成的弹性限位板。

（2）侧向挡块混凝土不得有裂缝，与底座板、轨道板混凝土不得粘连。

3.2.1.3　CRTSⅢ型板式无砟轨道认知

CRTSⅢ型板式无砟轨道是我国近年来研发的、具有自主知识产权的新型轨道结构。通过方案设计、理论分析、室内模型试验，在盘营客专建立了综合试验段，系统验证了设计、制造、施工成套技术，具有良好的技术经济性和环境适应性。

目前，CRTSⅢ型板式无砟轨道，在我国应用于郑徐、京沈、沈丹、武汉城市圈、成绵乐、商合杭、济青、昌赣等高速铁路。

1. CRTSⅢ型板式无砟轨道结构及技术特点

（1）CRTSⅢ型板式无砟轨道结构如图 3-47 所示。

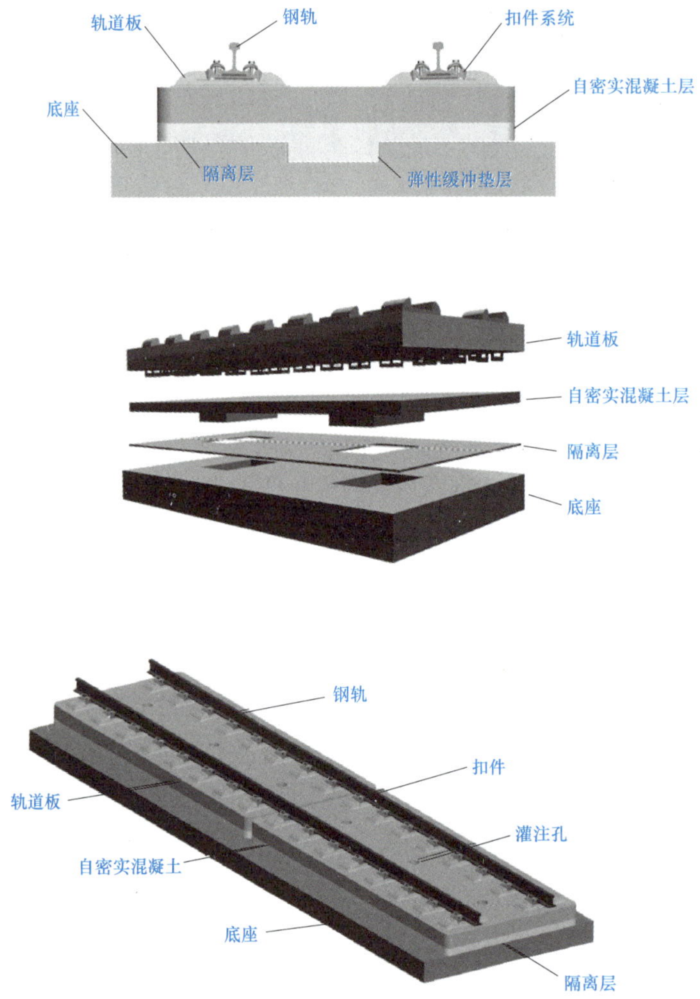

图 3-47　CRTSⅢ型板式无砟轨道结构

（2）CRTSⅢ型板式无砟轨道技术特点如图 3-48 所示。

图 3-48　CRTSⅢ型板式无砟轨道技术特点

① 轨道板底设门型连接钢筋，与自密实混凝土充填层连接，形成复合结构。

② 配套 WJ-8 型扣件，设挡肩。温度跨度较大的桥梁地段需配套采用小阻力扣件。

③ 自密实混凝土层设计厚度容许偏差±10 mm，与轨道板底密贴。

④ 轨道板、底座沿线路纵向单元设置，路桥隧轨道结构组成基本相同。

⑤ 自密实混凝土层下设置隔离层，上部复合结构和底座可分离，具有可修复性。环境适应性、耐久性较好。

⑥ 底座：长度为 5～20 m 分段设置，底座设置限位凹槽，底座间设宽 20 mm 伸缩缝。

⑦ 环境适应性、耐久性较好。

⑧ 温度跨度较大的桥梁地段需配套采用小阻力扣件。

2. 预制混凝土轨道板

轨道板可采用预应力或普通混凝土结构，不得有裂缝。混凝土轨道板如图 3-49 所示。

(a) 轨道板预制　　　　　(b) 轨道板粗铺　　　　　(c) 轨道板扣压

图 3-49　混凝土轨道板

轨道板外形尺寸有 5 350 mm×2 500 mm×190 mm（如武广高铁）、5 600 mm×2 500 mm×210 mm（如盘营高铁）等几种结构。

3. 自密实混凝土充填层

1）自密实混凝土层厚度技术

（1）厚 100 mm、两侧较轨道板宽 100 mm。

（3）厚 100 mm、四周与轨道板平齐。

（2）厚 90 mm、四周与轨道板平齐。

2）与底座板连接

底座板设连接钢筋，与自密实混凝土充填层连接，自密实混凝土层设计厚度容许偏差±10 mm，与板底密贴，形成复合结构。自密实混凝土充填层技术如图 3-50 所示。

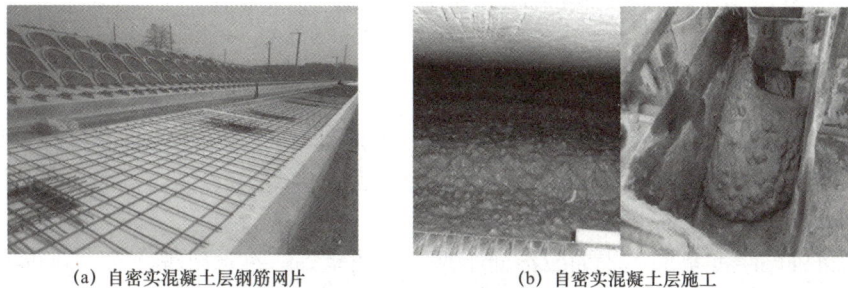

(a) 自密实混凝土层钢筋网片　　　　　(b) 自密实混凝土层施工

图 3-50　自密实混凝土充填层技术

4. 底座

1）底座规格

路基地段底座宽度为 3 100 mm，厚度为 240 mm、280 mm；桥梁、隧道地段底座宽度为 2 900 mm，厚度为 190 mm、180 mm。

2）底座设置技术

底座长度为 5～20 m 分段设置，底座间设宽 20 mm 的伸缩缝（路基段设有传力杆）。底座技术如图 3-51 所示。

(a) 底座立模　　　　　　　　　　　(b) 限位凹槽模板

(c) 底座伸缩缝施工

图 3-51　底座技术

3）底座与轨道板纵向单元设置

轨道板、底座沿线路纵向单元设置，路桥隧轨道结构组成基本相同。

4）底座与路基面、桥面纵向接缝良好

底座与路基面封闭间、底座与桥面保护层间的纵向接缝状态良好，轨道板外侧的底座设排水坡。

5. 隔离层

充填层下设置隔离层，复合结构和底座可分离，具有可修复性。隔离层铺设如图 3-52 所示。

6. 弹性缓冲垫层

周围设置弹性缓冲垫层，表面应洁净平整，修边整齐，不得出现缺角、开裂、剥落、剥离等现象，弹性垫板颜色应均匀。弹性缓冲垫层安装如图 3-53 所示。

图 3-52 隔离层铺设

图 3-53 弹性缓冲垫层安装

7. 限位凹槽

限位凹槽内铺设钢筋，与自密实混凝土充填层连接，限位凹槽内钢筋如图 3-54 所示。

学而思之

CRTS Ⅲ 型板式无砟轨道与 CRTS Ⅱ 型板式无砟轨道技术相比有什么不同？

3.2.1.4 双块式无砟轨道认知

用钢筋桁架组成的双块式轨枕取代整体轨枕，可提高结构整体性，轨道结构高度降低，降低了工程造价。

双块式无砟轨道是一种现浇混凝土式轨道结构，在武广、郑西、兰新、大西、合福等高速铁路得到应用。

1. 双块式无砟轨道施工技术

1）埋入式技术

预先组装、铺设轨排，然后浇筑道床板。双块式无砟轨道轨排如图 3-55 所示。

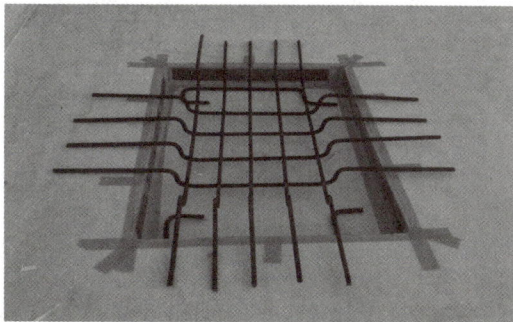

图 3-54 限位凹槽内钢筋

图 3-55 双块式无砟轨道轨排

2）振动压入式技术

采用专用施工设备，用固定架将双块式轨枕振动压入预先浇筑的道床板混凝土中。施工不需组装轨排，受环境影响小。固定架如图 3-56 所示。

2. 轨道结构

1）路基地段

路基地段双块式无砟轨道由道床板（含双块式轨枕）、支承层（300 mm）等组成，道床板沿线路纵向连续。纵向连续结构的始、终端设有限位端梁。路基地段双块式无砟轨道结构如图 3-57 所示。

图 3-56 固定架

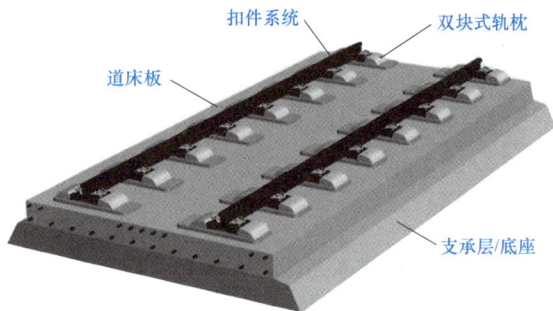

图 3-57 路基地段双块式无砟轨道结构

2）桥梁地段

桥梁地段双块式无砟轨道由道床板（含双块式轨枕）、隔离层（土工布）、混凝土底座、凹槽周围弹性垫层等组成，道床板和底座分块设置，梁缝处断开。

隔离层隔离道床板与桥面保护层或底座，实现可修复；协调道床板在温度梯度荷载作用下的伸缩和滑动变形。

3）隧道地段

在隧道地段，道床板（含双块式轨枕）在仰拱回填层上构筑，纵向连续。

3. 主要技术特点

1）双块式轨枕

双块式轨枕与扣件匹配使用，如与 WJ-7 型（无挡肩）、WJ-8 扣件（有挡肩）、300-1 型扣件（有挡肩）相匹配的双块式轨枕。双块式轨枕与 WJ-7 型扣件如图 3-58 所示，双块式轨枕与 WJ-8 型扣件如图 3-59 所示。

图 3-58 双块式轨枕与 WJ-7 型扣件

图 3-59 双块式轨枕与 WJ-8 型扣件

2）混凝土道床板

（1）结构设计。路基、隧道内纵向连续，下设支承层（连续），桥上分块设置（5～7 m），下设隔离层、底座（分块）。

（2）功能。混凝土道床板为主要承载体，承受列车荷载、温度荷载等；传递荷载，将荷载传递至下部支承层/底座。

3）支承层、底座

路基地段支承层，不得有竖向贯通裂缝，支承层与道床板、路基基床表层间应密贴。

桥梁地段底座裂缝宽度限值为 0.2 mm。

3.2.1.5 道岔区轨枕埋入式无砟轨道认知

1. 道岔区轨枕埋入式无砟轨道结构

道岔区轨枕埋入式无砟轨道结构如图 3-60 所示。

图 3-60 道岔区轨枕埋入式无砟轨道结构

1）路基地段道岔区轨枕埋入式无砟轨道结构

路基地段道岔区轨枕埋入式无砟轨道由道岔钢轨件、混凝土道床板（含桁架式预应力岔枕）、支承层或底座组成。

2）桥梁地段道岔区轨枕埋入式无砟轨道结构

桥梁地段道岔区轨枕埋入式无砟轨道由道岔钢轨件、道床板（含桁架式预应力岔枕）、隔离层、底座（设纵、横向限位凹槽）等组成。

2. 主要技术要求

（1）岔枕应与道岔扣件孔位相匹配，岔枕不得有裂缝。

（2）道床板裂缝宽度限值为 0.2 mm，不得有横向或竖向贯通裂缝。

（3）道床板与岔枕的界面裂缝限值为 0.2 mm。

（4）底座或支承层不得有竖向贯通裂缝。

3.2.1.6 道岔区板式无砟轨道认知

1. 道岔区板式无砟轨道结构

1）路基地段道岔区板式无砟轨道结构

路基地段道岔区板式无砟轨道由道岔钢轨件、预制道岔板（厚度 240 mm）、自密实混凝土层（厚 180 mm）及找平层（130 mm）等组成。路基地段道岔区板式无砟轨道结构如图 3-61 所示。

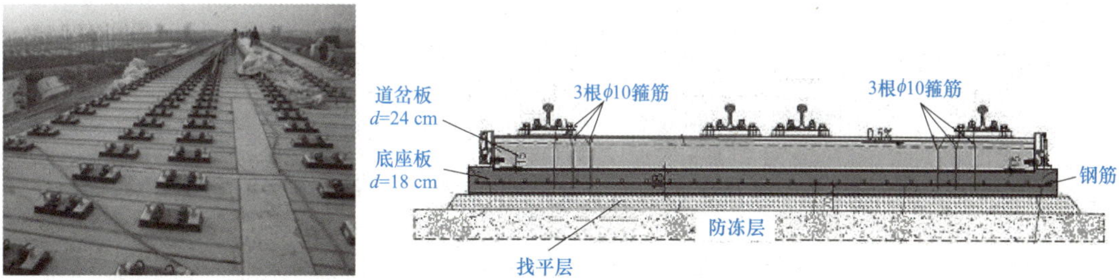

图 3-61 路基地段道岔区板式无砟轨道结构

（1）道岔板为普通混凝土结构，分块设置，预设连接筋。

（2）板场内预钻扣件螺栓孔、测量棱镜孔（精度 0.5 mm）。

（3）板底充填自密混凝土砂浆。

2）桥梁地段道岔区板式无砟轨道结构

桥梁地段道岔区板式无砟轨道由道岔钢轨件、预制道岔板（厚度 240 mm）、水泥乳化沥青砂浆充填层（30 mm）、底座板、滑动层、侧向挡块等组成。桥梁地段道岔区板式无砟轨道结构如图 3-62 所示。

图 3-62 桥梁地段道岔区板式无砟轨道结构

2. 主要技术要求

（1）道岔板为普通混凝土结构，混凝土裂缝限值为 0.2 mm，扣件周围不得有裂缝。

（2）路基地段自密实混凝土层应与道岔板、找平层密贴。

（3）桥梁地段底座板、水泥乳化沥青砂浆、侧向挡块及限位板等技术要求与 CRTS Ⅱ型板式无砟轨道相同。

3.2.1.7 高速铁路钢轨

1. 钢轨型号

高速铁路不宜选用强度等级/硬度过高、耐磨性能太好的钢轨。目前我国 200 km/h 以上高速铁路选用 U71MnG 钢轨，200～250 km/h 兼顾货运铁路选用 U75 VG 钢轨。U 代表钢轨钢，75 代表化学成分中碳平均含量为 0.75%，V 代表钒元素，Mn 代表锰元素，G 代表高速铁路。

高速铁路常用 60 kg/m 百米定尺钢轨。长钢轨生产与运输如图 3-63 所示。

(a) 生产线   (b) 运输

图 3-63 长钢轨生产与运输

高速铁路选用的 U71 MnG 钢轨为百米定尺钢轨，在焊接基地采用固定式闪光焊焊接成 500 m 的长钢轨，在线路上将 500 m 焊接长钢轨采用移动式闪光焊，焊接成 1 500～2 000 m 的单元轨节；单元轨节之间锁定焊接。道岔轨采用铝热焊。

2. 钢轨伸缩调节器

钢轨伸缩调节器的功能是协调因温度引起的长大桥梁梁端伸缩位移和长钢轨伸缩位移之间的位移差，使桥上长钢轨自动调整温度力，从而减小轨道及桥梁所承受的荷载。

调节器左右股对称，按伸缩方向分单向伸缩调节器和双向伸缩调节器。钢轨伸缩调节器如图 3-64 所示。

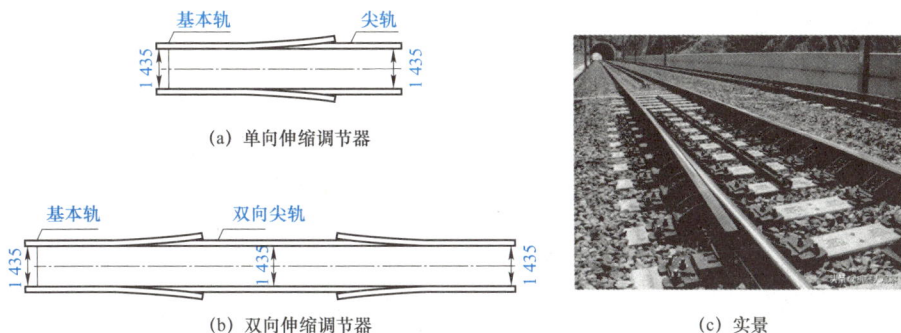

(a) 单向伸缩调节器

(b) 双向伸缩调节器

(c) 实景

图 3-64　钢轨伸缩调节器

3.2.1.8　高速铁路扣件

我国高速铁路扣件分无砟轨道扣件和有砟轨道扣件。

1. 无砟轨道扣件

无砟轨道扣件如图 3-65 所示。

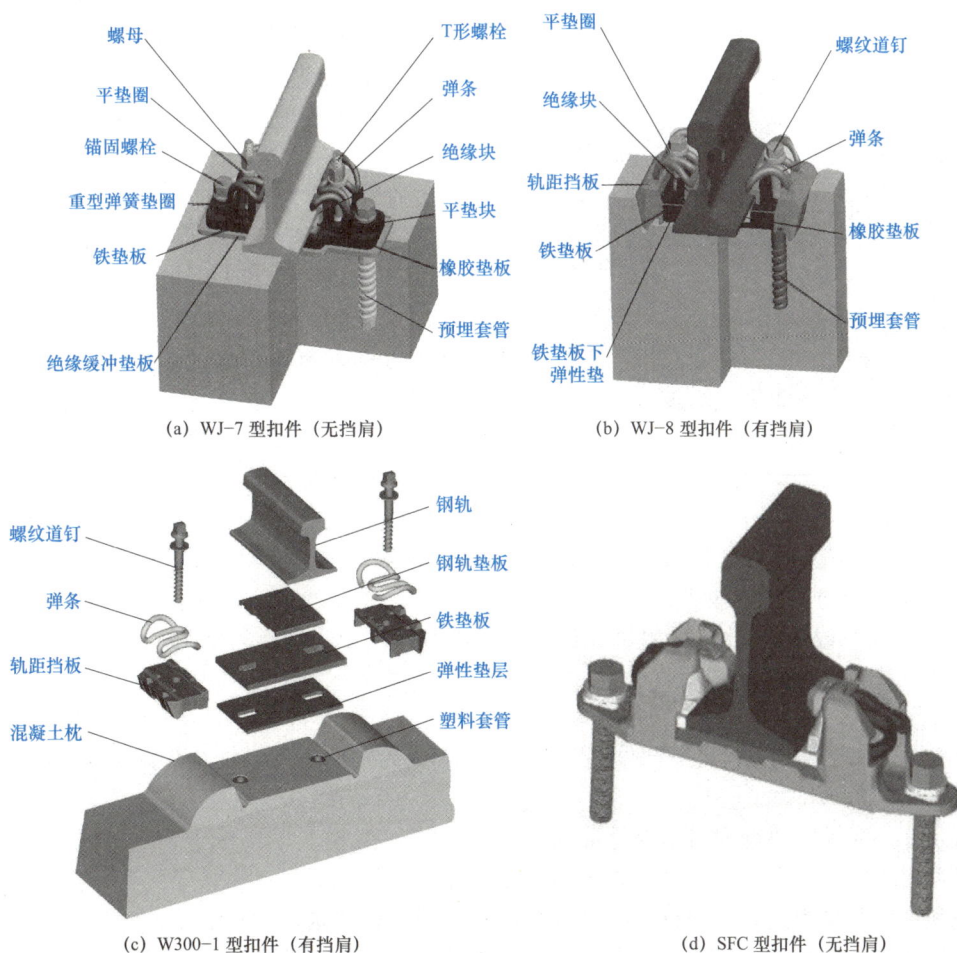

(a) WJ-7 型扣件（无挡肩）

(b) WJ-8 型扣件（有挡肩）

(c) W300-1 型扣件（有挡肩）

(d) SFC 型扣件（无挡肩）

图 3-65　无砟轨道扣件

2. 有砟轨道扣件

有砟轨道扣件如图 3-66 所示。

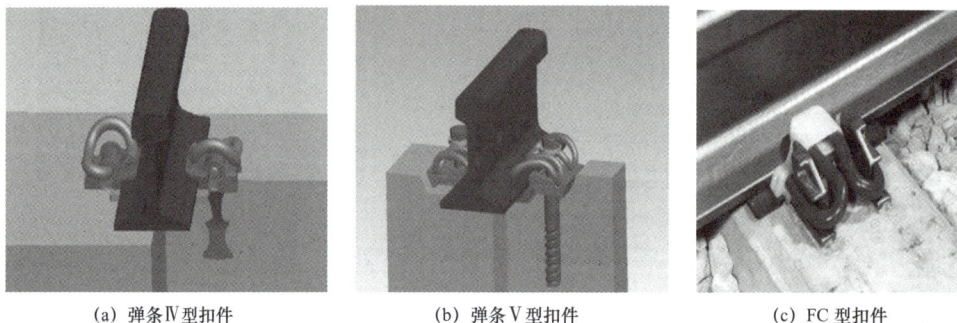

(a) 弹条Ⅳ型扣件　　　　　(b) 弹条Ⅴ型扣件　　　　　(c) FC 型扣件

图 3-66　有砟轨道扣件

3.2.1.9　高速铁路道岔

高速铁路道岔均为单开道岔。高速铁路道岔如图 3-67 所示。

图 3-67　高速铁路道岔

铁路道岔按技术类型分为客运专线系列（我国自主研发）、CN 系列、CZ 系列道岔。

客运专线系列道岔分为 18 号、42 号和 62 号等类型，对应侧向容许速度分别为 80 km/h、160 km/h 和 220 km/h。

CN 系列道岔分为 18 号、39 号、42 号、50 号等类型，对应侧向容许速度分别为 80 km/h、160 km/h、160 km/h 和 220 km/h。

CZ 系列道岔分为 18 号、41 号等类型，对应侧向容许速度分别为 80 km/h、160 km/h。

学而思之

道岔区轨枕埋入式无砟轨道和道岔区板式无砟轨道在技术上有哪些不同？

查阅资料

（1）在阅读基础知识的基础上，通过线上线下教学资源，查阅铁路无砟轨道的资料，进一步了解无砟轨道的基本技术条件。

（2）个人下载 3～5 张关于铁路无砟轨道的图片，用于小组学习交流。

活动 3.2.2　集体研学

建议本活动在课中进行。在教师指导下，以学生为主体，工学结合，做中学、做中教。

场所建议

场所 1：现场。现场观看铁路无砟轨道。

场所 2：仿真实训室。通过仿真系统展示铁路无砟轨道。

场所 3：多媒体教室。通过多媒体课件展示铁路无砟轨道。

上述 3 个教学场所，最好选择场所 1，其次选择场所 2，起码保证场所 3。

视频欣赏

进入教学资源库，观看无砟轨道视频，学习弘扬铁路职工的劳模精神、劳动精神和工匠精神。

小组交流

（1）以事先划定的学习小组为单位，交流个人课前、课中学习情况，分享个人收集的相关资料，对学习中发现的疑点、难点进行小组研讨，并在规定时间内制作小组研学过程的微课，时间不超过 3 min。

（2）各研学小组向全班分享关于铁路无砟轨道集体研学的微课，并提交任课教师。

学习评价

教师引导学生总结本次课学习收获，并进行自我评价。

1. 长知识（5分）

（1）CRTS Ⅰ 型板式无砟轨道结构。

① 钢轨；② 扣件；③ 轨道板；④ 砂浆层；⑤ 凸形挡台及周围填充树脂；⑥ 钢筋混凝土底座（设置超高）。

（2）CRTS Ⅱ 型板式无砟轨道结构。

路基隧道地段：

① 钢轨；② 扣件；③ 轨道板；④ 砂浆层；⑤ 支承层；⑥ 曲线超高在路基基床表层上设置。

桥梁地段：

① 钢轨；② 扣件；③ 轨道板；④ 砂浆层；⑤ 底座板；⑥ 梁端高强度挤塑板；⑦ 梁跨间"两布一膜"滑动层；⑧ 侧向挡块；⑨ 台后路基上锚固结构。

（3）CRTS Ⅲ 型板式无砟轨道结构。

① 钢轨；② 扣件；③ 轨道板；④ 自密实混凝土充填层；⑤ 土工布隔离层；⑥ 现浇钢筋混凝土底座（设置超高）。

（4）双块式无砟轨道结构。

路基地段：

① 钢轨；② 扣件；③ 道床板（含双块式轨枕）；④ 支承层；⑤ 纵向连续结构的始、终端设有限位端梁。

桥梁地段：

① 钢轨；② 扣件；③ 道床板（含双块式轨枕）；④ 隔离层；⑤ 混凝土底座；⑥ 凹槽周围弹性垫层。

隧道地段：

① 钢轨；② 扣件；③ 道床板（含双块式轨枕）在仰拱回填层上构筑，纵向连续。

（5）岔区轨枕埋入式无砟轨道。

（6）道岔区板式无砟轨道。

（7）高速铁路钢轨、钢轨伸缩调节器、扣件、道岔。

2. 强能力（5分）

（1）能简要说明各类无砟轨道基本组成部件的技术要求。

（2）会识别无砟轨道的类型及各组成部件。

（3）对学习无砟轨道产生兴趣爱好。

（4）提升利用互联网、教学资源库、图书查阅专业资料的技能。

（5）逐步养成自主学习习惯，提升互助学习、探索学习的能力。

3. 提素养（5分）

（1）尊重铁路工务人员的劳动及劳动智慧，增强职业荣誉感。

（2）塑造新时代健康人格，热爱中国式现代化铁路，激发爱国主义情怀。

（3）成为铁路劳模精神、劳动精神、工匠精神的传承人。

活动 3.2.3　作品制作

建议本活动在课后进行。每名学生单独制作一个开放、个性、富有创造性的学习过程和学习成效的视频，既要反映课程基本学习目标的完成情况，又要反映个人学习的收获，时间在 5 min 以内，至少包括以下 4 项内容。

（1）无砟轨道的类型及各组成部件。

（2）各类无砟轨道的技术特点。

（3）高速铁路钢轨、钢轨伸缩调节器、扣件、道岔技术要求。

（4）通过本次课学习，个人在知识增长、能力强化、素养提升方面的小结。

课后 2 天内将作品提交任课教师，作为教师评价学生学习效果的依据。

活动 3.2.4　学习测试

（1）简述无砟轨道的类型及各组成部件。

（2）简述各类无砟轨道的技术特点。

（3）简述高速铁路钢轨、钢轨伸缩调节器、扣件、道岔技术要求。

拓展学习

中国智慧——京沪高铁

我国京沪高速铁路（北京南—上海虹桥），使用 CRTS Ⅱ 型板式无砟轨道。

（1）京沪高速铁路概况。全长 1 318 km，纵贯北京、天津、上海三大直辖市和冀鲁皖苏四省，连接京津冀城市群和长江三角洲城市群。总投资约 2 209 亿元，设 23 个车站。基础设施设计速度为 380 km/h，目前最高运营时速为 350 km（由 CR400 系列"复兴号"列车担当）。

（2）京沪高速铁路项目标志性特征。京沪高速铁路是目前世界上一次建成里程最长（1 318 km）、技术标准最高的高速铁路，也是新中国成立以来一次投资规模最大（2 023 亿元，不包括动车组购置）的建设项目。

（3）京沪高铁重视环保和水保。京沪高速铁路重视保护生态环境、自然景观和人文景观；重视水土保持，生态环境敏感区的保护、防灾减灾及污染防治工作。选线、选址绕避自然保护区、风景名胜区、饮用水源保护区、国家重点文物保护单位等环境敏感区；通过城市或居民集中地区时，采用适宜的速度值或降噪减振措施，满足国家环保标准和要求。

（4）京沪高铁环境污染控制有效。京沪高速铁路因地制宜利用太阳能、风能、地热能等可再生能源，提高能源、资源的利用效率，减少污染。建成一流的资源节约型、环境友好型高速铁路。坚持统筹规划，在满足运输生产和安全防护要求的基础上，节约用地，少占耕地。

（5）"京沪高速铁路工程"主要有五大创新成果。一是创新了复杂工程环境下高铁工程建造技术；二是研制了 CRH380 系列高速动车组；三是构建了时速 350 km 的 CTCS-3 级列车运行控制系统；四是构建了高铁运行检测验证成套技术；五是创新了我国高铁技术发展和建设管理模式，构建了我国高铁技术体系，打造了技术先进、安全可靠、性价比高的中国高铁品牌。

任务 3.3　无缝线路、轨道几何形位认知

活动 3.3.1　自主学习

建议本活动在课前进行。按照教学安排，学生预习基础知识，并查阅与本任务相关的资料。

基础知识

3.3.1.1　无缝线路认知

无缝线路是用标准长度的钢轨轨条焊接而成的长钢轨线路，又称为焊接长钢轨。线路钢轨的长度可以达数千米或数十千米，但为了铺设、维修、焊接、运输的方便，我国的普通无缝线路钢轨长度多为 1～2 km。因线路上减少了大量钢轨接头和轨缝，故称为无缝线路。

无缝线路是当今轨道结构的一项重要新技术，是与重载、高速铁路相适应的轨道结构。我国第一段无缝线路于 1957 年铺设于北京铁路局京门支线（西直门—门头沟）。钢轨焊接长度为 1 km，采用电弧焊焊接方法焊接的 50 kg/m 钢轨。我国铺设无缝线路之最如表 3-2 所示。

表 3-2　我国铺设无缝线路之最

最大轨温幅度	111.6 ℃（漠河地区）
最小曲线半径	300 m（现行标准）
最大坡度	33‰（上海轨道交通）
最长混凝土连续梁桥	钱塘江二桥主桥连续梁联长 1 340 m
最高墩桥	南昆铁路清水河大桥墩高 100 m
无砟轨道连续梁桥最大温度跨度	郑西高速铁路渭南跨渭河大桥跨度 736 m
最高速度	350 km/h
最大号码道岔	京哈高速线沈哈段长春西站 62 号道岔

1. 无缝线路类型

1）根据处理钢轨内部应力方式的不同分类

（1）温度应力式。

温度应力式无缝线路的结构形式如下。

① 缓冲区。两长轨之间用几根标准长度的钢轨连接。

② 伸缩区。长轨本身仅在两端数十米长度范围内允许伸缩。

③ 固定区。长轨中间不能伸缩的部分。

温度应力式无缝线路在运营过程中，通常不必应力放散。

（2）放散温度应力式（定期和自动）。

放散温度应力式适用于年轨温差较大的地区，需定期或自动放散。在每年春、秋两季各放散一次，由于每年放散的工作量太大，这种形式的无缝线路的推广受到限制。

2）根据轨条长度的不同分类

（1）普通无缝线路：由于自动闭塞区间绝缘接头的设置，轨条长度不跨越闭塞分区，也不跨越车站，焊接长钢轨的长度限制在 1～2 km 以内的无缝线路。

（2）全区间无缝线路：两相邻车站咽喉道岔之间的无缝线路，取消了缓冲区，其长轨条贯穿整个区间。

（3）跨区间无缝线路：区间无缝线路上的长轨条与车站内的道岔和线路全部焊连成一体，道岔焊成无缝道岔，也就是说，整个区段的无缝线路彻底地取消了钢轨接头。

2. 钢轨温度

1）实测轨温

实测轨温是钢轨断面的平均温度。

轨温必须使用专用仪器（如数显式钢轨测温计）测量确定，根据资料显示最高轨温比当地最高气温高 20 ℃。

2）锁定轨温

锁定轨温是长钢轨无温度力状态时的轨温，又称为零温度应力轨温。通常将铺设长钢轨的两端正常就位时的轨温平均值作为锁定轨温。

无缝线路钢轨内温度应力和温度力的大小与轨温变化幅度有密切关联，轨温变化幅度为计算钢轨温度力时的实测轨温与锁定轨温之差。降低钢轨升温或降温的变化幅度，可降低钢轨内部的温度应力。合理地选择无缝线路锁定轨温是无缝线路设计的关键。

3）零应力轨温

钢轨内部温度力为零时的轨温叫作零应力轨温。也就是说，对于被锁定的长轨条，必然存在这样一个轨温，在此轨温下，钢轨处于自由状态，其内部的温度力为零。

4）设计锁定轨温

设计锁定轨温是设计无缝线路时采用的锁定轨温。它通常是在保证无缝线路的强度与稳定的条件下由计算确定的。这样可以使钢轨所受温度压力和温度拉力大致相等，在冬天不拉断、夏天不发生胀轨跑道，确保行车安全。

曲线半径小于 400 m 或当地最大轨温幅度超过《铺设无缝线路允许温差表》允许铺设无缝线路最大轨温幅度时，应做特殊设计。

3. 无缝道岔

无缝道岔没有轨缝，与正线进行焊接，如图 3-68 所示。

图 3-68　无缝道岔

无缝道岔更多地考虑温度力对钢轨爬行的影响。基本轨和尖轨、可动心轨道岔翼轨和心轨之间有强大的间隔铁或限位器，通过高强螺栓连接到一起，以便传递正线传递过来的温度力，限制轨件尤其是尖轨和心轨的爬行，保证线型和电务转换的正常工作。

无缝道岔的辙叉、尖轨及钢轨伤损或磨耗超限需要更换时，可更换为普通辙叉、尖轨及钢轨，采用冻结接头进行临时处理，并尽快恢复原结构。

无缝道岔养护维修工作的重点是：控制锁定轨温变化、防止道岔纵爬横移、保持道岔整体结构性能、扣件等联结零件扭矩达标。

4. 无缝线路技术要求

1）无缝线路轨道结构

（1）路基。路基稳定，无翻浆冒泥、冻害及下沉挤出等路基病害。

（2）道床。级配碎石道砟，碎石材质、粒径级配应符合标准，道床洁净、密实、均匀。跨区间无缝线路道岔范围内道床肩宽 450 mm。

（3）轨枕及扣件。混凝土枕、混凝土宽枕或有砟桥面混凝土枕，特殊情况可使用木枕。混凝土枕、混凝土宽枕应使用弹条扣件，木枕应使用分开式扣件。

（4）钢轨。普通无缝线路应用 50 kg/m 及以上钢轨，全区间及跨区间无缝线路应采用 60 kg/m 及以上钢轨。

2）无缝线路养护维修技术要求

（1）桥上无缝线路如图 3-69 所示。

按设计要求，保持扣件布置方式和扣件紧固程度。为有砟轨道时应加强温度跨度大的桥上无缝线路小阻力扣件养护。

高温和低温季节，为无砟轨道时应加强连续梁活动端或桥台附近线路状态的检查，对位移超限处所及时进行调整，防止碎弯和断轨。为有砟轨道时应加强温度跨度大的桥上无缝线路结构和状态检查，加强连续梁活动端或桥台附近的线路状态检查，发现问题应及时处理。

温度跨度等于或大于 48 ℃时，应加强梁端附近线路状态的检查。

（2）大坡道地段、列车制动地段无缝线路如图 3-70 所示。

图 3-69　桥上无缝线路

图 3-70　大坡道地段、列车制动地段无缝线路

对于大坡道地段、列车制动地段无缝线路，应加强检查和锁定，防止钢轨爬行和轨向变化。

（3）隧道口前后无缝线路如图 3-71 所示。

应加强隧道口前后 100 m 无缝线路检查，采取措施防止线路出现碎弯。

图 3-71 隧道口前后无缝线路

5. 无缝线路的胀轨跑道

由于在钢轨轧制、焊接，以及轨道的铺设施工、运营过程中各因素的影响，无缝线路总是存在一定的原始弯曲（又称原始不平顺）。原始弯曲对无缝线路胀轨跑道有较大影响。

1）胀轨跑道现象

在夏季高温季节，无缝线路的钢轨内部会产生巨大的温度压力，容易引起轨道的横向变形，在列车动力或人工作业等干扰下，轨道弯曲变形有时会突然增大，这一现象称为胀轨跑道，理论上称为无缝线路丧失稳定。胀轨（轨道框架微小横向变形）如图 3-72 所示，跑道（轨道框架稳定破坏）如图 3-73 所示。

图 3-72　胀轨

图 3-73　跑道

2）防止胀轨跑道的措施

（1）提高道床横向阻力。道床横向阻力是保持无缝线路稳定最重要的有效因素，作业后必须立即回填石砟，夯实道床，或在道床肩上堆高石砟。

（2）浇水降温。应从胀轨跑道两端向中间浇水，如图 3-74 所示。

图 3-74　钢轨防胀

（3）拨道。如果浇水降温不奏效，或当地水源不足，可将轨道顺胀轨跑道大波形拨成半径不小于 200 m 的曲线，拨成反向曲线时，两曲线间应有不小于 10 m 的夹直线段。

拨道时，以先拨跑道中部，后拨两端为宜。拨道后，立即回填道砟，加强夯实，容许以

5 km/h 的速度放行列车。

在夏季高温季节，加强对轨道的巡视及检查，尽量不要动道，要及时消除线路的不良方向。

6. 无缝线路应力放散与调整

应力放散就是在设计锁定轨温范围内，锯切长钢轨，并将长钢轨扣件全部松开，轨下垫入滚筒，辅助进行撞轨，使长钢轨能最大限度伸缩，然后再重新锁定线路。

应力调整是指不锯切长钢轨，在一定范围内松开扣件，轨下垫入滚筒，辅助进行撞轨，使松开扣件范围的长钢轨应力均匀。

3.3.1.2 轨道几何形位认知

1. 轨距

（1）轨距是钢轨头部的顶面下 16 mm 范围内两股钢轨作用边之间的最小距离。轨距测量标准如图 3-75 所示。

（2）目前世界上的铁路轨距，分为标准轨距、宽轨距和窄轨距三种。标准轨距尺寸为 1 435 mm。大于标准轨距的称为宽轨距，小于标准轨距的称为窄轨距。我国采用 1 435 mm 国际标准轨距。

2. 水平

（1）水平是指线路左右两股钢轨顶面的相对高差。

（2）在直线地段，两股钢轨顶面应位于同一水平面上，使两股钢轨所受荷载均匀，以保持列车平稳运行。用道尺或其他工具测量水平，每 6.25 m 检查一处。

（3）两种偏差情况如下。

① 水平差。一股比另一股钢轨始终高，高差值超过容许偏差值。

② 三角坑。沿轨道纵向两股钢轨的水平变化，使轨道出现扭曲的情况。两个最大水平误差点之间的距离不足 18 m，如图 3-76 所示。

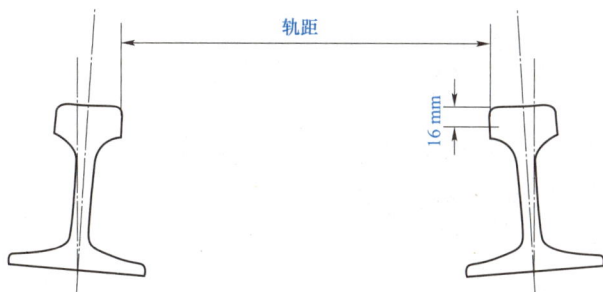

图 3-75 轨距测量标准

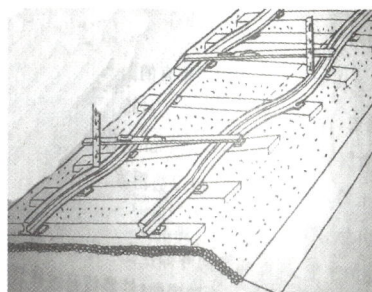

图 3-76 三角坑示意图

3. 高低

（1）轨道沿线路方向的竖向平顺性称为高低，高低检查如图 3-77 所示。

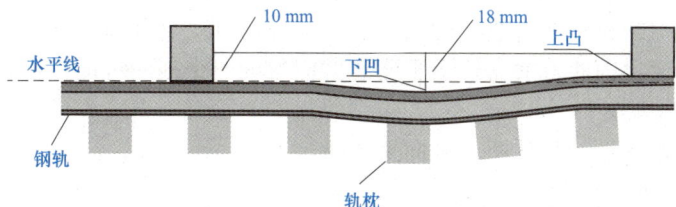

图 3-77 高低检查

（2）高低不良的危害。

① 加速道床变形。

② 进一步扩大轨面的不平顺。

③ 加剧机车车辆对轨道的破坏。

（3）高低的检查。

在日常检查时，先俯身目视钢轨下颚线的高低平顺情况，找出高低不良处所，然后用 10 m 弦线在钢轨顶面中部测量最大矢度，如图 3-78 所示。

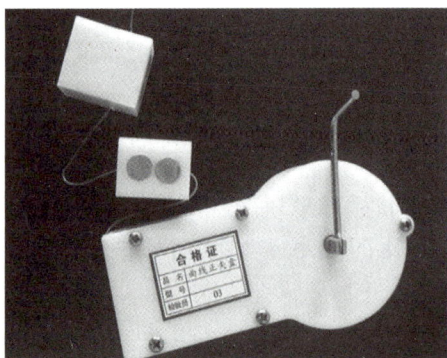

(a) 高低检查工具   (b) 高低检查方法

图 3-78　高低检查

4. 轨向

轨向又叫方向，是指轨道中心线在水平面上的平顺性。轨向检查如图 3-79 所示。

图 3-79　轨向检查

若直线不直则必然引起列车的蛇行运动。在行驶快速列车的线路上，线路方向对行车的平稳性具有特别重要的影响。在无缝线路地段，若轨道方向不良，还可能在高温季节引发胀轨跑道事件（轨道发生明显的不规则横向位移），严重威胁行车安全。

5. 轨底坡

由于车轮踏面与钢轨顶面主要接触部分是 1:20 的斜坡，为了使钢轨轴心受力，钢轨也应有一个向内的倾斜度，因此轨底与轨道平面之间应形成一个横向坡度，称为轨底坡。我国铁路的轨底坡统一为 1:40。

轨底坡设置是否适宜，可从两个方面来判断。

1）观察钢轨顶面的亮光带

新钢轨在铺设初期，经过半年左右的列车运行后，观察轨面亮光带。

（1）若亮光带在钢轨中轴以内，是轨底坡不足。

（2）若亮光带在钢轨中轴以外，则是轨底坡偏大。

（3）如亮光带居中，说明轨底坡合适。

线路养护工作中，可根据光带位置调整轨底坡的大小。

2）测量轨顶磨耗横坡

新钢轨铺设使用若干年之后，轨面必然产生磨耗。

（1）实设轨底坡适宜，则轨顶垂直磨耗均匀，其磨耗横坡接近于零。

（2）实设轨底坡不适宜，则产生轨顶磨耗横坡。

（3）当轨顶磨耗横坡倾向与实设轨底坡一致时，说明实设轨底坡偏缓。

（4）当轨顶磨耗横坡倾向与实设轨底坡相反时，说明实设轨底坡偏陡。

6. 曲线轨道外轨超高

曲线外股钢轨轨面较内股钢轨轨面高，称为外轨超高。

在曲线地段，车体受到离心力的作用，被推向外股钢轨，加大了外股钢轨的压力，使旅客产生不适，货物移位，甚至使列车颠覆。外轨超高使车体向内倾斜，借助车体自重的水平分力与离心力相平衡，即抵消离心力的作用，如图 3-80 所示。

设置超高的基本要求如下。

（1）保证两股钢轨的受力比较均匀。

（2）保证旅客乘坐的舒适度。

（3）保证行车平稳和安全。

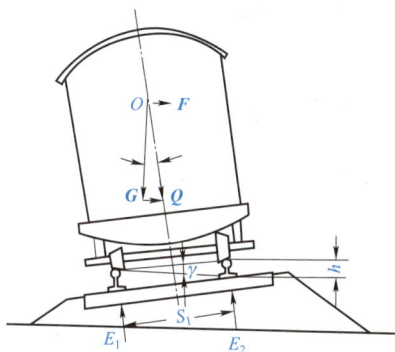

图 3-80　曲线轨道外轨超高设置

7. 曲线轨道轨距加宽

1）加宽的原因

机车车轮转向架是一个矩形刚体，固定轴距内各轮对整体转向。在小半径曲线，为使机车车辆顺利通过曲线而不致被楔住或挤开轨道，减小轮轨间的横向作用力，以减少轮轨磨耗，轨距要适当加宽。

2）加宽的办法

将里股钢轨向曲线内侧横移适当的量值，使里股到轨道中心的距离较外股增加一个加宽值，而保持外股至中心的距离为标准轨距之半 $S_0/2$。曲线轨道轨距加宽标准如表 3-3 所示。

表 3-3　曲线轨道轨距加宽标准

曲线半径/m	轨距/mm	轨距加宽值/mm
350 以上	1 435	0
349～300	1 440	5
299～200	1 450	15

3）加宽递减率

（1）一般地段：不得大于 1‰。

（2）特殊条件：不得大于 2‰。

8. 缓和曲线

行驶于曲线轨道的机车车辆，出现一些与直线运行显著不同的受力特征。如曲线运行的离心力，外轨超高不连续形成的冲击力等。为使上述诸力不致突然产生和消失，以保持列车曲线运行的平稳性，需要在直线与圆曲线轨道之间设置一段曲率半径和外轨超高度均逐渐变化的曲线，称为缓和曲线。

缓和曲线几何特征如下。

（1）缓和曲线连接直线和半径为 R 的圆曲线，其曲率由零至 $1/R$ 逐渐变化。

（2）缓和曲线的外轨超高，由直线上的零值逐渐增至圆曲线的超高度，与圆曲线超高相连接。

（3）缓和曲线连接半径小于 350 m 的圆曲线时，在整个缓和曲线长度内，轨距加宽呈线性递增，由零至圆曲线加宽值。

因此，缓和曲线是一条曲率和超高均逐渐变化的空间曲线。

学而思之

为什么国际标准轨距为 1 435 mm？

查阅资料

（1）在阅读基础知识的基础上，通过线上线下教学资源，查阅无缝线路、轨道几何形位的资料，进一步了解路基构造。

（2）个人下载 3～5 张关于无缝线路、轨道几何形位的图片，用于小组学习交流。

活动 3.2.2　集体研学

建议本活动在课中进行。在教师指导下，以学生为主体，工学结合，做中学、做中教。

场所建议

场所 1：现场。到施工现场观看无缝线路、轨道几何形位。

场所 2：仿真实训室。通过仿真系统展示无缝线路、轨道几何形位。

场所 3：多媒体教室。通过多媒体课件展示无缝线路、轨道几何形位。

上述 3 个教学场所，最好选择场所 1，其次选择场所 2，起码保证场所 3。

视频欣赏

进入教学资源库，观看无缝线路和轨道几何形位视频，学习、弘扬铁路职工的劳模精神、劳动精神和工匠精神。

小组交流

（1）以事先划定的学习小组为单位，交流个人课前、课中学习情况，分享个人收集的相关资料，对学习中发现的疑点、难点进行小组研讨，并在规定时间内制作小组研学过程的微课，时间不超过 3 min。

（2）各研学小组向全班分享关于无缝线路、轨道几何形位集体研学的微课，并提交任课教师。

学习评价

教师引导学生总结本次课学习收获，并进行自我评价。

1. 长知识（5 分）

（1）无缝线路类型。

根据处理钢轨内部应力方式的不同分类：① 温度应力式；② 放散温度应力式（定期和自动）。

根据轨条长度的不同分类：① 普通无缝线路；② 全区间无缝线路；③ 跨区间无缝线路。

（2）钢轨温度。

① 实测轨温；锁定轨温；② 零应力轨温；③ 设计锁定轨温。

（3）无缝道岔。

（4）轨道几何形位。

① 轨距；② 水平；③ 高低；④ 轨向；⑤ 轨底坡。

2. 强能力（5 分）

（1）能简要说明无缝线路类型。

（2）会识别轨道静态几何形位。

（3）对学习无缝线路、轨道几何形位产生兴趣爱好。

（4）提升利用互联网、教学资源库、图书查阅专业资料的技能。

（5）逐步养成自主学习习惯，提升互助学习、探索学习的能力。

3. 提素养（5 分）

（1）尊重铁路工务人的劳动及劳动智慧，增强职业荣誉感。

（2）塑造新时代健康人格，热爱中国式现代化铁路，激发爱国主义情怀。

（3）成为铁路劳模精神、劳动精神、工匠精神的传承人。

活动 3.2.3　作品制作

建议本活动在课后进行。每名学生单独制作一个开放、个性、富有创造性的学习过程和学习成效的视频，既要反映课程基本学习目标的完成情况，又要反映个人学习的收获，时间在 5 min 以内，至少包括以下 5 项内容。

（1）无缝线路类型。

（2）钢轨温度。

（3）无缝道岔。

（4）轨道几何形位。

（5）通过本次课学习，个人在知识增长、能力强化、素养提升方面的小结。

课后 2 天内将作品提交任课教师，作为教师评价学生学习效果的依据。

活动 3.2.4　学习测试

（1）简述无缝线路类型。

（2）简述钢轨温度。

（3）简述无缝道岔。

（4）简述轨道几何形位。

拓展学习

限界及线路标志

1. 限界

为了确保机车车辆在铁路线路上运行的安全，防止机车车辆撞击临近线路的建筑物和设备，而对机车车辆和接近线路的建筑物、设备所规定的不允许超越的轮廓尺寸线，称为限界。常规铁路基本限界可分为机车车辆限界和建筑限界两种。

1）基本限界

（1）机车车辆限界：机车车辆横断面的最大极限。

（2）建筑限界：一个和线路中心线垂直的横断面。

2）超限限界

超限限界：货物任何部分的高度和宽度超过机车车辆限界时，称为超限限界。

根据货物超限的程度可分为：一级超限、二级超限、超级超限。

基本限界如图 3-81 所示，超限限界如图 3-82 所示。

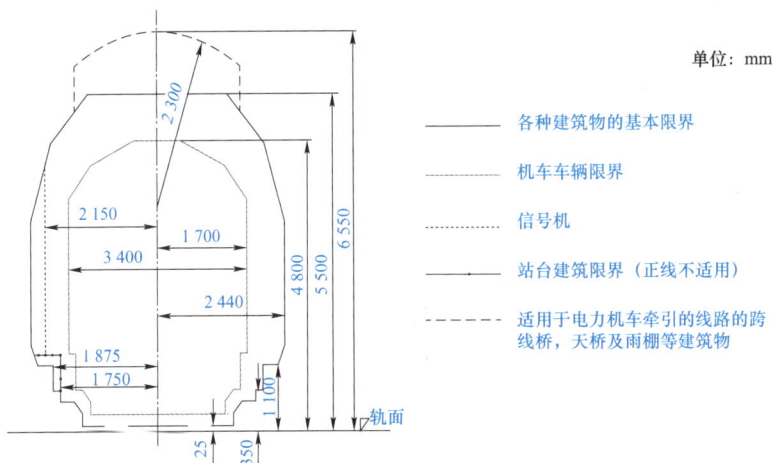

图 3-81　基本限界

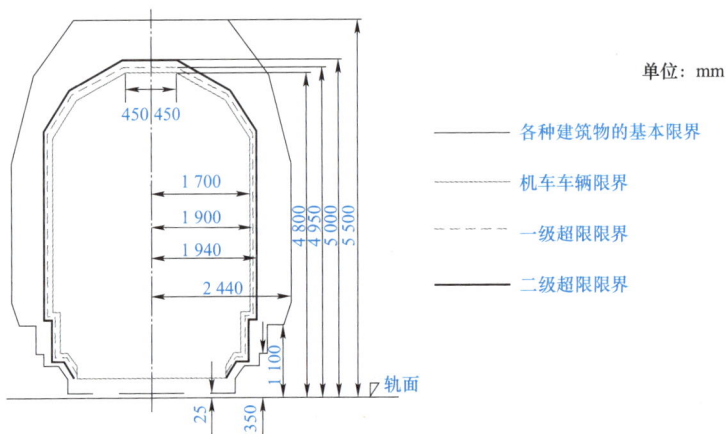

图 3-82　超限限界

2. 线路标志

为满足行车和线路养护维修的需要，在铁路沿线设有许多用来表明铁路建筑物及设备位置和技术状态的标志。

线路标志应设在线路里程增加方向的左侧机车车辆限界以外，距钢轨头部外侧不小于2 m 处。曲线标等不超过钢轨顶面的标志，为不妨碍某些特种车辆在工作状态时顺利通过，可设在距钢轨头部外侧不小于 1.35 m 处。

1）公里标、半公里标

公里标、半公里标如图 3-83 所示。

图 3-83　公里标、半公里标

公里标、半公里标是线路的里程标。公里标表示从铁路线路起点开始计算的连续里程，每整公里设一个。半公里标设于线路的每半公里处。

2）曲线标

曲线标如图3-84所示。

图3-84　曲线标

曲线标设在曲线的中点处，标明曲线中心里程、半径大小、曲线和缓和曲线长度、超高等。

3）坡度标

坡度标如图3-85所示，坡度标设置位置如图3-86所示。

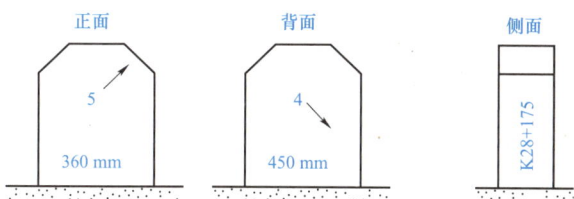

图3-85　坡度标

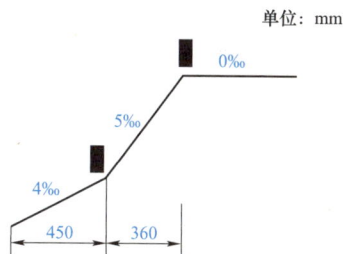

图3-86　坡度标设置位置

坡度标的正面和背面分别表示两边的坡度和坡段长度，并用箭头表示上坡或下坡，侧面则标明它所在的里程。坡度标设于变坡点处。

4）桥梁标

桥梁标如图3-87所示。

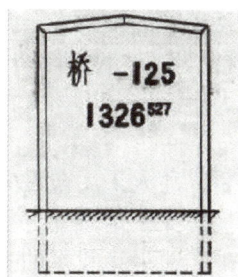

图3-87　桥梁标

桥梁标是表示桥梁的位置（中心里程）和桥梁编号的标志。设在桥梁中心里程（或桥头）处，桥梁标的标面上注有按线路计算里程方向统一编排的桥梁序号和所在线路的中心里程。

5）隧道标

隧道标（见图3-88）设在隧道两端的洞门端墙上，标明隧道编号、中心里程和长度。

6）管界标

管界标设在铁路局、工务段、领工区、养路工区、供电段、电力段的管辖地段的分界点处，正面和背面分别标明所向的单位名称，侧面注有管界的字样。管界标如图3-89所示。

图 3-88　隧道标　　　　　　　　　　　　　　　图 3-89　管界标

思政案例　打不烂、炸不断——抗美援朝铁路运输线

1950 年，以美国为首的"联合国军"悍然发动侵朝战争，把战火烧到了鸭绿江边。刚刚获得解放的中国人民，为了祖国的长治久安，应朝鲜政府的请求，挥正义之师，跨过鸭绿江，抗美援朝，保家卫国。

随着中国人民志愿军的节节胜利，战场不断扩大，后方补给线迅速延长，遭受严重破坏的朝鲜铁路远远不能适应大兵团作战对日益增多的军需物资运输的需要，由于供应不足，趴冰卧雪英勇奋战的前方官兵有时只能吃一把炒面吃一口雪。为迅速改变后方运输的被动局面，铁道兵团奉中央军委命令率所属 3 个师 2 个团于 1950 年 11 月陆续入朝执行铁路保障任务，后以其所属的直属桥梁团为基础组建了第四师，1951 年 1 月，铁道兵团划归中国人民志愿军建制。

入朝之初，铁路保障的重点是进行抢修。时值严冬，天寒地冻，抢修部队先是克服地理不熟、资料不全、材料奇缺等困难，不畏艰险，连续奋战，相继修复了遭受严重破坏的沸流江桥、大同江桥、大宁江桥、清川江桥等桥，使平德线、平元线、平北线、京元线、京义线迅速向前延伸。

第四次战役前后，敌人采用前后夹击战术，加剧了对前沿铁路和后方运输线的破坏，重点是大桥和场站，投掷大量定时弹、子母弹、杀伤弹和重磅炸弹，并辅以不间断的低空炮击和俯冲扫射，疯狂破坏、阻止我军的抢修和运输。铁道兵抢修部队不断摸索规律，以分段保障的战法应对：随机变化重点，集中兵力，随炸随修；加强防空火力，逼迫敌机减少低空轰炸；巧作伪装，迷惑敌机；统一便桥设计标准，预先做好排架和木龙，缩短抢修时间，使运输效率成倍提高。仅敌机轰炸频繁的 1951 年 5 月就接运重车 5 155 辆，前线的物资供应明显改善。

　　1951 年 7 月，突然连降暴雨，平时少水甚至无水的江河，水位高涨，数十年不遇的特大洪水咆哮而至，冲毁桥梁 94 座，冲走了大量抢修器材，铁路建筑物、通信线路、便道、公路被破坏，其破坏程度超过同期敌机轰炸的近 3 倍，抢修难度可想而知。敌人曾幸灾乐祸地断言，遭此巨劫，志愿军将"无法再度过一个冬季"。沧海横流，方显英雄本色。困难和考验，激发了铁道兵的无穷智慧和力量，在 50 多个惊心动魄的日子里，他们头顶穿梭轰炸的敌机，置身滔滔激流，奋勇搏斗，修复正桥 59 座，终于让钢铁"长虹"重新飞架在条条江河之上，在整个汛期依然运输物资 3 600 多车。

　　1951 年 8 月以后，敌人为彻底摧毁我铁路运输线，断绝前线供应，突然改变战术，将重点轰炸桥梁、车站，改变为集中轰炸重要的铁路交会点，实行更加疯狂的所谓"绞杀战"。易炸难修的京义线新安州至西浦、满浦线价川至西浦、价川至新安州的"三角地区"，成为双方争夺的焦点。这一地区靠近朝鲜西海岸，是朝鲜北部铁路运输线的咽喉地带。敌机一群接着一群，不分昼夜疯狂轰炸，炸弹、定时弹像冰雹一样倾泻。从 9 月到年底，仅在"三角区"就投掷 6.35 万枚炸弹，破坏线路 3 000 余处，京义线"317"km 地段平均 1.4 m² 落弹一枚。狭路相逢勇者胜。残酷的战争赋予了铁道兵钢铁的性格、钢铁的意志、钢铁的力量，他们头顶呼啸的敌机，身旁伴着随时爆响的定时弹，英勇顽强，日夜奋战。炸断，修复；再炸断，再修复。尽管敌人机关算尽，不断变换战法，今天分别"炸两头"，明天集中"炸一头"，并亮出了所有的新式武器，始终没能阻止我军用列车源源不断开往前线。当时的美军第 5 航空队司令爱福莱斯特不得不承认"'绞杀战'已经失败"。美国空军发言人连发慨叹："坦白地讲，我们认为他们是世界上最坚决的建筑铁路的人。"美军第 8 军军长范弗里特也无可奈何地说："虽然联军的空军和海军尽了一切努力，企图阻断共产党的供应，然而共产党仍然以令人难以置信的顽强毅力把物资运到前线，创造了人间的奇迹。"铁道兵就是用这种国际主义、爱国主义和革命英雄主义精神锻铸的大智大勇，创建了一条打不烂、炸不断的钢铁运输线，创造了战争史上的奇迹，这是千千万万铁道兵将士的血肉之躯和顽强意志在血与火中的升华！

　　铁道兵团在随后的反登陆紧急战备、复旧和新建铁路，以及帮助朝鲜人民重建家园中，都创造了骄人的成绩。在近 3 年的抗美援朝战争期间，"联合国军"出动各类飞机 58 967 架次，向铁路沿线投掷炸弹 19 万多枚，重约 9.5 万吨，相当于第二次世界大战期间德军投向英国本土炸弹总吨数的 1.5 倍。铁道兵团以 1 481 名同志壮烈牺牲、2 989 位同志光荣负伤的代价，共抢修、抢建、复旧正桥 2 294 座次，隧道 122 座次，线路 14 691 处次，新建铁路 212 km，使朝鲜铁路通车里程由铁道兵部队入朝时的 107 km 延长到 1 382 km，为朝鲜人民作出了不可磨灭的贡献，得到了中朝两国政府和人民的高度赞扬。

4

铁路信号设备

铁路信号是指挥列车运行的基础设备，铁路信号设置分散、数量多、类型多、型号多，维护信号设备使信号正常显示，维护转辙机及道岔使道岔搬动正常，是确保列车正常安全运行的基础，是重要的铁路电务作业。

铁路信号设备包括信号机、轨道电路、转辙设备、联锁机构和控制台等几大部分。

本项目共 4 项任务：

任务 4.1　信号机认知

任务 4.2　轨道电路认知

任务 4.3　转辙设备认知

任务 4.4　电缆径路认知

这 4 项任务全部依托铁路电务运维体系典型工作任务，情境客观，内容真实。

学习目标

（1）掌握铁路信号机基本组成部件。

（2）掌握常见铁路信号机显示含义。

（3）掌握 ZPW-2000A 型移频轨道电路的组成。

（4）掌握 ZPW-2000A 型移频轨道电路的技术要求。

（5）掌握常见道岔转辙机内外部结构。

（6）掌握铁路信号电缆的结构。

（7）掌握铁路信号电缆径路选择规定。

（8）能识别常见信号名称、符号。

（9）会描述固定信号机功能及运用。

（10）培养学习铁路信号基础设备的兴趣。

（11）提升自主学习、互助学习、探索学习的能力。

（12）提升利用线上线下手段查阅资料的技能。

（13）通过完成课前自主学习、课中小组研学、课后作品制作，提高个性化创作能力和互助研学能力。

（14）尊重铁路信号人的劳动及劳动智慧，增强职业荣誉感。

（15）塑造新时代健康人格，热爱中国式现代化铁路，激发爱国主义情怀。

学习建议

（1）课前自主学习。认真阅读每项任务中的基础知识，通过线上线下教学资源，查阅与任务相关的资料，阅读中国铁路信号基础设施的文献资料，收集文字、数字、影像资料。

（2）课中小组研学。以事先划定的学习小组为单位，交流个人自主学习情况，分享个人收集的相关资料，研讨学习中发现的疑点、难点，制作关于小组研学过程的微课。

（3）课后作品制作。学生个人单独制作一个开放、个性、富有创造性的学习过程和学习成效的视频，既要反映课程基本学习目标的完成情况，又要反映个人学习的收获。

任务 4.1　信号机认知

活动 4.1.1　自主学习

建议本活动在课前进行。按照教学安排，学生预习基础知识，并查阅与本任务相关的资料。

基础知识

铁路信号室外三大件

色灯信号机、轨道电路、转辙机。

4.1.1.1　铁路信号基础设备技术要求

铁路信号是向有关行车人员发出的指示列车运行及调车工作命令的号志。

铁路信号设备是保证铁路行车安全、指挥行车和提高行车效率最为重要的行车设备。随着铁路信号技术的发展和高速铁路信号的广泛应用，铁路信号已成为提高铁路区间和车站通过能力、增加铁路运输经济效益、改善铁路员工劳动条件的一种现代化科学管理手段和技术。其主要技术要求如下。

（1）信号显示力求简单明了，便于行车人员确认。

（2）要有适当的显示数目来反映不同的运行条件，以确保行车的安全和效率。

（3）信号机应有足够的显示距离，以便于行车人员准确和及时地辨认信号。

（4）信号显示设备应构造简单、坚固、经济、动作灵活、便于操纵和控制。

（5）信号设备应符合"故障—安全"原则，当信号设备发生故障时，信号机应能自动地给出最大限制的信号显示。

（6）信号显示应具有较高的抗干扰能力，尽量减少受风沙、雨雪、迷雾和背景及其他灯光的影响。

4.1.1.2　铁路信号类型

铁路信号一般分为信号机和信号表示器两类。

（1）信号机按用途分为进站信号机、出站信号机、通过信号机、进路信号机、调车信号机、驼峰信号机、遮断信号机、预告信号机、复示信号机等类型。

（2）信号表示器分为发车表示器、调车表示器、进路表示器、发车线路表示器、道岔表示器、脱轨表示器、车挡表示器等类型。

本任务主要学习色灯信号机。

4.1.1.3 色灯信号机认知

目前，我国铁路信号普遍采用色灯信号机，包括广泛使用的透镜式色灯信号机和新型的组合式色灯信号机及 LED 色灯信号机。

1. 透镜式色灯信号机认知

1）透镜式色灯信号机结构

透镜式色灯信号机如图 4-1 所示。

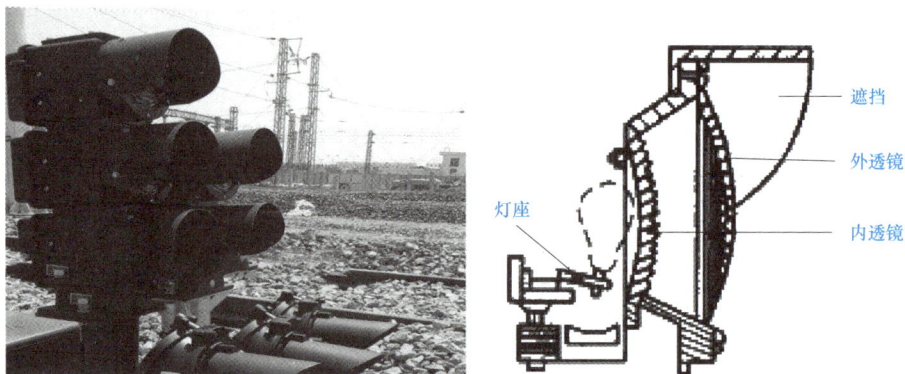

图 4-1 透镜式色灯信号机

透镜式色灯信号机的主要优点是结构简单、维修容易，因而使用很广泛，但其光系统存在一定的缺点，光通量不能充分利用，在曲线线段上不能连续显示。

2）透镜式色灯信号机光源结构

透镜式色灯信号机光源结构如图 4-2 所示。

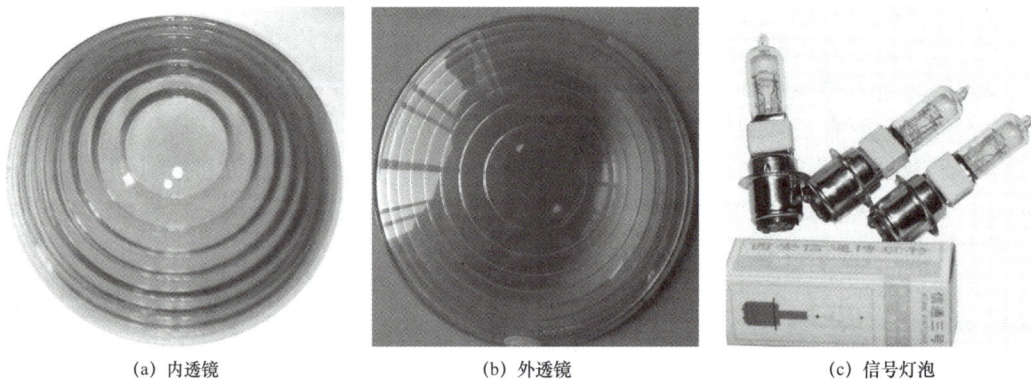

(a) 内透镜   (b) 外透镜   (c) 信号灯泡

图 4-2 透镜式色灯信号机光源结构

透镜式色灯信号机的光源是直丝双丝铁路信号灯泡。透镜组装在镜架框上，由两块带棱的凸透镜组成，里面是有色带棱外凸透镜（可有红、黄、绿、蓝、月白、无色六种颜色），外面是无色带棱内凸透镜。信号机构的颜色取决于有色透镜，可根据需要选用。

2. 组合式色灯信号机认知

XSZ-135 型组合式色灯信号机结构如图 4-3 所示。

XSZ-135 型组合式色灯信号机采用组合形式，一个灯位为一个独立单元，配一种颜色，使用时根据需要进行组合，故称为组合式色灯信号机。它能保证信号显示在曲线线段上的连续性。

组合式色灯信号机适合瞭望困难的线路，适用于曲线半径 300～20 000 m 的各种曲线和直线轨道上，在距信号机 5～1 000 m 距离内得到连续信号显示。

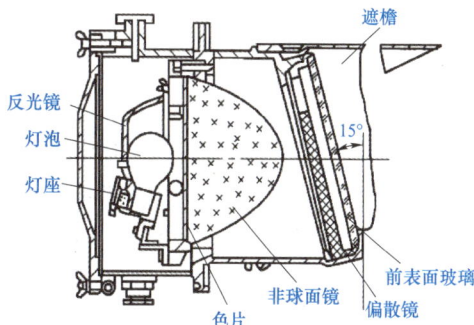

图 4-3　XSZ-135 型组合式色灯信号机结构

3. LED 色灯信号机认知

1）LED 色灯信号机结构

XSLE-A-8/12 型 LED 色灯信号机如图 4-4 所示。

LED 色灯信号机可作为铁路站场、区间的进站、出站、进路、防护、预告、调车、驼峰、复示、遮断、通过及引导等地面灯光信号之用，并具有结构紧凑、能耗低、寿命长、无须调焦等特点，是新一代用于铁路运输线上的色灯信号机。

2）LED 色灯信号机光源结构

XSLE-A-8 型 LED 色灯信号机光源板如图 4-5 所示。

LED 色灯信号机的光源板是信号机的发光主体，通过光学聚焦原理由高亮度 LED 发光二极管阵列而成。光源板最大的优点就是不需要像老式信号灯泡一样进行调焦。XSLE-A-8 型 LED 色灯信号机光源板有 56 个灯管，分 8 束并联，每束 7 个串联而成。

图 4-4　XSLE-A-8/12 型 LED 色灯信号机

图 4-5　XSLE-A-8 型 LED 色灯信号机光源板

学而思之

透镜式色灯信号机与 LED 色灯信号机的光源有何异同？

4.1.1.4　高柱信号机认知

色灯信号机有高柱和矮型两种类型。

高柱信号机的机构安装在钢筋混凝土信号机柱上，矮型信号机的机构安装在信号机水泥基础上。

高柱色灯信号机的机构的每个灯位配备有相应的透镜组和灯泡，给出信号显示。托架用来将机构固定在机柱上，每一机构需上、下托架各一个。梯子用于给信号维修人员攀登及作业。

矮型信号机用螺栓固定在信号机基础上，没有托架，更不需要梯子。

1. 高柱信号机结构

高柱信号机结构如图4-6所示。

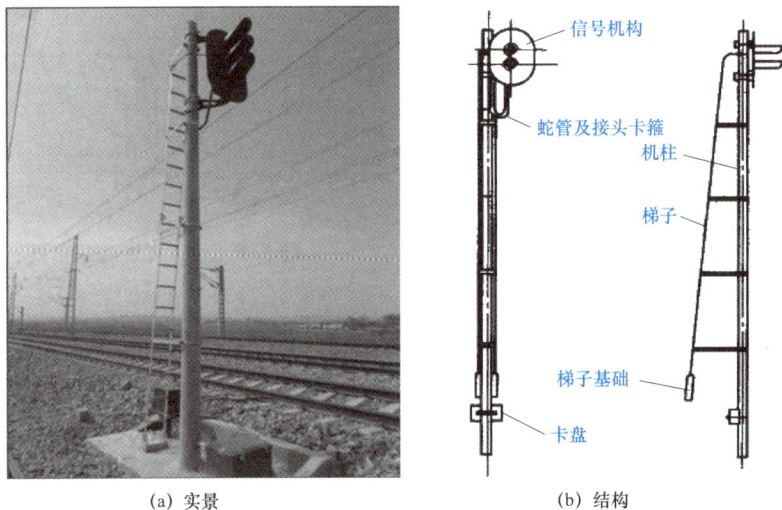

(a) 实景　　　　　　　　　　(b) 结构

图4-6　高柱信号机结构

2. 高柱信号机装设

高柱信号机装设如图4-7所示。

(a) 实景　　　　　　　　　　(b) 装设

图4-7　高柱信号机装设

高柱信号机装设技术标准如下：

（1）当采用高度为 8.5 m、10 m、11 m 环形预应力混凝土信号机柱时，机柱埋深分别不小于 1.7 m、2 m、2 m。机柱卡盘采用混凝土预制件，配 U 型螺栓与机柱连接，卡盘应埋设于地下（500±100）mm 处。

（2）直线线路高柱信号机的机柱埋深、机构安装高度及限界应符合规定。曲线加宽等特殊区段安装限界应根据现场实际情况确定。

（3）机柱顶端及电线引入管口应使用水泥砂浆封堵。

（4）机柱应垂直于地面装设，在距钢轨顶面 4 500 mm 高处用吊线坠往下测量，其倾斜量不应大于 36 mm。信号机梯子中心应与机柱中心一致，梯子应平直，梯子支架应安装水平；梯子抱箍与机柱连接牢固。

4.1.1.5　矮型信号机认知

1. 矮型信号机结构

矮型透镜式色灯信号机如图 4-8 所示。

(a) 普速铁路线路矮型信号机　　　　(b) 高速铁路线路矮型信号机

图 4-8　矮型透镜式色灯信号机

2. 矮型信号机装设

矮型信号机装设如图 4-9 所示。

单位：mm

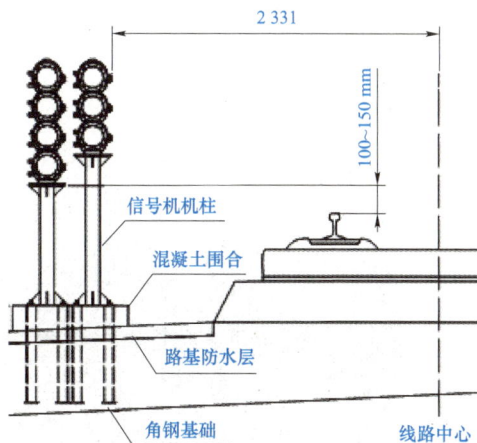

(a) 装设　　　　　　　　　　(b) 实景

图 4-9　矮型信号机装设

矮型信号机装设技术标准如下。

（1）路基地段的信号机基础埋深不应小于 500 mm。

（2）信号机四灯位基础顶面距钢轨面 100～150 mm，三灯位基础顶面距钢轨面 315～350 mm，信号机构最凸出边缘距所属线路中心不小于 2 331 mm。

（3）信号机、箱盒与基础螺栓连接时采用双螺母（其中外部是防松螺母）紧固，露出螺母外的螺扣不小于 5 mm。

（4）基础支架，采用不小于 50 mm² 多股铜线连接后，应就近与综合接地端子或贯通地线连接。

《铁路技术管理规程》规定，在下列处所可采用矮型信号机。

（1）不办理通过列车的到发线上的出站、发车进路信号机。

（2）道岔区内的调车信号机及驼峰调车场内的线束调车信号机。

（3）自动闭塞区段，隧道内的通过信号机。

特殊情况需设矮型信号机时，须经铁路局集团公司批准。

学而思之

（1）高柱信号机和矮型信号机结构有何不同？

（2）高柱信号机和矮型信号机安装有何不同？

4.1.1.6 常见色灯信号机认知

1. 调车信号机

调车信号机是为集中区内进行调车作业而设置的一种信号机。调车作业一般是利用牵出线与到发线、咽喉区与到发线之间的线路进行的。调车信号是调车作业的命令和要求，是机车乘务人员及其他调车人员行动的依据，调车信号机如图 4-10 所示。

调车色灯信号机显示含义如下。

（1）一个月白色灯光——准许越过该信号机调车。

（2）一个月白色闪光灯光——装有平面溜放调车区集中联锁设备时，准许溜放调车。

（3）一个蓝色灯光——不准越过该信号机调车。

不办理闭塞的站内岔线，在岔线入口处设置的调车信号机，可用红色灯光代替蓝色灯光。在尽头式到发线上，设置的起阻挡列车运行作用的调车信号机，应采用矮型三显示机构，用红色灯光代替蓝色灯光。

2. 出站信号机

出站信号机如图 4-11 所示。

图 4-10 调车信号机

图 4-11 出站信号机

出站信号机用来防护区间，指示列车是否有车站开往区间，它设置在每一个发车线警冲标内方适当的位置。

出站信号机显示含义如下。

1）半自动闭塞区段

（1）一个绿色灯光——准许列车由车站出发。

（2）一个红色灯光——不准列车越过该信号机。

（3）两个绿色灯光——准许列车由车站出发，开往次要线路（或用进路表示器也可）。

（4）一个月白色灯光——在兼作调车信号机时，准许越过该信号机调车。

2）三显示自动闭塞区段

（1）一个绿色灯光——准许列车由车站出发，表示运行前方至少有两个闭塞分区空闲。

（2）一个黄色灯光——准许列车由车站出发，表示运行前方有一个闭塞分区空闲。

（3）一个红色灯光——不准列车越过该信号机。

（4）两个绿色灯光——准许列车由车站出发，开往半自动闭塞区间（注：开往半自动闭塞区间不一定非用两绿，若有两个以上方向可采用进路表示器方式）。

（5）一个月白色灯光——在兼作调车信号机时，准许越过该信号机调车。

3）四显示自动闭塞区段

（1）一个绿色灯光——准许列车由车站出发，表示运行前方至少有三个闭塞分区空闲。

（2）一个绿色灯光和一个黄色灯光——准许列车由车站出发，表示运行前方有两个闭塞分区空闲。

（3）一个黄色灯光——准许列车由车站出发，表示运行前方有一个闭塞分区空闲。

（4）一个红色灯光——不准列车越过该信号机。

（5）两个绿色灯光——准许列车由该车站出发，开往半自动闭塞区间。

（6）一个月白色灯光——在兼作调车信号机时，准许越过该信号机调车。

3. 进站信号机

进站信号机如图 4-12 所示。

进站信号机指示列车是否可以进入或通过车站，用于对车站进行安全防护。设于距车站最外方道岔尖轨尖端不少于 50 m 的地点。

进站信号机显示含义如下。

1）除四显示区段以外区段

（1）一个绿色灯光——准许列车按规定速度经正线通过车站，表示出站及进路信号机在开放状态，进路上的道岔均开通直向位置。

（2）一个黄色灯光——准许列车经道岔直向位置，进入站内准备停车。

图 4-12　进站信号机

（3）两个黄色灯光——准许列车经道岔侧向位置，进入站内准备停车。

（4）一个黄色闪光和一个黄色灯光——准许列车经 18 号及以上道岔侧向位置，进入站内越过下一架已经开放的信号机，且该信号机所防护的进路，经道岔的直向位置或 18 号及其以上道岔的侧向位置。

（5）一个红色灯光——不允许列车越过该信号机。

（6）一个绿色灯光和一个黄色灯光——准许列车经道岔直向位置，进入车站，越过下一架已经开放的接车进路信号机准备停车。

（7）一个红色灯光及一个白色灯光——表示引导信号开放，准许列车越过信号机不停车，以不超过 20 km/h 速度进站，并准备随时停车。

2）四显示区段

（1）一个绿色灯光——准许列车按规定速度经道岔直向进入或通过车站，表示运行前方至少有三个闭塞分区空闲。

（2）一个黄色灯光——准许列车按限速要求越过该信号机，经道岔直向位置进入站内准备停车。

（3）两个黄色灯光——准许列车按限速要求越过该信号机，经道岔侧向位置进入站内准备停车。

（4）一个黄色闪光和一个黄色灯光——准许列车经 18 号及以上道岔侧向位置，进入站内越过下一架已经开放的信号机，且该信号机所防护的进路，经道岔的直向位置或 18 号及其以上道岔的侧向位置。

（5）一个红色灯光——不允许列车越过该信号机。

（6）一个绿色灯光和一个黄色灯光——准许列车按规定速度越过该信号机，经道岔直向位置进入站内，表示下一架信号机已经开放一个黄灯。

（7）一个红色灯光及一个白色灯光——表示引导信号开放，准许列车越过该信号机不停车，以不超过 20 km/h 速度进站，并准备随时停车。

4. 驼峰信号机

驼峰信号机如图 4-13 所示。

驼峰信号机是用于指示驼峰调车、机车进行车辆解体等作业的信号机，设置于驼峰峰顶。驼峰信号机显示含义如下。

（1）一个绿色灯光——准许机车车辆按规定速度向驼峰推进。

（2）一个绿色闪光灯光——指示机车车辆加速向驼峰推进。

（3）一个黄色闪光灯光——指示机车车辆减速向驼峰推进。

（4）一个红色灯光——不准机车车辆越过该信号机或指示机车车辆停止作业。

（5）一个红色闪光灯光——指示机车车辆自驼峰退回。

（6）一个月白色灯光——指示机车到峰下。

（7）一个月白色闪光灯光——指示机车车辆去禁溜线。

5. 通过信号机

通过信号机如图 4-14 所示。

图 4-13　驼峰信号机

图 4-14　通过信号机

通过信号机的作用是防护自动闭塞线路上的闭塞分区或非自动闭塞线路上的所间区间，指示列车可否进入它所防护的闭塞分区或所间区间。通过信号机一般设在闭塞分区或所间区间的分界点。

通过信号机显示含义如下。

1）半自动闭塞及自动站间闭塞区段

（1）一个绿色灯光——准许列车按规定速度运行。

（2）一个红色灯光——不准列车越过该信号机。

2）三显示自动闭塞区段

（1）一个绿色灯光——准许列车按规定速度运行，表示运行前方至少有两个闭塞分区空闲。

（2）一个黄色灯光——要求列车注意运行，表示运行前方有一个闭塞分区空闲。

（3）一个红色灯光——列车应在该信号机前停车。

3）四显示自动闭塞区段

（1）一个绿色灯光——准许列车按规定速度运行，表示运行前方至少有三个闭塞分区空闲。

（2）一个绿色灯光和一个黄色灯光——准许列车按规定速度运行，要求注意准备减速，表示运行前方有两个闭塞分区空闲。

（3）一个黄色灯光——要求列车减速运行，按规定限速要求越过该信号机，表示运行前方有一个闭塞分区空闲。

（4）一个红色灯光——列车应在该信号机前停车。

学而思之

通过信号机为什么要采用四显示方式？

6. 机车信号机

机车信号装在机车司机室内，能显示和地面信号机同样的信号，保证了行车安全，提高了运行效率，也改善了司机的工作条件。

机车信号机以双面八显示信号灯方式向司机提供列车运行地面控制信息，双面八显示机车信号机如图 4-15 所示。

图 4-15　双面八显示机车信号机

（1）双面八显示机车信号机外形尺寸为 446 mm×100 mm×119 mm（长×宽×高）。

（2）当列车运行速度达到 160 km/h 以上时，由于列车制动距离的延长，凭司机确认地面信号来保证行车安全已经不可能。当从确认信号到采取制动措施的时间内列车的走行距离大于制动距离时，就会危及行车安全。在这种情况下，机车信号就应成为主体信号。

信号显示与列车速度的关系如下。

（1）列车运行速度在 120 km/h 及以下时一般采用三显示自动闭塞，其速度等级只有两级，规定速度和零。

（2）列车运行速度在 120～160 km/h 时采用四显示自动闭塞，它的信号显示有了较明确速度含义，绿、绿黄、黄、红灯四种显示明确表达了始端速度和终端速度。其速度等级一般分为三级，例如 160 km/h、115 km/h 和 0 km/h。

（3）进站信号机和接车进路信号机也能表达速度意义，除绿、绿黄、黄、红灯外，两个黄灯和黄闪黄分别表达了限速的意义，两个黄灯限速 50 km/h（非提速 12 号道岔为 45 km/h，9 号道岔为 30 km/h），黄闪黄限速 80 km/h。

学而思之

为什么要设置机车信号？

查阅资料

（1）在阅读基础知识的基础上，通过线上线下教学资源，查阅铁路信号基础设备的资料，进一步了解铁路信号的设置情况。

（2）个人下载 3～5 张关于铁路信号基础设备的图片，用于小组学习交流。

活动 4.1.2　集体研学

建议本活动在课中进行。在教师指导下，以学生为主体，工学结合，做中学、做中教。

场所建议

场所 1：现场。现场观看铁路信号设置及信号显示。

场所 2：仿真实训室。通过仿真系统展示铁路信号设置及信号显示。

场所 3：多媒体教室。通过多媒体课件展示铁路信号设置及信号显示。

上述 3 个教学场所，最好选择场所 1，其次选择场所 2，起码保证场所 3。

视频欣赏

进入教学资源库，观看铁路信号设置及信号显示视频，学习、弘扬铁路职工的劳模精神、劳动精神和工匠精神。

小组交流

（1）以事先划定的学习小组为单位，交流个人课前、课中学习情况，分享个人收集的相关资料，对学习中发现的疑点、难点进行小组研讨，并在规定时间内制作小组研学过程的微课，时间不超过 3 min。

（2）各研学小组向全班分享关于铁路信号设置及信号显示集体研学的微课，并提交任课教师。

学习评价

教师引导学生总结本次课学习收获，并进行自我评价。

1. 长知识（5 分）

1）透镜式色灯信号机结构组成

（1）灯泡；（2）灯座；（3）透镜组；（4）遮檐；（5）背板。

2）常见信号机

（1）调车信号机；（2）出站信号机；（3）进站信号机；（4）通过信号机；（5）驼峰信号机。

2. 强能力（5 分）

（1）能简要说明信号机及其显示含义。

（2）会识别各类信号机。

（3）对学习工电供基础知识与技能产生兴趣爱好。

（4）提升利用互联网、教学资源库、图书查阅专业资料的技能。

（5）逐步养成自主学习习惯，提升互助学习、探索学习的能力。

3. 提素养（5 分）

（1）尊重铁路信号人的劳动及劳动智慧，增强职业荣誉感。

（2）塑造新时代健康人格，热爱中国式现代化铁路，激发爱国主义情怀。

（3）成为铁路劳模精神、劳动精神、工匠精神的传承人。

活动 4.1.3　作品制作

建议本活动在课后进行。每名学生单独制作一个开放、个性、富有创造性的学习过程和学习成效的视频，既要反映课程基本学习目标的完成情况，又要反映个人学习的收获，时间在 5 min 以内，至少包括以下 2 项内容。

（1）常见信号机及其显示含义。

（2）通过本次课学习，个人在知识增长、能力强化、素养提升方面的小结。

课后 2 天内将作品提交任课教师，作为教师评价学生学习效果的依据。

活动 4.1.4　学习测试

（1）简述常见信号机类型。

（2）简述常见信号机显示含义。

拓展学习

灯光组合和闪光信号

随着列车运行速度的不断提高，要求信号显示的信息量也不断地增加，采用单一灯光显示早已不能满足列车运行的需要。

可以采用现有的灯光组合成多种显示，如采用 2 个或 3 个相同颜色的或不同颜色的灯光进行组合。进站信号机的两个黄灯、一个红灯和一个月白灯的引导信号，通过信号机的一个红灯和一个蓝灯的允许信号，出站信号机的两个绿灯，出站信号机的一个绿灯或一个黄灯和进路表示器白灯，四显示自动闭塞区段通过、进站、出站信号机的一个绿灯和一个黄灯，都是灯光组合的实例。

在使用过程中发现，保持信号灯光有足够的间距且灯光显示距离调整得尽量接近，是保证列车距信号机较远时不致误认和有足够分辨率的关键。双机构的高柱色灯信号机，机构的上下两端灯光之间的距离一般在 1.5 m 左右，其正确辨认距离可达 1 000～1 500 m。而一个三显示单机构色灯信号机的上下两端两个灯光进行组合时，其灯光之间的距离不足 0.5 m，其正确辨认距离仅 500 m，这就给司机确认信号带来相当大的困难。在距离 1 000 m 处观察，绿、黄两个灯光易呈现融为一体情况，且发白，难以分辨。

采用光带或灯组的不同形式构成多种显示时，其分辨能力将有较大的提高，在我国仅有进站复示信号机和进路表示器采用局部灯组显示。

采用闪光信号的方式增加信号显示数目的方案，已被实践证明是行之有效的。闪光信号具有易于辨认、易于区别、有较强的抗干扰作用、节省电源和电缆等优点，且有利于旧设备改造。对于解决信号显示数目不足的问题，是一个较易实现而有效的手段。

我国铁路闪光信号的采用虽然还没有构成一个完整的显示体系，但也有一定的使用经验，取得了很好的效果。例如进站信号机对于经 18 号及其以上道岔侧向位置进站所增加的黄闪黄显示，取得了良好的效果。

信号点灯的闪光频率，即为每分钟的闪光次数，是闪光信号的基本参数，它涉及一系列的生理和心理上以及信号光学和颜色视觉的问题，也直接关系到铁路运输的安全和效率。经大量的试验及统计分析，我国铁路将闪光频率确定为 50～70 次/min。

闪光信号的通断比，即为亮黑比，也是闪光的另一个基本参数，与闪光频率同样重要，经静态和动态的辨认试验，确定为 1:1。

色灯信号机灯光配列由《铁路信号设计规范》《铁路信号站内联锁设计规范》统一规定。

进站信号机一般采用高柱双机构（两个二显示机构），带引导信号机构，自上而下灯位为黄、绿、红、黄、月白。当采用矮型信号机时，例如双线双向自动闭塞区段的反方向进站信号机，采用一个三显示机构和一个二显示机构，三显示灯位为黄、绿、黄，二显示为红、月白，二显示靠近线路，但当该信号机有绿、黄显示时，该进站信号机不能用矮型。

任务 4.2　轨道电路认知

活动 4.2.1　自主学习

建议本活动在课前进行。按照教学安排，学生预习基础知识，并查阅与本任务相关的资料。

基础知识

轨道电路是以铁路线路的两根钢轨作为导体，两端加以机械绝缘（或电气绝缘），连接送电和受电设备构成的电路。

轨道电路是铁路信号的重要基础设备，它的性能直接影响行车安全和运输效率。

4.2.1.1　轨道电路的作用

1. 监督列车占用

由轨道电路反映该段线路是否空闲，为开放信号、建立进路或构成闭塞提供依据；利用轨道电路的被占用关闭信号，把信号显示与轨道电路是否被占用结合起来。

2. 传递行车信息

例如，移频轨道电路中传送的行车信息，为列车运行控制系统直接提供控制列车运行所需要的前行列车位置、运行前方信号机状态和车站进路等有关信息，以决定列车运行的目标速度，控制列车在当前运行速度下是否停车或减速。即轨道电路作为传递行车信息的通道。

4.2.1.2　轨道电路的常用制式

轨道电路的主要制式为 25 Hz 相敏轨道电路、ZPW-2000 系列无绝缘轨道电路。站内主要采用 25 Hz 相敏轨道电路，区间采用 ZPW-2000 无绝缘轨道电路。

1. 25 Hz 相敏轨道电路

1）25 Hz 相敏轨道电路结构

25 Hz 相敏轨道电路如图 4-16 所示。

2）25 Hz 相敏轨道电路室外结构

25 Hz 相敏轨道电路室外结构如图 4-17 所示。

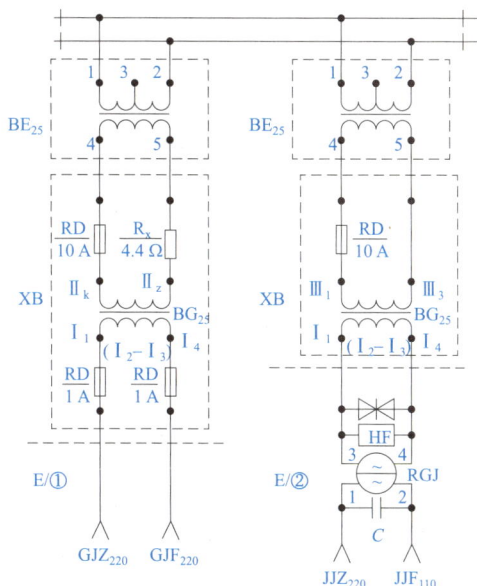

图 4-16　25 Hz 相敏轨道电路

图 4-17　25 Hz 相敏轨道电路室外结构

25 Hz 相敏轨道电路室外设备主要由变压器箱、扼流变压器、扼流线、跳线、接续线、钢轨绝缘构成。

（1）变压器箱。变压器箱用于装设轨道电路送、受端器材，主要有 XB1、XB2 两种型号。

（2）扼流变压器。扼流变压器设于电气化区段双轨条轨道电路的钢轨绝缘处，是对轨道电路中的信号电流起绝缘作用的一种特殊的变压器。其特点是既能将相邻的轨道电路中的信号电流隔开，又可使牵引电流通过它从一个轨道电路区段流向另一个轨道电路区段，不致被钢轨绝缘隔断。

（3）钢轨绝缘。轨道电路绝缘方式实现相邻区段轨道电路的分割，机械绝缘包括轨端绝缘、槽形绝缘、绝缘套管和绝缘片等。

（4）扼流线、跳线、接续线。它们用于接通轨道电路、牵引回流。

3）25 Hz 相敏轨道电路室内主要设备

25 Hz 相敏轨道电路室内主要设备如图 4-18 所示。

(a) HF2-25 型防护　　　　(b) FB-1 型防雷补偿器　　　　(c) JRJC-170/240 二元二位继电器

图 4-18　25 Hz 相敏轨道电路室内主要设备

4）25 Hz 相敏轨道电路技术特点

（1）25 Hz 相敏轨道电路具有可靠的频率选择性和相位选择性特性，因此不需要加设滤波器，避免了因滤波器故障而造成行车危及安全，充分满足"故障—安全"要求。

（2）由于采用集中调相，使轨道电路设计、施工、维修大为简化。

（3）由于 25 Hz 相敏轨道电路轨道电源消耗的功率较小，再加之 25 Hz 时钢轨阻抗值较低，所以不论从功率消耗还是从轨道电路的传输长度来说，其都具有一定的优越性。

学而思之

25 Hz 相敏轨道电路与 ZPW-2000 系列轨道电路有何区别？

2. ZPW-2000 系列轨道电路

ZPW-2000 系列轨道电路分为 ZPW-2000（无绝缘）轨道电路和客运专线 ZPW-2000 轨道电路。

ZPW-2000A 轨道电路是我国研发的具有自主知识产权的移频轨道电路，适用于我国的普速铁路线路和高速铁路线路。

1）ZPW-2000 系列轨道电路技术特点

ZPW-2000A 轨道电路是我国研发的具有自主知识产权的移频轨道电路，具备高可靠性、高安全性等特点。

ZPW-2000A 轨道电路主要技术特点如下。

（1）可以对工频信号干扰进行防护。

（2）可完成自动闭塞全程断轨检查，提高安全性。

（3）实现了对调谐单元的断线检查。

（4）大幅缩短了调谐区段的死区段距离。

（5）通过轨道电路计算机软件对系统进行优化。

（6）提高信号在机械绝缘节结构的轨道电路上有效的传输距离。

（7）结合轨道电路传输距离和道砟电阻的影响提高系统稳定性。

（8）采用 SPT 国产铁路信号数字电缆，减少备用芯线数，延长传输距离，降低造价。

（9）调谐区段设备采用 75 mm² 长包钢铜引接线，便于维修。

（10）发送器采用 N+1 冗余配置。

（11）改善了信号传输精度和抗干扰性能。

（12）接收器双机热备，同一轨道区段内，上行、下行闭塞分区的接收器主、备机互为备用。

2）ZPW-2000A 轨道电路结构

ZPW-2000A 轨道电路结构如图 4-19 所示。

无绝缘移频自动闭塞设备分为室内和室外两部分。

室内主要设备包括发送器、接收器、衰耗器、电缆模拟网络盘和移频柜等。

室外设备包括（匹配变压器、调谐单元）PT、空心线圈、机械绝缘节空心线圈、补偿电容、防雷组合等。

3）ZPW-2000A 轨道电路主要组成设备

（1）发送器、接收器、衰耗器和移频柜。

ZPW-2000A 轨道电路室内主要组成设备发送器、接收器和衰耗器等都安装在移频柜中，如图 4-20 所示。

每台移频柜可容纳设备如下。

① 10 套 ZPW-2000A 轨道电路发送器、接收器、衰耗器设备。

② 10 块熔断器板（或断路器），每套轨道电路设备定型使用 1 块。

③ 10 块 3×18 柱零层端子，每套轨道电路设备定型使用 1 块。

④ 4 柱电源端子板，用于发送器、接收器工作电源引入。

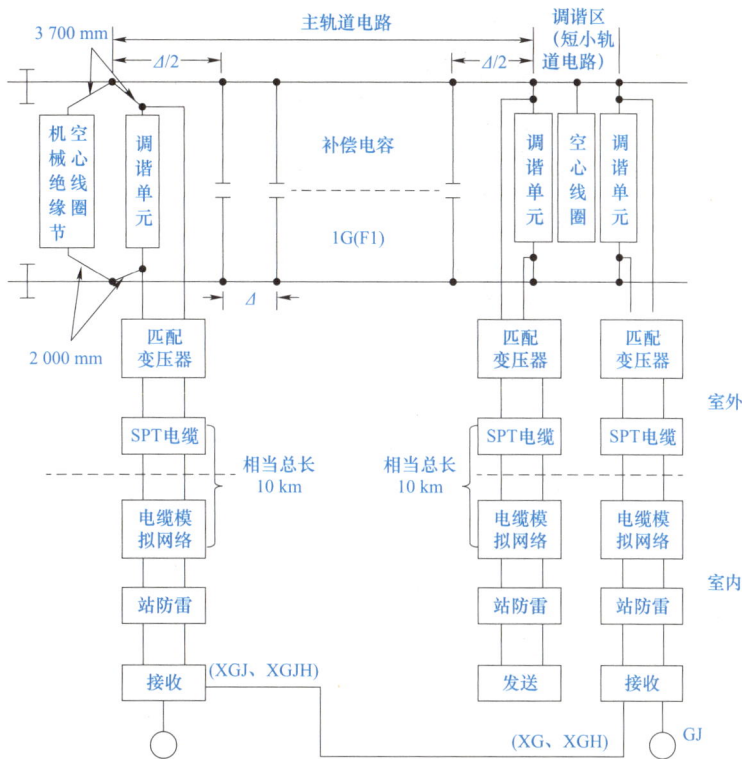

图 4-19　ZPW-2000A 轨道电路结构

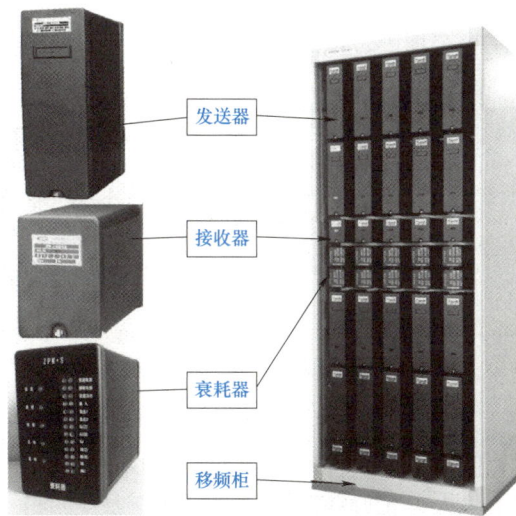

图 4-20　移频柜及其安装设备

（2）电缆模拟网络盘。

电缆模拟网络盘可视为室外电缆的延续。电缆模拟网络盘及其补偿示意图如图 4-21 所示。

电缆模拟网络盘可进行横向防雷和纵向防雷。补偿电缆长度，按 0.5、0.5、1、2、2、2×2 km 六段设计，用于对 SPT 电缆的补偿，总补偿距离为 10 km、12.5 km、15 km，用于设备侧、防雷侧、电缆侧三个电气特性的测试，便于判断故障位置。

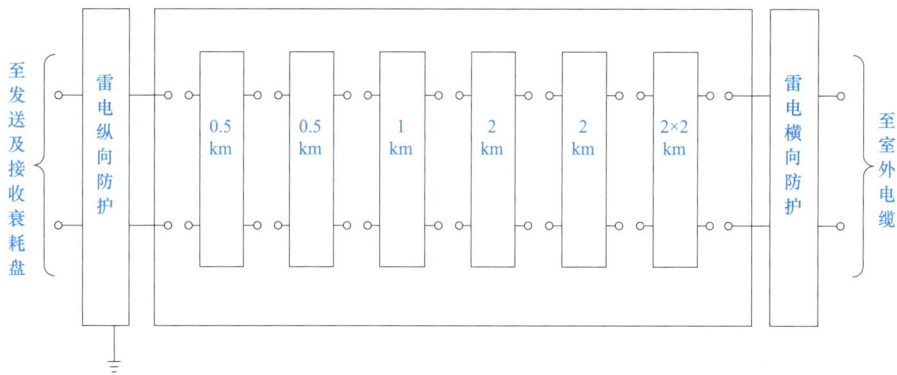

图4-21 电缆模拟网络盘及其补偿示意图

电缆网络模拟盘安装在综合柜上，电缆网络模拟盘组合示意图如图4-22所示。

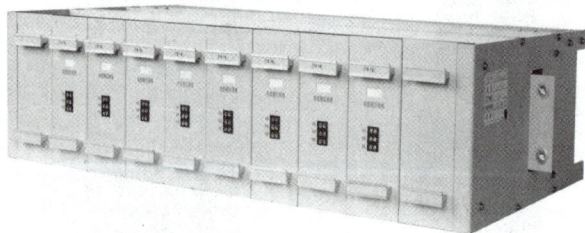

图4-22 电缆网络模拟盘组合示意图

学而思之

为什么要对电缆进行补偿？

（3）匹配变压器、调谐单元、空心线圈、补偿电容。

ZPW-2000A轨道电路室外主要设备如图4-23所示。

（4）调谐区。

ZPW-2000A轨道电路采用电气绝缘节实现相邻轨道电路的隔离，电气绝缘节长度改进为29 m（无砟轨道、有砟轨道路基地段），电气绝缘节由空心线圈、29 m长轨和调谐单元构成。调谐区对于本区段频率信号显示为零阻抗，可靠地短路相邻区段信号，防止越区传输，从而实现相邻区段信号的电气绝缘。在调谐区内增加小轨道电路，同时实现了全程断轨检测。

(a) 匹配变压器外部结构与内部结构

(b) 调谐单元外部结构与内部结构

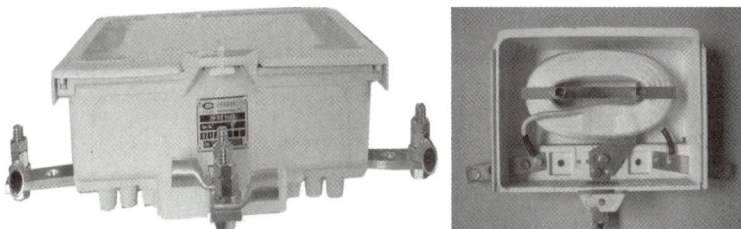

(c) 空心线圈外部结构与内部结构

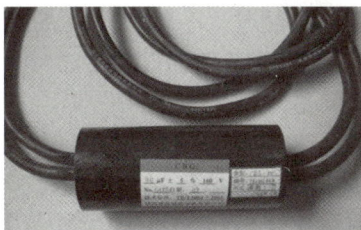

(d) 补偿电容

图 4-23　ZPW-2000A 轨道电路室外主要设备

ZPW-2000A 轨道电路调谐区如图 4-24 所示。调谐区长度设置如图 4-25 所示。

图 4-24　ZPW-2000A 轨道电路调谐区

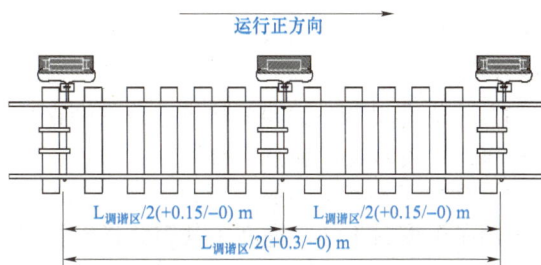

调谐区长度取决于轨道电路钢轨参数值。不同轨道结构的轨道电路的钢轨参数不同，例如：无砟和有砟的路基段为 29 m；混凝土桥梁地段一般情况下无砟为 32 m、有砟为 30 m；钢梁桥需要测试确定。

图 4-25　调谐区长度设置

调谐区设置 29 m 的禁停标志，由空心线圈、29 m 长钢轨和调谐单元构成。其主要的功能是实现相邻两个轨道电路之间的电气隔离。

学而思之

调谐区的作用是什么？

4）主轨道电路和短小轨道电路

ZPW-2000A 轨道电路可分为主轨道电路和调谐区短小轨道电路。主轨道电路和短小轨道电路在 ZPW-2000A 轨道电路发送、接收器示意图中的设置，如图 4-26 所示。

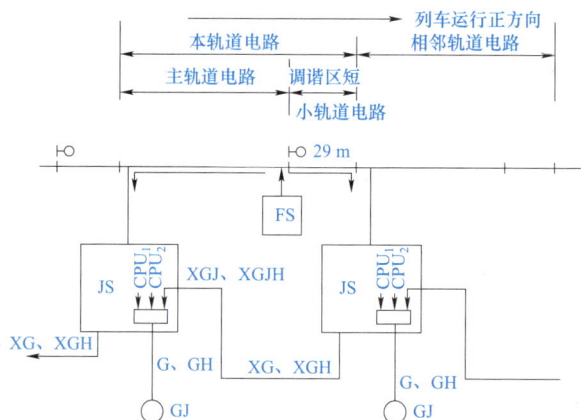

图 4-26　ZPW-2000A 轨道电路发送、接收器示意图

短小轨道电路视为列车运行前方主轨道电路的"延续段"。该延续段信号由运行前方相邻轨道电路接收器处理，并将处理结果经过"小轨""小轨回"（XG、XGH）送至本轨道电路接收器，作为轨道继电器 GJ 的必要检查条件。

学而思之

为什么要设置短小轨道电路？

5）客运专线 ZPW-2000A 轨道电路特点

在高速铁路，区间采用客运专线 ZPW-2000A（无绝缘）轨道电路，站内正线和到发线采用与区间同制式的有绝缘轨道电路。

客运专线 ZPW-2000A 轨道电路的特点如下。

（1）发送器、接收器载频选择可通过列控中心进行集中配置，发送器采用无接点的计算机编码方式，取消了大量的编码继电器。

（2）发送器由既有的 N+1 提高为 1+1 的备用模式，最大限度地降低了因设备故障而影响行车的概率。

（3）将既有 ZPW-2000A 轨道电路的调谐单元和匹配单元整合为一个调谐匹配单元，减少了系统的设备数量，提高了可靠性。

（4）优化了补偿电容的配置，采用 25 μF，不同的信号载频采用不同的补偿间距；补偿电容采用了全密封工艺，提高了其容值稳定性并延长了使用寿命。

（5）加大了空心线圈的导线线径，由 35 mm^2 提高到 50 mm^2，从而提高了关键设备的安全容量。

（6）带有监测和故障诊断功能，为系统的状态修提供了技术支持。

（7）站内采用与区间同制式的客运专线 ZPW-2000A 轨道电路，提高系统的可靠性。

（8）站内道岔区段的弯股采用与直股并联的一送一受轨道电路结构，使道岔分支长度由小于等于 30 m 延长到 160 m，提高了机车信号车载设备在站内使用的灵活性，方便了设计。

学而思之

普速铁路线路 ZPW-2000A 轨道电路与客运专线 ZPW-2000A 轨道电路有区别吗？

4.2.1.3 轨道电路状态

1. 轨道电路的空闲、占用

轨道电路的空闲、占用如图 4-27 所示。

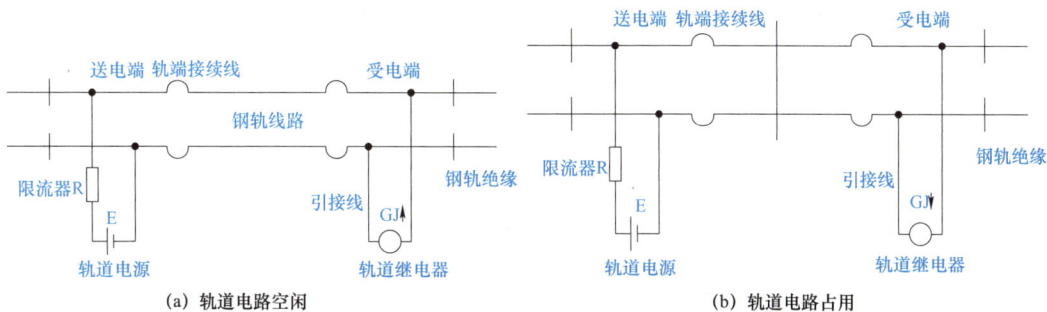

(a) 轨道电路空闲　　　　　　　　　　(b) 轨道电路占用

图 4-27 轨道电路空闲、占用状态

（1）当轨道电路内钢轨完整，且没有列车占用时，轨道继电器吸起，表示轨道电路空闲。

（2）当轨道电路被列车占用时，它被列车轮对分路，轮对电阻远小于轨道继电器线圈电阻，流经轨道继电器的电流大大减小，轨道继电器落下，表示轨道电路被占用。

（3）ZPW-2000 系列轨道电路除了实现列车占用检查功能，还可以通过轨道电路向列车传递行车信息。

2. 轨道电路三种状态

轨道电路有调整状态、分路状态、断轨状态。轨道电路三种状态详见表 4-1。

表 4-1 轨道电路三种状态

调整状态	当轨道区段空闲时，轨道电路信号从发送端向接收端传送，当信号抵达接收端后，接收设备将对信号进行判决，并给出反映区段状态的信息表示。如果采用轨道继电器作为接收设备，轨道继电器将励磁吸起，表示该轨道区段空闲，此时轨道电路的工作状态称为调整状态
分路状态	当列车进入轨道区段后，大部分轨道电路信号经机车第一轮对分路后回流，接收端信号能量低于阈值，轨道继电器失磁落下，表示区段占用，此时轨道电路的工作状态称为分路状态。同时，车载设备利用轨道信号接收天线以电磁感应的方式生成相应的机车感应电压信号，通过对机车信号进一步解调和译码，最终提取出控车命令并发送给车载安全计算机
断轨状态	列车将根据接收到的轨道电路信号获知前方至少空闲的区段数，并生成目标—速度控制模式曲线，实现列车的安全追踪。此外，当钢轨发生断轨故障时，轨道电路无法构成回路，轨道继电器将立即失磁落下，列车无法进入该断轨区段，此时轨道电路的工作状态称为断轨状态

3. 补偿电容

当轨道电路较长时，钢轨呈现较高的感抗值，如感抗值高于道岔电阻时，则钢轨对信号传输有影响。为消除此影响，在发送端与接收端之间每隔一段距离加装一补偿电容进行补偿，保证信号的传输。

1）补偿电容外形图

补偿电容外形图，如图 4-28 所示。

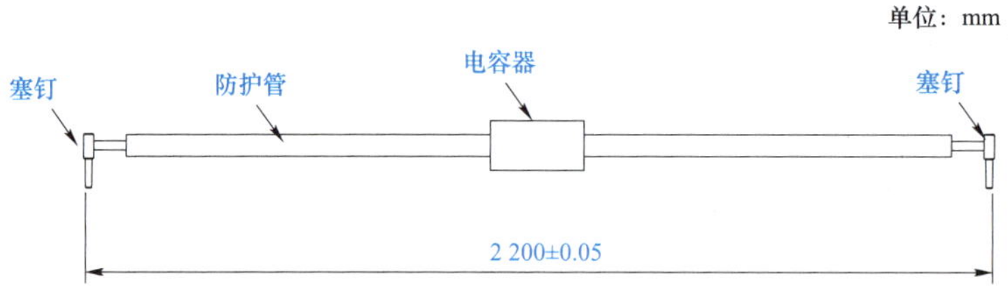

单位：mm

图 4-28 补偿电容外形图

2）补偿电容种类及规格

补偿电容种类及规格如表 4-2 所示。

表 4-2 补偿电容种类及规格

序号	电容容量/μF	频率/Hz
1	55	1 700
2	40	
3	50	2 000
4	33	
5	46	2 300
6	30	
7	40	2 600
8	28	

学而思之

为什么要设置轨道电路？

查阅资料

（1）在阅读基础知识的基础上，通过线上线下教学资源，查阅轨道电路的资料，进一步了解轨道电路的设置情况。

（2）个人下载 3～5 张关于轨道电路的图片，用于小组学习交流。

活动 4.2.2　集体研学

建议本活动在课中进行。在教师指导下，以学生为主体，工学结合，做中学、做中教。

场所建议

场所 1：现场。到铁路现场听工作人员讲解轨道电路工作情况。

场所 2：仿真实训室。通过仿真系统展示轨道电路工作情况。

场所 3：多媒体教室。通过多媒体课件展示轨道电路工作情况。

上述 3 个教学场所，最好选择场所 1，其次选择场所 2，起码保证场所 3。

视频欣赏

进入教学资源库，观看轨道电路工作情况视频，学习、弘扬铁路职工的劳模精神、劳动精神和工匠精神。

小组交流

（1）以事先划定的学习小组为单位，交流个人课前、课中学习情况，分享个人收集的相关资料，对学习中发现的疑点、难点进行小组研讨，并在规定时间内制作小组研学过程的微课，时间不超过 3 min。

（2）各研学小组向全班分享关于轨道电路集体研学的微课，并提交任课教师。

学习评价

教师引导学生总结本次课学习收获，并进行自我评价。

1. 长知识（5 分）

ZPW-2000A 轨道电路的组成。

室内主要设备：（1）发送器；（2）接收器；（3）衰耗器；（4）电缆模拟网络盘。

室外主要设备：（1）调谐单元；（2）匹配变压器；（3）空心线圈；（4）补偿电容。

2. 强能力（5 分）

（1）能简要说明 ZPW-2000A 轨道电路基本组成和技术特点。

（2）会识别 ZPW-2000A 轨道电路组成设备。

（3）对学习轨道电路产生兴趣爱好。

（4）提升利用互联网、教学资源库、图书查阅专业资料的技能。

（5）逐步养成自主学习习惯，提升互助学习、探索学习的能力。

3. 提素养（5 分）

（1）尊重铁路信号人的劳动及劳动智慧，增强职业荣誉感。

（2）塑造新时代健康人格，热爱中国式现代化铁路，激发爱国主义情怀。

（3）成为铁路劳模精神、劳动精神、工匠精神的传承人。

活动 4.2.3　作品制作

建议本活动在课后进行。每名学生单独制作一个开放、个性、富有创造性的学习过程和学习成效的视频，既要反映课程基本学习目标的完成情况，又要反映个人学习的收获，时间在 5 min 以内，至少包括以下 3 项内容。

（1）ZPW-2000A 轨道电路结构。

（2）轨道电路三种状态。

（3）通过本次课学习，个人在知识增长、能力强化、素养提升方面的小结。

课后 2 天内将作品提交任课教师，作为教师评价学生学习效果的依据。

活动 4.2.4　学习测试

（1）简述 ZPW-2000A 轨道电路结构。

（2）简述轨道电路三种状态。

拓展学习

资料一：中国智慧——ZPW-2000A 轨道电路大事记

2002 年 5 月 28 日，在完成现场扩大试验基础上，通过铁道部技术鉴定，决定在全路推广应用 ZPW-2000A 轨道电路。

2003 年 10 月 28 日，在济南局于官屯—三唐的 ZPW-2000A 轨道电路示范段开通。

2003 年 11—12 月，京广南段三个低道砟电阻隧道群张滩—土岭、菠萝坑—连江口、良田—太平里开通使用。

2004 年 2 月，ZPW-2000A 移频自动闭塞工程设计辅助软件正式投入工程应用。

2006 年，发布《关于发布 ZPW-2000A 轨道电路整治基本技术原则的通知》(铁运〔2006〕68 号)，主要针对普速线提高轨道电路工作可靠性，实现一次调整的技术整改措施。将小轨道暂不纳入闭塞控制。

2007 年 4 月 18 日，实施全国铁路第六次大面积提速，区间 ZPW-2000A 轨道电路大面积运用。

2007 年 4 月，在武汉铁路局武康线下辛店车站完成了客专 ZPW-2000A 轨道电路的试用开通，同年 11 月，进行了专家组现场测试对计算机通信编码、站内一体化方案进行了技术评审。

2008 年 8 月 8 日，京津城际开通，拉开了我国高铁、客专建设大幕。

2008—2009 年，基于广深四线改造工程同步研究了多线并行线路的同载频干扰分析及防护技术。

2011—2012 年，进行全路高铁区间 ZPW-2000A 轨道区段的重新调整，改善客专线路出现分路不良的新问题。

2012 年，在铁道部统一布置和领导下，开展客专 ZPW-2000A 轨道电路设备安全排查工作以及其防雷、电磁兼容性能整治技术方案的研究；针对现场出现的新问题展开电缆备用芯线干扰研究；机械绝缘节烧损原因分析及解决方案研究。

2019 年，中国通号自主研发的首套 ZPW-2000A 区间轨道电路诊断系统获得 2018 年度铁道科技奖二等奖，该系统是目前全路唯一一个取得 CRCC 认证证书的轨道电路诊断产品，ZPW-2000A 铁路区间轨道电路诊断系统成功在京津、深茂、杭黄、青连、南龙等百余站投入运用，将为覆盖我国 99%高速铁路和 5 万多 km 普速铁路的轨道电路系统提供功能完善、精准实用的设备健康状态诊断方案。

资料二：应答器

应答器设备用于向列车控制系统传送线路基本参数、线路速度、特殊定位、列车运行目标数据、临时限速、车站进路等固定和实时可变的信息，用于在特定地点实现地面与列车间的相互通信。

1. 应答器设备向列控车载设备传送的主要信息

应答器设备向列控车载设备传送以下信息。

(1) 线路基本参数：如线路坡度、轨道区段等参数。

(2) 线路速度信息：如线路最大允许速度、列车最大允许速度等。

(3) 临时限速信息：当由于施工等原因引起的对列车运行速度进行限制时，向列车提供临时限速信息。

(4) 车站进路信息：根据车站接发车进路，向列车提供"线路坡度""线路速度""轨道区段"等参数。

（5）道岔信息：给出前方道岔侧向允许列车运行的速度。

（6）特殊定位信息：如升降弓、进出隧道、鸣笛、列车定位等。

（7）其他信息：固定障碍物信息、列车运行目标数据、链接数据等。

2. 应答器种类

应答器分为无源（固定）应答器和有源（可变）应答器。

1）无源应答器

无源应答器用于发送固定不变的数据，提供线路数据、线路速度、线路坡度、过分相、列车定位、列控等级切换、车站进路、公里标、闭塞分区长度、无线闭塞中心切换等固定信息。

无源应答器设于闭塞分区入口和车站进、出口处，如图 4-29 所示。

2）有源应答器

有源应答器，传输可变信息。必须通过专用的应答器电缆与 LEU（地面电子单元）设备连接，可以根据 LEU 设备所发送的报文，变化地向列车传送应答器报文信息。

有源应答器设置在车站进站端和出站段，主要发送接车进路信息和临时限速信息。当与LEU 通信故障时，有源应答器发送自身默认信息，如图 4-30 所示。

图 4-29　无源应答器安装

图 4-30　有砟道床有源应答器安装

3. 应答器工作原理

无论是无源应答器还是有源应答器，其工作原理是一样的。

列车司机室下方都安装有一个车载应答器天线，当列车头部运行到地面应答器的上方时，车载应答器天线便会发出电磁能量到地面应答器，地面应答器便会将该能量转换为工作电源，使应答器内部的电子单元开始工作，将其内部所存储的线路、速度等信息发送给列车。

每个应答器（组）都有一个编号，并且该编号在全国铁路范围内是唯一的。

应答器设备可以简单地理解为一个数据存储器和发送器，当车载天线激活该应答器时，应答器发送自身存储的应答器报文或地面电子单元传送的应答器报文。

4. 应答器安装

应答器应安装在轨道中间，其周围无金属的空间位置，应符合以下要求。

以应答器参考点为基准，平行于长边（X 方向）的中心线两侧无金属距离不应小于315 mm；平行于短边（Y 方向）中心线两侧无金属距离不应小于 410 mm；基准标记点（Z 方向）至下部无金属距离正常情况下不应小于 210 mm，如图 4-31 所示。

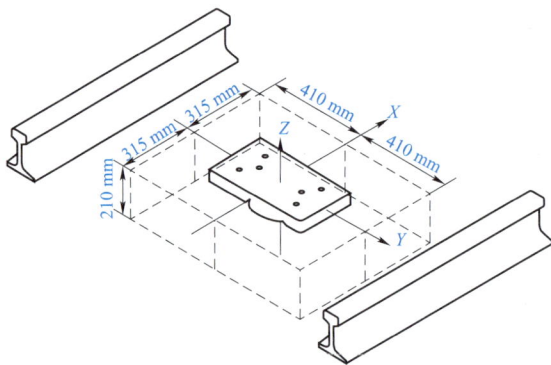

图 4-31 应答器安装尺寸示意图

5. 室外 LEU

1）LEU 功能

LEU（lineside electronic unit）是地面电子单元，也叫轨旁电子单元，是故障安全型设备，为信号系统与应答器之间提供接口，主要有以下功能。

（1）接收外部发送的应答器报文并连续向应答器转发。

（2）当输入通道故障或 LEU 内部有故障时，向应答器发送预先存储的默认报文。

（3）当有车载天线经过有源应答器上方时，LEU 不转换新的报文。

（4）一台 LEU 可以同时向 4 台有源应答器发送 4 种不同的报文。

（5）进行设备自检及事件记录，并向外部设备上传。

2）LEU 安装

LEU 安装在专门的室外 LEU 设备箱中，如图 4-32 所示。

1—室外电子单元设备箱；2—防护栏栅；3—基础支架；4—电力电缆槽；
5—化学钳栓；6—通信信号电缆槽；7—通透螺栓；8—防护墙

图 4-32 室外 LEU 设备箱安装

LEU 向连接的有源应答器转发列控中心报文；当 LEU 与列控中心通信中断时，LEU 向连接的有源应答器发送 LEU 默认报文。

LEU 设备箱正门应远离线路侧，最凸出边缘距所属线路中心不小于 2 800 mm，特殊地段不得小于 2 440 mm。

任务 4.3　转辙设备认知

活动 4.3.1　自主学习

建议本活动在课前进行。按照教学安排，学生预习基础知识，并查阅与本任务相关的资料。

基础知识

转辙设备的作用是转换道岔、锁闭道岔，并对其位置进行监督检查。简而言之，转辙设备的三大基本功能是：转换、锁闭、监督。

道岔转辙设备一般包括：转辙机、外锁闭装置、安装装置、密贴检查器、道岔控制电路、道岔监测系统等，其核心部件是转辙机。

本任务重点学习转辙机。

4.3.1.1　转辙机的作用

列车的换向依靠道岔的位置来确定，而道岔的转动是依靠转辙机的带动来完成的。

转辙机是指用以可靠地转换道岔位置，改变道岔开通方向，锁闭道岔尖轨，通过与室内外联锁设备相联系，反映道岔位置的重要的信号基础设备，它可以很好地保证行车安全，提高运输效率，减轻行车人员的劳动强度。其具体作用如下。

（1）转换道岔的位置，根据需要转换至定位或反位。

（2）道岔转至所需位置且密贴后，实现锁闭，防止外力转换道岔。

（3）正确地反映道岔的实际位置，道岔的尖轨密贴于基本轨后，给出相应的表示。

（4）道岔被挤或因故处于"四开"（两侧尖轨均不密贴）位置时，及时给出报警及表示。

4.3.1.2　转辙机的基本要求

1. 技术要求

动力转辙机直接关系到铁路运输的安全，因此，对动力转辙机的功能与质量必须满足以下基本要求。

（1）动力转辙机应有足够大的转换力，在解锁状态下，能带动道岔尖轨转换位置；当尖轨受阻不能转换到底时，在值班员的操纵下能随时使道岔尖轨回到原位。

（2）当道岔尖轨与基本轨之间没有达到规定的密贴程度时，不应进行锁闭，不锁闭不能使道岔转换过程终了；一旦锁闭，应保证道岔不致因列车通过时的震动而解锁移位。

（3）动力转辙机能正确反映道岔的位置，只有当道岔尖轨与基本轨之间达到规定的密贴程度并锁闭道岔后，才能发出道岔相应位置的表示。

（4）道岔被挤后，应有挤岔表示，转辙机不经人工恢复，不能再转换道岔。

2. 安装要求

（1）转辙机的安装应与道岔成方正，转辙机外壳纵侧面的两端与基本轨或中分线垂直距离的偏差，不大于 10 mm（外锁闭道岔，不大于 5 mm）。

（2）列车运行速度大于 120 km/h 的道岔应采用外锁闭装置。

（3）多点（含两点及以上）牵引道岔应采用多机牵引方式。

（4）发生挤岔时，转换设备（快速转辙机除外）应可靠切断道岔表示。

（5）列车运行速度大于 120 km/h 的线路，道岔应采用三相 380 V 电源电压的交流电动、电液转辙机牵引。其他线路可采用额定电压 160 V 直流电动、电液转辙机牵引。

（6）编组场道岔应采用额定电压 180～200 V 直流（或二相 380 V 电源电压的交流）的快速电动、电液、电空转辙机牵引；还可采用额定电压 20 V 直流快速电空转辙机牵引。

（7）多机牵引道岔使用的不同动程的转辙机，应满足道岔同步转换的要求。

（8）尖轨、心轨的第一牵引点转辙机，应采用动作杆和锁闭杆同时锁闭的方式。

转辙机数量配置

道岔配置的转辙机数量由道岔号数决定。我国铁路在提速之前普遍采用单机牵引，随着车速的提高及高速铁路的发展，单机配置已经不能满足需求。道岔号码有 9 号道岔（尖轨配置 2 台转辙机）、12 号道岔（尖轨配置 2 台转辙机、心轨配置 2 台转辙机，共 4 台）、18 号道岔（尖轨配置 3 台转辙机、心轨配置 2 台转辙机，共 5 台）、42 号道岔（尖轨配置 6 台转辙机、心轨配置 3 台转辙机，共 9 台）。

4.3.1.3 转辙机分类

转辙机是道岔的转换设备，用来实现转换道岔、锁闭道岔及反映道岔尖轨处所的位置，是实现自动控制及远距离控制必不可少的设备。

1. 按照动作能源和传动方式分类

按照动作能源和传动方式，转辙机可分为电动转辙机、电液转辙机和电空转辙机。

电动转辙机由电动机提供动力，采用机械传动。

电液转辙机由电动机提供动力，采用液力传动。

电空转辙机以压缩空气作为动力，由电磁换向阀控制。

2. 按照供电电源种类分类

按照供电电源种类，转辙机可分为直流转辙机和交流转辙机。

直流转辙机采用直流电动机，工作电源是直流电。直流电动机的缺点是，由于存在换向器和电刷，易损坏，故障率较高。

交流转辙机采用三相交流电源或单相交流电源，由三相异步电动机或单相异步电动机（现大多采用三相异步电动机）作为动力。交流转辙机采用感应式交流电动机，不存在换向器和电刷，因此故障率低，而且单芯电缆控制距离远。

3. 按照动作速度分类

按照动作速度，转辙机可分为普通动作转辙机（动作时间 3.8 s 以上）和快动转辙机（动作时间 0.8 s 以下）。

4. 按照锁闭道岔方式分类

按照锁闭道岔方式，转辙机可分为内锁闭转辙机和外锁闭转辙机。

内锁闭转辙机依靠转辙机内部的锁闭装置锁闭道岔尖轨，是间接锁闭的方式。内锁闭方式，锁闭可靠程度较差，列车对转辙机的冲击大。

外锁闭转辙机虽然内部也有锁闭装置，但主要依靠转辙机外的外锁闭装置锁闭道岔，将密贴尖轨直接锁于基本轨，斥离尖轨锁于固定位置，是直接锁闭的方式。外锁闭方式锁闭可靠，列车对转辙机几乎无冲击。

密贴尖轨和斥离尖轨

提速道岔电务转换系统采用分动外锁闭结构，两根尖轨之间不设连接杆，在转换过程中两根尖轨是分别动作的。两尖轨分别称为密贴尖轨和斥离尖轨。即当道岔定位时，尖轨与基本轨密贴的称为密贴尖轨，与基本轨离开的尖轨就称为斥离尖轨；当道岔由定位转换为反位时，则原来的密贴尖轨就转换为斥离尖轨，而原来的斥离尖轨就转换成了密贴尖轨。为防止在特殊情况下，当密贴尖轨锁闭时，斥离尖轨非正常移动影响道岔表示，避免斥离尖轨移动导致出现轮轨接触（或被车轮撞击）而影响行车安全，需对斥离尖轨加锁。

5. 按是否可挤分类

按是否可挤，转辙机可分为可挤型转辙机和不可挤型转辙机。

可挤型转辙机内设挤岔保护（挤切或挤脱）装置，道岔被挤时，动作杆解锁，保护了整机。

不可挤型转辙机内不设挤岔保护装置，道岔被挤时，挤坏动作杆与整机连接结构，应整机更换。电动转辙机和电液转辙机都有可挤型和不可挤型。

4.3.1.4　常用转辙机认知

常用轨辙机类型有：ZD6、ZD（J）9 电动转辙机，ZY（J）4、ZY（J）6、ZY（J）7、ZY（J）11 电液转辙机，ZK4 电空转辙机。

1. 电动转辙设备

电动转辙设备一般采用交流或直流电动机驱动，实现道岔转换、锁闭和监督功能，是具有机械传动和机械锁闭结构的转辙机。中国铁路技术装备政策规定：行车速度大于 120 km/h 线路上的道岔采用外锁闭装备，转辙机应具备内锁闭功能；低于 120 km/h 线路上的道岔可采用内锁闭功能的转辙机。

1）ZD6 电动转辙机

ZD6 电动转辙机是当下用量最大的转辙机之一，用于铁路电气集中，调度集中的站场，或用电力控制道岔状态的场所，是用来改变道岔开通方向，锁闭道岔尖轨、反映尖轨位置状态的设备，是实现轨道运输现代化和自动化的重要基础设备。

ZD6 电动转辙机适用于时速 120 km 以下的普通单开道岔和复式交分道岔，根据对道岔的保护方式，其分为可挤型和不可挤型两种；根据对道岔的锁闭方式，其又可分为单锁闭和双锁闭。它可以单机牵引道岔，也可以通过系列中不同型号转辙机的相互匹配实现双机牵引道岔，从而满足不同道岔的需要。

ZD6 电动转辙机根据道岔使用状态的要求，各型号的配置略有不同，主要由电动机、减速器、摩擦联结器，自动开闭器，主轴、动作杆、表示杆、移位接触器，底壳及机盖等组成。ZD6 电动转辙机如图 4-33 所示。

2）ZD（J）9 电动转辙机

过去我国列车常用的转辙机为 ZD6 电动转辙机，但随着我国列车大提速，小号道岔已经无法满足要求，所以我国在 2001 年研制了 ZD（J）9 电动转辙机，利用多点牵引带动大号道岔，从而满足我国铁路在高速、重载、高密度运行下的快速发展。ZD（J）9 电动转辙机应用范围广，适用于国铁、地铁线路上，可以采用单点、多点同步牵引，锁闭方式也可以分动外锁闭、联动内锁闭等。

ZD（J）9 电动转辙机如图 4-34 所示。

ZD（J）9 电动转辙机内部主要由电机、减速器、自动开闭器、锁闭杆、接线端子等组成。

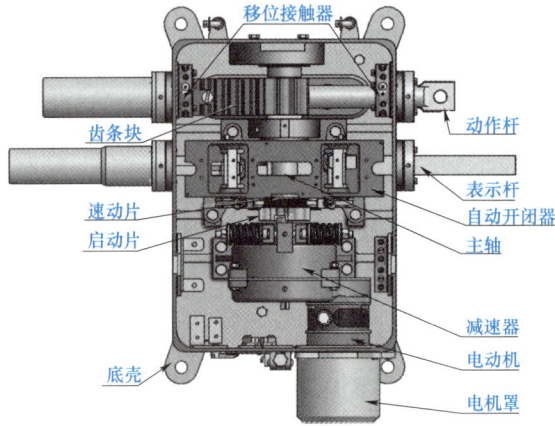

(a) ZD6 电动转辙机结构

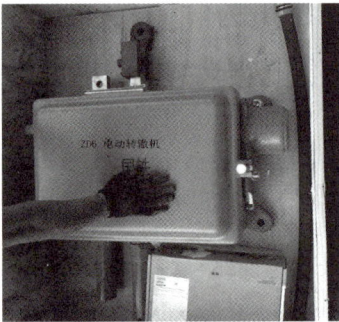

(b) ZD6 电动转辙机外观

(c) ZD6 电动转辙机安装形式

图 4-33　ZD6 电动转辙机

(a) ZD（J）9 电动转辙机外观

(b) ZD（J）9 电动转辙机安装形式

(c) ZD（J）9 电动转辙机内部主要部件

图 4-34　ZD（J）9 电动转辙机

ZD（J）9电动转辙机借鉴了国内外同类产品成熟的结构，具有结构简单、转换锁闭可靠、维护工作量少、耐腐蚀、长寿命等特点，性能指标满足客运专线、干线（提速线）及其他线路站（场）道岔转换需要。

2. 电液转辙设备

电液转辙设备一般采用交流或直流电动机驱动，实现道岔转换、锁闭和监督功能，是具有液压传动和机械锁闭结构的转辙机。

我国铁路使用的电液转辙设备主要有：ZY（J）4电液转辙机、ZY（J）6电液转辙机、ZY（J）7电液转辙机、ZY（J）11电液转辙机。近年来，ZY（J）11电液转辙机应用较多。

ZY（J）11电液转辙机用于转换铁路道岔，改变道岔开通方向，锁闭道岔尖轨（心轨），反映道岔尖轨位置状态。

ZY（J）11电液转辙机适用于国铁高速、普速线路，以及城市轨道交通线路，可适用于内锁闭道岔；也可配套外锁闭装置用于外锁闭道岔。

ZY（J）11电液转辙机由液压站和转换锁闭器组成，一台液压站可驱动多台转换锁闭器工作，根据道岔的型号及种类，转辙机有不同的组合配置。ZY（J）11电液转辙机如图4-35所示。

第3牵引点转换锁闭器

液压站

第2牵引点转换锁闭器

第1牵引点转换锁闭器

(a) ZY（J）11电液转辙机配套60 kg/m18号单开道岔安装

(b) 液压站

(c) 转换锁闭器

图4-35 ZY（J）11电液转辙机

3. 电空转辙设备

ZK4电空转辙机适用于有压缩空气源的自动化、半自动化驼峰编组场，是借助压缩空气快速转换道岔、锁闭道岔、表示道岔尖轨位置的设备。

ZK4电空转辙机的组成部件主要有：换向阀、单向阀、气缸、表示装置、组合气源处理元件、压力开关、气室、电磁锁闭阀等。ZK4电空转辙机主要部件如图4-36所示。

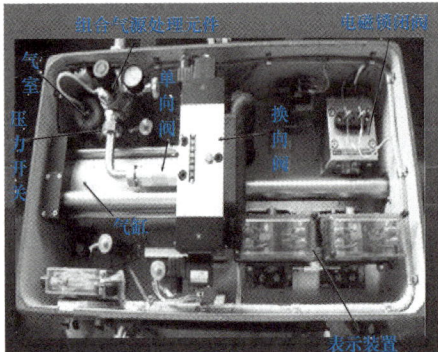

图4-36 ZK4电空转辙机主要部件

转辙机数量配置与道岔号数是什么关系？

查阅资料

（1）在阅读基础知识的基础上，通过线上线下教学资源，查阅转辙机的资料，进一步了解转辙机的设置情况。

（2）个人下载3～5张关于转辙机的图片，用于小组学习交流。

活动4.3.2 集体研学

建议本活动在课中进行。在教师指导下，以学生为主体，工学结合，做中学、做中教。

场所建议

场所1：现场。到铁路现场听工作人员讲解转辙机工作情况。

场所2：仿真实训室。通过仿真系统展示转辙机工作情况。

场所3：多媒体教室。通过多媒体课件展示转辙机工作情况。

上述3个教学场所，最好选择场所1，其次选择场所2，起码保证场所3。

视频欣赏

进入教学资源库，观看转辙机工作情况视频，学习、弘扬铁路职工的劳模精神、劳动精神和工匠精神。

小组交流

（1）以事先划定的学习小组为单位，交流个人课前、课中学习情况，分享个人收集的相关资料，对学习中发现的疑点、难点进行小组研讨，并在规定时间内制作小组研学过程的微课，时间不超过3 min。

（2）各研学小组向全班分享关于转辙机集体研学的微课，并提交任课教师。

学习评价

教师引导学生总结本次课学习收获，并进行自我评价。

1. 长知识（5分）

1）转辙机的类型

（1）按照动作能源和传动方式分类，转辙机可分为电动转辙机、电液转辙机和电空转辙机。

（2）按照供电电源种类分类，转辙机可分为直流转辙机和交流转辙机。

（3）按照动作速度分类，转辙机可分为普通动作转辙机和快动转辙机。

（4）按照锁闭道岔方式分类，转辙机可分为内锁闭转辙机和外锁闭转辙机。

（5）按是否可挤分类，转辙机可分为可挤型转辙机和不可挤型转辙机。

2）常用轨辙机型号

（1）ZD6、ZD（J）9电动转辙机。

（2）ZY（J）4、ZY（J）6、ZY（J）7、ZY（J）11电液转辙机。

（3）ZK4电空转辙机。

2. 强能力（5分）

（1）能简要说明转辙机的作用。

（2）能简要说明转辙机的基本要求。

（3）会识别常用转辙机。

（4）对学习转辙机产生兴趣爱好。

（5）提升利用互联网、教学资源库、图书查阅专业资料的技能。

（6）逐步养成自主学习习惯，提升互助学习、探索学习的能力。

3. 提素养（5分）

（1）尊重铁路信号人的劳动及劳动智慧，增强职业荣誉感。

（2）塑造新时代健康人格，热爱中国式现代化铁路，激发爱国主义情怀。

（3）成为铁路劳模精神、劳动精神、工匠精神的传承人。

活动 4.3.3　作品制作

建议本活动在课后进行。每名学生单独制作一个开放、个性、富有创造性的学习过程和学习成效的视频，既要反映课程基本学习目标的完成情况，又要反映个人学习的收获，时间在 5 min 以内，至少包括以下 3 项内容。

（1）转辙机的类型。

（2）常用轨辙机型号。

（3）通过本次课学习，个人在知识增长、能力强化、素养提升方面的小结。

课后 2 天内将作品提交任课教师，作为教师评价学生学习效果的依据。

活动 4.3.4　学习测试

（1）简述转辙机的类型。

（2）简述常用轨辙机型号。

拓展学习

铁路道岔内锁闭和外锁闭的区别

铁路道岔按锁闭方式可分为内锁闭和外锁闭两种。

1. 内锁闭

内锁闭是当道岔由转辙机带动转换至某个特定位置后，在转辙机内部进行锁闭，由转辙机动作杆经外部杆件对道岔实现位置固定。

内锁闭转换设备的特点如下。

（1）结构简单，便于日常维护保养，且转换比较平稳，属定力锁闭。

（2）道岔的两根尖轨由若干根连接杆组成框架结构，使尖轨部分的整体刚性较高，而且框式结构造成的反弹力和抗劲较大。

（3）由于两尖轨由杆件连接，当杆件受到外力冲击时，如发生弯曲变形，会使密贴尖轨与基本轨分离，严重威胁行车安全。

（4）当列车通过道岔产生冲击时，其冲击力经过杆件将直接作用于转辙机内部，使转辙机部件易于受损，造成挤切销折断、移位接触器跳开等。

因此，内锁式转换设备已不能适应提速的需要，必须采用分动外锁闭道岔转换设备。

2. 分动外锁闭

当道岔由转辙机带动转换至某个特定位置后，通过本身所依附的锁闭装置，直接把尖轨与基本轨或心轨与翼轨密贴夹紧并固定，称为道岔的外锁闭，即道岔的锁闭主要不是依靠转辙机内部的锁闭装置，而是依靠转辙机外部的锁闭装置实现的。由于外锁闭道岔的两根尖轨之间没有连接杆，在道岔转换过程中，两根尖轨是分别动作的，所以又称分动外锁闭道岔。

分动外锁闭道岔转换设备的特点如下。

（1）改变了传统的框架式结构，使尖轨的整体刚性大幅度下降。

（2）尖轨分动后，转换起动力小，而且一根尖轨的变形不影响另一根尖轨，由此造成的反弹、抗劲等转换阻力均减小很多。

（3）两根分动尖轨在外锁闭装置作用下，无论是在起动解锁，还是在密贴锁闭过程中，所需的转换力均较小，避开了两根尖轨最大反弹力的叠加时刻。

（4）同时承担两根尖轨弹性力的过程是在密贴尖轨解锁以后到斥离尖轨锁闭以前这一较短的时间内，而此时正是电动机功率输出的最佳时刻，使电气特性和机械特性得到良好的匹配。

（5）外锁闭装置一旦进入锁闭状态，车辆过岔时，轮对对尖轨和心轨产生的侧向冲击力基本上不传到转辙机上，即具有隔力作用，有利于延长转辙机及各类转换部件的使用寿命。

（6）由于两尖轨间无连接杆，所以密贴尖轨很难在外力作用下与基本轨分离，可靠地保证了行车安全。

（7）由于密贴尖轨与基本轨之间由外锁闭装置固定，克服了内锁闭道岔靠杆件推力或拉力使尖轨与基本轨密贴易造成 4 mm 失效的较大缺陷。

3. 分动尖轨用钩式外锁闭装置

1）分动尖轨用钩式外锁闭装置的结构

分动尖轨用钩式外锁闭装置由锁闭杆、锁钩、锁闭框、尖轨连接铁、锁轴、锁闭铁组成。

锁闭杆的作用是通过安装装置与转辙机动作杆相连，利用其凸台和锁钩缺口带动尖轨。第一牵引点锁闭杆与第二牵引点锁闭杆凸台尺寸不同，不能通用。锁钩头部与销轴连接，下部缺口与锁闭杆凸台作用，通过连接铁带动尖轨运动，尾部内斜面与锁闭铁作用锁闭密贴尖轨和基本轨。第一点牵引点锁钩与第二牵引点锁钩也不能通用。

锁闭框固定锁闭铁，支承锁闭杆。锁闭铁与锁钩作用锁闭尖轨和基本轨，导向槽在锁闭杆两侧槽内起导向作用。

锁闭框用螺栓与基本轨连接，锁闭铁插入锁闭框方孔内，并用固定螺栓紧固。尖轨连接铁用螺栓与尖轨连接，由锁轴将其与锁钩连接。锁钩底部缺口对准锁闭杆的凸块，并与锁闭杆共同穿入锁闭框。

2）分动尖轨用钩式外锁闭装置动作原理

当转辙机动作杆带动锁闭杆移动，密贴尖轨处的锁钩缺口随之入槽并移动，当动作到另一侧尖轨与基本轨密贴时，锁钩沿锁闭杆斜面向上爬起，锁钩升至锁闭杆凸块顶面时，锁钩同时被锁闭铁和锁闭杆卡住不能落下，实现了锁闭。本侧锁钩的缺口卡在锁闭杆的凸起处不能移动，保持尖轨与基本轨的开口基本不变。

3）道岔动作的三个过程

（1）道岔解锁过程。

（2）道岔转换过程。

（3）道岔锁闭过程。

任务 4.4　电缆径路认知

活动 4.4.1　自主学习

建议本活动在课前进行。按照教学安排，学生预习基础知识，并查阅与本任务相关的资料。

基础知识

4.4.1.1 铁路信号电缆特性

铁路信号电缆是主要的信号传输线路，用来连接室内、外信号设备。电缆和电缆连接设备——电缆盒和变压器箱构成电缆网络。

铁路信号电缆适用于在额定电压交流 500 V 或直流 1 000 V 及以下传输铁路数字信号、音频信号或自动信号装置的控制电路。

铁路信号电缆特性如下。

（1）电缆的使用环境温度为-45℃到+60℃之间，敷设的环境温度不低于-10℃。

（2）电缆导体的长期工作温度应不超过 70℃。

（3）铝护套电缆具有良好的屏蔽性能，综合护层有一定的屏蔽性能，可用于铁路电气化区段的干线或强电干扰地区。

（4）电缆的弯曲半径不小于电缆外径的 15～20 倍。

4.4.1.2 数字信号电缆认知

目前，新建铁路，电气化改造线路均使用 ZPW-2000A 自动闭塞系统，其配套的电缆为内屏蔽数字电缆，是技术含量高、市场用量最大的尖端产品。

1. 信号电缆结构

内屏蔽数字电缆如图 4-37 所示，铝护套数字信号电缆如图 4-38 所示。

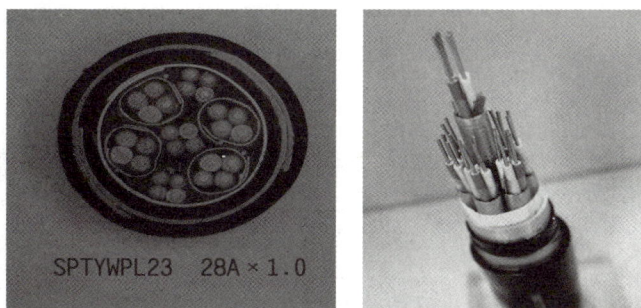

图 4-37 内屏蔽数字电缆

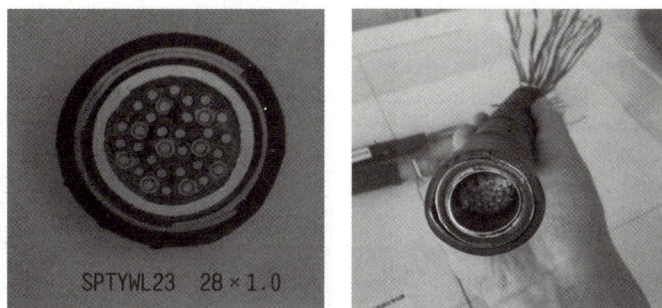

图 4-38 铝护套数字信号电缆

（1）内屏蔽数字电缆在满足原有信号电缆指标的基础上，提高了电缆的综合电气性能，交流额定电压提高了 1.5 倍，电容指标降低了 40%，绝缘电阻指标提高了 2.3 倍，同时改善了阻抗、衰减、串音等性能。

（2）铝护套数字信号电缆提高了线组间的抗干扰能力，实现了同频同缆传输，而且当线芯接地故障状态下屏蔽组间串音干扰与分缆的两根信号电缆等效，有效地提高了系统的安全性。

（3）铝护套数字信号电缆有较高的机械强度，良好的防腐蚀、耐寒性能、高屏蔽性能，可满足电气化铁路对强电场干扰、潮湿、严寒等各种环境的要求，以及现有信号系统最新制式、最新装备的配套要求。

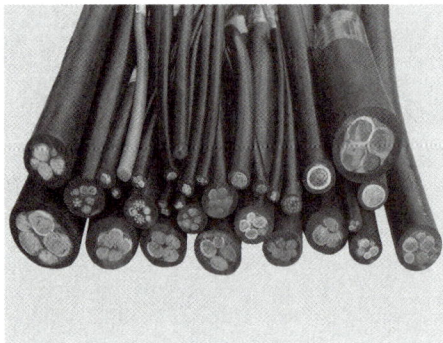

图 4-39　不同规格铝护套数字信号电缆

（4）铝护套数字信号电缆可根据使用环境要求，增加阻燃、防白蚁等附加功能。

学而思之

数字信号电缆为什么要加铝护套？

2. 信号电缆规格

铝护套数字信号电缆规格较多。不同规格铝护套数字信号电缆如图 4-39 所示。

铝护套数字信号电缆规格标准有：4、6、8、9、12、14、16、19、21、24、28、30、33、37、42、44、48、52、56、61，目前常见的铝护套数字信号电缆最少为 4 芯，最大为 61 芯。

3. 信号电缆径路

1）电缆方向盒

电缆方向盒如图 4-40 所示。

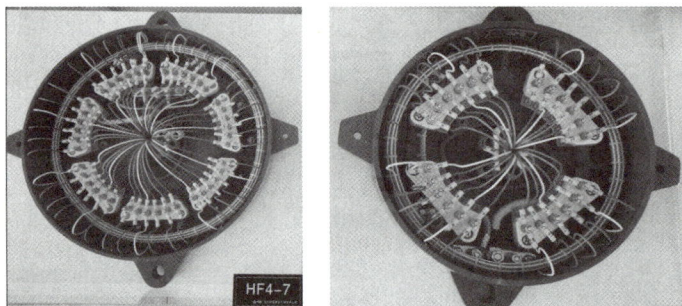

图 4-40　电缆方向盒

2）电缆终端盒

电缆终端盒如图 4-41 所示。

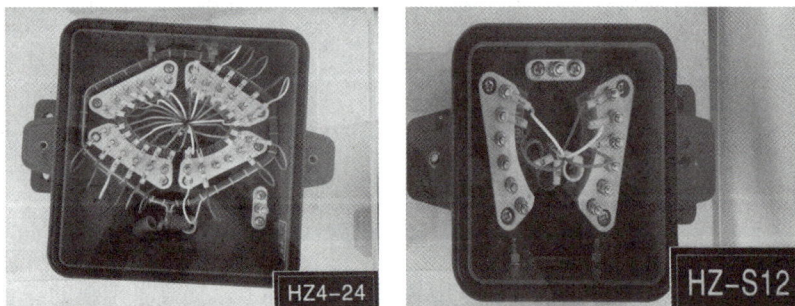

图 4-41　电缆终端盒

3）电缆布置

（1）电缆径路与铁路平行时，电缆布置示意图如图 4-42 所示。

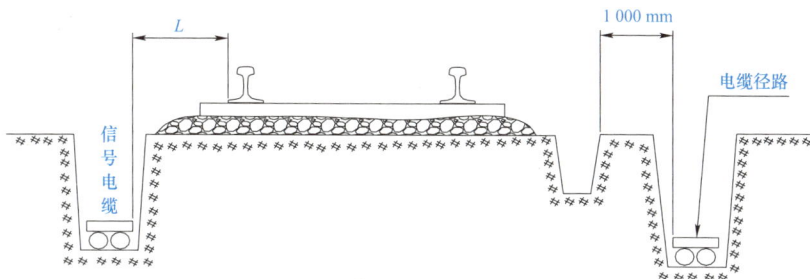

图 4-42　电缆径路与铁路平行时，电缆布置示意图

电缆径路与铁路平行时，距最近轨底边缘的距离，在线路外侧，L 为 2 m。如路基宽度不够时，在保证轨底边缘与电缆间斜面距离不小于 2 m 的情况下，L 可减至不小于 1.7 m。在线路间，L 为 1.6 m。若线路间距为 4.5 m，此项距离 L 可减至不小于 1.5 m。距铁路边排水沟不小于 1 000 mm。

（2）电缆径路与公路平行时，电缆布置示意图如图 4-43 所示。

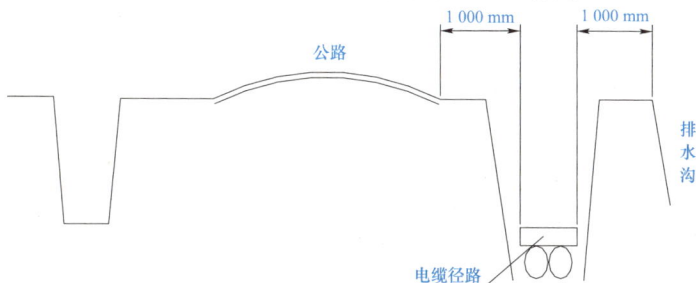

图 4-43　电缆径路与公路平行时，电缆布置示意图

（3）电缆径路与上下水管平行时，电缆布置示意图如图 4-44 所示。

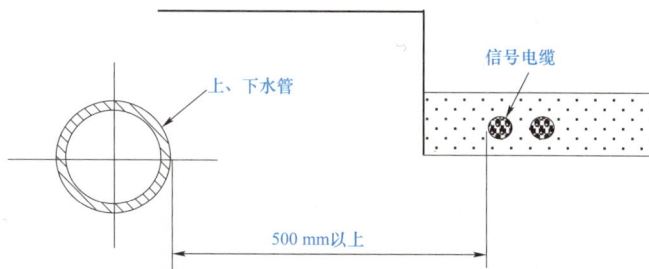

图 4-44　电缆径路与上下水管平行时，电缆布置示意图

（4）电缆径路与煤气或液体燃料管道平行时，电缆布置示意图如图 4-45 所示。

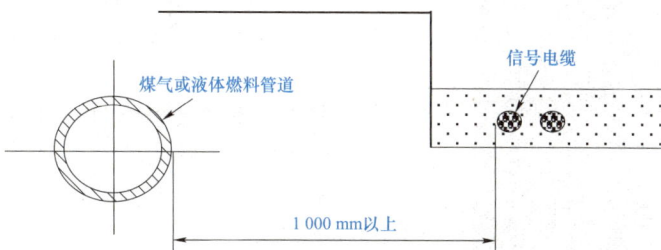

图 4-45　电缆径路与煤气或液体燃料管道平行时，电缆布置示意图

（5）电缆径路与建筑物平行时，电缆布置示意图如图 4-46 所示。

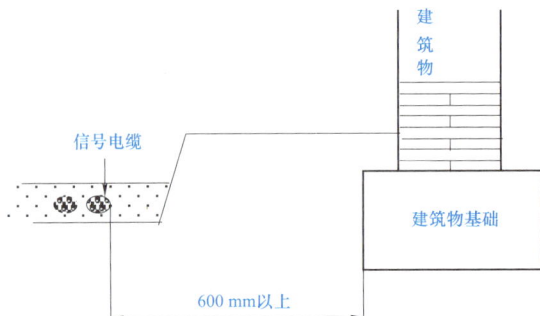

图 4-46   电缆径路与建筑物平行时，电缆布置示意图

（6）电缆径路在树木附近时，电缆布置示意图如图 4-47 所示。

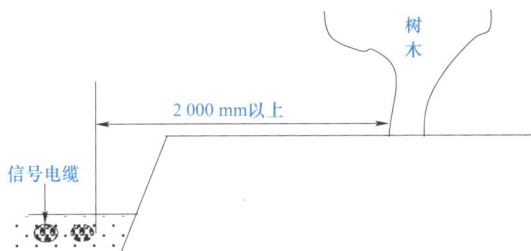

图 4-47   电缆径路在树木附近时，电缆布置示意图

（7）干线电缆与电力杆平行时，电缆布置示意图如图 4-48 所示。

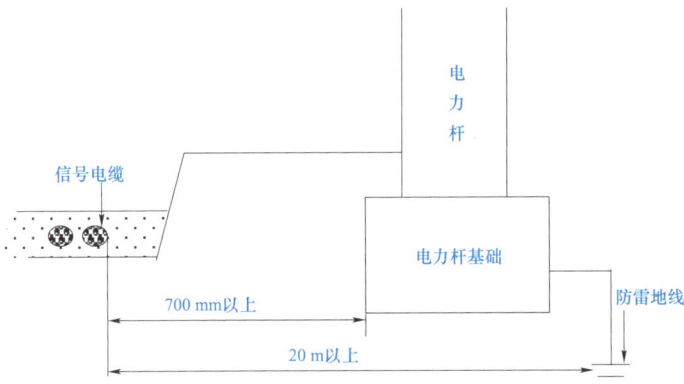

图 4-48   干线电缆与电力杆平行时，电缆布置示意图

图 4-49   电缆沟槽

4）电缆沟槽

电缆沟槽如图 4-49 所示。

电缆沟槽要直且沟底平，深度要符合电缆的埋设深度。

（1）电缆埋设深度距地面不得小于 700 mm。

（2）石质地段电缆的埋设深度不得小于 500 mm。

（3）在农田及有农作物地段，电缆的埋设深度不小于 1 200 mm。

（4）箱盒设备处的储备电缆埋设深度受条件限制不

能与引入沟同深时，可减少埋设深度，但不得小于 200 mm，且在箱盒设备处设围桩防护。

（5）在铁路边开挖电缆沟及开挖过道时，应采取防护措施避免污染道床。

5）电缆敷设

电缆敷设示意图如图 4-50 所示。

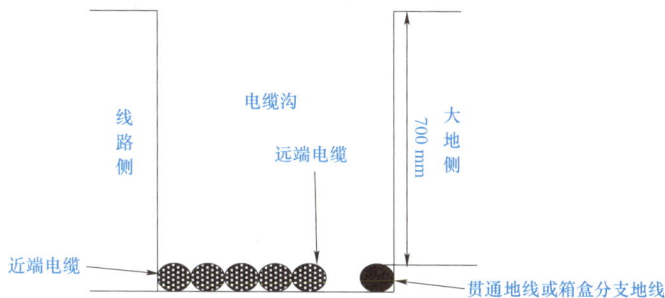

图 4-50　电缆敷设示意图

电缆敷设要求如下。

（1）电缆沟内距信号楼最近端的设备电缆排列在线路侧，由近端电缆到远端电缆顺序排列整齐。

（2）电缆敷设时弯曲半径应大于电缆外径的 15 倍，不得出现背扣、小弯及损伤电缆外护层现象。

（3）专人负责、统一指挥。

（4）检查、确认电缆的敷设位置、规格型号与电缆径路图相符。

6）电缆防护

电缆防护如图 4-51 所示。

图 4-51　电缆防护

电缆防护要求如下。

（1）站台电缆沟槽覆盖板与覆盖板之间不得有间隙。

（2）过桥电缆（外挂式除外），采用全程贯通式砌砖防护，桥涵与地面结合处引出部分"全部砌封"电缆，标识"信号电缆"字样。

（3）过小混凝土桥或涵洞的防护应采用标准尺寸钢槽或钢管防护。利用既有钢槽时，首选靠近线路侧的钢槽。

（4）电缆穿越轨道时应采用防护管防护，电缆穿越轨道防护如图 4-52 所示。

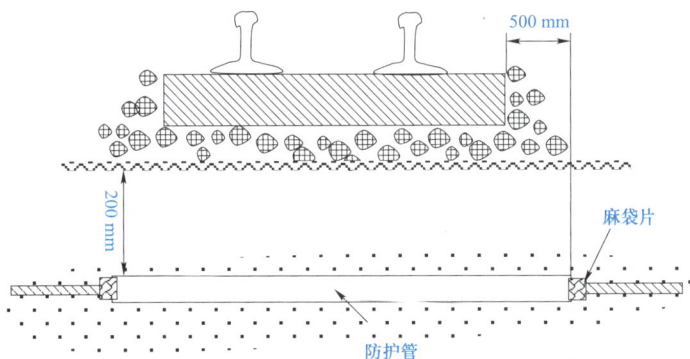

图 4-52　电缆穿越轨道防护

电缆穿越轨道时应采用防护管防护，防护管可采用钢管、铸铁管、电缆槽、硬塑料管或设计要求的防护管。防护管两端各伸出轨枕端不得小于 500 mm，埋至地面 200 mm 以下。防护管管口用麻袋片封堵。

4. 信号电缆标识

信号电缆标识如图 4-53 所示。

（a）电缆标桩　　　　　　　　　　（b）信号电缆警示牌

图 4-53　信号电缆标识

（1）电缆标桩用于指示电缆走向。标桩上标识"信号电缆"字样，电缆径路上直线按每 50 m 埋设，保护区外电缆径路按照 100 m 埋设。

（2）信号电缆警示牌一般设置于车站两端进站口、出站信号机适当地点。

学而思之

铁路信号电缆有哪些特殊要求？

查阅资料

（1）在阅读基础知识的基础上，通过线上线下教学资源，查阅铁路信号电缆径路的资料，进一步了解铁路信号电缆布置情况。

（2）个人下载 3～5 张关于铁路信号电缆径路的图片，用于小组学习交流。

活动 4.4.2　集体研学

建议本活动在课中进行。在教师指导下，以学生为主体，工学结合，做中学、做中教。

场所建议

场所 1：现场。现场听铁路信号工作人员讲解铁路信号电缆及其布置。

场所 2：仿真实训室。通过仿真系统展示铁路信号电缆及其布置。

场所 3：多媒体教室。通过多媒体课件展示铁路信号电缆及其布置。

上述 3 个教学场所，最好选择场所 1，其次选择场所 2，起码保证场所 3。

视频欣赏

进入教学资源库，观看铁路信号电缆及其布置视频，学习、弘扬铁路职工的劳模精神、劳动精神和工匠精神。

小组交流

（1）以事先划定的学习小组为单位，交流个人课前、课中学习情况，分享个人收集的相关资料，对学习中发现的疑点、难点进行小组研讨，并在规定时间内制作小组研学过程的微课，时间不超过 3 min。

（2）各研学小组向全班分享关于铁路信号电缆及其布置集体研学的微课，并提交任课教师。

学习评价

教师引导学生总结本次课学习收获，并进行自我评价。

1. 长知识（5 分）

（1）铁路信号电缆的种类与特性等基本知识。

（2）电缆路径的选择。

2. 强能力（5 分）

（1）能简要说明铁路信号电缆的种类与特性。

（2）会识别信号电缆。

（3）对学习铁路信号电缆产生兴趣爱好。

（4）提升利用互联网、教学资源库、图书查阅专业资料的技能。

（5）逐步养成自主学习习惯，提升互助学习、探索学习的能力。

3. 提素养（5 分）

（1）尊重铁路信号人的劳动及劳动智慧，增强职业荣誉感。

（2）塑造新时代健康人格，热爱中国式现代化铁路，激发爱国主义情怀。

（3）成为铁路劳模精神、劳动精神、工匠精神的传承人。

活动 4.4.3　作品制作

建议本活动在课后进行。每名学生单独制作一个开放、个性、富有创造性的学习过程和学习成效的视频，既要反映课程基本学习目标的完成情况，又要反映个人学习的收获，时间在 5 min 以内，至少包括以下 3 项内容。

（1）铁路信号电缆结构。

（2）铁路信号电缆径路。

（3）通过本次课学习，个人在知识增长、能力强化、素养提升方面的小结。

课后 2 天内将作品提交任课教师，作为教师评价学生学习效果的依据。

活动 4.4.4　学习测试

（1）简述铁路信号电缆结构。

（2）简述铁路信号电缆径路。

📖 **拓展学习**

铁路数字信号电缆

铁路数字信号电缆具有传输模拟信号(1 MHz)、数字信号(2 Mbit/s)、额定电压交流 750 V 或直流 1 100 V 及以下系统控制信息及电能的传输功能。其适用于在铁路信号自动闭塞系统、计轴、车站电码化、计算机连锁、微机监测、调度集中、调度监督、大功率电动转辙机等有关信号设备和控制装置之间传输控制信息、监测信息和电能。

1. 应用领域

目前中国铁路投入运营的自动闭塞系统有：交流计数自动闭塞系统、4 信息移频自动闭塞系统、18 信息移频自动闭塞系统、法国 UM71 自动闭塞系统、ZPW-2000 系列(ZPW-2000、ZPW-2000A)无绝缘移频自动闭塞系统等 8 种以上的自动闭塞系统。

目前新建的铁路，电气化改造线路均使用 ZPW-2000A 自动闭塞系统，其配套的电缆为内屏蔽铁路数字信号电缆，是技术含量高、市场用量最大的尖端产品，行业年产值规模为 15 亿～ 20 亿元；其他信号制式的信号电缆用量较小，且呈逐步淘汰趋势，主要用于既有线路的维修、局部改造或自备线、支线等信号设备比较落后的线路，年行业产值规模据不完全统计不足 10 亿元。

ZPW-2000A 型无绝缘移频自动闭塞系统是在法国 UM71 无绝缘轨道电路技术国产化基础上，结合我国国情进行提高系统安全性、系统传输性能及系统可靠性的技术再开发，是铁路运输重载、安全、高速以及向机车信号主体化方向发展的地面基础设备。其主要特点是：实现轨道电路全程断轨的检查，大幅度减少了调谐区分路死区长度，对调谐单元断线故障和拍频信号干扰实现了检查和防护，提高了系统的抗干扰水平，实现了技术上的重大突破，在传输安全性上有了质的提高。并有效地提高了电气绝缘节轨道电路传输长度，使轨道电路传输长度从 900 m 提高到 1 500 m。

ZPW-2000A 型无绝缘移频自动闭塞系统于 2002 年 5 月通过了铁道部组织的技术鉴定。该系统用国产内屏蔽铁路数字信号电缆(SPTP 型)取代原法国 ZCO3 型电缆，突破信号传输"同频不同缆"的限制，实现一根电缆内的不同屏蔽组可同时传输同频率的移频信息，而且当线芯接地故障状态下屏蔽组间串音干扰与分缆的两根数字信号电缆(SPT 型)等效，即达到了同频同缆与同频分缆具有同样的传输性能和安全可靠性。减小了铜导体线径，减少备用线组，加大传输距离，使系统性价比大幅度提高，显著降低工程造价，方便施工及后续维护。

2. 主要特性

内屏蔽铁路数字信号电缆在满足原有铁路信号电缆指标的基础上，提高了电缆的综合电气性能：交流额定电压提高了 1.5 倍，电容指标降低了 40%，绝缘电阻指标提高了 2.3 倍，同时改善了阻抗、衰减、串音等性能。

电缆提高了线组间的抗干扰能力，实现了同频同缆传输，而且当线芯接地故障状态下屏蔽组间串音干扰与分缆的两根信号电缆等效，有效地提高了系统的安全性。

电缆有较高的机械强度，良好的防腐蚀、耐寒性能、高屏蔽性能，可满足电气化铁路对强电场干扰、潮湿、严寒等各种环境的要求，以及现有信号系统最新制式、最新装备的配套要求；同时电缆兼容其他制式的信号系统设备。另外，电缆可根据使用环境要求，具有阻燃、防白蚁的附加功能。

3. 结构特点

1)绝缘单线

绝缘单线的绝缘层为皮–泡–皮结构，共有红、绿、白、蓝四种色谱，采用国际上先进的导体拉制与皮–泡–皮结构的绝缘层挤制一次完成工艺，实现了产品结构尺寸与性能指标的在线检测与控制的精确制造，其主要优点如下。

（1）内皮绝缘层能与导体良好地粘接在一起，保证绝缘层的防潮性和粘接牢固性；发泡绝缘层为氮气物理发泡，与传统的化学发泡相比泡孔小而密且互不联通，因而具有很高的发泡度（60%左右），绝缘层的发泡意味着四线组工作电容下降，线路传输衰减常数降低。

（2）外皮层使用高密度绝缘材料，有良好的耐磨性和机械强度，耐环境老化性能是普通聚乙烯材料的10倍以上，从根本上解决了普通铁路信号电缆中存在的绝缘层老化龟裂问题。

（3）由于单线颜色母料仅存在于外皮层，绝缘电阻和耐电压击穿强度明显提高，是普通铁路信号电缆的3倍以上。由于单线生产过程实现了计算机在线检测与控制，单线结构尺寸的一致性好。

（4）绝缘单线制造精度高，有效地提高了产品的电气性能指标。

2）四线组绞合

四线组采用先进的高速星绞机生产，每根单线均为主动恒张力放线，特有的绞合预扭装置、开线器等针对产品性能指标的独特设计，预扭装置能有效地降低因绝缘偏心造成的电容耦合系数，使电容耦合系数达到最小值；精确的扎纱张力既要保证四线组结构的对称稳定性，又不能使皮–泡–皮结构绝缘层变形和损伤；四线组绞合的节距精度、线序、外径控制等均是本工序的关键环节，也是影响产品性能指标的关键因素。

3）四线组单元屏蔽

内屏蔽电缆中四线组单元用铜带纵包实现电磁屏蔽的目的，并沿铜带表面添加了一根铜导线作为排流线，以确保屏蔽层在电缆敷设施工和长期使用中具有稳定可靠的屏蔽性能。

4）成缆

为了改善电缆的串音指标，在成缆工序中合理设计、匹配绞合节距，并实现完全退扭绞合，降低了线间直接系统性耦合，达到减小串音的目的。

多达四种的不同结构、不同尺寸的成缆单元，在绞制过程中如何保证缆芯的圆整、结构稳定、紧凑是成缆工序的关键，同时必须保证缆芯的线序与组序完全正确。

5）电缆铝护套

电缆铝护套为采用氩弧焊技术进行铝带纵包形成铝护套。为了防止铝护套在使用过程中的电化反应，生产过程中对铝护套表面进行涂覆。

铝护套电缆为干线使用电缆，用量最大，因而铝护套工序的产能和质量也是该产品制造过程的关键环节。用氩弧焊技术生产的电缆铝护套，焊接质量稳定可靠，可完全经得起按相关标准进行的弯曲试验、扩口试验和气密性试验。

4. 性能指标

与普通铁路信号电缆相比，铁路数字信号电缆通过结构的设计和工艺措施，工作电容由50 nF/km 降低到 29 nF/km，电容耦合 K1 平均值由 141 pF/km 降低到 81 pF/km，同时增加了阻抗、衰减、串音等二次传输性能指标。虽然产品质量具有很大的优势并在技术方面有所突破，但根据实际检测与现场使用情况，产品在以下性能指标方面还需更进一步改进完善。首先，产品使用过程中出现的导体混线、断线与氧化；其次，绝缘层的抗张强度、断裂伸长率、抗压缩性能的改进提高；最后，现标准中部分二次参数的范围设定并不理想，相关联二次参数及各频率点指标很难匹配到理想中值。

特别是绝缘强度，是用户（铁路施工企业）、产品质量监督检测中心与生产厂家之间存在分歧并非常关注的问题，这不仅是线缆制造企业面临的一个新的技术难题，同时会因绝缘强度的改进造成产品结构尺寸、性能指标与现行标准出现较大的偏差。

思政案例　移山填海建造的铁路——鹰厦铁路

鹰厦铁路（江西鹰潭—福建厦门）是中国东南沿海重要的铁路干线，是福建省第一条干线铁路、第一条出省铁路通道，也是中华人民共和国成立后继成渝铁路后第二条开工建设的干线铁路。

1954 年冬，铁道兵调集第 1、第 2、第 3、第 5、第 6、第 7、第 10、第 11 师，以及独立桥梁团，闽赣两省调遣 12 万民工进入工地，做施工准备。1955 年 2 月，工程开建。

鹰厦铁路线路大部蜿蜒于崇山峻岭、河川峡谷之中，要穿越武夷山，翻过戴云山，不仅要移山，还要填海，把海中的厦门岛和陆地连接起来，工程艰巨复杂。

福建素有"山国"之称，交通极为不便，鹰厦铁路的修建使福建人民的夙愿得以实现。鹰厦铁路连接江西鹰潭和福建海滨城市厦门，全长 698 km。

施工部队以"叫高山低头，河水让路"的英雄气概，掀起了一个又一个施工高潮，战胜了数不尽的艰难险阻，一路高歌猛进。其中，勇闯"三关"就成为他们最为骄傲的得意之作。

第一道难关叫作"穿山"。绵亘于闽赣交界的武夷山脉，像一座天然屏障，巍巍耸立，一夫当关万夫莫开。部队仅有少量机械，主要靠铁镐、铁锹、扁担、土箕等一般工具，要想让铁路穿过桥隧众多的武夷山脉，尤其要凿通倚天而立、石坚似铁的大禾山隧道，难关重重。大战开启，王震司令员就带领工作组进入隧道，他和干部战士一样打风枪，一起研究改进施工方法，多方改善生活和物质保障，鼓舞了士气，工效提高两倍多，并创造了日进 34.05 m 的最高纪录。经过 235 天的苦战，终于提前 118 天贯通了这座 1 460 m 的大禾山隧道，搬掉了第一只拦路虎。

第二道难关是"移山"。铁路将要通过的地方山高谷深，路基填方量巨大，用常规的施工方法，根本无法保证几经压缩的工期。奇迹往往是在困难中孕育出来的。多年的战地抢修赋予了筑路人智慧和灵感，他们大胆采用定向爆破扬弃法，加大药量，移山填谷。最为壮观的要数戴云山大爆破，投放炸药 234 t，一炮炸掉 3 座山头，扬弃石方 11.2 万 m^3，松动石方 6.8 万 m^3，节省劳力 16 万工天，缩短工期 90 天。类似的大爆破此起彼伏，全线开花，一座座山峰削平了。

第三道难关就是"填海"。人们知道，"精卫填海"是一个极富浪漫色彩的神话传说，而鹰厦铁路的"填海"却是实实在在的人间壮举。筑路部队驾着小船，鏖战大海。头晕、呕吐，全然不顾；风急浪高，抛石不停，他们用自己创造的一列式拖带和快速抛石法，硬是把近 100 万 m^3 的大石块抛入茫茫大海，从集美到杏林，再到厦门，一条长 5 km、宽 19 m 的长堤劈波斩浪，跃出海面，有人将她比喻成一条漂浮于碧海蓝天之间的白色玉带，极目而望，蔚为壮观。其实，她更像祖国母亲伸出巨大的手臂把长期漂浮在海上的游子揽入温暖的怀中。朱德总司令为厦门海堤建成挥毫写下"移山填海"四个大字，这是对鹰厦铁路筑路部队豪迈壮举的无上褒奖。

项目 5

铁路通信设备

铁路通信是利用各种通信方式进行各种信息传送和处理的技术与设备。铁路通信以运输生产为重点，主要功能是实现行车和机车车辆作业的统一调度与指挥。铁路点多线长网广，干支繁多，业务种类多样，组成统一通信的难度较大。为指挥运行中的列车，必须用无线通信，因此铁路通信采取有线和无线结合的方式。利用有线通信、无线通信、光纤通信等技术和设备，传输和交换处理铁路运输生产和建设过程中的各种信息。

本项目共 2 项任务：

任务 5.1　铁路通信设备认知

任务 5.2　区段通信设备认知

这 2 项任务全部依托铁路通信运维体系典型工作任务，情境客观，内容真实。

学习目标

（1）掌握铁路通信设备基本组成。

（2）掌握区段通信设备基本设备。

（3）能描述铁路通信设备的作用。

（4）会应用铁路通信设备。

（5）培养学习铁路通信设备的兴趣。

（6）提升自主学习、互助学习、探索学习的能力。

（7）提升利用线上线下资源查阅资料的技能。

（8）通过完成课前自主学习、课中小组研学、课后作品制作，提高个性化创作能力和互助研学能力。

（9）尊重铁路通信人的劳动及劳动创造，增强职业荣誉感。

（10）塑造新时代健康人格，热爱中国式现代化铁路，激发爱国主义情怀。

学习建议

（1）课前自主学习。认真阅读每项任务中的基础知识，通过线上线下教学资源，查阅与任务相关的资料，阅读中国铁路通信基础设备的文献资料，收集文字、数字、影像资料。

（2）课中小组研学。以事先划定的学习小组为单位，交流个人自主学习情况，分享个人

收集的相关资料，研讨学习中发现的疑点、难点，制作关于小组研学过程的微课。

（3）课后作品制作。学生个人单独制作一个开放、个性、富有创造性的学习过程和学习成效的视频，既要反映课程基本学习目标的完成情况，又要反映个人学习的收获。

任务 5.1　铁路通信系统认知

活动 5.1.1　自主学习

建议本活动在课前进行。按照教学安排，学生预习基础知识，并查阅与本任务相关的资料。

基础知识

铁路通信是专门为铁路的运输、生产、经营管理、生活服务等建立的一整套系统。铁路通信系统是实现铁路专用通信业务的系统，铁路调度通信是其重要的组成部分，目前铁路通信基本采用数字通信技术。

5.1.1.1　铁路通信系统组成

铁路通信系统由传输系统、通信线路、时钟系统、数据通信系统、接入网系统、数字调度通信系统、数字移动通信（GSM-R）系统、CIR 系统、通信电源及动力与环境监控系统、会议电视系统、应急通信系统、站车广播系统等组成。

铁路通信系统组成如图 5-1 所示。

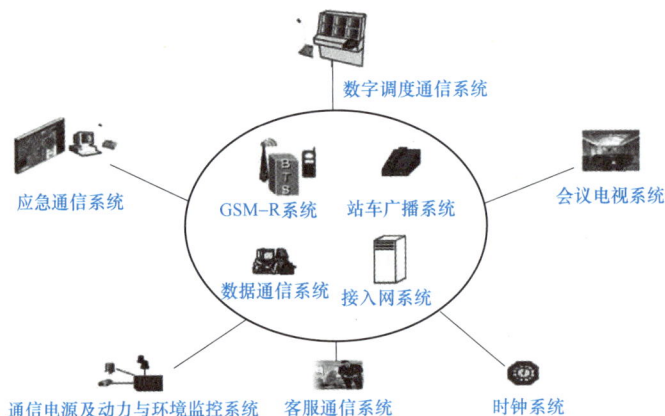

图 5-1　铁路通信系统组成

1. 传输系统

铁路通信传输系统如图 5-2 所示。

（1）传输系统是通信网的重要组成部分，主要承载各种话音、数据及视频业务的传送任务。没有传输系统就无法形成通信网络，传输系统质量的好坏，是影响通信网络质量的关键因素之一。

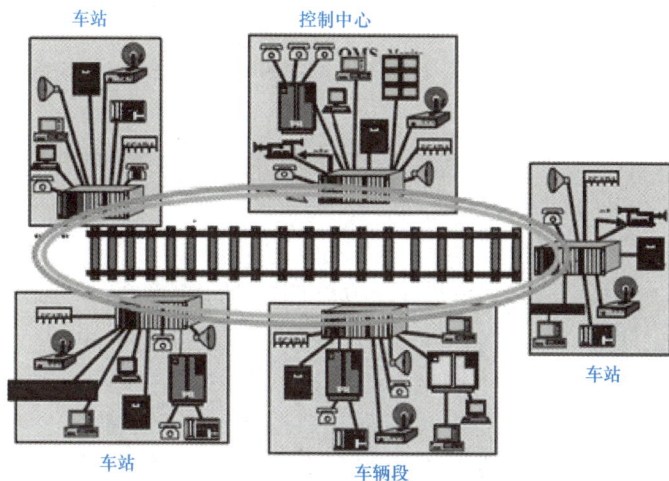

图 5-2　铁路通信传输系统

（2）传输系统是一个基于光纤的宽带综合业务数字传输网络，为各种业务信息提供传输通道，构成传送语言、文字、数据和图像等各种信息的综合业务传输网。它将为其他通信子系统和信号电源网关、自动售检票（AFC）、乘客信息系统（PIS）、综合监控系统（ISCS）等提供可靠的、冗余的、可重构的、灵活的信道。并将成为保证轨道交通运行所必需信息的传输媒介。

2. 时钟系统

时钟系统如图 5-3 所示。

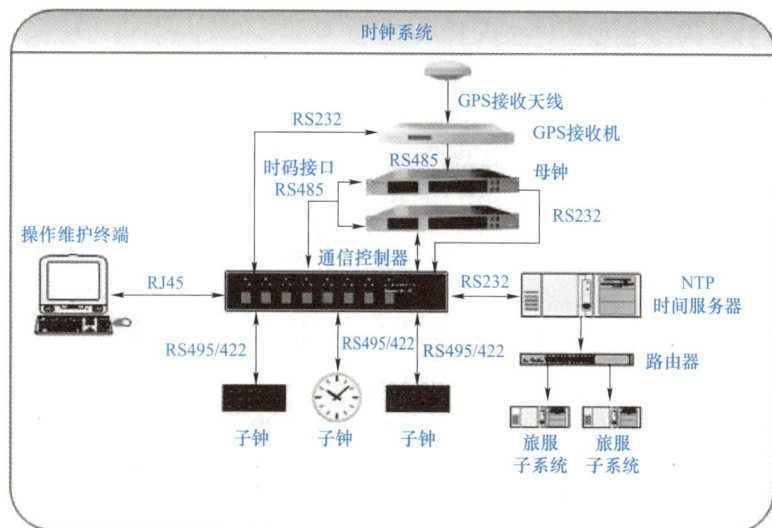

图 5-3　时钟系统

（1）系统构成：铁路时钟系统采用二级组网模式，系统包括母钟、GPS 接收天线、通信控制器、NTP 时间服务器、子钟等组成。

（2）时钟系统是铁路运行的重要组成部分之一，其主要作用是为工作人员和乘客提供统一的标准时间，并为所有通信设备系统提供统一的标准时间信号，使各系统的定时设备与本系统同步，从而实现网络化运营的时间统一。

3. 数据通信系统

铁路数据通信系统是集数据通信、计算机、网络和信号技术于一体的 ATS 系统，如图 5-4 所示。

图 5-4　集数据通信、计算机、网络和信号技术于一体的 ATS 系统

（1）数据通信是数字计算机或其他数字终端之间的通信，是计算机与计算机或计算机与其他数据终端之间存储、处理、传输和交换信息的一种通信技术，而实现这种通信的系统就是数据通信系统。

（2）随着各类信息化设备在铁路运营管理业务中的广泛运用，近年来铁路数据通信系统得到了高速发展和应用。

4. 接入网系统

铁路接入网系统示意图如图 5-5 所示。

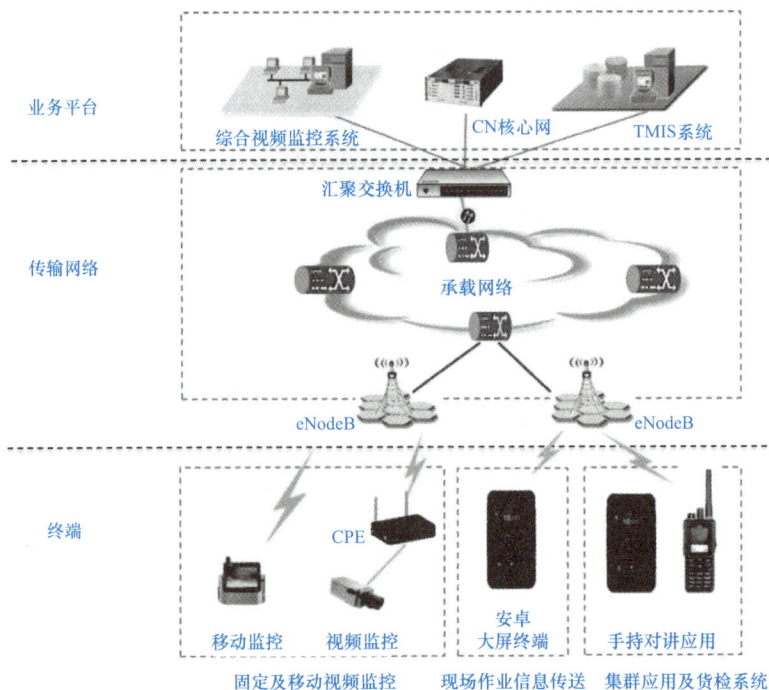

图 5-5　铁路接入网系统示意图

接入网在通信网中具有极其重要的地位，它直接面对广大的用户和各种应用系统，是完成语音、数据、图像等综合业务接入的必经之路，它的质量和性能对通信网有着直接的影响。

5. 数字调度通信系统

数字调度通信系统总体结构如图 5-6 所示。

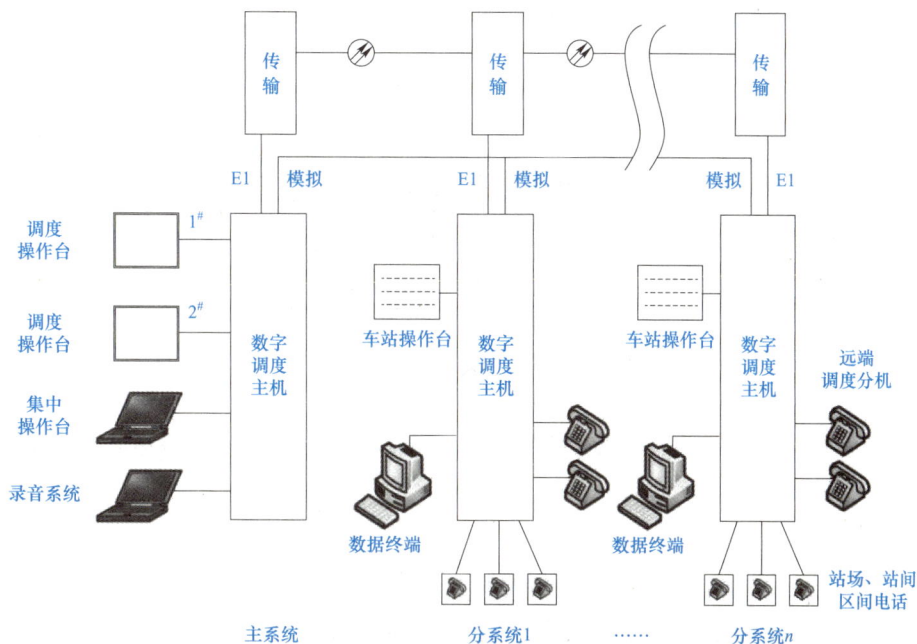

图 5-6　数字调度通信系统总体结构

（1）数字调度通信系统是铁路行车指挥的神经枢纽，是直接为铁路运输生产服务的重要通信设施。为保证列车畅通无阻、安全高速，数字调度通信系统必须提供迅速、安全、可靠的通信服务。

（2）主系统放置于铁路局集团公司调度所或大型调度指挥中心，主要用于接入各调度操作台和各种调度电路，是整个系统的核心。

（3）分系统放置于铁路局集团公司管辖范围内各车站，通过数字传输通道与主系统相连，主要用于接入车站操作台、远端调度分机、站间电话、区间电话、站场电话等。分系统由数字调度主机、车站操作台等组成。

6. 数字移动通信（GSM-R）系统

目前，我国高速铁路无线通信使用 GSM-R（GSM for Railway）技术。为适应在 GSM-R 大环境下铁路有线与无线的统一要求，采用了高速铁路数字调度通信系统 MDS3400 和 CTT4000。

目前，已经配备 GSM-R 系统的铁路线有合宁客专、胶济客专、石太客专、合武客专、甬台温铁路、温福铁路、福厦铁路、成灌高铁、沪宁城际、昌九城际、沪杭城际、长吉城际、海南东环铁路、广珠城际、广深港高铁广深段、汉宜高铁、津秦客专、杭长客专、兰新第二双线、贵广铁路、南广铁路、大西铁路等。

数字移动通信（GSM-R）系统在 CTCS-3 列控系统中的应用如图 5-7 所示。

铁路数字移动通信（GSM-R）系统是基于 GSM 技术，专为铁路通信设计的数字移动通信系统，为铁路应用提供综合通信服务的平台，不仅实现无线列车调度、铁路区间移动通信等语音功能，同时还承担了车次号校核信息、调度命令、列控信息传送等无线数据通信任务，在铁路安全生产中发挥着重要作用。

图 5-7　数字移动通信（GSM-R）系统在 CTCS-3 列控系统中的应用

7. 车载设备机车综合无线设备（CIR）系统

车载设备机车综合无线设备（CIR）系统，WTZJ-Ⅰ型标准型机车综合无线通信设备如图 5-8 所示。

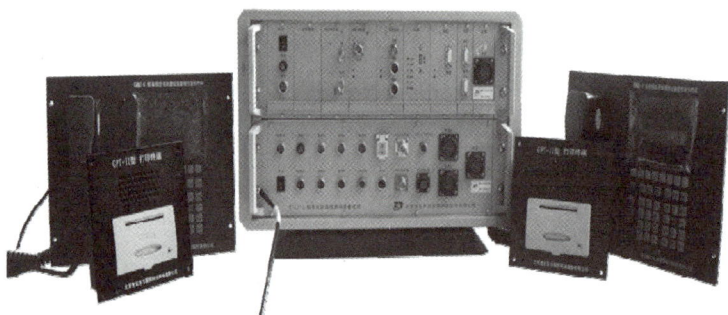

图 5-8　WTZJ-Ⅰ型标准型机车综合无线通信设备

（1）车载设备机车综合无线通信设备（CIR）由主机、操作显示终端（简称 MMI）、送（受）话器、扬声器、打印终端、连接电缆、天馈线单元及机车数据采集编码器等组成。

（2）CIR 是基于 GSM-R 技术规范和机车综合无线设备 V2.0 研发的，它采用了集中控制和模块化设计，CIR 已经成为我国铁路无线调度通信的主要车载设备。目前，车载设备机车综合无线设备（CIR）广泛使用在既有线和高铁线上。

8. 通信电源及动力与环境监控系统

通信电源设备如图 5-9 所示。

通信电源作为通信系统的"心脏"，在通信系统中具有无可比拟的重要地位。动力与环境监控系统可对通信机房电源系统的各种指标、机房内的温度、湿度、烟雾、水浸、门禁和空调等异常情况进行集中监控、管理并报警，以便及时发现和排除各机房内的异常情况，确保系统安全、可靠运行。

9. 会议电视系统

通过会议电视系统召开春运电视电话会议如图 5-10 所示。

图 5-9　通信电源设备

图 5-10　通过会议电视系统召开春运电视电话会议

会议电视系统是中国国家铁路集团公司与铁路局集团公司、铁路局集团公司与基层站段等进行工作部署及突发事件处置、信息沟通等的重要通信设施。铁路会议电视系统必须提供安全、稳定、可靠、高质量的图像和语音信号。

10. 应急通信系统

铁路基于电缆回线传输应急通信系统如图 5-11 所示。

图 5-11　铁路基于电缆回线传输应急通信系统

《铁路应急通信系统技术体制》中规定，"根据应急事件突发地点的地理环境、事件性质和具体传输条件，选用相应的传输通道设备组建应急通信系统"，"在电缆区段，发生非特大事件，应优先选用基于电缆回线传输的应急通信系统"。

铁路应急通信系统可迅速建立多个事发现场、各级应急指挥中心、相关信息系统之间的视频图像、语音、数据信息通信，将应急现场的视频、图像实时接入和转发至各级应急指挥中心，为各级领导提供实时的、直观的决策依据，以及方便、快捷、可靠的应急指挥平台。

11. 站车广播系统

站车（车站及列车）广播系统主要用于铁路列车、铁路运输编组场及车站发布信息、通告事项及室内外人员进行业务联系及在发生紧急情况时承担紧急广播的功能。车站广播系统如图 5-12 所示。

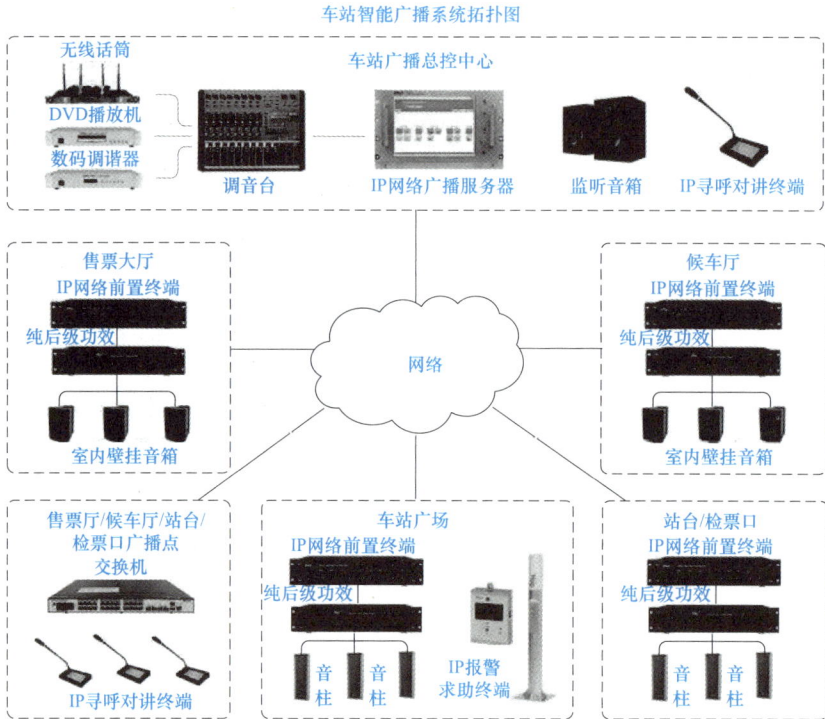

图 5-12 车站广播系统

5.1.1.2 铁路通信网络

铁路通信网络在铁路信息化体系中占有重要地位，铁路通信网络如图 5-13 所示。

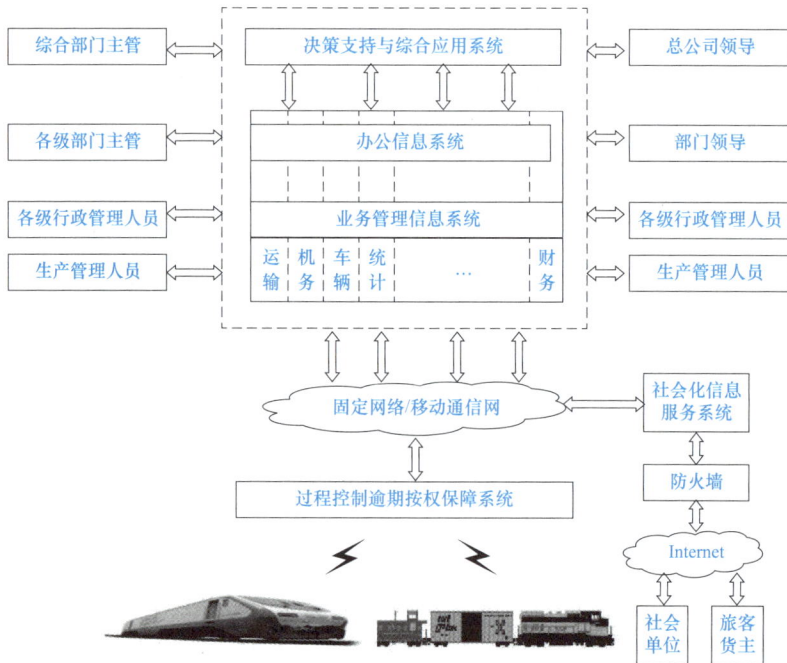

图 5-13 铁路通信网络

1. 铁路通信网的作用

（1）控制列车安全、高效运行的重要保障。列车运行控制系统可以使用铁路移动通信网的无线信道，实现数据在列车与地面控制中心之间的双向传输。借助于高可靠性、高实时性的无线信道，可大大提高列车运行的安全性，也可大大提高铁路运输效率。

（2）实现铁路调度指挥和安全生产的重要手段。铁路移动通信网能够满足无线调度通信、区间/公务移动通信、紧急救援、调车编组作业、站场无线等移动话音通信的需要；满足分散自律调度集中系统（CTC）数据传输的需要；满足无线车次号校核、列车尾部风压、机车状态信息、车辆轴温监测、线桥隧道监护、铁路供电状态监视、道口防护等移动和固定无线数据传输的需要；满足以移动列车为主体的安全信息分发与预告警系统的需要，确保在铁路线路的施工、轨道养护、平交道口与车辆、车站等人员和设备的安全，减少事故发生。

（3）为旅客、货主等社会公众提供信息服务的重要平台。

2. 高速铁路通信基本要求

高速铁路中通信系统及其所采用的各种通信技术基本要求如下。

（1）应具有高可靠性，以保证列车的高速安全运行。

（2）应保证运营管理的高效率。建设高速铁路的目的就是要提高运输效率。通信要提供各种手段来保证行车调度指挥、运营管理以及各种为旅客的服务能够高效率地进行。

（3）与信号系统紧密结合，形成一个整体。在现行列车低速运行的情况下，通信系统与信号系统基本是各自独立的。在列车高速运行的条件下，这种分离的状况已不适应，而是二者日渐结合，形成一个高级自动化的通信、指挥、控制和信息系统。

3. 铁路通信应用

1）有关行车安全与提高效率的通信系统

（1）列车自动控制（ATC）用通信，用来传输 ATC 的控制信息，分别由轨道电路和 ATC用的电缆构成。

（2）沿线电话，是供沿线轨道和架空线路检查维修人员作业时联系用的。

（3）列车运转调度电话，是调度员与列车司机之间运转调度用的列车无线电话。

（4）车站运转调度电话，是调度员与各站值班员及运转室、车长之间的运转调度电话和营业调度电话，是能进行全呼或个别选呼的职能专用电话。

（5）列车调度集中系统（CTC）用的通信，是连接调度所与沿线多处信号室的信息传输系统，用以进行调度集中控制，安排沿线各站的列车进路。

（6）传真电报，用来传达调度所向车站、运转室、车长发布的命令信息。

（7）防护天线，由沿线作业人员在工作时设置，当列车接近时发出告警音响，以保证作业人员的人身安全。

（8）站内无线电话，供正线列车与各站运转室及信号楼联系用的站内专用无线电话。

2）为旅客服务的通信系统

（1）客票预售通信：各站客票预售窗口所用设备之间联系的通信。

（2）站内旅客向导通信：车站所用的表示列车到发时间、停靠站台号码等的显示及广播设备用的通信。

（3）车长列车电话：列车司机与调度所、各站值班员之间相互联系用的通信。

（4）客运调度电话：调度员与车站客运值班员之间联系用的通信。

（5）传真电报：用来传达调度员向车站发布的客运调度命令信息。

（6）列车公用电话：旅客在车上与市内电话用户之间的通信。

3）设备维修及运营管理用通信系统

（1）移动无线电话：在设备维修人员乘用的机动车上装设的无线电话，用以和有关单位联系。

（2）无线呼叫：中央综合调度所或地区调度所与在沿线进行设备维修的工作人员联系之用。

（3）直通专用电话。养路、电力、信号等业务单位相互间联系用的直通电话。

5.1.1.3　铁路调度电话

铁路调度电话如图 5-14 所示。

图 5-14　铁路调度电话

（1）列车调度电话，为列车调度员指挥列车运行而设置的专用电话。

（2）客运调度电话，为客运调度员与其管辖区内的有关站段值班人员之间进行业务联系而设置的专用电话。

（3）货运调度电话，为货运调度员进行货车组织和指挥有关车站货物装卸作业而设置的专用电话。

（4）机车调度电话，为机车调度员与其管辖区域内的有关机车调度、机车司机之间进行业务联系而设置的专用电话。

（5）牵引供电调度电话，为牵引供电调度人员指挥其管辖区域内有关牵引供电作业及调度人员进行业务联系而设置的专用电话。

（6）其他调度电话，根据运输组织需要而设置的调度电话，如车辆调度、工务调度、电务调度、水电调度、计划调度、公安调度、煤运调度、燃料调度、特运调度、军运调度、罐车调度、篷布调度、港口调度、集装调度等。

5.1.1.4　铁路通信智能巡检

基于铁路通信的智能巡检如图 5-15 所示。

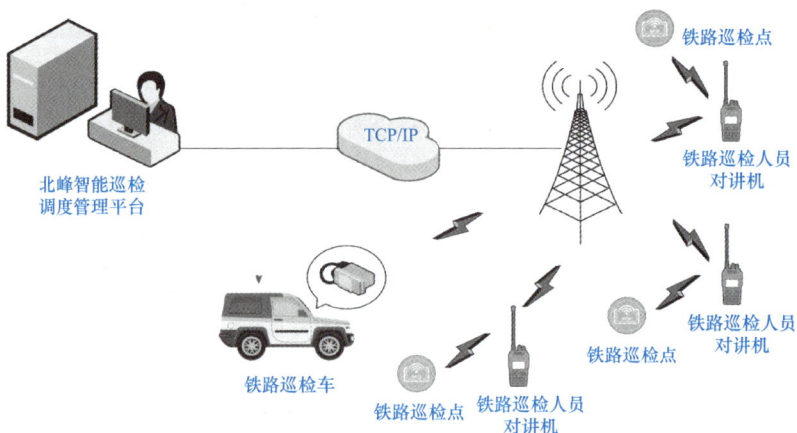

图 5-15　基于铁路通信的智能巡检

智能巡检保证铁路运输线路及设备的日常巡检到位、维护及时，加大现场巡检力度，打造一套既能满足铁路巡检各环节基础语音通信需求，又实现智能化管理与立体化指挥调度的通信新模式，无疑是消除各种安全隐患、保证列车安全运行和人民生命财产安全的有力措施。

铁路智能巡检系统的技术特点如下。

（1）系统建设方便，成本低，维护简单。

（2）标准化作业，确保巡检人员按照设计的路线开展巡检作业。

（3）调度员可实时查看各位置巡检人员的动态信息和移动轨迹。

（4）巡检人员日常巡更打卡、数据采集与实时问题上报。

（5）列车设备运行状况、参数等历史数据的整合与分析，提高紧急预警应对能力。

（6）管理中心及相关部门可随时在线查看查询巡检情况。

学而思之

为什么要对铁路通信进行智能巡检？

查阅资料

（1）在阅读基础知识的基础上，通过线上线下教学资源，查阅铁路通信基础设备的资料，进一步了解铁路信号的设置情况。

（2）个人下载 3～5 张关于铁路通信基础设备的图片，用于小组学习交流。

活动 5.1.2 集体研学

建议本活动在课中进行。在教师指导下，以学生为主体，工学结合，做中学、做中教。

场所建议

场所 1：现场。现场观看铁路通信设备设置及工作情况。

场所 2：仿真实训室。通过仿真系统展示铁路通信设备设置及工作情况。

场所 3：多媒体教室。通过多媒体课件展示铁路通信设备设置及工作情况。

上述 3 个教学场所，最好选择场所 1，其次选择场所 2，起码保证场所 3。

视频欣赏

进入教学资源库，观看铁路通信设备设置及工作情况视频，学习、弘扬铁路职工的劳模精神、劳动精神和工匠精神。

小组交流

（1）以事先划定的学习小组为单位，交流个人课前、课中学习情况，分享个人收集的相关资料，对学习中发现的疑点、难点进行小组研讨，并在规定时间内制作小组研学过程的微课，时间不超过 3 min。

（2）各研学小组向全班分享关于铁路通信基础设备集体研学的微课，并提交任课教师。

学习评价

教师引导学生总结本次课学习收获，并进行自我评价。

1. 长知识（5 分）

铁路通信设备组成。

（1）传输系统；（2）通信线路；（3）时钟系统；（4）数据通信系统；（5）接入网系统；（6）数字调度通信系统；（7）铁路数字移动通信（GSM-R）系统；（8）CIR 系统；（9）通信电源及动力与环境监控系统；（10）会议电视系统；（11）应急通信系统；（12）站车广播系统。

2. 强能力（5 分）

（1）能简要说明铁路通信设备的组成和作用。

（2）会识别铁路通信设备。

（3）对学习铁路通信产生兴趣爱好。

（4）提升利用互联网、教学资源库、图书查阅专业资料的技能。

（5）逐步养成自主学习习惯，提升互助学习、探索学习的能力。

3. 提素养（5 分）

（1）尊重铁路通信人的劳动及劳动智慧，增强职业荣誉感。

（2）塑造新时代健康人格，热爱中国式现代化铁路，激发爱国主义情怀。

（3）成为铁路劳模精神、劳动精神、工匠精神的传承人。

活动 5.1.3　作品制作

建议本活动在课后进行。每名学生单独制作一个开放、个性、富有创造性的学习过程和学习成效的视频，既要反映课程基本学习目标的完成情况，又要反映个人学习的收获，时间在 5 min 以内，至少包括以下 3 项内容。

（1）常见铁路通信设备的组成。

（2）高速铁路通信设备的基本要求。

（3）通过本次课学习，个人在知识增长、能力强化、素养提升方面的小结。

课后 2 天内将作品提交任课教师，作为教师评价学生学习效果的依据。

活动 5.1.4　学习测试

（1）简述铁路通信设备组成。

（2）简述高速铁路通信设备的基本要求。

拓展学习

铁路平面无线调车系统

铁路平面无线调车系统（radio marshalling of railway plane system）基于无线电台加装控制软、硬件实时传送铁路车辆平面交叉编组调车连挂作业所需各种"色灯信令与语言提示、通信与信号一体化"的车辆编组调度的信息与控制系统。

一、发展历程

长期以来铁路平面调车信号采用手信号旗和灯显示方式，安全和效率难以保证，特别是在雨、雾天时，长大列车作业十分困难。20 世纪 60 年代，中国在南京轮渡上采用了电子管无线电台进行调车指挥，70 年代中国探索、试制了电子管和分立元件的无线调车系统，80 年代初引进日本 NEC 电台，应用在丰台、南翔调车场，形成了"语音为主，通话与音响并行"的中国第一代无线调车系统。80 年代中期，中国开发研制了南京西的"单频控制直流点灯的色灯显示和通话并用，以及双音频控制交流点灯"的第二代无线调车系统。90 年代初又研制出"色灯信号、通话、音响、记忆"的第三代新型无线调车系统。1991 年出现了"运用单片微处理机技术实现数字编码灯显和语音合成"的第四代无线平面调车系统。2002 年后又研制出多信道共用平面无线调车系统，还可用机车台传真调车信息，结束了 20 年来信道忙闲不均、利用率不高的专用信道式无线调车方式。

铁道部运输局于 1992 年发布了《关于站场无线调车"八五"规划实施意见的通知》，从政策上确立了以下事项：2000 年全部甩掉手持灯旗；从无线调车制式上把"色灯信号"改为"灯显装置"，逐步推广应用，淘汰电话、音响制式；从技术上由"单音频"发展为"双音频"及"数字编码"；设备购置、维修一律从运营成本或"基建""更改"中列支。1996 年，铁道部制定了相关标准，至今型号不断翻新，功能更加完善，完全符合中国国情、路情，全面满足车务、机务需要。

二、基本组成

无线平面调车由三大部分组成。

（一）机车设备

以机车控制器为核心，机车台完成调车指令的识别、显示，还有司机话盒、可转动色灯显示器、外接扬声器、调车信息记录仪（黑匣子）和打印机、传真的外围设备及机车设备编号。

（二）移动设备

移动设备由调车员控制盒（电台）、连结员控制盒（电台）和制动员控制盒（电台）组成。调车人员向机车发送指令、话音以指挥机车运行，电台与控制盒一体化，可在送灯显信号同时传送语音提示，还可以与司机通话以及调车组人员间通话。

（三）固定设备

以调车区长控制器、电台为核心，有区长台、台式话筒、外接扬声器和有录音插孔的外接录音装置，可记录调车作业中的通话情况。

三、工作原理

平面无线调车系统的基本原理主要是利用无线通信设备的通信功能，另加装调车信号显示所需数字编码信号的控制钮，在电台内部加装微处理器，注入研发的灯显及语音合成等各种控制软件，在电台外部接口加装了信号显示灯、外接扬声器、记录打印及传真等各种信息输出装置。平面无线调车系统采用了专用或多信道共用、FSK 数字调制的无线数控、通信技术，所有控制器采用单片微处理机技术，应用了安全控制技术，有"故障停车"、各频率间"串码防护""交流点灯"，制动员间"联锁制动"有紧急制动、"指令强插"，还采用了语音合成技术，将调车员指令以标准语通知司机。机车控制器采用 E^2PROM 存储器，设置了"运记"接口进行数据采集与交换及记录技术，还设有奇偶检错和纠错技术。

（一）机车装置原理

机车设备含机车控制器、电源、手持送话器、电台及机车天线，其中机车控制器是机车设备的核心。机车控制器内设有微机数据记录系统，记录调车作业过程数据，如点灯状态、车速等，记录数据可以用打印机打印出来，以备事故分析。全部数据均设"掉电保护"，断电半年时钟也不用重置。调车过程中的命令不仅通过色灯显示给司机，而且可通过话音合成方式用符合标准的语音通知司机。机车控制器是整个平面无线调车灯显系统的核心。机车控制器由电台、控制板和电源板组成。控制又是整个机车控制器的核心。控制板是一块以 8031 为核心的微处理机系统。E^2PROM 为系统的程序存储器及语音数据存储体，是理想的"黑匣子"数据存储器。

（二）移动设备原理

移动设备包括调车员控制盒（电台）、连结员控制盒（电台）和制动员控制盒（电台）。

调车员控制盒与无线电台配套，它具有送、受话器和对讲键，以及红、绿、黄 3 种色灯指令按钮，可分别发送话音信号（通话）和各种调车作业指令及呼叫，并具有本地监听功能和响应机车控制器发来的回示信号。该控制盒还备有灯光照明装置。

连结员控制盒有 5 个键，在通常情况下，连结员只能发送停车信号，只能向机车台发射强插"停车"及解锁信号。在放权后，连结员控制盒的功能同调车长一样。

制动员控制盒具有红、绿、黑及照明 4 个键，有送、受话器及紧急停车按钮、发射强插信号和解锁信号，可收听机车回示话音，控制器盒上装有夜间照明装置。

（三）固定设备原理

固定设备由区长控制器、电台及双循环录音机、解码放音机组成。

调车区长控制器接收调车员发来的呼叫信号。它具有监听调车作业及与调车员通话的功能。设备带有录音输出插孔，可以通过双迹循环录音机对收、发话音及调车作业过程进行录音，具有自动倒带循环录音、时标显示等功能。调车长控制盒共有 5 个按钮，这些键单独使用或组合使用可分别向机车、区长台、连结员发出各种信令。向机车发送的显示控制有 8 种信令：① 停车；② 绿灯；③ 十、五、三车；④ 连结；⑤ 溜放；⑥ 减速；⑦ 牵出（绿闪）；⑧ 接近连挂（黄闪）。向区长台发送音频选呼信号。向机车控制器发送收、放机信号。

双迹循环录音机是一种磁记录设备，可同时记录 2 路话音信号和时间信号，具有声控自动启动和暂停、双卡替换工作，卡带、断带故障自动报警和提示等多种功能，还具备慢速录音、自动循环、时标信号记录和可锁定等专用功能。

四、应用领域

1994 年铁道部召开了平面无线调车互检工作会议，总结了应用经验，为进一步推广应用该系统铺平了道路。编组站、区段站平面调车在 2000 年已全面应用该无线调车系统，且已基本甩掉手灯、手旗，保证了安全，提高了效率，减轻了调车人员劳动强度。

中间站的调车作业中，由于中国铁路有近 5 000 个中间站，安全问题很突出，故也广泛采用无线调车系统。1993 年铁道部召开了"中间站无线数控调车设备技术"研讨会，为中间站调车应用该系统开辟了道路。

客运站在客运列车到达后，需转场到客技站进行客车整备、检修、编组甩挡、车辆调动等，采用"平面无线调车系统"，则信号传递迅速、准确，保证了安全，实现了甩开手灯、手旗，提高了编组能力，故在中国铁路大中型客运站广泛应用了"平面无线调车系统"。

"平面无线调车系统"也适于特殊要求的钢铁企业。由于企业内部铁路运输环境恶劣，弯道多，道口多，货物体积大，作业频繁，且多台机车交叉运行，调车安全得不到保证。无线调车系统解决了多年难题，提高了运输效率。

任务 5.2　区段通信设备认知

活动 5.2.1　自主学习

建议本活动在课前进行。按照教学安排，学生预习基础知识，并查阅与本任务相关的资料。

基础知识

区段通信设备是指铁路各车站之间区间内分布的通信线路及相关附属设备，无线通信中继设备、天馈线系统、视频监控前端采集设备、通信杆塔、隧道应急通信系统通信终端、防洪点及道口通信设备。

5.2.1.1　通信线路及附属设备

铁路通信的干线光电缆等沿铁路线路敷设，进枢纽通信站为管道敷设。地区、站场光电缆线路有直埋、管道、架空、沿墙钉固等敷设方式。

1. 光电缆

GYTZA53 型光电缆如图 5-16 所示。

（1）铁路通信光缆承载着重要行车业务通道：闭塞、站间信息传输（安全数据网），通信业务通道、综合视频监控等。

（2）铁路通信电缆承载业务：自然灾害安全监控系统的采集点数据采集传送、隧道应急通信系统终端与主机之间的连接。

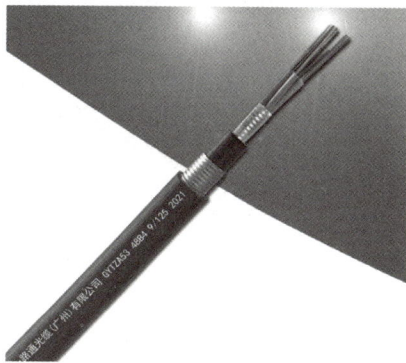

图 5-16　GYTZA53 型光电缆

2. 通信线路附属设施

通信线路附属设施主要包括线路标桩、宣传警示牌、区间地线、光电缆槽道及人孔（井）、区间通话柱。

1）线路标桩、标识

光电缆标桩、标识如图 5-17 所示。

图 5-17　光电缆标桩、标识

线路标桩主要起指示直埋光电缆线路的走向、转角、过沟过道、接头、预留位置等作用。

2）宣传警示牌

宣传警示牌如图 5-18 所示。

图 5-18　宣传警示牌

宣传警示牌设置于光电缆径路过平交道口、路、便道、水渠，农田菜地、人口居住密集点、施工点、公路边等地方起提示、警示作用。

3）区间地线

区间地线盒、地线桩如图 5-19 所示。

图 5-19 区间地线盒、地线桩

区间地线用于光电缆金属套屏蔽接地，主要有地线盒、地线桩等。

4）光电缆槽道及人孔（井）

光电缆槽道及人孔（井）如图 5-20 所示。

（a）站台的光电缆槽道   （b）人孔（井）

图 5-20 光电缆槽道及人孔（井）

光电缆槽道及人孔（井）主要设置于车站站台、桥梁、隧道，通信信号共用一个槽道。便于光电缆敷设、日常维护，同时对光电缆起保护作用。

5）区间通话柱

区间通话柱如图 5-21 所示。

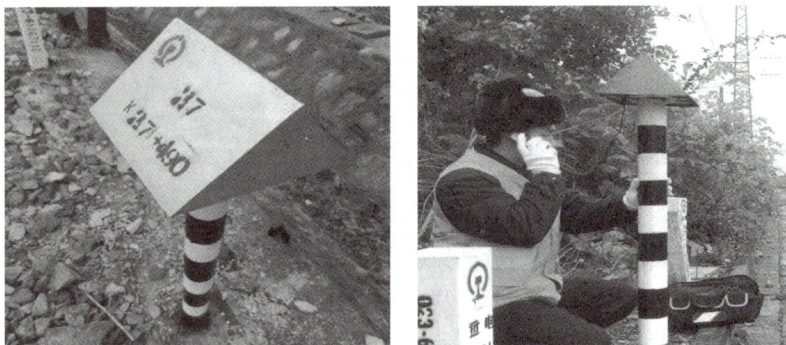

图 5-21 区间通话柱

区间通话柱，是一种设立在铁路区间的通信设施，是早期用于施工防护和应急救援的区间通信设备，为区间防护和应急救援提供通信保障。通话柱通过通信电缆相连，以每千米一个的频率分布在铁路区间内，区间内作业的铁路职工可以使用简易电话——插话机连接通话柱，做到与区间两端车站通话的功能。

随着铁路大提速和通信技术快速发展，区间通话柱已无法满足现代高速铁路的通信保障需求，GSM-R 网络、隧道应急一体机的出现，使区间通话柱逐渐退出了铁路通信的历史舞台。

5.2.1.2　无线通信中继设备

无线通信中继设备用于无线信号的接收、中继、放大和传播。在使用 GSM-R 通信制式的铁路线路上，常见的无线通信中继设备是直放站，在使用无线列调通信制式的铁路线路上，常见的无线通信设备是无线列调区间中继台。

1. 无线列调区间中继台

无线列调区间中继台数字基站如图 5-22 所示。

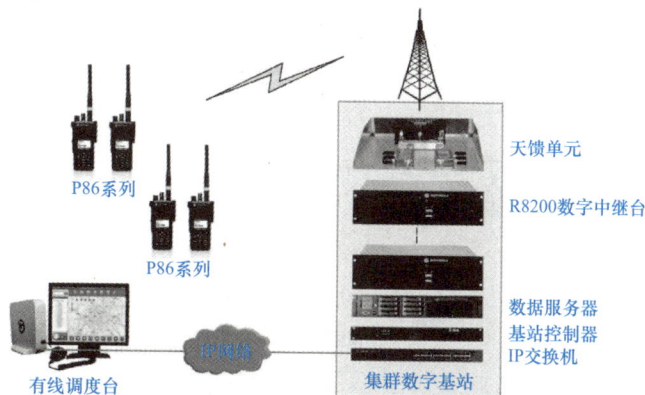

图 5-22　无线列调区间中继台数字基站

无线列调区间中继台是应用于列车无线调度通信系统（简称无线列调）的无线通信中继设备，其主要作用是将无线列调车站台的信号中继、放大、传播和接收，使其覆盖于隧道、峡谷等地带，多用于普速铁路线路。

2. 直放站

直放站如图 5-23 所示。

图 5-23　直放站

GSM-R 系统是一个综合的无线通信平台，负责处理传输语音通话、调度命令、接车进路预告信息、车次号校核、列尾信息等，是重要的行车辅助手段。光纤直放站依托于 GSM-R

系统，是一种同频放大设备，其基本功能就是把 GSM-R 基站的无线信号延伸到基站覆盖不到的弱场区如隧道内、地下室、山区等。

直放站远端机主要安装在区间直放站机房内或隧道洞室内，通过漏缆或天线进行场强覆盖，它通过光缆呈链状结构与通信基站的近端机相连接。

5.2.1.3　天馈线系统

1. 馈线窗入室方式的天馈线系统

馈线窗入室方式的天馈线系统如图 5-24 所示。

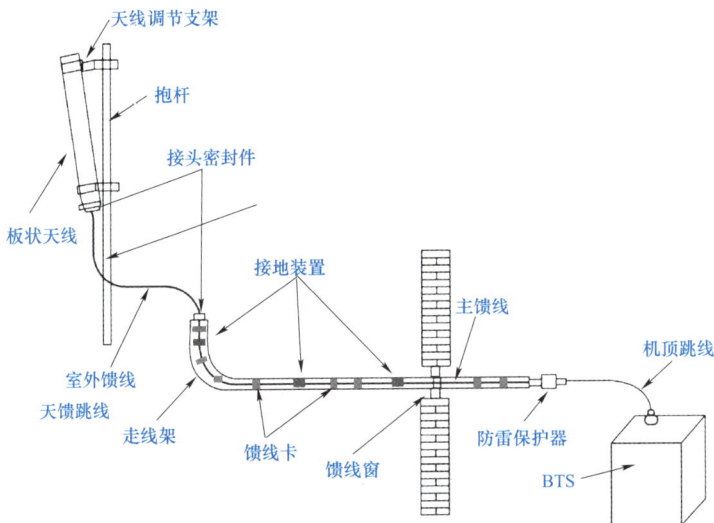

图 5-24　馈线窗入室方式的天馈线系统

天馈线系统是无线通信系统（如 GSM-R 系统、光纤直放站系统以及无线列调系统）的重要组成部分，其主要作用是无线通信设备（如 BTS、直放站远端机、无线列调车站及区间台）向空中传输射频信号，实现铁路沿线工作区域的无线信号覆盖。

天馈系统主要负责无线电波的发送和接收。它一方面将来自发射机的射频信号转换为无线电波发射出去；另一方面将来自移动台的无线电波转换为射频信号，再传送至接收机。

天馈线系统主要包括天线、跳线、馈线、避雷器等部分，若其不能正常工作，将直接影响铁路沿线的无线信号覆盖，造成车机联控失效，影响列车接收进路预告及调度命令，在 C3 制式区段，更可能会造成列车降速乃至停车。

1）天线

天线是天馈线系统的主要部分，负责无线电波的发送与接收。发射时，把高频电流转换为电磁波；接收时，把电磁波转换为高频电流。天线的工作性能直接关系到整个网络的通信质量。

（1）天线形状。铁路通信中通常使用板状天线、八木天线及鞭状天线。其中，板状天线、八木天线为定向天线，鞭状天线为全向天线。天线通常安装在铁塔、水泥电杆或站房顶部支架上，通过一定的安装高度保障其电磁波的有效辐射距离。GSM-R 基站一般配备定向天线，如图 5-25 所示。

图 5-25　定向天线

（2）天线高度。天线高度直接与基站的覆盖范围有关。GSM-R 系统的工作频段为 900 MHz，属于视距通信，天线所发直射波所能达到的最远距离直接与发射天线的高度、接收天线的高度有关，由此可见，基站无线信号所能达到的最远距离（即覆盖范围）与天线高度有关。

对天线挂高的基本要求如下。

① 天线挂高不能过高。过高的站点往往跨越覆盖多个小区，形成对其他小区的干扰，引起掉话、串话和有较大杂音等现象。

② 相邻两个站点的高度差不能过大。某基站天线过高，会造成该基站的覆盖范围过大，从而造成该基站的话务量很大；而与之相邻的基站由于覆盖较小造成话务量变小。这样会导致话务不均衡，限制整个系统的容量。

③ GSM-R 基站天线的高度一般为 40～50 m。

2）跳线

跳线（也称室外跳线）用于天线与主馈线之间的连接。常用的跳线采用 1/2 英寸馈线，长度一般为 3 m 左右。

3）主馈线

主馈线是无线通信设备与天线之间连接的同轴电缆线，其主要功能是有效地传输信号能量。主馈线用于在天线与 BTS 之间传送射频信号。主馈线一般为 7/8 英寸的馈缆，长度一般为几十米至上百米。

4）接头密封件

接头密封件用于室外跳线两端接头（与天线和主馈线相接）的密封。

5）天线调节支架

天线调节支架用于调整天线的俯仰角度，调节范围一般为 0°～15°。

2. 地下管道入室方式的天馈线系统

地下管道入室方式的天馈线系统如图 5-26 所示。

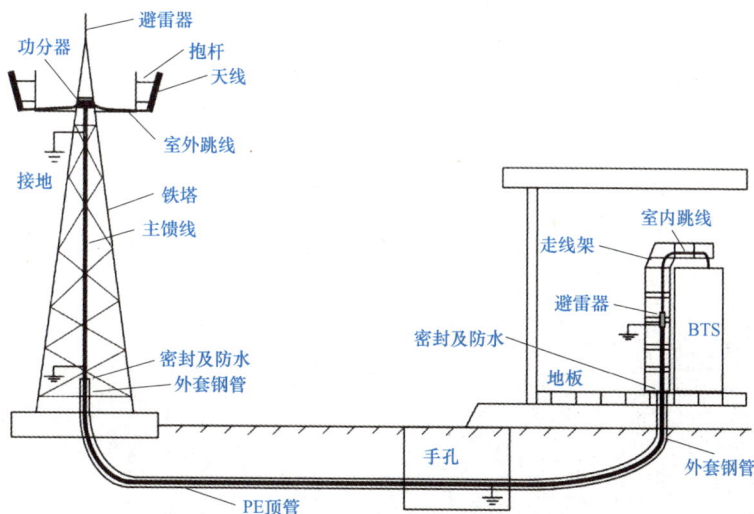

图 5-26　地下管道入室方式的天馈线系统

5.2.1.4　视频监控前端采集设备

视频监控前端设备网络及视频监控前端设备，如图 5-27、图 5-28 所示。

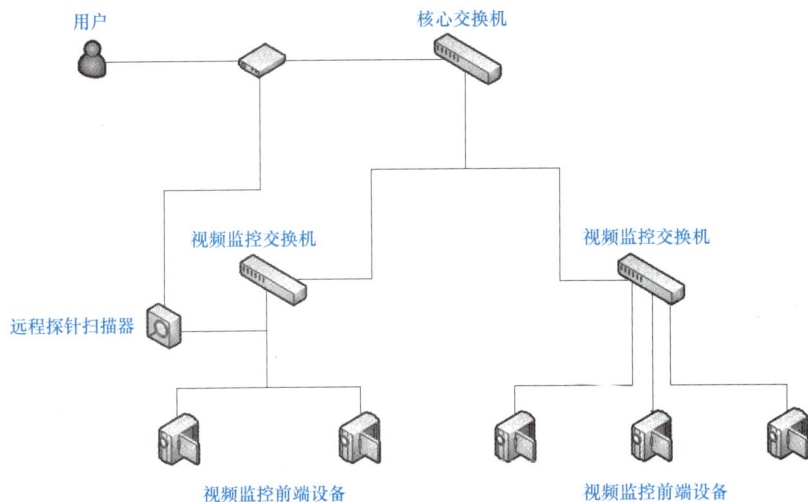

图 5-27　视频监控前端设备网络

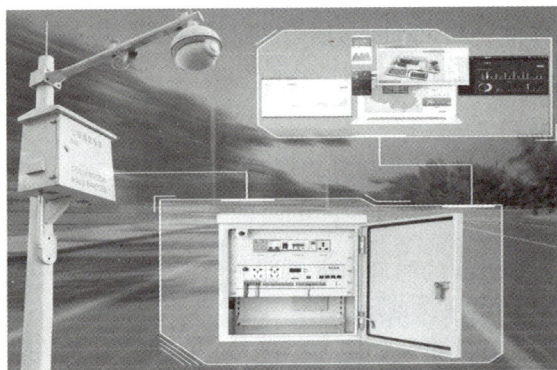

图 5-28　视频监控前端设备

视频点采集设备及前端采集设备，包括摄像头、镜头、视频光端机，以及与之配套的云台、防护罩、室外设备箱、视频杆塔等附属设备。按照防护罩不同，视频监控摄像机有球型机和枪型机之分。按照是否配置云台有定焦和变焦摄像机之分。

5.2.1.5　通信杆塔

通信杆塔如图 5-29 所示。

(a) 钢管塔

(b) 独管塔

图 5-29　通信杆塔

目前铁路在用的通信杆塔共有 3 种，分别为钢管塔、独管塔和水泥电杆。

通信杆塔是铁路通信网络重要的配套设备，是通信线路、铁路数字移动通信系统 GSM-R 无线网、列车无线调度通信系统天线及综合视频监控设备的安装载体。

5.2.1.6 隧道应急通信系统通信终端

隧道应急通信系统通信设备如图 5-30 所示。

图 5-30 隧道应急通信系统通信设备

隧道应急通信系统是长大隧道突发事件发生后进行指挥和抢险救援提供语音通话的通信系统。5 km 以上的长大隧道上、下两侧分别按间隔 500 m 标准设置一个隧道通信终端。

5.2.1.7 防洪点、道口通信设备

1. 防洪点

铁路线路防洪点如图 5-31 所示。

一级防洪点通信设备有自动电话、便携电台。

2. 铁路道口

铁路道口如图 5-32 所示。

图 5-31 铁路线路防洪点

图 5-32 铁路道口

道口通信设备有自动电话、便携电台、语音记录仪、视频监控设备等。

5.2.1.8 同轴电缆与漏泄电缆

1. 同轴电缆的结构

同轴电缆的结构如图 5-33 所示。

GSM-R 基站采用同轴电缆作为馈线。

同轴电缆具有工作频率范围宽、损耗小、能屏蔽静电等优点，但不能屏蔽磁场的干扰，使用时切忌与强电流线路并行走向，不能靠近低频信号线路。

2. 漏泄电缆的结构

漏泄电缆的结构如图 5-34 所示。

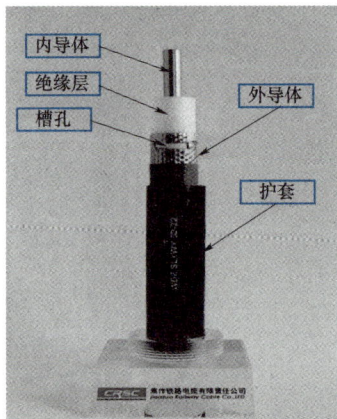

图 5-33　同轴电缆的结构　　　　图 5-34　漏泄电缆的结构

漏泄电缆在天馈线系统中是一种特殊设备，其既属于天线，可辐射和接收电磁波，又属于馈线，可传输信号能量。漏泄电缆是传输无线信号的载体。铁路专用漏泄电缆一般安装在隧道壁，挂高距轨面高度 4.6~4.8 m，由每 1 m 一个卡具固定，每 10 m 设置一个防火夹。部分铁路沿线隧道内还设有公网覆盖漏泄电缆，一般设置为两根，距轨面高度分别为 2.1 m、2.3 m，其余安装方式与铁路漏泄电缆一样。

（1）漏泄同轴电缆。泄漏同轴电缆，简称漏泄电缆或漏缆，是一种特殊结构的同轴电缆，也相当于一种特殊天线，主要用于隧道、室内等环境中的无线电波覆盖。

（2）漏缆的结构。漏缆的结构与普通同轴电缆的结构基本一致，由内导体、绝缘介质和开有周期性槽孔的外导体三部分组成。

（3）电磁波在漏缆中纵向传输的同时通过槽孔向外界辐射电磁波；外界的电磁场也可通过槽孔感应到漏缆内部并传送到接收端。

（4）漏缆结构与传统的天线相比，具有以下优点。

① 容易敷设和安装，信号覆盖均匀稳定，尤其适合隧道等狭小空间。

② 使用频率宽，漏缆的频段范围为 450 MHz~2.4 GHz 以上。

③ 漏缆绝缘采用高物理发泡的均匀细密封闭的微泡结构，在特性阻抗、驻波系数、衰减系数等方面更加均匀稳定，而且具有较好的防潮性能。

④ 具有高抗压、高抗张强度。

学而思之

什么是区段通信设备的核心技术？

查阅资料

（1）在阅读基础知识的基础上，通过线上线下教学资源，查阅铁路区段通信设备的资料，进一步了解铁路区段信号设备的设置情况。

（2）个人下载 3~5 张关于铁路区段通信设备的图片，用于小组学习交流。

活动 5.2.2　集体研学

建议本活动在课中进行。在教师指导下，以学生为主体，工学结合，做中学、做中教。

场所建议

场所 1：现场。现场观看铁路区段通信设备设置及工作情况。

场所 2：仿真实训室。通过仿真系统展示铁路区段通信设备设置及工作情况。

场所 3：多媒体教室。通过多媒体课件展示铁路区段通信设备设置及工作情况。

上述 3 个教学场所，最好选择场所 1，其次选择场所 2，起码保证场所 3。

视频欣赏

进入教学资源库，观看铁路区段通信设备设置及工作情况视频，学习、弘扬铁路职工的劳模精神、劳动精神和工匠精神。

小组交流

（1）以事先划定的学习小组为单位，交流个人课前、课中学习情况，分享个人收集的相关资料，对学习中发现的疑点、难点进行小组研讨，并在规定时间内制作小组研学过程的微课，时间不超过 3 min。

（2）各研学小组向全班分享关于铁路区段通信设备集体研学的微课，并提交任课教师。

学习评价

教师引导学生总结本次课学习收获，并进行自我评价。

1. 长知识（5 分）

区段通信的设备组成：（1）通信线路及附属设备；（2）天馈线系统；（3）无线列调；（4）区间中继台；（5）视频监控；（6）隧道应急通信系统；（7）防洪点及道口通信设备。

2. 强能力（5 分）

（1）能简要说明区段通信设备的组成。

（2）会识别区段通信设备。

（3）对学习铁路区段通信设备产生兴趣爱好。

（4）提升利用互联网、教学资源库、图书查阅专业资料的技能。

（5）逐步养成自主学习习惯，提升互助学习、探索学习的能力。

3. 提素养（5 分）

（1）尊重铁路通信人的劳动及劳动智慧，增强职业荣誉感。

（2）塑造新时代健康人格，热爱中国式现代化铁路，激发爱国主义情怀。

（3）成为铁路劳模精神、劳动精神、工匠精神的传承人。

活动 5.2.3　作品制作

建议本活动在课后进行。每名学生单独制作一个开放、个性、富有创造性的学习过程和学习成效的视频，既要反映课程基本学习目标的完成情况，又要反映个人学习的收获，时间在 5 min 以内，至少包括以下 3 项内容。

（1）常见铁路区段通信设备。

（2）铁路区段通信设备技术要求。

（3）通过本次课学习，个人在知识增长、能力强化、素养提升方面的小结。

课后 2 天内将作品提交任课教师，作为教师评价学生学习效果的依据。

活动 5.2.4　学习测试

（1）简述常见铁路区段通信设备。

（2）简述铁路区段通信设备技术要求。

拓展学习

铁路通信知识库

列车上的卫星通信

卫星通信是指利用人造地球卫星作为中继站转发或反射无线电波，在两个或多个地球站之间进行的通信，它实际也是微波通信，由于它具有通信距离远，覆盖面积大，通信质量高等优点，所以人类从发射卫星并利用卫星通信，到发射和使用通信卫星虽然仅仅经历了几十年的时间，但卫星通信已成为发展最迅速的一种通信方式。近年来发展起来的 VSAT（甚小孔径终端）卫星通信系统，灵活性强，可靠性高，成本低，使用方便，可以直接安装在用户端，可实现远距离计算机联网，具有很大的实用价值。

列车上的载波电话

长途通信距离很远，架设线路费用大，而铁路各单位之间联系频繁，通话次数很多。因此，必须设法使一对线路能容纳多对人员同时通话而互不影响。这就是载波电话在铁路局线和干线的长途电话、调度电话、会议电话中获得广泛应用的基本原因。载波电话把每对讲话人频率几乎相同的话音电流，分别提高到不同的频率高度，然后把这些不同频率的话音电流同时送到一对导线上，并向对方发送，这种方法叫作调制。当话音电流到达通话的对方时，再把它还原成话音频率电流，这叫作解调。这样几对用户就可以互不干扰地同时通话了。

列车调度电话

铁路列车调度电话是调度所调度员指挥沿线各车站及列车段、机务段等有关列车运行人员关于列车运行业务的通信设备。其总机部分安装在调度所，分机安装在沿线各车站。货运调度、电力调度、局线调度等电话，其设备与列车调度电话相同。

我国铁路采用音频选号调度电话，采用音频作为选叫信号，总机呼叫分机只要按下按键即可，呼叫时间短，操作方便。

GSM-R 无线通信

GSM-R 无线通信实现以图文形式向司机提供站名、车次、进路开放状态、进路中的道岔最小辙岔号或限制通过的最大允许速度等信息，有条件时也可包括站场显示、站内列车车次号等，并且实现调车组的手持电台和调度中心的直接通话功能。

铁路寻呼通信

铁路寻呼通信（railway radio paging）是服务于铁路部门的寻呼通信。它是铁路移动通信的重要组成部分。铁路寻呼通信除能提供一般的数字寻呼和中文寻呼外，还可用于进行列车驾驶人员调度管理，运输货运调度管理，及时通知取、卸货物及事故抢险等。

现有的铁路寻呼采用星形网结构，可覆盖全国铁路沿线各大、中城市。铁路寻呼网内各个寻呼台通过铁路分组交换数据网进行数据交换，可充分保障铁路寻呼全网各种信息及时、准确地传输。

铁路寻呼通信的空中接口全部采用POCSAG协议，编码速率主要有512 bit/s 和 1 200 bit/s 2 种。

思政案例　象征 20 世纪人类征服自然的奇迹——成昆铁路

成昆铁路始建于 1958 年，1959—1969 年期间，成昆铁路多次停工后再复工，1970 年 7 月 1 日，成昆铁路全线竣工运营。在成昆铁路建设中建设者们留下了热爱祖国、敢于吃苦、敢于奉献、敢于牺牲的"成昆精神"，这种精神与不畏艰险、迎难而上、万众一心的铁路人精神是一脉相承的，深深地根植于铁路儿女的基因里。1984 年 12 月 8 日，成昆铁路、美国阿波罗宇宙飞船登月和苏联第一颗人造卫星共同被联合国组织评为"象征 20 世纪人类征服自然的三大奇迹"，当日，中国政府赠送给联合国一件成昆铁路象牙雕刻作品。

在西南铁路建设中，中共中央对成昆铁路的修建尤为重视，并且点名要突击力最强的铁道兵部队担此大任。1964 年 7 月 2 日，周恩来总理在一次批示中明确指出：修成昆路，主席同意，朱委员长提议，使用铁道兵。根据西南铁路大会战的总体部署，铁道兵第 1 师、第 5 师、第 7 师、第 8 师、第 10 师和独立机械团、独立汽车团等部队相继转战成昆线。

成昆铁路是我国西南的大动脉，北起四川成都，南抵云南昆明，全长 1 083 km，桥梁 653 座，隧道 427 座，桥隧总长 433.7 km，占线路总长的 40%。平均每 1.7 km 有一座桥梁，每 2.5 km 有一座隧道。铁路穿行于四川、云南的万水千山之间，特别是大渡河、金沙江两岸，山高谷深，川大流急，线路迂回重叠，经过地区有气温高达四五十摄氏度的"火沟"，有常年积雪的雪山，有烈度 7～9 度的地震区，山体错落，岩石破碎，溶洞、暗河、断层、流沙、瓦斯、岩爆，一应俱全，工程之艰巨，地质之复杂，在世界筑路史上也是惊人壮举。

修建成昆铁路困难很多，其最难之处，就是在堪称"地质博物馆"的崇山峻岭中开凿密集的隧道。有的地段桥隧相接，隧隧相连，中坝至巴格勒间 18 km 线路，隧道就占 13.2 km，仅白虎山至朱家营的 17.8 km 线路，就要开凿 15 座隧道，总延长 14 km。隧道不仅多而且奇特。为了适应线路迂回展线的需要，隧道要修成"灯泡型""S 型""麻花型"等各种奇异形状。还有的区段，线路从山脚或山腰进入隧道，在大山腹中画一个几公里的圆圈，最后从进口上方几十米的出口钻出来，美其名曰"楼上楼"。此时，常年奋战在大山腹地的筑路人已经化身为雕塑家，而这些蜿蜒盘旋，多姿多态的异形隧道，就是他们精心雕琢的一件件艺术品，巧夺天工，令人叹为观止。然而，有谁知道，他们为了创造出这些惊世骇俗的"艺术品"，需要付出多少艰辛的劳动，甚至鲜血和生命。开始的时候，公路没有修通，大型机械运不进来，他们为了争时间，抢速度，就打起火把进洞，硬是用铁锤、钢钎这些原始工具，打通了近千米的隧道。越往里进，地质越加复杂。不仅有铁青钢硬的特坚石，也有一触即溃的烂泥巴，而"火焰山"，让人汗流如注，一排炮过后，岩缝里又会水如泉涌，仿佛突然进入"水帘洞"，冰冷刺骨。在这种艰难困苦的条件下他们依然月月超额完成任务，并创造了单口月成洞 571.2 m 的纪录，连续 7 个月平均双口月成洞 502 m。著名数学家华罗庚深为筑路部队忘我劳动的拼搏精神所感动，当场写下《西江月》词一首，热情赞扬铁道兵："今日梅花怒放，明朝杜鹃满山。铁道兵巧手绘蓝图，彩虹铺上云天。不畏艰难险阻，何惧水深石顽。十万大山已凿穿，凯歌直冲霄汉。"

1969 年 6 月 15 日，总参谋部根据中央军委办事组的批示，电示铁道兵在成都设立铁道兵指挥部，指挥参加西南地区铁路建设的铁道兵部队。由于"文化大革命"内乱的干扰，原定成昆铁路 1968 年 7 月 1 日通车的计划未能实现。1969 年第四季度，中共中央发出成昆线务必于 1970 年"七一"通车的号令，铁道兵和铁道部各工地的施工再掀高潮，架桥、铺轨的进度不断加快，1970 年 6 月底，南北两支铺架队伍在礼州会师，7 月 1 日在西昌胜利举行通车典礼，工程浩大的成昆铁路建设圆满收官。随着成昆铁路建设而兴建的攀枝花钢铁基地也炼出了第一炉铁。1982 年 12 月，联合国宣布人类在 20 世纪创造的具有划时代意义的三项伟大杰作，排在第一位的就是中国的成昆铁路。

6

铁路供电设备

电气化铁道供电系统（power supply system for electrified railway）是由电力系统经高压输电、牵引变电所降压、变相或换流等环节，向电气化铁道运行的电力机车、动车组输送电力的全部供电系统。

电气化铁道供电系统通常包括两大部分，即对沿线牵引变电所输送电力的外部供电系统，以及从牵引变电所经降压、变相或换流（转换为直流电）后，向电力机车、动车组供电的牵引供电系统。

本项目共 5 项任务：

任务 6.1　铁路供电系统认知

任务 6.2　牵引供电系统基础设施认知

任务 6.3　接触网构造认知

任务 6.4　电力设备认知

任务 6.5　铁路供电远动（SCADA）系统认知

这 5 项任务全部依托铁路供电基础设施实际工作，情境客观，内容真实。

🔍 学习目标

（1）掌握铁路供电系统的基本常识。

（2）掌握牵引供电系统、电力系统的不同功能作用。

（3）能区分牵引供电系统、电力系统。

（4）掌握牵引供电系统组成。

（5）掌握铁路牵引网的不同供电方式。

（6）掌握接触网的组成。

（7）掌握接触悬挂、支持、定位装置的结构。

（8）掌握支柱的不同分类方法。

（9）能认识主要的接触网设备。

（10）掌握铁路电力系统组成。

（11）了解铁路电力主要设备。

（12）掌握铁路用电负荷划分及供电原则。

（13）了解铁路供电远动（SCADA）系统的功能。

（14）掌握铁路供电远动（SCADA）系统的构成。

（15）培养学习铁路供电基础的兴趣。

（16）提升自主学习、互助学习、探索学习的能力。

（17）提升利用线上线下资源查阅资料的技能。

（18）通过完成课前自主学习、课中小组研学、课后作品制作，提高个性化创作能力和互助研学能力。

（19）尊重铁路供电人员的劳动成果，增强职业荣誉感。

（20）塑造新时代健康人格，热爱中国式现代化铁路，激发爱国主义情怀。

学习建议

（1）课前自主学习。认真阅读每项任务中的基础知识，通过线上线下教学资源，查阅与任务相关的资料，阅读中国电气化铁道供电的文献资料，收集文字、数字、影像资料。

（2）课中小组研学。以事先划定的学习小组为单位，交流个人自主学习情况，分享个人收集的相关资料，研讨学习中发现的疑点、难点，制作关于小组研学过程的微课。

（3）课后作品制作。学生个人单独制作一个开放、个性、富有创造性的学习过程和学习成效的视频，既要反映课程基本学习目标的完成情况，又要反映个人学习的收获。

任务 6.1　铁路供电系统认知

活动 6.1.1　自主学习

建议本活动在课前进行。按照教学安排，学生预习基础知识，并查阅与本任务相关的资料。

基础知识

在铁路线路上运行的电力机车、动车组的动力来源离不开供电，铁路运输车站、枢纽、站段等处所的信号、通信、道岔、调度等用电设备也离不开供电，所以供电可靠性将直接影响铁路的运输秩序和安全。

铁路供电系统按功能划分为牵引供电系统、电力系统两部分。铁路供电系统如图 6-1 所示。

牵引供电系统向电力机车提供电源，其负荷称为牵引负荷，供电可靠性直接影响行车，是重要的一级负荷。牵引变电所相当于牵引供电系统的电源，但是它本身须通过高压输电线取电于地方区域变电所或发电厂，经牵引变电所降压至 27.5 kV 后送到铁路轨道上方的接触网上，电力机车利用车顶的受电弓从接触网获得电能，牵引列车运行。牵引供电系统由牵引变电所和牵引网组成，牵引网是由馈电线、接触网、轨道和大地等构成的供电网总称。

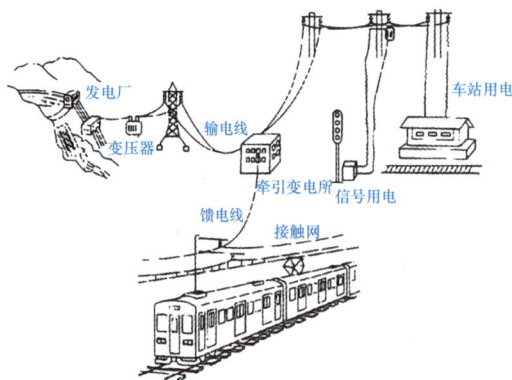

图 6-1　铁路供电系统

电力系统向牵引负荷以外的所有铁路负荷提供电源，包括信号、通信、信息、生产、车站、供水等系统的铁路用电负荷供电，其供电可靠性根据负荷的性质有不同的要求，如与行车密切相关的通信、信号、运营调度系统，以及一等以上车站供电等负荷是特别重要的一级负荷。

随着铁路行车向着高速、高密度发展和铁路各专业信息化、智能化管理程度的提高，对铁路供电系统可靠性的要求越来越高。铁路供电系统传统上是依靠人员值班、沿线布置值班检修工区等方法监视控制供电网络运行（如人工调度电话调度等方式），目前这些方式已经不能满足行车安全的要求。采用先进的调度自动化技术，实施远程监控和调度管理，是铁路供电系统必然的发展趋势。

学而思之

牵引供电系统、电力系统的功能作用有何不同？

查阅资料

（1）在阅读基础知识的基础上，通过线上线下教学资源，查阅铁路供电系统的资料，进一步了解铁路供电系统的功能。

（2）个人下载 3～5 张关于铁路供电系统的图片，用于小组学习交流。

活动 6.1.2　集体研学

建议本活动在课中进行。在教师指导下，以学生为主体，工学结合，做中学、做中教。

场所建议

场所 1：现场。听现场师傅讲解铁路供电基础设施知识。

场所 2：仿真实训室。通过仿真系统展示铁路供电基础设施。

场所 3：多媒体教室。通过多媒体课件展示铁路供电基础设施。

上述 3 个教学场所，最好选择场所 1，其次选择场所 2，起码保证场所 3。

视频欣赏

进入教学资源库，观看铁路供电系统视频，深入了解铁路供电系统的重要作用，学习、弘扬铁路职工的劳模精神、劳动精神和工匠精神。

小组交流

（1）以事先划定的学习小组为单位，交流个人课前、课中学习情况，分享个人收集的相关资料，对学习中发现的疑点、难点进行小组研讨，并在规定时间内制作小组研学过程的微课，时间不超过 3 min。

（2）各研学小组向全班分享关于铁路供电基础设施集体研学的微课，并提交任课教师。

学习评价

教师引导学生总结本次课学习收获，并进行自我评价。

1. 长知识（5分）

1）铁路供电系统基本常识

铁路供电系统按功能划分为牵引供电系统、电力系统两部分。

2）牵引供电系统的功能

（1）牵引供电系统向电力机车提供电源。

（2）牵引供电系统由牵引变电所和牵引网组成。

3）电力系统的功能

（1）电力系统向牵引负荷以外的所有铁路负荷提供电源。

（2）电力系统向信号、通信、信息、生产、车站、供水等系统的铁路用电负荷供电。

2. 强能力（5分）

（1）能简要说明铁路供电系统基本常识。

（2）会辨识牵引供电系统。

（3）会辨识电力系统。

（4）对学习铁路供电系统产生兴趣爱好。

（5）提升利用互联网、教学资源库、图书查阅专业资料的技能。

（6）逐步养成自主学习习惯，提升互助学习、探索学习的能力。

3. 提素养（5分）

（1）尊重铁路供电人的劳动及劳动智慧，增强职业荣誉感。

（2）塑造新时代健康人格，热爱中国式现代化铁路，激发爱国主义情怀。

（3）成为铁路劳模精神、劳动精神、工匠精神的传承人。

活动 6.1.3　作品制作

建议本活动在课后进行。每名学生单独制作一个开放、个性、富有创造性的学习过程和学习成效的视频，既要反映课程基本学习目标的完成情况，又要反映个人学习的收获，时间在 5 min 以内，至少包括以下 4 项内容。

（1）铁路供电系统基本常识。

（2）牵引供电系统的功能。

（3）电力系统的功能。

（4）通过本次课学习，个人在知识增长、能力强化、素养提升方面的小结。

课后 2 天内将作品提交任课教师，作为教师评价学生学习效果的依据。

活动 6.1.4　学习测试

（1）简述铁路供电系统基本组成。

（2）简述牵引供电系统的功能及组成。

（3）简述电力系统的功能。

拓展学习

从"太供周刊"了解铁路供电系统主要工作

1. 接触网设备维修计划有序推进

局管内：本月计划检修 54.66 条 km，实际完成 63.729 条 km，完成率 116.59%。全年计划检修 1 087.261 条 km，实际完成 63.729 条 km，完成率 6.31%。

维修车间：共计完成接触网二级修 56.969 条 km，占二级修完成量的 89.39%。

运行车间：累计完成 6.76 条 km。

全年水冲洗：计划出动 85 次，冲洗绝缘子 18 790 棒，检修列出动 125 次，自 1 月 29 日在吕梁开始投入使用。

2. 重点工作落实情况

（1）隧道除冰情况。

截至 1 月 26 日，发现的冰情涉及隧道 35 座、结冰点 218 个。寿阳轨道车点外加点运行除冰 99 趟次，娄烦轨道车点外加点运行除冰 58 趟次（古交 42 趟次、娄烦 16 趟次），轩岗轨道车点外加点运行除冰 54 趟次，五台轨道车点外加点运行除冰 21 趟次（五台 2

趟次、东河南 19 趟次)，褚家沟轨道车点外加点运行除冰 3 趟次。安装绝缘挡水板 293 块 (成品板)。

（2）太原西—玉门沟（含）接触网设备大修。

25 个锚段承、导及回流线全部架设完毕，同时组织施工单位及太原供电维修车间以交叉处所调整、直吊线软横跨横平竖直为标准、等位线材质更换、各线索间距检调为重点，对玉门沟站接触网设备全面精调精整。

（3）高质量推进修前调查，形成"一线一案"。

明确修前调查项点、设备修前调查标准、设备数量及所需工料。记录设备周边环境，针对并行区段、交叉跨越区段提前制定完备的安全措施。结合修前调查样本，分析线路缺陷及所需工料，综合考虑运行车间及维修车间人员状况，制定石太线、太中线维修组织方案。

（4）危树修剪情况。

2024 年 1 月，共计修剪危树 512 棵。其中榆次车间在石太线榆次四场—鸣李间修剪危树 15 棵；太北车间在玉门沟站修剪危树 20 棵；五台山供电车间在京原线枣林—代县间修剪 125 棵、五台山—金山铺间修剪 352 棵。

（5）低温排查情况。

自 1 月 22 日降温起，各车间总计添乘 34 人次，点外巡视计划 39 条，隧道打冰作业 55 条，发现并处理冰情 218 处，确保冬季设备安全稳定。

（6）上跨桥设备排查整治。

对 132 座上跨构筑物全部完成排查，解决问题 10 件。

3. 电力专业设备检修稳步推进

（1）做好电力连接箱排查。

电力连接箱已全部排查完成，共计排查连接箱 97 处，发现并处理典型问题 7 个。下一步计划结合电力回路标识整治，对连接箱标识进行彻底规范，消除因回路不清带来的人身安全风险。

（2）扎实开展春节前电梯电源、信号电源排查整治工作。

春节前电梯电源、信号电源排查已全部完成。

任务 6.2　牵引供电系统基础设施认知

活动 6.2.1　自主学习

建议本活动在课前进行。按照教学安排，学生预习基础知识，并查阅与本任务相关的资料。

📖 基础知识

6.2.1.1　牵引供电系统的组成

牵引供电系统的组成如图 6-2 所示。

1—区域变电所或发电厂；2—高压输电线；3—牵引变电所；4—馈电线；5—接触网；6—钢轨；7—回流线；
8—分区所；9—电力机车；10—开闭所；11—电分相

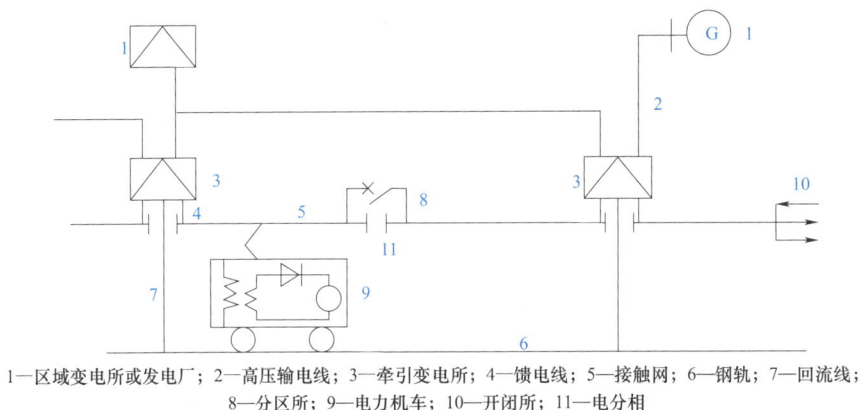

图6-2　牵引供电系统的组成

1. 牵引变电所

牵引变电所内装设有主变压器，将 220 kV 或 110 kV 的三相交流高电压变换为 27.5 kV 的单相交流低电压，以单相供电的方式馈送给接触网，供机车使用。牵引变电所如图 6-3 所示。

图6-3　牵引变电所

2. 馈电线（供电线）

馈电线是牵引变电所与接触网之间的连接线，是从牵引变电所向接触网提供电源的通路。

3. 接触网

接触网是电气化轨道交通所特有的、沿铁路露天架设的、唯一为电力机车提供电能的特殊输电线路。

4. 轨道、大地

在牵引供电系统中，钢轨是牵引电路的组成部分，它和大地将牵引电流引回牵引变电所。

5. 回流线

回流线是轨道回路与牵引变电所之间的连接线，其主要作用是将流经吸上线的牵引电流直接回送牵引变电所内的变压器。

6. 开闭所

开闭所一般设置在枢纽客运站、枢纽编组站、电力机务段、动车所等需要实现分束、分段供电的场所。开闭所的主要作用是增加牵引变电所馈电线的数目，将长供电臂分段，降低牵引变电所的复杂程度。它不进行电压变化，类似一个配电所。开闭所作用原理如图 6-4 所示。

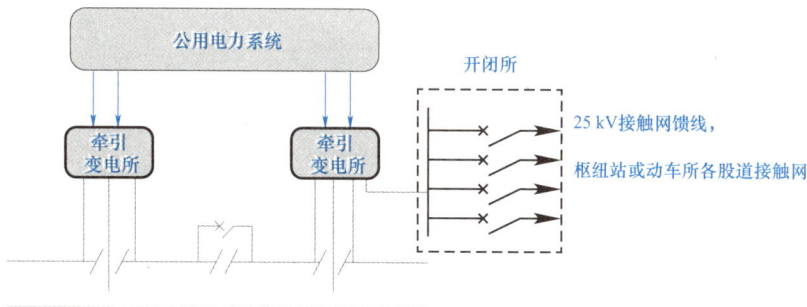

图 6-4   开闭所作用原理

7. 分区所

分区所可以将电气化铁路上下行接触网并联起来，以提高供电臂末端接触网上的电压水平，均衡上下行供电臂的电流，降低电能损失，在重载和线路有较大坡道的情况下效果更为明显。在牵引变电所故障情况下，通过分区所还可由相邻牵引变电所实行越区供电。铁路分区所如图 6-5 所示。

8. 电分相

电分相即两个不同相供电臂之间的分段装置。

图 6-5   铁路分区所

6.2.1.2   牵引供电方式

铁路牵引供电方式有直接供电方式（TR）、带回流线的直接供电方式（DN）、自耦变压器供电方式（AT）、吸流变压器供电方式（BT）、同轴电力电缆供电方式（CC）五种。其中吸流变压器供电方式（BT）由于牵引网阻抗较大，在我国电气化铁路中已被淘汰；同轴电力电缆供电方式（CC）防干扰能力好，回路阻抗小，供电压损小，架空线路少且简单，适用于传送功率大的长大隧道中。

目前，我国铁路应用最广的是直接供电方式（TR）、带回流线的直接供电方式（DN）、自耦变压器供电方式（AT）。下面着重对这三种供电方式进行介绍。

1. 直接供电方式（TR）

直接供电方式是牵引电流通过电力机车后直接从钢轨或大地返回牵引变电所的供电方式，如图 6-6 所示。

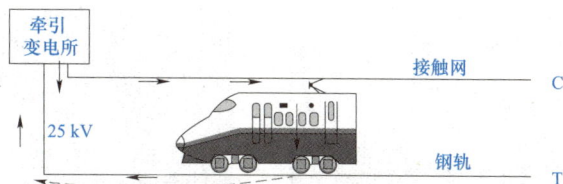

图 6-6   直接供电方式

2. 带回流线的直接供电方式（DN）

带回流线的直接供电方式是在接触网支柱上架设一条与钢轨并联的回流线，一部分电流通过钢轨和大地返回牵引变电所，另一部分电流通过回流线返回牵引变电所，如图6-7所示。

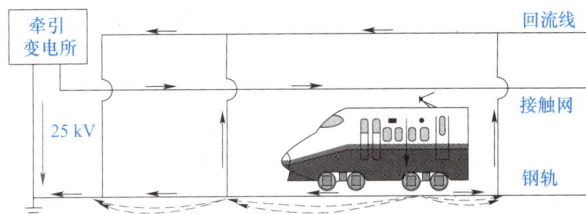

图6-7　带回流线的直接供电方式

3. 自耦变压器供电方式（AT）

自耦变压器 AT 并联于牵引网中，AT 的间隔约 10 km，AT 供电方式既克服了 BT 供电方式的分段缺陷，又降低了牵引网阻抗。自耦变压器供电方式如图6-8所示。

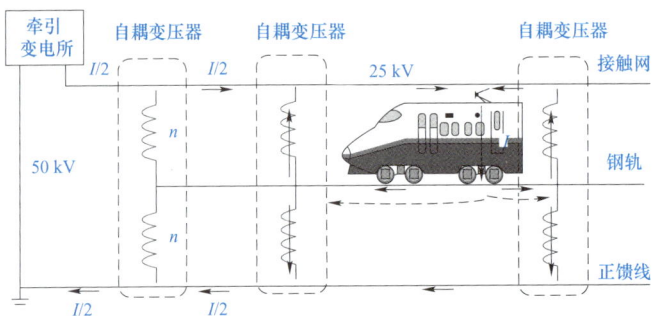

图6-8　自耦变压器供电方式

自耦变压器将牵引网供电电压提高一倍，牵引网电压损失和电能损失减小，供电臂延长，可达 40~50 km，而供给电力机车的电压仍为 25 kV，保证电力机车正常运行。

6.2.1.3　牵引变电所设备简介

在牵引变电所内，由变压器将三相高电压（220 kV 或 110 kV）变换为单相的低电压（27.5 kV），再通过所内一次设备间相互配合，以单相供电的方式馈送给接触网，供机车使用。220 kV-VV 变压器如图6-9所示，27.5 kV 馈线侧如图6-10所示，220/110 kV 进线侧如图6-11所示。

图6-9　220 kV-VV 变压器

图6-10　27.5 kV 馈线侧

图 6-11　220/110 kV 进线侧

学而思之

直接供电方式（TR）、带回流线的直接供电方式（DN）、自耦变压器供电方式（AT）各有何特点及优势？

查阅资料

（1）在阅读基础知识的基础上，通过线上线下教学资源，查阅牵引供电系统的资料，进一步了解牵引供电系统基础设施。

（2）个人下载 3~5 张关于牵引供电系统的图片，用于小组学习交流。

活动 6.2.2　集体研学

建议本活动在课中进行。在教师指导下，以学生为主体，工学结合，做中学、做中教。

场所建议

场所 1：现场。听现场师傅讲解牵引供电系统基础设施。

场所 2：仿真实训室。通过仿真系统展示牵引供电系统基础设施。

场所 3：多媒体教室。通过多媒体课件展示牵引供电系统基础设施。

上述 3 个教学场所，最好选择场所 1，其次选择场所 2，起码保证场所 3。

视频欣赏

进入教学资源库，观看牵引变电所外观及内部设备视频，认识铁路供电系统的重要性，深入了解牵引供电系统的结构及供电方式，学习、弘扬铁路职工的劳模精神、劳动精神和工匠精神。

小组交流

（1）以事先划定的学习小组为单位，交流个人课前、课中学习情况，分享个人收集的相关资料，对学习中发现的疑点、难点进行小组研讨，并在规定时间内制作小组研学过程的微课，时间不超过 3 min。

（2）各研学小组向全班分享关于牵引供电系统基础设施集体研学的微课，并提交任课教师。

学习评价

教师引导学生总结本次课学习收获，并进行自我评价。

1. 长知识（5分）

1）牵引供电系统的主要组成

牵引供电系统由牵引变电所、馈电线、接触网、轨道、大地、回流线、开闭所、分区所、电分相等组成。

2）牵引供电方式

（1）直接供电方式（TR）。

（2）带回流线的直接供电方式（DN）。

（3）自耦变压器供电方式（AT）。

3）牵引变电所设备简介

（1）220 kV–VV 变压器。

（2）27.5 kV 馈线侧设备。

（3）220/110 kV 进线侧设备。

2. 强能力（5分）

（1）能简要说明牵引供电系统的主要组成。

（2）会辨识不同牵引供电方式。

（3）能简要列举牵引变电所主要设备。

（4）对学习牵引变电所产生兴趣爱好。

（5）提升利用互联网、教学资源库、图书查阅专业资料的技能。

（6）逐步养成自主学习习惯，提升互助学习、探索学习的能力。

3. 提素养（5分）

（1）尊重铁路供电人的劳动及劳动智慧，增强职业荣誉感。

（2）塑造新时代健康人格，热爱中国式现代化铁路，激发爱国主义情怀。

（3）成为铁路劳模精神、劳动精神、工匠精神的传承人。

活动 6.2.3　作品制作

建议本活动在课后进行。每名学生单独制作一个开放、个性、富有创造性的学习过程和学习成效的视频，既要反映课程基本学习目标的完成情况，又要反映个人学习的收获，时间在 5 min 以内，至少包括以下 4 项内容。

（1）牵引供电系统的主要组成。

（2）牵引供电方式。

（3）牵引变电所主要设备。

（4）通过本次课学习，个人在知识增长、能力强化、素养提升方面的小结。

课后 2 天内将作品提交任课教师，作为教师评价学生学习效果的依据。

活动 6.2.4　学习测试

（1）简述牵引供电系统的主要组成。

（2）简述牵引供电方式。

（3）简述牵引变电所主要设备。

拓展学习

"复眼"——牵引所无人化背后的"硬实力"

复眼，是一种由不定数量的小眼组成的视觉器官，主要在昆虫及甲壳类等节肢动物的身上出现。构成复眼的小眼数量视物种而定，且每个小眼都能独立成像，能够为昆虫提供广阔的眼界，从而有利于昆虫对周围物体做出更快速的反应和判断。

近年来，库尔勒供电段持续深入推进牵引所技防升级改造，吐库铁路线上的 4 座牵引变电所实现了无人化管理。实现无人化改造的关键，就是安装在牵引所各个角落的智能"复眼"——充当一个个"小眼睛"的智能摄像头（见图 6-12），我们把它叫作辅助监控系统，从而实现了对牵引变电所异地远程监控、操控的功能。

以往的牵引变电所有人值守、定期巡视、运行数据传输慢、故障处理效率低，设备管理车间进行运维需要花费不少人力和物力。无人

图 6-12　智能摄像头

化改造完成后，牵引变电所的运维工作全部由综合自动化系统执行和完成，通过机器互联、软件及大数据分析提升生产效率，大大节约了人力资源，实现了轻松、智能化的运营和维护管理。

当今世界，随着科技的发展，以智能化为核心的人类第四次工业革命正在到来，移动支付、共享单车，甚至是天网监控系统，都是凭借互联网和大数据技术创新手段产生的新鲜事物，正在世界范围内广泛得到应用。辅助监控系统作为智能化设备的其中一员，在变电所无人化管理方面发挥着无比重要的作用。接下来让我们一起来看看这些"复眼"都有哪些神通吧。

4 座牵引变电所内安装的摄像头平均数量为 47 个，摄像头数量多了，就没有了观测盲区，再加上摄像头可以灵活转动，就像昆虫在捕猎时通过转"眼睛"锁定猎物，由此便实现了两个强大的、重要的功能：自动巡检和视频联动。

首先，摄像头可以通过设置好的点位和顺序实现对设备的自动巡检，巡检的时段和次数也能够提前设置好，如果监测到异常情况还会及时发出告警，不会像从前一样通过人工操作进行巡视，费时又费力。

另外，如果所内有人进入，或者进行倒闸作业，又或者设备发生故障时，能够拍到这个人或者设备的摄像头全都会自动转过来并进行录像，这便是视频联动功能。自动巡检和视频联动功能实现了对牵引变电所 360°无死角全方位信息提供，能为供电调度做出快速的反应和判断提供有力保障。

牵引变电所内有很多环境信息监测及联动控制系统，如果把供电调度比作医生，那么以下这些检测装置就是医生的听诊器。例如，气象监测装置，能够实时上传温湿度、风速、降水量之类的信息；红外线测温装置，能够时刻检测变配电设备运行时的温度，超过正常温度及时告警；水浸探测器，当电缆沟、电缆夹层等地方产生了积水时，能及时发出告警；火灾报警系统，通过检测环境烟雾发出火灾报警，并联动摄像头进行录像；室内温度传感器，当室内温度较高时，可联动开启空调或风机；安防系统，对突发玻璃破碎、外人入侵等情况进行报警，联动摄像头录像。除此之外，所有的照明、门禁、风机都能实现调度远动控制，变电所还可以和调度进行实时对讲。

随着牵引变电所无人化、智能化改造和建设的推进，我们将各自独立运行的系统通过技术手段实现了信息交互，因此能做到既可以远程监视、遥控和传输图像，又具备环境整体监测的功能，并且具有联网报警的功能，能够实现异地远程实时巡查、异常状况及时处理，提升了变电所无人化管理的安全可靠性，更加有效地预防事故发生，保障设备运行安全。

库尔勒供电段作为南疆线 4 座无人化变电所设备运维管理单位，联合中铁电气化局以及

综合自动化厂家国电南瑞，在无人化项目实施中，从设计生产、联调联试、远动调试到验收交付，严格执行施工工艺和标准，克服疫情防控、生活条件差、人力不足等困难，最终实现了牵引变电所智能安全管控、智能检测监测、智能维护、智能管理。

任务 6.3　接触网构造认知

活动 6.3.1　自主学习

建议本活动在课前进行。按照教学安排，学生预习基础知识，并查阅与本任务相关的资料。

基础知识

接触网的特殊性：接触网是沿轨道线路上空露天架设，向电力机车或者动车组提供电能的特殊形式的高压输电线路。接触网无备用，一旦出现故障就会直接影响整个铁路系统的运营。

6.3.1.1　接触网的组成

接触网是电气化铁路所特有的、沿铁路露天架设的、为电力机车提供电能的输电线路，是设置在车辆限界顶部，通过车顶受流装置向车辆供电的设备。接触网是电气化铁路牵引供电系统的重要组成部分。接触网的无备用特性决定了接触网的唯一性、脆弱性和重要性。接触网由接触悬挂、支持和定位装置、支柱与基础等组成，如图 6-13 所示。

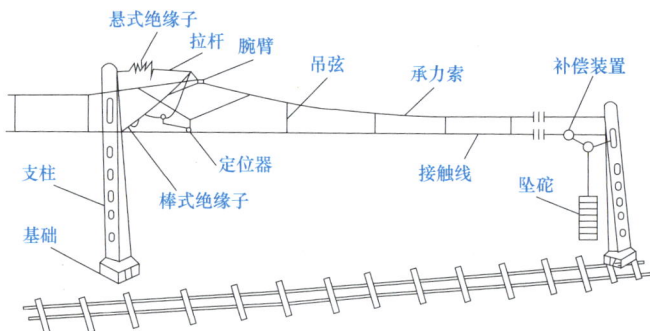

图 6-13　接触网的组成

基本要求：

（1）在高速运行和恶劣的气候条件下，能保证电力机车正常取流，要求接触网在机械结构上具有稳定性和足够的弹性。

（2）接触网设备及零件要有互换性，应具有足够的耐磨性和抗腐蚀能力。

（3）要求接触网对地绝缘好，安全可靠。设备结构尽量简单，有利于运营及维修。

6.3.1.2　接触悬挂的结构

1. 接触悬挂

接触悬挂是接触网上承力索、吊弦、接触线、中心锚结、补偿装置及相应连接零件的总称，反映了接触网的空间结构和几何尺寸的动态包络线。它通过支持装置架设在支柱上，其功能是将从牵引变电所获得的电能输送给电力机车，如图 6-14 所示。

基本要求：

（1）接触悬挂的弹性应尽量均匀，即悬挂点间的导线，在受电弓抬升力作用下，接触线的升高应尽量相等，且接触线在悬挂点间应无硬点。

（2）接触线对轨面的高度应尽量相等，若受悬挂条件限制时，接触线高度变化应避免出现陡坡。

（3）接触悬挂在受电弓压力及风力作用下应有

图 6-14　接触悬挂

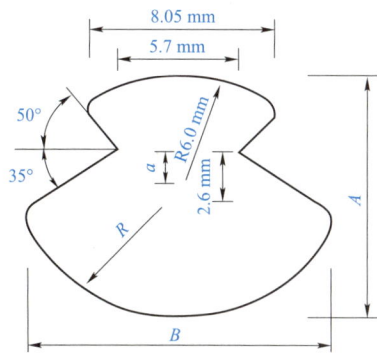

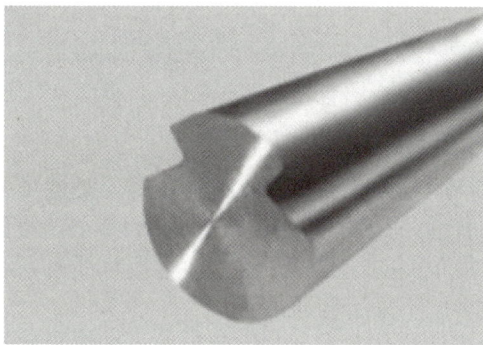

良好的稳定性，即电力机车运行取流时，接触线不发生剧烈的上下振动。在风力作用下不发生过大的横向摆动，要求接触线有足够的张力。

（4）接触悬挂的结构及零部件应力要求轻巧简单，做到标准化，以便检修和互换，缩短施工及运行维护时间，具有一定的抗腐蚀能力和耐磨性。

2. 接触线

接触线是直接与受电弓滑板相接触并摩擦的，向电力机车输送电能的一种线索。因此，接触线既要有足够的机械强度又要有良好的电气性能。接触线制成带沟槽的圆柱状，沟槽便于安装线夹，固定接触线又不影响受电弓取流。接触线底面与受电弓接触的部分呈圆弧状。目前主要使用银铜合金、镁铜合金等材质的接触线，接触线如图 6-15 所示。

图 6-15　接触线

基本要求：接触线无变形及损伤。接触线接触面无麻面、硬弯、扭面和损伤。接触线无偏磨、线夹安装落槽、无偏斜打弓。

3. 承力索

承力索是通过吊弦将接触线悬挂起来的线索。要求承力索能够承受较大的张力和具有抗腐蚀能力，并且在温度变化时弛度变化较小。

目前主要采用铜承力索。铜承力索导电性能好，可作牵引电流的通道之一，和接触线并联供电，能降低压损和能耗，且抗腐蚀性能高。但铜承力索机械强度低，不能承受较大的张力，温度变化时弛度变化也大，如图 6-16 所示。

基本要求：承力索无散股、断股和损伤。

4. 吊弦

吊弦是链型悬挂中承力索与接触线间的连接吊索。在链形悬挂中，利用调节吊弦的长短来保证接触悬挂的结构高度、接触线的弛度、接触线距轨面的高度，以及线岔、关节处的水平、抬高，改善接触悬挂的弹性，保证接触线与受电弓良好接触，提高电力机车受电弓取流质量。吊弦如图 6-17 所示。

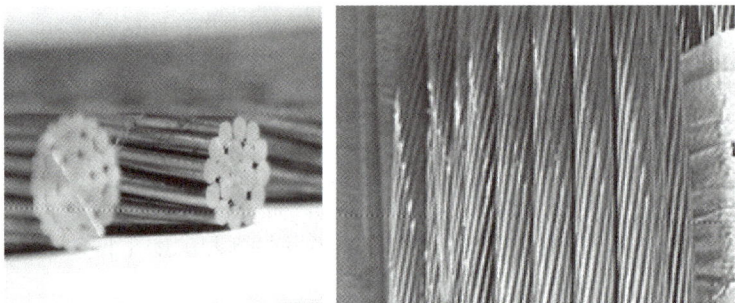

图 6-16　承力索

可调式整体吊弦　　不可调（压接式）整体吊弦

图 6-17　吊弦

1）吊弦分类

吊弦一般分为普通吊弦、整体吊弦、弹性吊弦和滑动吊弦四种。

（1）普通吊弦又称环节吊弦，由 $\phi4.0$ mm 镀锌铁线制成，一般由二节或三节连在一起。普通吊弦最下面的一节应预留有穿过接触线吊弦线夹后回头（约 300 mm）的长度。现代电气化铁路大多已不采用普通吊弦。

（2）整体吊弦：在吊弦线的材质上使用机械强度高、耐腐蚀性强的铜合金绞线，增长使用寿命，同时线材与线夹的连接改用压接工艺，具有连接可靠，整体性好的优点，在电气上没有环节的断点，避免了磨损及电火花烧伤，确保了可靠的电气连接和防护措施。整体吊弦分为可调与不可调两种。我国目前大量采用整体吊弦。

（3）弹性吊弦：为改善悬挂点处的弹性，使接触悬挂弹性均匀，在支柱悬挂点处安装一根吊索和两根整体吊弦。吊索采用铜合金绞线。弹性吊弦有利于消除定位点处接触线的硬点，改善定位处悬挂的弹性。

（4）滑动吊弦：吊弦的一端可沿线路方向移动。在极限温度下安装普通吊弦、整体吊弦时，当其偏斜角超过允许范围，就要采用滑动吊弦。例如：在隧道内因受净空高度的限制，接触网结构高度较小，吊弦较短，偏斜角易超过允许范围，所以在隧道内多采用滑动吊弦。

2）吊弦基本要求

（1）吊弦在无偏移温度时处于铅垂状态，在极限温度时顺线路方向的偏移值不得大于吊弦长度的 1/3。曲线上的整体吊弦载流环不得偏斜、侵界。

（2）吊弦线夹在直线处应保持铅垂状态，曲线处应与接触线的倾斜度一致，处于受力状态，不得有松弛现象。外观无损伤，无变形，无断股，无烧伤或其他不良状态；止动垫片安装到位。

（3）接触线吊弦线夹安装落槽。整体吊弦线鼻子有无断裂，无变形。

5. 锚段及锚段关节

1）锚段

接触网把一个站场按股道或把一个区间分成若干个独立的分段，即为锚段。一般长度为 1 500 m 左右；困难情况下不超过 2 000 m。其主要作用是为了缩小接触网事故范围，便于接触网的机械分段和电分段；便于安装张力补偿器和其他设备；提高供电灵活性；保证吊弦及定位器的偏移不超出规定值；改善悬挂弹性。

2）锚段关节

为满足供电和机械两方面的需求，须将接触网分成许多独立的分段。锚段关节是锚段与锚段之间的衔接部分，即相邻两个锚段的重叠部分。锚段关节结构复杂，其工作状态的好坏直接影响接触网供电质量和电力机车取流。电力机车通过锚段关节时，受电弓应能高速、平稳、安全地从一个锚段过渡到另一个锚段，且弓线接触良好，取流正常。

锚段关节按是否绝缘分为非绝缘锚段关节和绝缘锚段关节。只具有机械分段作用的锚段关节称为非绝缘锚段关节，其相邻两个锚段在电气上是连通的；既具有机械分段又具有同相电分段作用的锚段关节称为绝缘锚段关节。锚段关节按其所含跨距数可分为二跨、三跨、四跨、五跨锚段关节等几种不同形式。

基本要求：

（1）非绝缘锚段关节内两悬挂之间的距离在任何情况下不小于 50 mm。

（2）绝缘锚段关节带电部分的空气绝缘间隙在任何情况下不小于 450 mm。

（3）转换柱处非支接触线在其垂直投影与线路钢轨交叉处，应抬高于工作支接触线 300mm 以上，并均匀抬高至下锚处。

6. 下锚及补偿装置

1）下锚

承力索和接触线的端头同支柱的连接称为线索的下锚。下锚方式有三种，如图 6-18 所示。

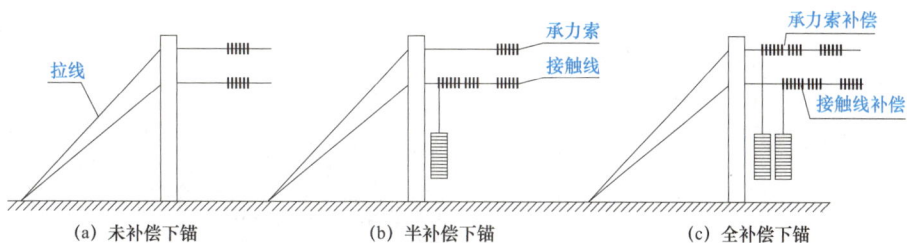

图 6-18　下锚方式

基本要求：

（1）下锚拉线应处于受力状态，在同一支柱上的各拉线应受力均衡，拉线不得有散股、断股、接头及锈蚀。

（2）下锚拉线及零件螺纹部分应采取防腐措施，露出地面部分的拉杆不得有严重锈蚀和变形。

（3）UT 型线夹螺帽外露螺纹长度不小于 20 mm，且最大不得大于螺纹全长的 1/2，线夹不得被掩埋。

（4）拉线基础周围不得有积水、杂物和被掩埋。

2）补偿装置

补偿装置位于导线的端部，通过滑轮及补偿绳将补偿坠砣挂在导线末端进行张力调整，使导线设定的张力在气温变化时保持恒定。其安装在锚段的两端。其具有快速制动作用，一旦发生断线事故或其他异常情况，还应有制动功能，防止断线时坠砣串落地而造成事故扩大。接触网补偿装置有许多种类，如滑轮式、棘轮式、鼓轮式、液压式及弹簧式等。绝大多数采用滑轮补偿和棘轮补偿。

图 6-19 滑轮补偿

（1）滑轮补偿。

滑轮补偿由滑轮组、补偿绳、坠砣杆、杆环杆、坠砣和坠砣限制架等组成，如图 6-19 所示。

基本要求：

① a、b 值任何情况都不小于 200 mm（a 值是从坠砣杆耳环孔中心至补偿（定）滑轮下沿的距离；b 值是坠砣串最下一块坠砣的底面至地面（或基础面）的距离）。

② 坠砣杆顺直不弯曲，坠砣无破损和裂纹。定滑轮槽应保持铅垂状态，动滑轮槽偏转角度不得大于 45°。同一滑轮组的两补偿滑轮的间距，任何情况下不小于 500 mm。

③ 补偿绳采用不锈钢丝绳或浸沥青镀锌钢丝绳，且不得有散股、断股、接头和锈蚀，异侧下锚补偿绳不得与下锚拉线相摩擦；同侧下锚补偿绳不得与接触线下锚双环杆相摩擦。

④ 限制框架安装满足坠砣串升降变化的要求，限制坠砣的摆动，并不得妨碍升降和侵入限界。限制框架缺失的，须加装限界架或采取其他限制措施。

（2）棘轮补偿。

棘轮补偿如图 6-20 所示。

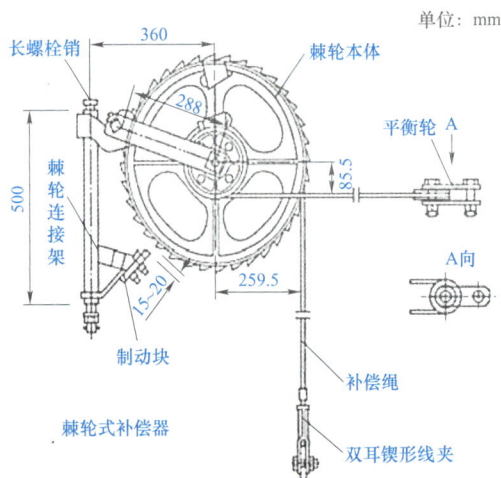

图 6-20 棘轮补偿

基本要求：

（1）棘轮应保持垂直状态，无裂纹、无变形，转动灵活，无卡滞。

（2）补偿绳不得有散股、断股和接头，且不得扭绞，不得与其他部件、线索相摩擦，排布整齐，平衡轮与棘轮间距不小于 500 mm。

（3）坠砣限制架及限制导管安装牢固。限制架的安装位置不得妨碍坠砣的升降，坠砣抱箍在限制导管上能自由滑动。

（4）补偿绳在大、小轮上最少缠绕半圈，最多缠绕三圈半；两边对称。

7. 中心锚结

为缩小事故范围和防止两端设有张力补偿器的锚段由于补偿力作用而向一端滑动，在锚段的中部，将承力索与支柱或悬挂点进行固定，再将接触线与承力索固定，这种固定的装置称为中心锚结。它一般分为防断、防串两种，站场设置防串，区间设置防断。中心锚结由中心锚结线夹、承力索中锚线夹和中心锚结绳等组成，如图 6-21 所示。

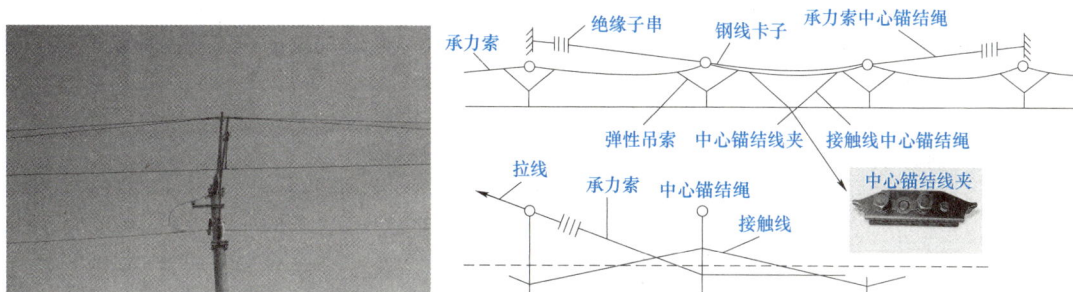

图 6-21　中心锚结

基本要求：

（1）中心锚结辅助绳两边长度应相等，并呈拉紧状态，无松弛。

（2）中心锚结绳不得有断股、散股、补强和接头，两边的张力和长度应相等且不应松弛；中心锚结线夹应安装牢固，在直线上保持铅垂状态，在曲线上与接触线的倾斜度一致。

（3）中心锚结绳范围内承力索不得有断股、散股、补强和接头。

8. 分段绝缘器

分段绝缘器是将相邻的两接触网区段分开，以实现电气分段的专用绝缘装置，如图 6-22 所示。其作用是保证接触网供电的可靠性、灵活性，并能缩小停电事故的范围。分段绝缘器一般装设在各车站的装卸线、机车整备线、电力机车库线、上下行渡线及专用线等地。正常情况下，机车受电弓带电滑行通过。配合隔离开关使用，实现接触网的电分段。

基本要求：

（1）各绝缘部件表面清洁，无裂纹、无烧伤、无破损，其单根绝缘表面放电痕迹不超过有效绝缘长度的 20%。分段绝缘器整体不扭曲，受电弓通过时平滑稳定，金属滑道无严重烧损。绝缘器引弧棒无烧损。

（2）承力索分段绝缘子中心与主绝缘器中心：在顺线路方向上，应在同一铅垂面内；在垂直线路方向，承力索与接触线应在同一铅垂面内。

（3）分段绝缘器接头处连接可靠、无硬点、无异常磨耗和松弛。各部螺栓和螺母无松动、无变形现象。

单位：mm

804

315   1 120   315

3 650±20

≥300

405±10   360

适用于更换菱形分段绝缘器

接头线夹M12×50螺栓紧固力矩：80 N·m

4 110±20（长度可根据替换不同的分段而定）

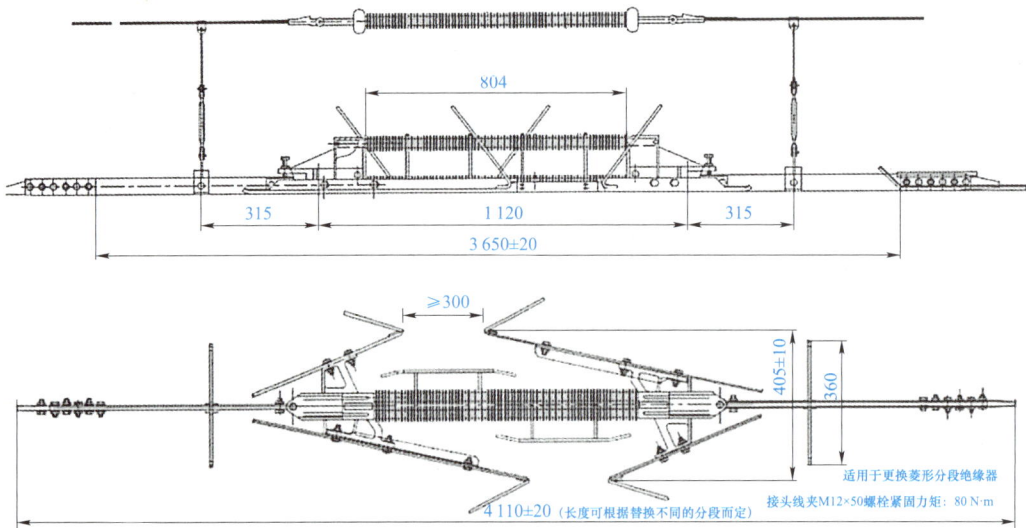

图6-22 分段绝缘器

（4）分段绝缘器不应长时间处于对地耐压状态，尤其在雾、雨、雪等恶劣天气时，应尽量缩短其对地的耐压时间，当作业结束后应尽快合上隔离开关。分段两端应加装电连接。

9. 分相绝缘器

分相绝缘器设在两供电臂连接的地方，如图6-23所示，如牵引变电所，分区亭等处。其主要作用是将接触网上不同相位的电能隔离开，以免发生相间短路并起机械连接作用，使接触网成为一个整体。分相绝缘器一般由三块相同的绝缘件组成，分相绝缘器两端绝缘件之间是不带电的，称为中性区。分相一般分为器件式与关节式。

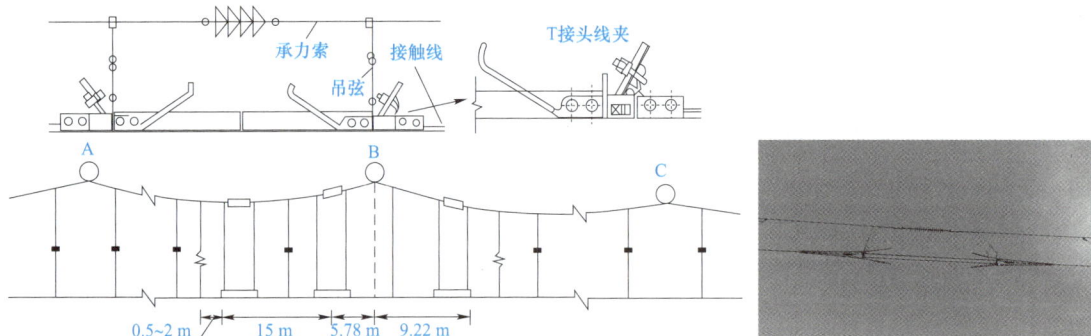

承力索   接触线   T接头线夹
吊弦

A   B   C

0.5~2 m   15 m   5.78 m   9.22 m

图6-23 分相绝缘器

基本要求：

（1）绝缘部件主绝缘表面清洁，无裂纹、烧伤、破损，其单根表面放电痕迹应不超过有效绝缘长度的 20%。

（2）承力索分段绝缘子中心与主绝缘器中心：在顺线路方向上，平均温度时应在同一铅垂面内，其他温度时，两者中心顺线路方向偏移应与该处承力索、接触线的伸缩差相等，误差不超过±150 mm；在垂直线路方向，承力索与接触线应在同一铅垂面内。

（3）主绝缘器导线接头处连接可靠，过渡平滑，接头处无异常磨耗；主绝缘器在直线区段应处于铅垂状态，在曲线区段应与接触线的倾斜度一致。分相绝缘器的悬挂采用带防松措施的可调式整体吊弦（索），无松弛、无散股、无断股现象。

10. 电连接

电连接是将接触悬挂各分段供电间的电路连接起来，保证电路畅通的电气设备。电连接将承力索和接触线并联，实行并联供电，增加导电截面积，减小电阻，降低网损，提高了接触网末端电压。同时用来保证分段隔离开关与接触网之间的可靠连接。

电连接根据其使用位置不同，可分为横向电连接、纵向电连接，如图 6-24 所示。

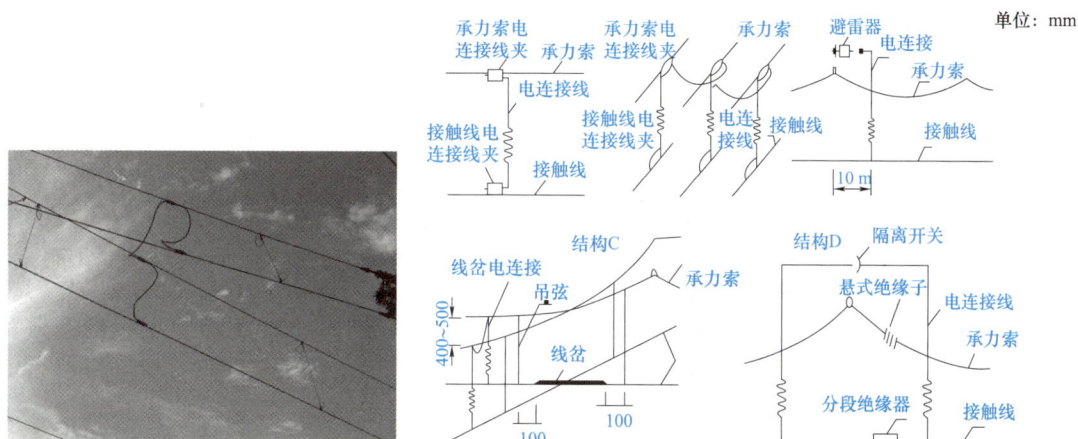

图 6-24　电连接

基本要求：

（1）电连接安装应保持顺直，不得松弛，盘圈整齐不侵界，电连接线无断股、散股、烧伤、过热变色现象。

（2）电连接线夹安装落槽、无裂纹。接触线电连接线夹在直线处应处于铅垂状态，在曲线处应与接触线的倾斜度一致。

6.3.1.3　接触网的支柱装配

1. 支持和定位装置

支持和定位装置如图 6-25 所示。

1）支持装置

支持装置是定位装置和接触悬挂的支撑结构，它将二者的全部机械负荷传递给支柱或其他建筑物。其包括：腕臂、水平拉杆（或压管）、悬式绝缘子串、棒式绝缘子及悬吊接触悬挂的全部设备。支持装置如图 6-26 所示。

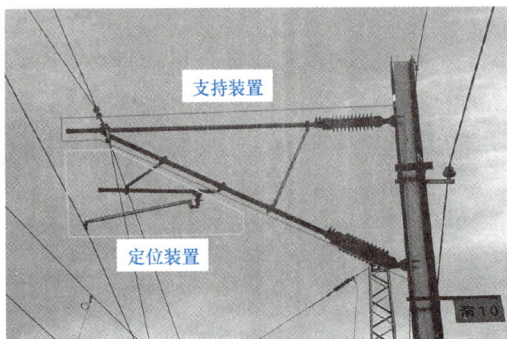

图 6-25　支持和定位装置

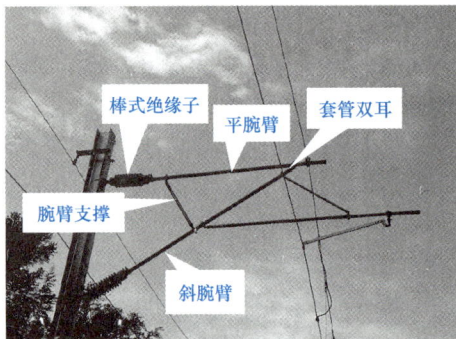

图 6-26　支持装置

基本要求：

（1）轻巧耐用，有足够的机械强度，方便施工和检修，稳定性好、抗风能力强。

（2）腕臂不得弯曲且无永久性变形和严重锈蚀，其端部管口封堵良好，平腕臂（压管）应呈水平状态；水平拉杆呈水平状态，处于受拉状态。

（3）双线路腕臂应保持水平状态。腕臂上的各部件（不含定位装置）应与腕臂在同一垂面内，铰接处转动灵活。

（4）各零部件无裂纹、无变形。线岔、转换柱、中心柱宜采用双腕臂。

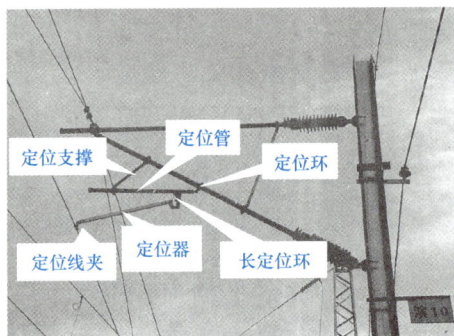

图 6-27　定位装置

2）定位装置

定位装置将接触线固定在距线路中心一定的位置上，使电力机车受电弓在导线上滑行取流时，导线不会超出受电弓的工作范围，并保证受电弓的磨耗均匀。其机械特性对弓网运营安全和受流质量有决定性影响。其作用是把接触线进行横向定位。定位装置由定位管、定位器、定位线夹及其连接零件组成，如图 6-27 所示。

基本要求：

（1）转动灵活，在温度变化时，定位装置不得影响接触线沿线路方向的自由伸缩。

（2）重量轻，在受电弓通过定位点时，它能上下动作自如，并且有一定的抬升量，不产生明显的硬点，弹性良好。

（3）具有一定的防风稳定功能。

2. 软、硬横跨

1）软横跨

软横跨是多股道接触悬挂的横向支持定位装置。在股道多（3 股道以上）的场合，由于股道间距离小，不能设立支柱也就不能采用单线路腕臂支持装置，因此采用软横跨或硬横跨装置。软横跨由横跨多股道的两根支柱、横向承力索、上部定位绳、下部定位绳、直吊弦、斜拉线及连接零件等组成，如图 6-28 所示。

基本要求：

（1）横向承力索、上（下）部定位绳不得有接头、断股、散股、松弛、硬弯和补强，各受力部件（杆头杆、调整螺栓）状态良好。

（2）直吊弦安装垂直，直吊弦、斜拉线无松弛，各连接部位无烧损或异常磨损。

2）硬横跨（梁）

硬横跨（梁）是接触悬挂通过金属桁架架设在线路两侧支柱顶上的装配方式，是多股道接触悬挂的横向支持定位装置。各股道悬挂不相互影响，结构稳定，抗振动、抗风，安装简洁互换性好，有利于机械化施工。硬横跨（梁）多用于两股道以上的地形条件受限的多线桥上，如图6-29所示。

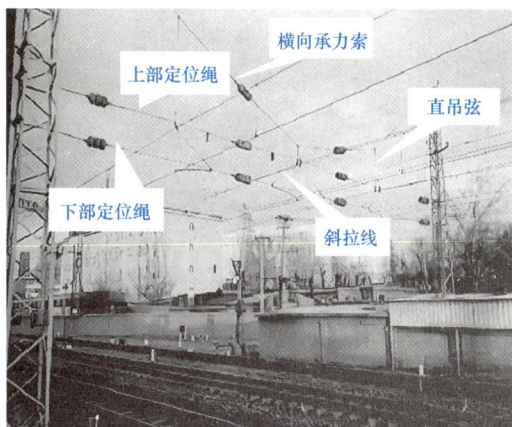

图 6-28　软横跨

图 6-29　硬横跨

基本要求：

（1）硬横梁镀锌层无脱落、无凸起、无过酸洗现象。

（2）横梁边段、中段间的连接螺栓无松动、无锈蚀现象；横梁上的零件钻孔的孔边缘无裂纹。主角钢无弯曲变形。

3. 支柱与基础

支柱与基础承受接触悬挂和支持装置的负荷并将其传递给大地，同时把接触悬挂固定在规定的位置和高度。

1）支柱

支柱按材质分为钢筋混凝土支柱和钢柱。

支柱按形状分为：圆形支柱、方形支柱、H形钢支柱、桁架形钢支柱等。

支柱按材质及形态分类如图6-30所示。

（a）横腹杆式钢筋混凝土支柱

（b）等径圆钢筋混凝土支柱

图 6-30　支柱按材质及形态分类

(c) 格构钢支柱   (d) 钢管柱   (e) H 型钢柱

图 6-30　支柱按材质及形态分类（续）

支柱按用途分为：中间柱、转换柱、中心柱、软（硬）横跨柱、定位柱、道岔柱，如图 6-31 所示。

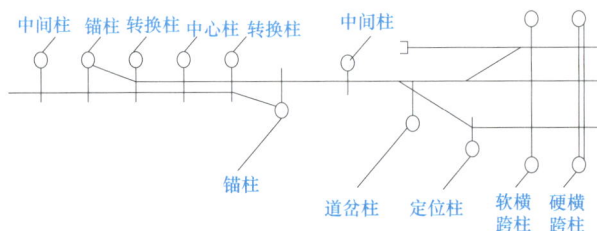

图 6-31　支柱按用途分类

2）基础

基础是将支柱固定在地下的部分，由基础承受支柱传来的全部负荷，并保证支柱的稳定性。预应力钢筋混凝土支柱与基础可制成一个整体，下端直接埋入地下，如图 6-32 所示。

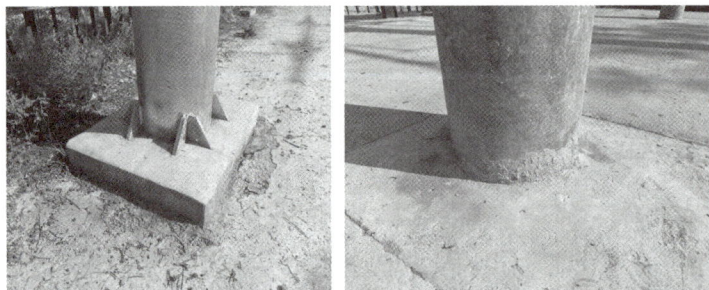

图 6-32　基础

基本要求：

（1）接触网各种支柱，均不得向线路侧和受力方向倾斜。

（2）混凝土支柱无破损、无裂纹，倾斜不超标，钢支柱无锈蚀、主角钢无弯曲变形。

（3）基础无积水、无杂物、无下沉、无破损；下锚拉线受力状态和防腐情况良好，拉线基础不能被杂草和泥土掩埋。

（4）基础要有足够的机械强度和良好的稳定性。

（5）外观无破损或变形，不得向线路侧倾斜。支柱受力后可以向拉线侧倾斜 0～100 mm。

6.3.1.4　接触网设备

1. 隔离开关

隔离开关是在接触网无负荷情况下切断或闭合供电回路的电气设备，如图 6-33 所示，可实现接触网的电分段在电气上的互相接通与断开，从而提高供电的可靠性和灵活性。隔离开关没有熄弧装置，所以不能切断负荷电流和短路电流，主要是在有电压而无负荷情况下切断或闭合接触网线路。它用在大型建筑物、车站两端、装卸线、专用线、电力机车库线、机车整备线需要进行电分段的位置（上、下行渡线除外）。另外，当供电线距上网点距离过长时也需设置隔离开关。隔离开关由刀闸、绝缘部分、底座、传动机构和操作机构组成。

图 6-33　隔离开关

基本要求：

（1）隔离开关的触头接触面应平整、光洁，无损伤、烧伤，合闸时触头接触紧密、位置正确。

（2）隔离开关的绝缘部件应保持清洁，无破损及放电现象，铁件无锈蚀，隔离开关引线、连接线，无断股，无烧伤和接头，各部螺栓紧固、无松动，弛度满足线索伸缩要求，与接地部分保持规定的安全距离，且接地畅通良好，引线线夹无破损，无过热现象。

（3）开关托架呈水平状态，操作杆无卡滞。

2. 避雷器

避雷器是对接触网进行防雷击保护的装置。避雷器安装在接触网支柱上，与接触悬挂相连接，发生大气过电压时，避雷器内部和外部间隙首先被击穿而接地，保护接触网设备。目前交流电气化铁路接触网上使用的避雷器有管型避雷器、角隙避雷器和氧化锌避雷器三种，如图 6-34 所示。

基本要求：

（1）避雷器引线无断股、无散股，弛度满足线索伸缩要求。

（2）脱离器、计数器状态良好，无脱落。

（3）绝缘清洁无脏污，有机绝缘部件无裂纹、无破损，连接件无锈蚀。

3. 接地装置

为保护接触网设备和保证电气元件工作的可靠性，接触网支柱均设有地线，由接地线（接地体）及接地部件组成的接地设备称为接地装置。绝缘元件（悬式绝缘子、棒式绝缘子）出现老化、严重脏污或出现裂纹、浸水时，绝缘强度下降，泄漏电流在支柱上形成较大过渡电压，严重时会危及人身安全及烧损设备。为了避免上述情况的发生，接触网应设立接地装置。

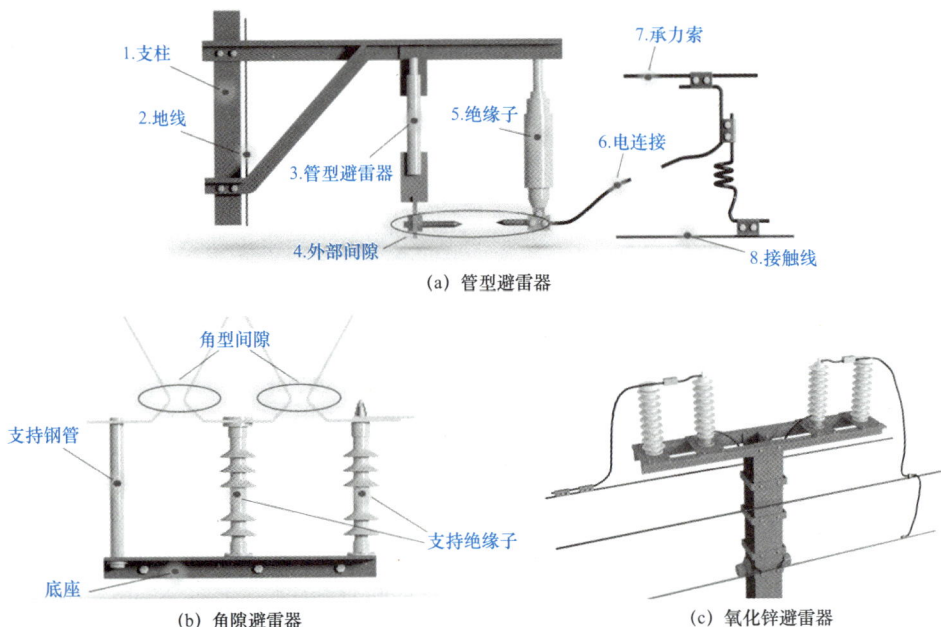

(a) 管型避雷器

(b) 角隙避雷器

(c) 氧化锌避雷器

图 6-34 避雷器

图 6-35 架空地线

根据作用不同，接地可分为工作接地和保护接地。为保证设备安全运行而设置的接地称工作接地，如混凝土柱、钢柱接地、隔离开关和避雷器接地等。以防护为目的而设置的接地称为防护接地，如桥的铁栏栅等。站台上钢柱双接地，一方面是工作接地，另一方面是出于防护目的。架空地线如图 6-35 所示。

基本要求：接触网钢柱、金属支持结构及距接触网带电部分 5 m 以内的所有金属结构均应接地。

4. 线岔

在两条铁路交叉的上空，用限制管将两条相交的接触线连接并固定的装置称为线岔。线岔的作用是保证受电弓能从一条接触线顺利地过渡到另一条接触线上，从而达到线路转换的作用。线岔主要有普通线岔、高速线岔、高速无交叉线岔三种。接触网线岔由一根限制管、两个定位线夹和固定限制管的螺栓组成。如果是非正线相交，一般是交叉点距中心锚结或硬锚近者在下面；若是和正线相交，正线在下面，上面的接触线应能在限制管和下面接触线间自由伸缩。线岔如图 6-36 所示，线岔安装示意图如图 6-37 所示。

基本要求：

（1）限制管内接触线交叉处两接触网线之间的活动间隙为 1~3 mm；固定限制管的定位线夹无偏斜及变形、螺母无松动或脱落、垫片无缺损现象。

（2）接触线在限制管内无卡滞现象。电连接状态良好，各部线夹落槽、螺栓紧固。

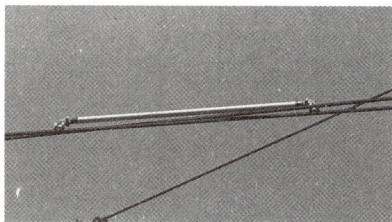

图 6-36　线岔

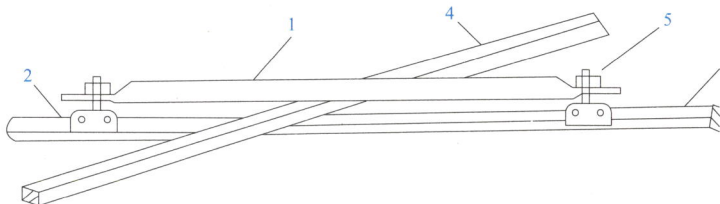

1—限制管；2—定位线夹；3—正线接触线（下面）；4—渡线接触线（上面）；5—螺栓

图 6-37　线岔安装示意图

5. 绝缘子

绝缘子在接触悬挂当中，不仅起着电气绝缘的作用，而且还承受着一定的机械负荷。目前采用的绝缘子是瓷质的，表面涂一层光滑的釉质，防止水分渗入。另外，由于绝缘子要承受机械负荷，故钢连件与瓷体间要用高强度水泥浇筑成一体，以保证足够的机械强度。接触网常用绝缘子按结构形式分为棒式、针式和悬式绝缘子三种，如图 6-38 所示；按材质分为瓷质、钢化玻璃和复合绝缘子三种，如图 6-39 所示。

(a) 棒式绝缘子　　　　　　　　(b) 针式绝缘子　　　　　　　　(c) 悬式绝缘子

图 6-38　绝缘子按结构形式分类

(a) 瓷质绝缘子　　　　　　　　(b) 钢化玻璃绝缘子　　　　　　　(c) 复合绝缘子

图 6-39　绝缘子按材质分类

基本要求：

（1）绝缘部件不得有裂纹和破损，瓷绝缘子的瓷釉表面光滑，无裂纹，不应有缺釉、斑点、烧痕、气泡或瓷釉烧坏等现象，瓷釉剥落总面积不大于 300 mm²。

（2）浇筑水泥部分不得有松动和辐射性裂纹。金属连接件与瓷件结合紧密，不松动，瓷件不得有裂纹。

（3）有机绝缘部件无裂纹、无破损，伞裙完好，连接件无电腐蚀。

6.3.1.5 侧面限界、导线高度、结构高度及拉出值

1. 支柱侧面限界

支柱内缘至线路中心的水平距离用"CX"表示，如图 6-40（a）所示。基本要求：允许误差为-60～+100 mm，直线区段不应小于 2 440 mm，曲线区段按规定加宽。

2. 接触网导线高度

1）接触网导线高度规定

接触网导线高度（简称导高）是指悬挂定位点处接触线距轨面的垂直高度。接触线对轨面的高度应尽量相等，若受悬挂条件限制时，导高变化应避免出现陡坡，如图 6-40（b）所示。

| (a) 支柱内缘至线路中心的水平距离 | (b) 接触网导线高度 | (c) 链形悬挂的结构高度 |

图 6-40 接触网参数

接触网导线高度最高不大于 6 500 mm，最低应符合：

（1）区间、站场：① 一般中间站和区间不小于 5 700 mm；② 编组站、区段站及配有调车组的大型中间站，一般情况不小于 6 200 mm，确有困难时可不小于 5 700 mm。

（2）隧道内（包括按规定降低高度的隧道口外及跨线建筑物范围内）：

① 正常情况（带电通过 5 300 mm 超限货物）不小于 5 700 mm。

② 困难情况（带电通过 5 300 mm 超限货物）不小于 5 650 mm。

③ 特殊情况不小于 5 250 mm。

2）测量接触线磨耗

重点测量定位点、电连接线夹、接头线夹、中心锚结线夹、分相（分段）绝缘器接头线夹处磨耗。

基本要求：

（1）接触线接头线夹、补强线夹状态良好，接头线夹安装牢固、过渡平滑。

（2）接触线、附加线在线夹内安装落槽。

3. 结构高度

链形悬挂的结构高度是指接触网悬挂点处承力索和接触线的铅垂距离，用符号 h 表示，如图 6-40（c）所示。一般取 1 100～1 700 mm，既有线多采用 1 400 mm，高速电气化铁道中，结构高度一般取 1 600 mm。

隧道内的结构高度一般为 450～550 mm，不得低于 300 mm。

4. 拉出值

接触线直接与电力机车受电弓接触且发生摩擦，为了保证受电弓和接触线可靠接触、不脱线和受电弓磨耗均匀，要求接触线在线路上按技术要求固定位置。在定位点处接触线与电力机车受电弓滑板中心的偏移距离，称为拉出值。

基本要求：

（1）拉出值不大于 450 mm。定位器无偏移，定位坡度符合要求。定位钩、定位器、定位线夹等无裂纹、无烧损、无磨损、无严重锈蚀等缺陷，定位线夹安装落槽，U 型穿销无松脱，止动垫片无松动。

（2）定位器尾部电连接线无烧伤、无断股；防风拉线无卡滞。

（3）平腕臂、压管、水平拉杆受力状态良好。腕臂无弯曲、永久性变形和严重锈蚀。防风支撑、定位环、支撑管卡子、调整螺栓、软定位拉线、斜拉线等支撑装置零部件状态良好，各部螺栓紧固到位。

> **学而思之**
> 接触网是为什么设施提供动力的？

> **查阅资料**
> （1）在阅读基础知识的基础上，通过线上线下教学资源，查阅接触网构造的资料，进一步了解铁路电务安全事故特征。
> （2）个人下载 3～5 张关于接触网构造的图片，用于小组学习交流。

活动 6.3.2　集体研学

建议本活动在课中进行。在教师指导下，以学生为主体，工学结合，做中学、做中教。

> **场所建议**
> 场所 1：现场。听现场师傅讲解接触网基础设施。
> 场所 2：仿真实训室。通过仿真系统展示接触网基础设施。
> 场所 3：多媒体教室。通过多媒体课件展示接触网基础设施。
> 上述 3 个教学场所，最好选择场所 1，其次选择场所 2，起码保证场所 3。

> **视频欣赏**
> 进入教学资源库，观看接触网基础设施视频，学习、弘扬铁路职工的劳模精神、劳动精神和工匠精神。

> **小组交流**
> （1）以事先划定的学习小组为单位，交流个人课前、课中学习情况，分享个人收集的相关资料，对学习中发现的疑点、难点进行小组研讨，并在规定时间内制作小组研学过程的微课，时间不超过 3 min。
> （2）各研学小组向全班分享关于接触网基础设施集体研学的微课，并提交任课教师。

教师引导学生总结本次课学习收获，并进行自我评价。

1. 长知识（5分）

1）接触网的组成

接触网由接触悬挂、支持和定位装置、支柱与基础等组成。

2）接触悬挂的结构

接触悬挂的结构包括：（1）接触悬挂；（2）接触线；（3）承力索；（4）吊弦；（5）锚段及锚段关节；（6）下锚及补偿装置；（7）中心锚结；（8）分段绝缘器；（9）分相绝缘器；（10）电连接。

3）接触网的支柱装配

接触网的支柱装配包括：（1）支持和定位装置；（2）软、硬横跨；（3）支柱与基础。

4）接触网设备

接触网设备包括：（1）隔离开关；（2）避雷器；（3）接地装置；（4）线岔；（5）绝缘子。

5）接触网参数

接触网参数包括：（1）支柱侧面限界；（2）接触网导线高度；（3）结构高度；（4）拉出值。

2. 强能力（5分）

（1）能简要说明接触网的组成及结构。

（2）能简要说明接触网支柱装配各部分的结构。

（3）能简要说明接触网主要设备的功能。

（4）能简单测量接触网参数。

（5）对学习接触网产生兴趣爱好。

（6）提升利用互联网、教学资源库、图书查阅专业资料的技能。

（7）逐步养成自主学习习惯，提升互助学习、探索学习的能力。

3. 提素养（5分）

（1）尊重铁路供电人的劳动及劳动智慧，增强职业荣誉感。

（2）塑造新时代健康人格，热爱中国式现代化铁路，激发爱国主义情怀。

（3）成为铁路劳模精神、劳动精神、工匠精神的传承人。

活动 6.3.3　作品制作

建议本活动在课后进行。每名学生单独制作一个开放、个性、富有创造性的学习过程和学习成效的视频，既要反映课程基本学习目标的完成情况，又要反映个人学习的收获，时间在 5 min 以内，至少包括以下 4 项内容。

（1）接触网的组成及结构。

（2）接触网主要设备。

（3）接触网参数。

（4）通过本次课学习，个人在知识增长、能力强化、素养提升方面的小结。

课后 2 天内将作品提交任课教师，作为教师评价学生学习效果的依据。

活动 6.3.4　学习测试

（1）简述接触网的组成及结构。

（2）简述接触网主要设备。

（3）简述接触网参数。

📲 **拓展学习**

简统化接触网：中国铁路自主创新再添亮色

简统化接触网是以"三统一、一提高"为研究目标打造的完全自主科技创新成果，"三统一、一提高"即统一参数、统一结构、统一材质、提高装备简统化水平和服役性能，初步构建了体系完整、结构合理、先进科学的中国标准接触网技术体系，为中国高铁走向世界提供了高质量接触网装备和服务支撑。

简统化接触网都有哪些优势？

1. 参数统一

技术人员通过研究接触网系统参数的相互匹配关系，经过一系列复杂计算，制定了统一的参数数值，保证接触网整体的强度与稳定性，确保列车在线路上安全稳定运行。

2. 结构统一

简统化接触网在结构上进行了统一，降低了安装、维修过程中的工作繁杂程度等。

3. 材质统一

简统化接触网根据具体功能对零部件的使用材质进行了统一，设定了中国标准。

简统化接触网使用起来怎么样？

1. 服役性能提高

在整体吊弦、终端锚固、中心锚结、补偿装置等重点零部件中，均加强了防松与防腐保护装置，延长了使用寿命，服役性能也大幅提高。

2. 工作效率提高

根据统计，使用了简统化接触网后，供电段职工在安装、检测、维护过程中工作效率大幅提高。

3. 智能化水平提高

简统化接触网率先采用锻压工艺，实现铝合金零部件全自动化生产，具有模具控温"自适应"，高精度传感器、实时高频采集等优势。

目前简统化接触网已在国内多条铁路正式运营，还有部分铁路处于试挂考核阶段，具有"中国标准"的简统化接触网，未来将走出中国，冲向世界！

任务 6.4　电力设备认知

活动 6.4.1　自主学习

建议本活动在课前进行。按照教学安排，学生预习基础知识，并查阅与本任务相关的资料。

📘 **基础知识**

6.4.1.1　铁路电力系统组成

铁路电力系统承担着为铁路运输生产、调度指挥、通信信号、旅客服务等系统供电的任务，是确保铁路安全、稳定、高效运营的基础设施之一。铁路电力系统主要由从地方电网引入的 10 kV 高压电源线路、110/35 kV 地方变电站、10 kV 变配电所、铁路沿线 10 kV 电力自闭线路和综合贯通线路、沿线 10 kV 箱式变电所（简称箱变）或变电台、站场及区间高低压电力线路、车站低压配电室、电器设备防雷接地、用户等构成。铁路电力系统组成如图 6-41 所示。

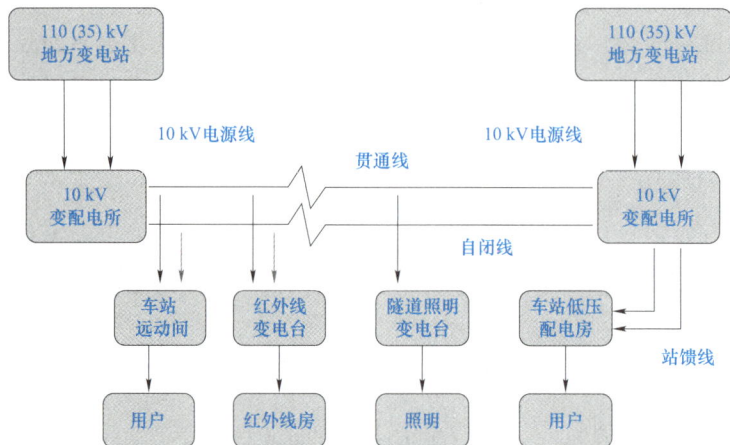

图 6-41　铁路电力系统组成

6.4.1.2　铁路电力主要设备

1. 电力架空线路

架空线路指用绝缘子将输电导线固定在直立于地面的杆塔上，以传输电能的输电线路，

图 6-42　架空线路

其按用途分为输电线路和配电线路。输电线路是将发电厂生产的电能，经升压变压器把电压升高，通过架空线路或电缆线路输送到距离很远的降压变电站的线路；配电线路是通过降压变电所把电压变为 10 kV 及以下，然后通过架空线路或电缆线路把电能分配到各个用户的线路。架空线路如图 6-42 所示。

架空线路的主要组成设备及作用如下。

（1）导线：输送电能。其应具有良好的导电性能、足够的机械强度、耐振动疲劳、抵抗空气中化学腐蚀的能力。

（2）绝缘子：将带电导线与杆塔可靠地绝缘起来；将导线牢固地固定在杆塔上。

（3）避雷器：防止雷电损坏变压器及其他电器。

（4）金具：紧固和连接线路各种元件。按其主要性能和用途可分为：线夹类、连接金具类、接续金具类、防护金具类、拉线金具类。

（5）隔离开关：主要用于线路的断与通、分段、分支和联络。

（6）防震锤：主要作用是减缓导线振动。

（7）横担：将绝缘子与电杆固定连接在一起，并使导线与电杆保持一定的距离。

（8）拉线：平衡杆塔各方向的拉力，防止杆塔弯曲或倾斜，因此在承受不平衡荷载的电杆上（如终端杆、转角杆、跨越杆等）均装设拉线以平衡杆塔张力和增加杆塔的稳定性。

（9）接地装置：主要由连接地线的接地引下线及埋入杆塔地里的接地体（极）所组成。接地装置的主要作用是迅速将雷电电流在大地中扩散泄导，以保持线路有一定的耐雷水平。

（10）杆塔基础：基础的作用主要是稳定杆塔，承受杆塔、导线、架空地线的各种荷载所产生的上拔力、下压力和倾覆力矩。

（11）杆塔：常见杆塔有水泥杆塔和铁塔两种。其作用是用来支持和固定导线、绝缘子及其他附属金具，并使带电部分与其他物体保持足够的安全距离。架空线路常见杆塔如图 6-43 所示。

(a) 水泥杆　　　　　　　　　(b) 钢柱　　　　　　　　　(c) 铁塔

图 6-43　架空线路常见杆塔

（12）变压器台：放置变压器和开关计量装置及控制设备，包含变压器、跌落式熔断器、配电箱等主要设备。变压器台杆组成如图 6-44 所示。

2. 电力电缆线路

电力电缆线路由 10 kV 高压电缆、箱变（分支箱）、电缆终端杆、10 kV 配电所组成。电缆线路多用于区间贯通线路和架空线路架设困难的地区，如城市或特殊跨越地段的输配电。按敷设环境分为直埋、排管、隧道、架空电缆线路等。电缆线路如图 6-45 所示。

图 6-44　变压器台杆组成

图 6-45　电缆线路

电缆线路的主要组成及作用如下。

（1）电缆：起输送电能的作用。按传输电能形式分为交流电缆和直流电缆；按电压等级分为超高压型电缆、高压型电缆和低压型电缆；按芯数分为单芯电缆与多芯电缆。

（2）电缆中间接续头：把各段电缆连接起来，并密封成一个整体。

（3）电缆沟（槽）预制排管及保护管：保护电缆，便于电缆检修。

（4）电缆终端头：把电缆终端密封起来，保证电缆的绝缘水平，并使电缆与其他设备连接起来，成为一个连续的供电设备。电缆终端头分为户内型和户外型。

（5）紧固配件：将电缆或电缆头固定在电杆上或其他构件上。

（6）电缆标志桩：标志电缆路径，起提醒、警示作用。

（7）接地装置：电缆金属护层宜采用在线路一端或中央部位单点直接接地方式，另一端金属护层应经护层电压限制器接地。

3. 电力变压器

电力变压器是将 10 kV 高压电变成 380/220 V 低压电的设备。常见的变压器如图 6-46 所示。

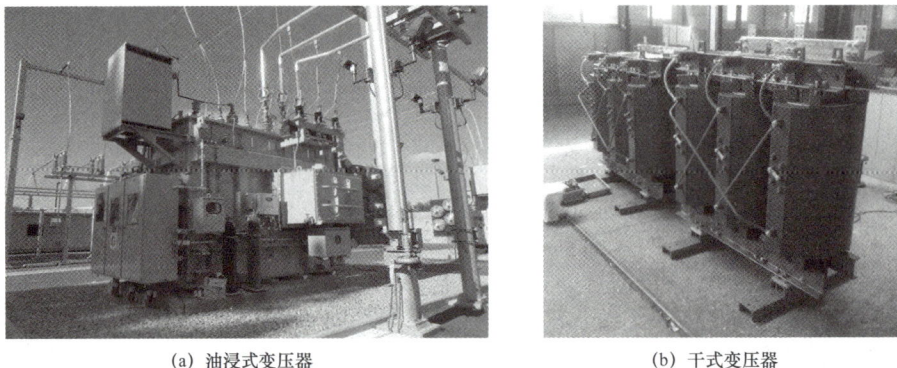

(a) 油浸式变压器   (b) 干式变压器

图 6-46　常见的变压器

4. 互感器

互感器分为电压互感器和电流互感器两类。

1）电压互感器

电压互感器是将高电压按一定比例变换成二次标准电压（100 V）的设备。相当于小量程电压表测量高电压的小型变压器。它主要用于给测量仪表和继电保护装置供电，测量线路的电压、功率和电能，或者用来在线路发生故障时保护线路中的贵重设备、电机和变压器，如图 6-47 所示。

图 6-47　电压互感器

电压互感器使用注意事项：运行中的电压互感器不允许短路，否则将会产生很大的短路电流，烧毁电压互感器。

2）电流互感器

电流互感器是将大电流或高压大电流按一定比例变换成二次标准电流（5 A 或 1 A）的设备。相当于小量程电流表测量大电流的小型变压器。它主要是用来串接在测量仪表和保护回路中将大电流降到便于用仪表直接测量的小电流，同时为继电保护和自动装置提供电源，如

图 6-48 所示。

电流互感器使用注意事项：严禁运行中的电流互感器二次线圈开路。

5. 高压开关柜

用来接收和分配高压电能的装置称为高压开关柜。它是以断路器为主，将高压电器、测量仪表、保护装置及辅助设备等，按照一定的接线方式，装配组合在一起而形成的。它主要用于在高压配电系统中，完成电源进线、线路或变压器出线、母线分段及电能的计量和测量等功能，将各种高压开关电气元件按一定的接线方式组装在金属柜内的电器。高压开关柜如图 6-49 所示。

图 6-48　电流互感器

图 6-49　高压开关柜

6. 高压开关

高压开关是发电厂、变电站（所）主要的电力控制设备，当系统正常运行时，它能切断和接通线路及各种电气设备的空载和负载电流。当系统发生故障时，它和继电保护配合，能迅速切断故障电流，以防止扩大事故范围。高压开关主要分为隔离开关、负荷开关、断路器等。高压开关如图 6-50 所示。

(a) 单极隔离开关　　　　　　(b) 三级联动隔离开关　　　　　　(c) 高压断路器

图 6-50　高压开关

7. 高压熔断器

熔断器是最简单的保护电器，用来保护电气设备免受过载和短路电流的损害。常见的高压熔断器如图 6-51 所示。

8. 低压开关

低压开关指在 380/220 V 低压线路中，用于分、合线路电压电流的开关。常见低压开关有漏电保护开关、断路器、空气开关。

（1）漏电保护开关：在线路漏电时可以自动切断电源，保护设备及人身安全，如图6-52所示。

图6-51　高压熔断器

图6-52　漏电保护开关

（2）断路器：用于分合带负荷线路的开关，如图6-53所示。

（3）空气开关：简称空开，在线路短路时，可以自动切断电源，保护设备及人身安全，如图6-54所示。

9. 站场照明设备

站场照明设备主要用于站场夜间照明。通常采用的照明设备有灯柱、灯塔、灯桥及混合方式。站区灯柱、灯塔如图6-55所示，编组场灯桥如图6-56所示。

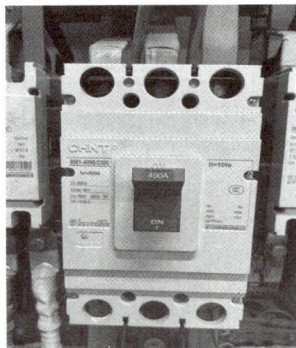

图6-53　低压断路器

图6-54　空气开关

图6-55　站区灯柱、灯塔

10. 箱式变电站

箱式变电站又称户外成套变电站，是将变压器、铠装母线、高低压开关设备及微机保护装置等集中安装在一个箱体内的设备。10/0.4 kV箱式变电站如图6-57所示。

图 6-56　编组场灯桥

图 6-57　10/0.4 kV 箱式变电站

11. 10 kV 电缆分支箱

电缆分支箱仅作为电缆分支使用，其主要作用是将电缆分接或转接。常见分支箱有不带任何开关柜的普通电缆分支箱和带有开关柜的高端分支箱，10 kV 电缆分支箱如图 6-58 所示。

(a) 普通分支箱

(b) 带开关分支箱

图 6-58　10 kV 电缆分支箱

12. 接地接零和防雷保护

电气设备的外壳或支架在正常情况下是不带电的，由于误接线路或设备内部绝缘损坏时，带电部分与金属外壳或支架连接，人身触碰带电的外壳或支架就有触电的危险。接地和接零是防止人体接触偶然带电体引起触电事故的重要安全措施。

6.4.1.3　铁路用电负荷划分及供电原则

铁路电力系统应保证各级供配电系统的相互匹配，除发生不可抗拒因素外，其可靠性应符合每天 24 h 的运输需要（含"维修天窗"时间），并应符合不同负荷等级的供电要求。

1. 用电负荷的分布

（1）车站、段（所）负荷主要包括：通信、信号、信息系统、接触网电动隔离开关操作电源、动车检修设备、综合维修设备、空调、通风、电（扶）梯、给排水、照明等。

（2）区间负荷主要包括：电力牵引各所用电、隧道照明、通风及监控设备、立交桥排水设备等。

2. 用电负荷的等级及供电原则

（1）一级负荷：中断供电将引起人身伤亡，在政治上、经济上造成重大损失，影响有重大政治、经济意义的用电单位的正常工作，主要设备损坏、大量减产、造成铁路运输秩序混乱。

一级负荷的供电原则：一级负荷应由两路相互独立电源分别供电至用电设备或低压双电源切换装置处，当两路电源中一路电源发生故障或检修停电时，另一路电源应保证正常供电。

（2）二级负荷：中断供电将在政治上、经济上造成较大损失，影响重要用电单位的正常工作，产品报废、生产过程被打乱，影响铁路正常运输。

二级负荷的供电原则：两路电源或一路可靠电源，确保除故障情况外的不间断供电。

（3）三级负荷：不属于一、二级负荷者。

三级负荷的供电原则：一般采用单回路供电，当供电系统为非正常运行方式时，允许将其切断。

学而思之

铁路电力系统与牵引供电系统有何异同？

查阅资料

（1）在阅读基础知识的基础上，通过线上线下教学资源，查阅铁路电力设备的资料，进一步了解铁路电力设备组成。

（2）个人下载 3～5 张关于铁路电力设备的图片，用于小组学习交流。

活动 6.4.2　集体研学

建议本活动在课中进行。在教师指导下，以学生为主体，工学结合，做中学、做中教。

场所建议

场所 1：现场。听现场师傅讲解铁路电力系统组成及主要设备。

场所 2：仿真实训室。通过仿真系统展示铁路电力系统组成及主要设备。

场所 3：多媒体教室。通过多媒体课件展示铁路电力系统组成及主要设备。

上述 3 个教学场所，最好选择场所 1，其次选择场所 2，起码保证场所 3。

视频欣赏

进入教学资源库，观看铁路电力设备视频，深入了解铁路电力设备的种类及作用，学习、弘扬铁路职工的劳模精神、劳动精神和工匠精神。

小组交流

（1）以事先划定的学习小组为单位，交流个人课前、课中学习情况，分享个人收集的相关资料，对学习中发现的疑点、难点进行小组研讨，并在规定时间内制作小组研学过程的微课，时间不超过 3 min。

（2）各研学小组向全班分享关于铁路电力系统组成及主要设备集体研学的微课，并提交任课教师。

学习评价

教师引导学生总结本次课学习收获，并进行自我评价。

1. 长知识（5分）

1）铁路电力系统组成

（1）地方电网引入的 10 kV 高压电源线路；（2）10 kV 变配电所；（3）铁路沿线 10 kV 电力自闭线路和综合贯通线路；（4）沿线 10 kV 箱式变电所（简称箱变）或变电台；（5）车站低压配电室；（6）站场及区间高低压电力线路；（7）电器设备防雷接地；（8）用户。

2）铁路电力主要设备

（1）电力架空线路；（2）电力电缆线路；（3）电力变压器；（4）互感器；（5）高压开关柜；（6）高压开关；（7）高压熔断器；（8）低压开关；（9）站场照明设备；（10）箱式变电站；（11）10 kV 电缆分支箱；（12）接地接零和防雷保护。

3）铁路用电负荷划分及供电原则

（1）用电负荷的分布；（2）用电负荷的等级及供电原则。

2. 强能力（5分）

（1）能简要说明铁路电力系统组成。

（2）能简要说明铁路电力主要设备的功能作用。

（3）对学习铁路电力系统产生兴趣爱好。

（4）提升利用互联网、教学资源库、图书查阅专业资料的技能。

（5）逐步养成自主学习习惯，提升互助学习、探索学习的能力。

3. 提素养（5分）

（1）尊重铁路供电人的劳动及劳动智慧，增强职业荣誉感。

（2）塑造新时代健康人格，热爱中国式现代化铁路，激发爱国主义情怀。

（3）成为铁路劳模精神、劳动精神、工匠精神的传承人。

活动 6.4.3　作品制作

建议本活动在课后进行。每名学生单独制作一个开放、个性、富有创造性的学习过程和学习成效的视频，既要反映课程基本学习目标的完成情况，又要反映个人学习的收获，时间在 5 min 以内，至少包括以下 3 项内容。

（1）铁路电力系统组成。

（2）铁路电力主要设备的功能作用。

（3）通过本次课学习，个人在知识增长、能力强化、素养提升方面的小结。

课后 2 天内将作品提交任课教师，作为教师评价学生学习效果的依据。

活动 6.4.4　学习测试

（1）简述铁路电力系统组成。

（2）简述铁路电力主要设备的功能作用。

📖 **拓展学习**

看得见　听得到　控得住——无人机巡视电力线路

新朔铁路以国家能源集团智慧铁路建设规划为指引，锚定"三零一二零"安全行动目标，通过发挥科技力量，逐步实现"看得见、听得到、控得住"，助力提升安全管理效能，保障能源安全运输。

今天就让我们一起了解无人机巡视电力线路，感受满满科技感，助力铁路运输安全！

图 6-59 为电力线路巡视使用的无人机。

电力线路巡视工作是什么？

电力线路巡视工作是指通过定期巡视、夜间巡视、特殊巡视、故障巡视等方式来检查杆塔、导线、绝缘子、隔离开关等设备的运行状态，如图 6-60 所示。

图 6-59　电力线路巡视使用的无人机

图 6-60　电力线路巡视工作

目前，公司总计管辖电力线路 2 832.68 线路公里，横亘山区、沟壑，地形复杂，跨度大、线路长。一副望远镜、一包干粮、一壶水，巡视人员一走就是 10 km，排查 10 kV 电力线路设备缺陷。巡视完成后，设备管理工区准确提报检修计划，及时处理设备缺陷，确保供电设备的安全运行。

传统人工巡视工作面临的考验

过去，公司沿线各个供电工区每次需出动 12～14 名职工，两人一组，通过目测、望远镜、红外测温等手段，利用 2～3 天时间，每日需要 4～5 h 才能完成各自工区所管辖的近 200 线路公里的电力线路巡视任务。

遇上高温、雷雨、大雪等特殊天气及偏僻险峻地势情况时，巡视工作的劳动强度和安全风险随之增加，这对每位巡视人员的专业能力、工作经验都是极大的考验。

为解决这些难题，公司开始使用无人机巡视。

无人机巡视电力线路的优势

自 2022 年 6 月起，巡视电力线路的无人机投入使用。无人机轻便可靠、机动灵活，巡视时受地形和环境条件限制较小，其自主巡视技术可代替人工攀爬、夜间巡视。

通常，无人机 15 min 的巡线航次就能完成人工 1 h 的巡视任务，提升了电力线路运维效率，降低了巡视人员劳动强度。

电力线路运行状态"看得见"

通过无人机携带的可见光、红外热成像等设备，传输视频、可见光照片及红外成像图，能直观、精准确定隐患部位并判断设备隐患严重程度，形成了设备质量可追溯的智能化管理体系，使电力线路安全管理"看得见"。

使用无人机巡视电力线路以来，共计拍摄高清照片 78 000 余张，红外成像照片 55 000 余张，为铁路沿线 14 个供电工区的设备检修工作，提供了可靠的数据支撑。

电力设备维修质量"控得住"

目前，公司采用人工地面"仰视"巡线和无人机空中"俯视"巡线两种方式配合进行电力线路巡视。

通过分析无人机采集的成像数据，做到设备隐患排查"全覆盖、零死角"，对已发现的设备缺陷进行分级管理，建立隐患管理台账，闭环管理，实现设备维修质量"控得住"。

科技兴安，智能护安。新朔铁路为安全生产插上"科技翅膀"，为能源运输保驾护航！

任务 6.5 铁路供电远动（SCADA）系统认知

活动 6.5.1 自主学习

建议本活动在课前进行。按照教学安排，学生预习基础知识，并查阅与本任务相关的资料。

基础知识

6.5.1.1 SCADA 系统简介

SCADA（supervisory control and data acquisition）系统是以微型计算机为主构成的远程监视控制和数据收集系统，可对现场的运行设备进行监视和控制，以实现数据采集、设备控制、测量、参数调节以及各类信号报警等各项功能。

SCADA 系统实现调度自动化的过程如下。

1. 执行端采集被控对象信息并将其传送到调度端

执行端负责采集现场的状态和数据，并将其进行变换后通过远动信道传到调度端，调度端经过一定的变换显示到人机界面上（显示器等）。此过程主要由执行端、现场信息转换机构来实现，实现的是遥信、遥测这两个功能。

2. 调度端对远动装置传来的信息进行实时处理

调度端对传来的遥信、遥测数据进行存储、显示、打印，分析传输的数据是否正确，并加以抛弃或纠正后使用。此过程主要由调度端实现。

3. 调度端做出调度决策

调度计算机根据接收的信息，对被控对象的运行进行自动或人工分析，然后做出适当的调节和控制（调整挡位、分合开关、投撤电容等）。此过程主要由调度端实现。

4. 将调度决策送执行端去执行

调度决策包括对被控对象的控制和调节。调度端发出遥控、遥调命令，经过信道传到执行端，执行端接收到之后具体进行执行。此过程主要由执行端和现场执行机构实施，实现的是遥控、遥调功能。

6.5.1.2 铁路供电 SCADA 系统的构成

铁路供电 SCADA 系统包括铁路牵引供电 SCADA 系统和铁路电力供电 SCADA 系统，如图 6-61 所示。

1. 调度端

调度端，亦称调度中心。调度端的 SCADA 机房有 SCADA 专用通道接口 4 个、办公及通用复视通道接口 1 个、专用复视通道若干。调度端通过 SCADA 专用通道接口和内部局域网，接收和发送信息，完成遥信、遥测、遥控功能，即完成断路器、隔离开关等状态信息的收集与处理；完成电流、电压、功率等数据信息的收集与处理；根据运行需要发送遥控命令。另外，调度端将通道送来的信号进行数据处理后，送至后台服务器中，显示各种图形，制作各种报表、曲线。

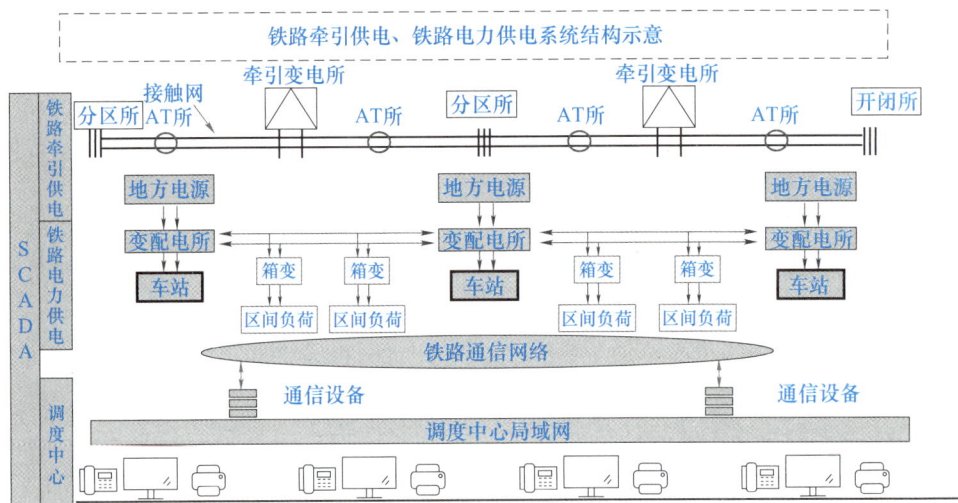

图 6-61　铁路供电 SCADA 系统结构

2. 执行端

执行端，由牵引变电所、分区所、开闭所、AT 所、专用网隔屏、变配电所、箱式变电站等组成。执行端对需要进行监测的各物理量及状态量进行采集，并将采集后的信息进行抗干扰加工（也称抗干扰编码），然后再变换成适合通道传送的信号形式，并按一定方式送入通道。执行端的另一作用是接收由通道送来的遥控命令，并执行。

3. 信道

信道，亦称通道，是连接调度端与执行端的通信网络，传输二者交换的命令与数据。铁路供电 SCADA 系统有四种通道，即 SCADA 专用通道、综合维护通道、专用复视通道和办公 OA 通道。

学而思之

SCADA 系统有什么先进性？

查阅资料

（1）在阅读基础知识的基础上，通过线上线下教学资源，查阅铁路供电远动（SCADA）系统的资料，进一步了解铁路供电安全事故特征。

（2）个人下载 3～5 张关于 SCADA 系统的图片，用于小组学习交流。

活动 6.5.2　集体研学

建议本活动在课中进行。在教师指导下，以学生为主体，工学结合，做中学、做中教。

场所建议

场所 1：现场。听现场师傅讲解 SCADA 系统。

场所 2：仿真实训室。通过仿真系统展示 SCADA 系统。

场所 3：多媒体教室。通过多媒体课件展示 SCADA 系统。

上述 3 个教学场所，最好选择场所 1，其次选择场所 2，起码保证场所 3。

视频欣赏

进入教学资源库，观看 SCADA 系统视频，学习、弘扬铁路职工的劳模精神、劳动精神和工匠精神。

小组交流

（1）以事先划定的学习小组为单位，交流个人课前、课中学习情况，分享个人收集的相

关资料，对学习中发现的疑点、难点进行小组研讨，并在规定时间内制作小组研学过程的微课，时间不超过 3 min。

（2）各研学小组向全班分享关于铁路供电远动系统功能及构成集体研学的微课，并提交任课教师。

学习评价

教师引导学生总结本次课学习收获，并进行自我评价。

1. 长知识（5 分）

1）铁路供电远动系统功能

（1）数据采集；（2）设备控制；（3）测量；（4）参数调节；（5）各类信号报警等。

2）SCADA 系统实现调度自动化的过程

（1）执行端采集被控对象信息并将其传送到调度端；（2）调度端对远动装置传来的信息进行实时处理；（3）调度端做出调度决策；（4）将调度决策送执行端去执行。

3）铁路供电远动系统的构成

（1）调度端；（2）执行端；（3）信道。

2. 强能力（5 分）

（1）能简要说明铁路供电远动系统的功能。

（2）能简要说明铁路供电远动系统的构成。

（3）对学习铁路供电远动系统产生兴趣爱好。

（4）提升利用互联网、教学资源库、图书查阅专业资料的技能。

（5）逐步养成自主学习习惯，提升互助学习、探索学习的能力。

3. 提素养（5 分）

（1）尊重铁路供电人的劳动及劳动智慧，增强职业荣誉感。

（2）塑造新时代健康人格，热爱中国式现代化铁路，激发爱国主义情怀。

（3）成为铁路劳模精神、劳动精神、工匠精神的传承人。

活动 6.5.3　作品制作

建议本活动在课后进行。每名学生单独制作一个开放、个性、富有创造性的学习过程和学习成效的视频，既要反映课程基本学习目标的完成情况，又要反映个人学习的收获，时间在 5 min 以内，至少包括以下 3 项内容。

（1）铁路供电远动系统的功能。

（2）铁路供电远动系统的构成。

（3）通过本次课学习，个人在知识增长、能力强化、素养提升方面的小结。

课后 2 天内将作品提交任课教师，作为教师评价学生学习效果的依据。

活动 6.5.4　学习测试

（1）简述铁路供电远动系统的功能。

（2）简述铁路供电远动系统的构成。

拓展学习

15 min 缩短至 5 min，他们如何做到？

2023 年 10 月 18 日上午 8 点 10 分，南京供电段远动运检分析组成员王孜娴接到调度电话:"南京西配电所通道断了,调度无法远动倒闸。""收到。"放下电话,她迅速登上三楼安全生产指挥中心进行处置,8:15设备恢复正常。这是该段远动运检分析组成立后接到的第一个故障处置电话,应急响应时间从以往的15 min缩短至5 min。

该段供电远动设备包括牵引供电和电力两大远动系统,均由调度主站、远动传输通道、被控站和复示设备构成。该段职工需对分布在管内各接触网上、电力箱变中、牵引所亭中的1 835处远动装置进行运行维护管理。以往,该段远动设备由南京远动工区和供电设备所属车间共同管理,存在各供电车间远动技术基础薄弱、远动工区对远动设备故障处置的技术支持渠道不畅通等问题。2023年9月,该段抽调南京远动工区和芜湖、海安检修车间部分远动检修人员,开创性成立远动运检分析组,将远动运检分析组队伍由5人扩充至8人,列入供电检测室分支机构,日常业务管理由技术科负责。远动运检分析组全面负责新线远动调试、SCADA主站设备维护、远动界面和通道维护、远动故障处置的技术支撑、全段远动备品备件管理,以及全段远动专业技术培训等业务。

远动运检分析组还修订完善《远动运行维护管理实施细则》,明确远动设备运行、检修、管理、应急处置等过程中各方职责,并通过月度考评通报、季度专业会议分析的工作考核评价机制促进远动设备管理规范。

通过不断探索的实践证明,远动系统是确保铁路行车重要负荷不间断供电的有效手段,是保证行车安全的重要技术装备。远动系统的建设解决了人工巡视、肉眼观看不能发现的设备故障问题,不仅改变了故障处理方式原始落后状况,彻底改变了传统电力调度"凭经验指挥,靠汇报调度"的被动局面。最大限度地减少了设备故障对运输的影响,为运输能力快速扩充提供了基础条件。建设远动系统是铁路电力专业快速提升技术装备水平的有效途径。

思政案例　筑路难、护路更难的国防大漠铁路——清绿铁路

1958年3月,经党中央、毛主席批准在额济纳青山头一带修建一座综合导弹试验靶场。然而西北荒漠,杳无人烟,要想在与世隔绝的地方为进军宇宙筑巢,亟须修建一条方便人员和物资进出的大运力铁路通道,根据周恩来总理的批示精神,中央军委决定由铁道兵承担这条专用线的勘察设计和施工。

随着中央军委发出的第一道调令,铁道兵第十师在师长李兴第和政委张少华的率领下,悄然挺进大漠,由于"上不告父母,下不告妻儿"的保密要求,这些从朝鲜战场回来的青年不知道他们接下来要铺设的铁路,将会奠定中国进入一个崭新的时代,中国人要自己造导弹、核弹。

清绿铁路由于国防的特殊性,不能对外公告,按照部队专用线建设。专用线接轨有三个备选方案,经过纸上设计、空中侦察、实地勘察,权衡地理位置、地质、工程量和造价,最后选定从甘肃酒泉清水堡接轨,终到内蒙古额济纳旗绿园的方案。

没有参照物,就用飞机扔下的汽油桶做目标,穿越数百千米,在漫漫戈壁蹚出了一条简易的施工便道,这条便道成为铁路专用线最原始的雏形。

1958年5月23日这项"国家交办特别紧急工程"破土动工,绵延的施工线上,白天人声鼎沸,夜晚灯火辉煌。天上无飞鸟、地上不长草、千里无人烟、风吹石头跑的恶劣气候,让铁道兵吃尽了苦头。但"天气再冷,冻不了我们的热心,花岗岩再硬,硬不过我们的双手。"他们住扎皮帐篷,吃沙枣骆驼刺,党叫干啥就干啥的主旋律激励着铁道兵战天斗地,参与施

工的人员最多时 6 300 人，80 台土方设备，人员出勤率高达 98.3%。

经过 500 多个日日夜夜，建设大军以团结奋斗、艰苦创业、不怕牺牲、开拓新路的精神，以伤残 70 人、亡 110 人的沉重代价，修建起正线长 240 km 的铁路，创造了边进军、边组建、边设计、边备料、边施工的中国铁路建筑史上的神话。

清绿铁路完工后，年运量高达 200 多万 t，成了比较繁忙的军队运输线路。从地方铁路局调来的职工和就地转业的志愿军老兵成了运输大军，吃住在机车上、线路旁，人员不够一个顶俩，设备不够自己动手制作。

这条铁路，后来因国防需要，经过大修、分岔，运输里程达到 300 余 km。1999 年，终于标注在中华人民共和国的地图上。

清绿铁路从清水站至绿园段共 331 km，1960 年通车，归属酒泉卫星发射中心铁路管理处。每 10 km 左右设一个点，共有 36 个点号，每个点号驻扎的官兵多则十几人，少则一人。他们长年坚守在荒凉的大漠，在日复一日的铁路巡护中，默默奉献着自己的青春。

巴丹吉林沙漠是世界第四大沙漠，也是我国沙尘暴频发的沙源地之一。通往酒泉卫星发射中心的铁路就铺设在沙漠边缘。早些年的巴丹吉林沙漠，沙暴刮起来声如滚雷、形似巨浪，气势排山倒海、白昼无光，有时线路埋道长达十几公里，点号门前淤沙高至一米多，不仅影响行车，还会危及人员安全。有一天，巡道兵姬和平正在巡查，沙暴突起，天昏地暗，飞沙走石，他立即按照要求侧卧于铁路逆风向一边的路基旁，然而一个沙旋儿卷走了他手中的工具包，他赶紧起身去追，却被风沙裹着摔了几个跟斗，头昏眼花，他什么也看不见，姬和平意识到，绝不能趴下，否则就会被沙丘埋掉，于是他一路跌跌撞撞，顺风而下，直到第二天上午，被刮到一户牧民家门口的他才被获救。彼时，姬和平的耳朵和嘴里堵满了沙子，人几近昏迷。

坚守戈壁滩，需要付出常人难以忍受的艰辛，尤其是沙尘暴一来，巡道工既要做好清沙工作，还要向火车司机打好旗语，而戈壁滩上毫无遮挡，沙尘暴的风力有时可以达到六七级，甚至十级，在这种环境下，眼睛睁不开，双腿站不稳，战士们为了坚守岗位，想了不少办法。

刘云龙，61 点号巡护工，每天往返 20 km 巡护铁路，是一名入伍 12 年的老兵。不过，当初刚刚从事这项工作时，他却很不适应。在点号工作，面临精神与身体的双重考验。戈壁滩上风沙大，当地有着"一年一场风，从春刮到冬"的说法，加之昼夜温差大，冬夏两季最为难熬。

除了恶劣的工作环境，生活条件的艰苦，也是对点号官兵的一大挑战。戈壁滩常年少雨，水资源匮乏。如今，众多点号陆续有了饮水井，而 61 点号却是个例外。曾经有位打井人，连续在 61 点号打了四口井，都没有打出地下水。直到今天，这里还需要定期送水。

李健康是 61 点号的副连长，2004 年入伍，被分配到点号服役之后，一干就是 14 年。这 14 年中，给他最大的感受就是生活用水的匮乏。据他介绍，如何用好每一滴水，是 61 点号的一项重要任务。

面对水资源的匮乏，61 点号可以做到一水三用。晚上，他们打上小半盆水，集体到院里洗漱，用过的洗脸水还要用来洗脚、洗袜子，剩水再用来浇灌植物。夏天干燥闷热，洗个澡是很正常的事情，但在 61 点号，洗澡却显得极为奢侈。

对于水的使用，61 点号已经到了精打细算的程度。不过，每逢运水车到来时，官兵们仍然愿意把一些水贡献出来，与沙枣树分享。因为这个地方常年缺水，也只有沙枣树能活。

沙枣树耐寒、抗风沙，在酒泉卫星发射中心建造过程中，沙枣树不仅是陪伴战士们的朋友，也是唯一一种可以食用的果木植物。院里院外，战士们不仅栽种了很多沙枣树，还利用沙枣核制作出朴实无华的照片墙，形成了一道独特的文化景观。

职业模块

项目 **7**

自轮设备及其作业

自轮设备全称为自轮运转特种设备，系指在铁路营业线上运行的轨道车及铁路施工、维修专用车辆（包括轨道起重机、架桥机、铺轨机、接触网架线车、放线车、检修车、大型养路机械等），是铁路建设、线路施工、线路及设备修理、抢险和检查等工作的主要运输设备。自轮设备在铁路系统内主要分为工务轨道车、供电作业车和大型养路机械三类。

自轮设备须符合国家、铁道行业及中国国家铁路集团有限公司有关规定和标准。自轮设备须做到各部件技术状态良好，GYK、CIR 和机车信号三项设备检测合格，行车安全备品齐全有效方可上线运行。

自轮设备执行双人值乘制度，司乘人员须取得 L1 或 L3 类《铁路机车车辆驾驶证》。

本项目共 3 项任务：

任务 7.1　工务轨道车及其作业

任务 7.2　供电作业车及其作业

任务 7.3　大型养路机械及其作业

这 3 项任务全部来自铁路自轮设备实际工作，情境客观，内容真实。

学习目标

（1）掌握工务轨道车的分类方法。

（2）能够识别常用工务轨道车。

（3）了解工务轨道车施工作业的编组配置及各项规定。

（4）掌握供电作业车的分类方法。

（5）能够辨识常用供电作业车。

（6）了解供电作业车施工作业的编组配置及各项规定。

（7）掌握大型养路机械的分类。

（8）能够辨识常用大型养路机械。

（9）了解大型养路机械施工作业的编组配置及各项规定。

（10）培养学习铁路自轮设备的兴趣。

（11）提升自主学习、互助学习、探索学习的能力。

（12）提升利用线上线下资源查阅资料的技能。

（13）通过完成课前自主学习、课中小组研学、课后作品制作，提高个性化创作能力和互助研学能力。

（14）尊重铁路自轮设备作业人员的劳动，增强职业荣誉感。

（15）塑造新时代健康人格，热爱中国式现代化铁路，激发爱国主义情怀。

学习建议

（1）课前自主学习。认真阅读每项任务中的基础知识，通过线上线下教学资源，查阅与任务相关的资料，阅读有关铁路自轮设备的文献资料，收集文字、数字、影像资料。

（2）课中小组研学。以事先划定的学习小组为单位，交流个人自主学习情况，分享个人收集的相关资料，研讨学习中发现的疑点、难点，制作关于小组研学过程的微课。

（3）课后作品制作。学生个人单独制作一个开放、个性、富有创造性的学习过程和学习成效的视频，既要反映课程基本学习目标的完成情况，又要反映个人学习的收获。

任务 7.1　工务轨道车及其作业

活动 7.1.1　自主学习

建议本活动在课前进行。按照教学安排，学生预习基础知识，并查阅与本任务相关的资料。

基础知识

7.1.1.1　工务轨道车的类型及命名

轨道车按其性能作用可分为轻型轨道车、重型轨道车（含起重轨道车和发电轨道车）、起重轨道车和轨道平车；按传动方式可分为机械传动式、液力传动式和电传动式；按轴列式分为轴列式为 B 的二轴车、轴列式为 A—A 的四轴车和轴列式为 B—B 的四轴车三种，其中四轴为转向架结构，二轴为轮对直接与车体车架连接结构。

轨道车的型号由轨道车的名称代号、结构特点代号和主要参数三部分组成。轨道车的名称代号用车辆名称的汉语拼音第一个字母大写组成，如重型轨道车用 G（轨）C（车）表示。轨道车的结构特点代号指轨道车传动方式代号。其中，机械传动不标，液力传动用字母 Y 表示，电传动用字母 D 表示。

7.1.1.2　工务轨道车常用车型简介

轨道车常用车型有 GC–270 型轨道车、GCY–300Ⅱ型轨道车等。

1. GC–270 型轨道车

GC–270 型轨道车最高运行速度为 100 km/h，技术成熟，性能可靠，车内空间大，可乘坐 35 人，如图 7–1 所示。

2. GCY–300Ⅱ型轨道车

GCY–300Ⅱ型轨道车最高运行速度为 120 km/h，采用动力下悬布置；车后设载货平台和随车起重机，如图 7–2 所示。

图 7-1　GC-270 型轨道车

图 7-2　GCY-300Ⅱ型轨道车

7.1.1.3　工务轨道车作业

1. 施工作业

工务轨道车施工作业主要内容包括：配合工务专业换轨换岔、配合施工装卸材料、配合大型养路机械作业、运送作业人员和机具进行维修作业等。

2. 编组配置

根据配合作业内容编组配置相应的轨道车。配合换轨换岔一般应配备两台轨道车、一台单臂吊轨道平车、一台收轨车。配合大修装卸轨料应配备两台以上轨道车、收轨车及平车。配合大型养路机械作业一般配备两台轨道车。运送作业人员和机具进行维修作业时根据作业需要配备轨道车、轨道平车。根据线路等级、作业条件、封锁时间、作业要求等实际因素，具体配备内容可相应调整，扩大设备组合，提高配合施工效率。

3. 进入封锁区间作业的规定

（1）进入封锁区间的行车凭证为调度命令。

（2）轨道车在运行和作业时，应正确选用信号制式和轨道车运行控制系统控制模式，正确调用数据。进入封锁区间前，应将轨道车运行控制系统转入区间作业模式。

（3）双线或多线并行区段作业，邻线未封锁时，不得侵入邻线建筑限界，邻线来车时，须停止作业。

（4）在封锁区间需要分解作业时，不得单独摘解无动力车辆。

（5）需要编组时，应严格按照调车作业办理。将轨道车运行控制系统转入编组和连挂模式，连挂前应加强联系，严格按照施工负责人的指挥动车，防止发生相撞事故。

（6）施工列车在区间作业完毕后，施工负责人应认真检查，确认线路状态良好，卸下的材料、机具、设备等堆码稳固，并不得侵入机车车辆限界。

（7）遇恶劣天气影响安全时，应停止作业。

4. 装卸作业的规定

（1）操作起重机的人员必须取得相应的资格证。

（2）装卸作业前，应检查车辆和起重设备状态良好，使用轨道吊车时必须打好支腿。

（3）装车时，材料、工具应装载稳固，不集重、不偏载和超限；装载危险品时，应有可靠的安全措施。

（4）平车装载货物须严格落实货物装载加固规定，应能适应运行区段最高限制速度下列车交会时所产生的空气动力要求，确保运行安全。

（5）区间卸车时，必须在停妥后方可进行。严禁边走边卸或摘钩卸车。卸车时不得偏卸，未卸完的路料要重新整理，司机检查确认后方可动车。

5. 非自轮设备专业人员乘坐轨道车的注意事项

（1）各型自轮设备不能超过准载人员数量。

（2）乘坐人员严禁做任何影响司乘人员作业的事。

（3）未得到司机许可，严禁上下车；车未处于停车状态严禁打开车门及上下车；上下车后关闭车门及锁闭防护杆（链）。

（4）运行中所有人员必须在车内乘坐，不得在司乘人员座椅和发动机上乘坐，严禁操作车内任何设备。

（5）车内严禁吸烟。

（6）严禁携带易燃易爆物品上车，携带作业需要的易燃品时应使用可靠器具存放并妥善保管。

（7）机具不得乱摆乱放，不得有安全隐患。

学而思之

工务轨道车作业与普通工务作业有什么本质区别？

查阅资料

（1）在阅读基础知识的基础上，通过线上线下教学资源，查阅铁路工务轨道车的资料，进一步了解铁路工务轨道车作业内容。

（2）个人下载 3～5 张关于工务轨道车及施工作业的图片，用于小组学习交流。

活动 7.1.2　集体研学

建议本活动在课中进行。在教师指导下，以学生为主体，工学结合，做中学、做中教。

场所建议

场所 1：现场。现场观看铁路工务轨道车及施工作业。

场所 2：仿真实训室。通过仿真系统展示铁路工务轨道车及施工作业。

场所 3：多媒体教室。通过多媒体课件展示铁路工务轨道车及施工作业。

上述 3 个教学场所，最好选择场所 1，其次选择场所 2，起码保证场所 3。

视频欣赏

进入教学资源库，观看铁路工务轨道车作业过程视频，学习、弘扬铁路职工的劳模精神、劳动精神和工匠精神。

小组交流

（1）以事先划定的学习小组为单位，交流个人课前、课中学习情况，分享个人收集的相关资料，对学习中发现的疑点、难点进行小组研讨，并在规定时间内制作小组研学过程的微课，时间不超过 3 min。

（2）各研学小组向全班分享关于铁路工务轨道车及施工作业集体研学的微课，并提交任课教师。

学习评价

教师引导学生总结本次课学习收获，并进行自我评价。

1. 长知识（5 分）

1）工务轨道车类型及命名的基本常识

（1）类型：按其性能分类，按传动方式分类，按轴列式分类；

（2）命名：由轨道车的名称代号、结构特点代号和主要参数三部分组成。

2）常用工务轨道车简介

（1）GC-270 型轨道车；

（2）GCY-300Ⅱ型轨道车。

3）工务轨道车作业

（1）施工作业；

（2）编组配置；

（3）进入封锁区间作业的规定；

（4）装卸作业的规定；

（5）非自轮设备专业人员乘坐轨道车的注意事项。

2. 强能力（5分）

（1）能简要说明工务轨道车类型及命名的基本常识。

（2）会辨识常用工务轨道车。

（3）了解工务轨道车施工作业的编组配置及各项规定。

（4）对学习工务轨道车产生兴趣爱好。

（5）提升利用互联网、教学资源库、图书查阅专业资料的技能。

（6）逐步养成自主学习习惯，提升互助学习、探索学习的能力。

3. 提素养（5分）

（1）尊重铁路工务轨道车作业人员的劳动及劳动智慧，增强职业荣誉感。

（2）塑造新时代健康人格，热爱中国式现代化铁路，激发爱国主义情怀。

（3）成为铁路劳模精神、劳动精神、工匠精神的传承人。

活动 7.1.3　作品制作

建议本活动在课后进行。每名学生单独制作一个开放、个性、富有创造性的学习过程和学习成效的视频，既要反映课程基本学习目标的完成情况，又要反映个人学习的收获，时间在 5 min 以内，至少包括以下 4 项内容。

（1）工务轨道车类型及命名方式。

（2）常用工务轨道车简介。

（3）工务轨道车施工作业编组配置及各项规定。

（4）通过本次课学习，个人在知识增长、能力强化、素养提升方面的小结。

课后 2 天内将作品提交任课教师，作为教师评价学生学习效果的依据。

活动 7.1.4　学习测试

（1）简述铁路常用工务轨道车类型。

（2）简述铁路工务轨道车施工作业编组配置及各项规定。

拓展学习

中老铁路轨道车回国保养，安排！

工务系统使用的轨道车被亲切称呼为"大黄蜂"，但是，你知道它是在哪里维修的吗？

在昆明机务段小石坝检修基地有一个轨道车大修车间，主要承担局管内工务轨道车大修、集团公司内自轮运转设备制动机试验、工务系统轨道（平）车车轴超声波探伤等任务。

2022 年 7 月，这里迎来了 4 台中老铁路国外段工务轨道车，昆明机务段提前进行研究，按照比修程标准更严、更高的标准对轨道车进行全面"体检"，制定"手术"方案。

轨道车入库后首先将它进行"拆卸"，各专业工程师对各部件全面检查，更换寿命到限及破损零件，对完好部件进行全面清洁。

专业工程师使用超声波探伤设备对车轴、轮对等进行深度体检，将隐患全部消除（见图 7-3）。

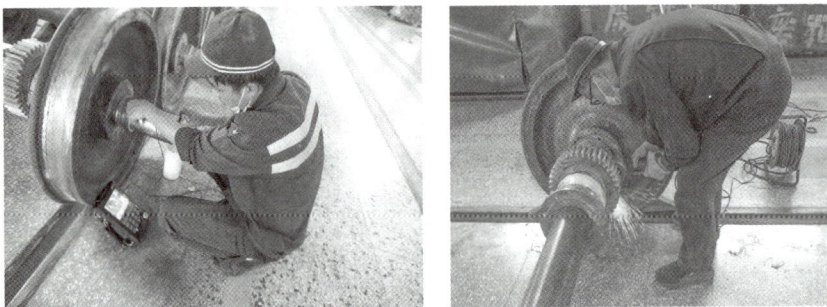

图 7-3　使用超声波探伤设备对车轴、轮对等进行深度体检

变速箱是轨道车核心部件之一，更换磨损的齿轮部件，对关键部件进行探伤。

轨道车不仅要跑得快，还要刹得住车，要精细把控制动系统的每一处细节，在试验台进行制动机试验，确保机车质量良好。

轨道车每个部件都重要，每个细节都不容忽视，严格把控每一道工艺，才能确保万无一失。

最后对轨道车的车身进行重新喷漆，对中老文字进行喷绘，使机车焕然一新，成为中老铁路上一道亮丽的风景线。

修得好不好，上线运行才知道，经过在沪昆线金马村到小新街的试运转，运行指标全部达标。

在全体职工的共同努力下，顺利完成了这次"手术"，实现中老铁路轨道车的涅槃重生，为中老铁路运营提供有力的保障。

任务 7.2　供电作业车及其作业

活动 7.2.1　自主学习

建议本活动在课前进行。按照教学安排，学生预习基础知识，并查阅与本任务相关的资料。

📖 基础知识

7.2.1.1　供电作业车的类型

供电作业车按作用性能分为接触网检修车（列）、接触网放线车、接触网检测车、接触网立杆车、绝缘子冲洗车等。

供电作业车按传动方式可分为机械传动式作业车和液力传动式作业车。作业车轴列式与轨道车相同，都为 4 种。作业车主要由动力及传动系统、走行系统、车钩缓冲装置、电气控制系统、制动系统、车体、液压系统及液力升降回转作业平台组成。

7.2.1.2 常用供电作业车简介

作业车常用车型有 JW-4G 型接触网作业车、BRC-711 型多功能作业车、JJC 型接触网检修作业车。

1. JW-4G 型接触网作业车

JW-4G 型接触网作业车最高运行速度为 120 km/h，采用动力下悬布置；后端安装有自动调平功能的作业平台，如图 7-4 所示。

2. BRC-711 型多功能作业车

BRC-711 型多功能作业车最高运行速度为 160 km/h，配有升降旋转作业平台、高空作业斗、导线拨线装置、接触网检测装置等设备，能胜任复杂的检修环境，如图 7-5 所示。

图 7-4 JW-4G 型接触网作业车

3. JJC 型接触网检修作业车

JJC 型接触网检修作业车由两台牵引车和十台作业车组成，最高运行速度为 120 km/h。顶部安装有 175 m 的贯通升降作业平台，该车集贯通平台作业、牵引、弓网取电、发电、材料存储和预配、备件和工具储放、食宿、会议、现场办公等于一体，如图 7-6 所示。

图 7-5 BRC-711 型多功能作业车

图 7-6 JJC 型接触网检修作业车

7.2.1.3 供电作业车作业

1. 施工作业

供电作业车施工作业的主要内容是配合接触网检修作业。

2. 编组配置

根据接触网检修计划作业内容编组配置相应的作业车。一般在单台作业车和多台作业车连挂间进行选择。根据线路等级、作业条件、封锁时间、作业要求等实际因素，具体配备内容可做相应调整，灵活进行设备组合，提高施工作业效率。

3. 进入封锁区间作业的规定

应遵守的规定与工务轨道车相同。

4. 作业车作业平台使用规定

（1）作业过程中车辆移动速度不得超过 10 km/h。

（2）使用作业平台在外轨超高超过 125 mm 的曲线上作业时，必须使用抓轨器或作业平台自动调平装置。在外轨超高大于 180 mm 的曲线上严禁使用作业平台。

（3）作业平台在使用时不得超过载重规定（前端承重 300 kg，中心柱端承重 1 000 kg）。

（4）无平台操纵资质人员严禁操纵作业车平台。

5. 检修列作业使用规定

（1）检修列在外轨超高 125 mm 以上时必须使用锁定油缸；检修列在使用锁定油缸作业时，车速不能超过 10 km/h；使用锁定油缸时，检修列严禁通过道岔。

（2）外轨超高 180 mm 时禁止使用检修列。遇 6 级以上大风、外轨超高 120 mm 时检修列停止作业。

（3）检修列作业平台人集中操作，其他控制机构只作为应急备用。平台集中操作人应在车内操作平台升降。

学而思之

供电作业车驾驶人员需具备哪些基本要求？

查阅资料

（1）在阅读基础知识的基础上，通过线上线下教学资源，查阅铁路供电作业车的资料，进一步了解铁路供电作业车的功能。

（2）个人下载 3～5 张关于铁路供电作业车的图片，用于小组学习交流。

活动 7.2.2 集体研学

建议本活动在课中进行。在教师指导下，以学生为主体，工学结合，做中学、做中教。

场所建议

场所 1：现场。现场观看铁路供电作业车及其作业。

场所 2：仿真实训室。通过仿真系统展示铁路供电作业车及其作业。

场所 3：多媒体教室。通过多媒体课件展示铁路供电作业车及其作业。

上述 3 个教学场所，最好选择场所 1，其次选择场所 2，起码保证场所 3。

视频欣赏

进入教学资源库，观看铁路供电作业车及其作业视频，学习、弘扬铁路职工的劳模精神、劳动精神和工匠精神。

小组交流

（1）以事先划定的学习小组为单位，交流个人课前、课中学习情况，分享个人收集的相关资料，对学习中发现的疑点、难点进行小组研讨，并在规定时间内制作小组研学过程的微课，时间不超过 3 min。

（2）各研学小组向全班分享关于铁路供电作业车及其作业集体研学的微课，并提交任课教师。

学习评价

教师引导学生总结本次课学习收获，并进行自我评价。

1. 长知识（5 分）

1）供电作业车的类型

（1）按作用性能分类；（2）按传动方式分类；（3）按轴列式分类。

2）常用供电作业车简介

（1）JW-4G 型接触网作业车；（2）BRC-711 型多功能作业车；（3）JJC 型接触网检修作业车。

3）供电作业车作业

（1）施工作业；（2）编组配置；（3）进入封锁区间作业的规定；（4）作业车作业平台使用规定；（5）检修列作业使用规定。

2. 强能力（5分）

（1）能简要说明供电作业车的类型和组成结构。

（2）会辨识常用供电作业车。

（3）了解供电作业车施工作业的编组配置及各项规定。

（4）对学习供电作业车产生兴趣爱好。

（5）提升利用互联网、教学资源库、图书查阅专业资料的技能。

（6）逐步养成自主学习习惯，提升互助学习、探索学习的能力。

3. 提素养（5分）

（1）尊重铁路供电作业车作业人员的劳动及劳动智慧，增强职业荣誉感。

（2）塑造新时代健康人格，热爱中国式现代化铁路，激发爱国主义情怀。

（3）成为铁路劳模精神、劳动精神、工匠精神的传承人。

活动 7.2.3　作品制作

建议本活动在课后进行。每名学生单独制作一个开放、个性、富有创造性的学习过程和学习成效的视频，既要反映课程基本学习目标的完成情况，又要反映个人学习的收获，时间在 5 min 以内，至少包括以下 4 项内容。

（1）供电作业车的类型和组成结构。

（2）常用供电作业车。

（3）供电作业车施工作业编组配置及各项规定。

（4）通过本次课学习，个人在知识增长、能力强化、素养提升方面的小结。

课后 2 天内将作品提交任课教师，作为教师评价学生学习效果的依据。

活动 7.2.4　学习测试

（1）简述供电作业车的类型和组成结构。

（2）简述供电作业车施工作业编组配置及各项规定。

拓展学习

陆地航母——JJC 型接触网检修作业车

黄色涂装的车身，流线型设计的车头，车顶有超长升降作业平台，车内生活设施齐全，既是铁路人检修线路设备的得力"帮手"，又是职工们温馨舒适的家，这列功能强大的火车就是 JJC 型接触网检修作业车，如图 7-7 所示。

这列检修作业车全长 217.8 m，重 540 t，由 12 节车厢组成，共由牵引车、指挥车、材料车、工具车、会议车、宿营车等组成。顶部架设 173.8 m 贯通平台，主要用于电气化

图 7-7　JJC 型接触网综合检修列车

铁路接触网的日常检查、维护、大修以及应急抢修和施工作业。搭载 4 台柴油发动机，额定功率 2 260 kW，最高时速可达 120 km，还装配 200 kW 柴油发电机组和 100 kW 备用柴油发电机组。

JJC 型综合检修作业车可同时满足三个跨距精细化集中修作业，整车推进、"大兵团"集中作业模式，实现了设备检查检测和维修保养同步，彻底改变了传统接触网检修作业模式，堪称接触网作业车中的"陆地航母"。

作业平台配有液压升降系统，在车顶高度 4.1 m 的基础上可再将平台升高 1.7 m，30 余名检修人员可同时在设有防护栏的"百米跑道"上安全高效地进行接触网设备检修。

使用 JJC 型综合检修作业车时，作业人员只需 6～8 min 就可完成 173.8 m 接触网设备的全面维修，是普通接触网作业车检修效率的 31.6 倍。

指挥车内配有视频监控、电脑等设备，指挥人员在这里发布作业指令控制平台升降、车内广播以及车门的开关，是整列作业车的"智慧大脑"。依托高清视频、语音监控系统，班组长或管理人员可对室内、室外所有作业人员进行安全管控，确保检修作业安全有序。

在工具车和材料车内整齐码放着绝缘子、接触线、吊弦等十余种检修用料，接地线、验电器、安全帽等安全用具全部状态良好、齐备备用。另外，这里的设备存储柜可以实时监测柜内的温度和湿度，确保特殊用具的安全存储。

新一代作业车的车头借鉴复兴号动车组流线型设计，风阻更小，列车发动机单机功率较上一代作业车提高了 1.6 倍，通过性能更强；爬坡动力提高了 1.32 倍，允许坡度达 33‰。对作业平台的固定梯进行了改进，增加了闸调器、门禁呼叫和车门安全锁等人性化设备。

另外，平台上还增加了专用工具箱和运送设备的货梯，解决了作业人员携带大型机具、材料上下平台的问题，提升了作业效率和安全性。

会议车可容纳 50 余人召开班前预想及班后收工会，液晶电视、投影器材、扩音器等硬件设施一应俱全，10 台自动升降的显示器可让会议室"秒变"培训教室。

新一代检修作业车生活设施更完善，环境更温馨、更舒适。干净整洁的餐车配有电磁炉、加工台、冷冻存储柜及取餐餐台等设备设施，餐厅可满足 48 人同时用餐，肉禽、青菜、汤粥、水果……新鲜的食材、可口的饭菜让职工在施工作业期间吃得更健康、更营养。新一代检修作业车生活设施如图 7-8 所示。

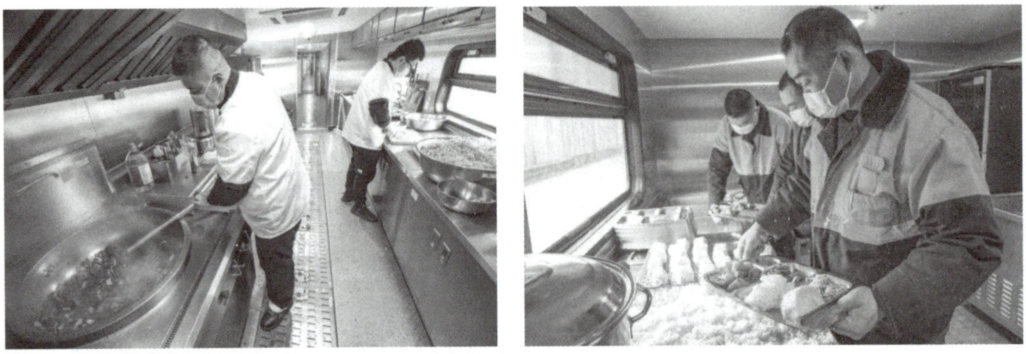

图 7-8　新一代检修作业车生活设施

四节宿营车共设 15 个 4 人包间，可容纳 60 人同时休息，包间门为静音推拉门，每个床铺加宽了 10 cm，为职工营造了安静舒适的休息环境。宿营车还添置了更衣橱、更衣镜、洗衣机等设备设施，方便职工使用。

铁道线上，这抹亮眼的"黄色"是铁路检修设备不断升级的见证，是铁路科技不断发展的缩影，也是职工生产生活环境不断改善的写照。新科技、新设备的投用为推动铁路高质量发展注入强劲动力。

任务 7.3　大型养路机械及其作业

活动 7.3.1　自主学习

建议本活动在课前进行。按照教学安排，学生预习基础知识，并查阅与本任务相关的资料。

📖 基础知识

铁道线路是列车运行的基础，为保证列车的正常运行，铁道线路必须保持良好的状态。在实际过程中，列车的运行必然会造成线路的磨损，导致几何参数的变化。因此，有计划地对线路进行检查和养护是十分必要的。随着我国铁路高速、重载和舒适化的发展要求，线路验收标准逐步提高，再加上近年来各种新建铁路、客运专线，以及改、扩建线路的大量竣工，大大增加了我国铁路的运营里程，以往传统的养护手段已经无法满足要求，使用大型养路机械进行系统化、机械化养护已成为必然。

7.3.1.1　大型养路机械分类

大型养路机械集机械、电气、液压、气动于一体，通过自动检测、电液伺服控制、自动联锁、微机控制等先进技术，可实现线路的机械化养护。大型养路机械一般由发动机系统、动力传动系统、制动系统、走行系统、电气系统、液压系统、测量系统、工作装置等组成。根据作业功能的不同，大型养路机械主要包括捣固车、动力稳定车、钢轨打磨车、清筛机、配砟整形车、物料运输车等几大类，此外还有焊轨车、钢轨铣磨车、桥梁检测车、除雪车、除沙车、轨道吸污车、连续式起道车、快速换轨车、轨道作业测量车、路基处理车、大修列车等。因具体功能的差异，同类大型养路机械也会存在不同型号，其中一部分型号已实现批量生产和运用，具有很强的代表性。

7.3.1.2　常用大型养路机械简介

1. 捣固车

捣固车能对线路进行起道、抄平、拨道、道砟捣固及夯实作业。作业后可使线路方向、左右横向水平和前后高低均达到线路维修规则的要求，提高道砟的密实度，增强线路的稳定性，确保列车安全运行。

1）DC-32K 型线路捣固车

DC-32K 型线路捣固车可以同时捣固两根轨枕，步进式走行，作业效率为 1～1.3 km/h，如图 7-9 所示。

2）DCL-32K 型线路捣固车

DCL-32K 型线路捣固车可以同时捣固两根轨枕，连续式走行，作业走行速度为 0～2 km/h，如图 7-10 所示。

图 7-9　DC-32K 型线路捣固车

图 7-10　DCL-32K 型线路捣固车

3）DWL-48K 型线路捣固稳定车

DWL-48K 型线路捣固稳定车可以同时捣固三根轨枕，连续式走行。该车配有稳定装置，可以在捣固的同时进行道床稳定作业。该车作业效率为 1.4～2.3 km/h，如图 7-11 所示。

4）CDC-16K 型道岔捣固车

CDC-16K 型道岔捣固车专用于道岔作业，也可用于线路作业，捣固 1 组 12 号单开道岔时间不大于 35 min，平直线路每小时作业量大于 0.5 km，如图 7-12 所示。

图 7-11　DWL-48K 型线路捣固稳定车

图 7-12　CDC-16K 型道岔捣固车

2. 动力稳定车

WD-320 型动力稳定车作业时强迫轨排及道床产生横向水平振动并向道床传递垂直静压力，使道砟流动重新排列，互相填充达到密实，实现轨道在振动状态下有控制地均匀下沉，提高作业线路的横向阻力和道床的整体稳定性。该车作业效率为 0.2～2.5 km/h，如图 7-13 所示。

3. 钢轨打磨车

钢轨打磨车通过打磨装置对钢轨表面进行打磨，消除钢轨表面不平顺、缺陷、病害等，同时可将轨头轮廓恢复到设计要求，实现预防钢轨表面缺陷的产生，减缓缺陷的发展，提高钢轨表面质量，进一步达到延长钢轨使用寿命，降低轮轨噪声，改善旅客乘车舒适度的目的。

1）PGM-48 型钢轨打磨列车

PGM-48 型钢轨打磨列车由三节车体组成，全列共有 48 个打磨头，作业走行速度为 1.6～24 km/h，如图 7-14 所示。

图 7-13　WD-320 型动力稳定车

图 7-14　PGM-48 型钢轨打磨列车

2）GMC-96B 型钢轨打磨列车

GMC-96B 型钢轨打磨列车由七节车体组成,全列共有 96 个打磨头,作业走行速度为 3～15 km/h,如图 7-15 所示。

3）GMC-96X 型钢轨打磨列车

GMC-96X 型钢轨打磨列车由五节车体组成,全列共有 96 个打磨头,作业走行速度为 3～24 km/h,如图 7-16 所示。

图 7-15　GMC-96B 型钢轨打磨列车

图 7-16　GMC-96X 型钢轨打磨列车

4）CMC-20 型道岔打磨车

CMC-20 型道岔打磨车由两节车体组成,全车共 20 个打磨头,作业走行速度为 2～16 km/h,如图 7-17 所示。

4. 清筛机

清筛机是用来清筛道砟的大型机械,它能将脏污的道砟挖出,进行筛分后,将清洁道砟回填至道床,将筛出的污土抛至线路外。

1）QS-650 型线路清筛机

QS-650 型线路清筛机可在不拆除轨排的情况下,挖出轨排下的道砟,经过筛分后,将污土抛到该机前方线路的两侧或物料运输车内,清洁道砟回填至挖掘区域后方。在翻浆冒泥路段,可对道床道砟进行全抛作业。该车作业走行速度为 0～1 km/h,作业效率大于等于 650 m³/h,如图 7-18 所示。

图 7-17　CMC-20 型道岔打磨车

图 7-18　QS-650 型线路清筛机

2）BS-550 型边坡清筛机

BS-550 型边坡清筛机挖掘线路边坡的道砟,经过筛分后,将污土抛到该机前方线路的两侧或物料运输车内,清洁道砟回填至挖掘区域后方。该车作业走行速度为 0～2 km/h,作业效率为 550 m³/h,如图 7-19 所示。

3）BS-1200 型边坡清筛机

BS-1200 型边坡清筛机功能与 BS-550 型相似,作业走行速度为 0～4 km/h,作业效率为 1200 m³/h,如图 7-20 所示。

图 7-19　BS-550 型边坡清筛机

图 7-20　BS-1200 型边坡清筛机

5. 配砟整形车

配砟整形车具有对道床进行抛砟、配砟、整形和清扫轨枕面等作用，配砟整形车可编挂于捣固车之前，使捣固前道床断面成形、布砟均匀、方便捣固；也可编挂于捣固车之后，使捣固后道床得到进一步整理成形，同时将散落在轨枕或扣件上的道砟清扫干净。

1）SPZ-200 型配砟整形车

SPZ-200 型配砟整形车作业走行速度为 0～12 km/h，如图 7-21 所示。

2）SPZ-350 型配砟整形车

SPZ-350 型配砟整形车作业走行速度为 0～19 km/h，如图 7-22 所示。

图 7-21　SPZ-200 型配砟整形车

图 7-22　SPZ-350 型配砟整形车

3）DPZ-440 型配砟整形车

DPZ-440 型配砟整形车作业走行速度为 0～15 km/h，如图 7-23 所示。

6. 物料运输车

WY-100 型物料运输车可与清筛机整编成一列车组，将清筛作业产生的废弃污土料在不间断清筛作业的情况下适时地运走，在提高了天窗利用率的基础上，有效地避免了将大量废弃污土抛弃在路肩地段、多线区段及车站范围内，保护了环境，杜绝了传统清筛作业的人工二次清理，从而极大地提高了清筛作业的整体作业效率。该车储料箱容积为 68 m³，输送能力大于 800 m³/h，满载料卸空时间小于 5 min，如图 7-24 所示。

图 7-23　DPZ-440 型配砟整形车

图 7-24　WY-100 型物料运输车

7.3.1.3　维修作业

1. 作业内容

大型养路机械维修作业主要内容包括线路和道岔的起道、拨道、捣固、道床砟肩夯拍、边坡清筛、道床稳定、配砟、整形，以及钢轨、道岔打（铣）磨、作业检测等。

2. 编组配置

根据维修作业内容配备相应的大型养路机械。线路捣固作业机组一般应配备线路捣固车2台、动力稳定车1台（或捣固稳定车2台）、配砟整形车1台。道岔捣固作业机组一般应配备道岔捣固车1台，道岔稳定车1台。边坡清筛作业机组一般应配备边坡清筛机1台、配砟整形车1台。线路或道岔打磨作业机组应配备钢轨打磨列车或道岔打磨车各1台。根据线路等级、作业条件、封锁时间、作业要求等实际因素，维修机组具体配备内容可相应调整，维修机组之间还可合并作业，扩大设备组合，以联合作业方式加快施工进度。

3. 相关规定

（1）无缝线路地段大型养路机械作业应避开高温时段，作业轨温应符合《普速铁路线路修理规则》的有关规定。

（2）作业命令下达后，大型养路机械按规定进入封锁区间。大型养路机械在封锁区间内作业时，各机械间隔不得小于10 m。

（3）步进式捣固车的捣固频次不宜超过18次/min，连续式双枕捣固车的捣固频次不宜超过22次/min，连续式三枕捣固车的捣固频次不宜超过20次/min，其他机型捣固车捣固频次按产品性能及作业要求掌握；动力稳定车的作业速度应控制在0.8～1.8 km/h，配砟整形车的作业速度应控制在2～5 km/h。各车应形成流水作业，确保作业后的线路迅速得到稳定。

（4）双线区段邻线未封锁，且线间距不足4.2 m时，配砟整形车靠邻线一侧的侧犁禁止作业；线间距不足4.9 m时，边坡清筛机在两线间的工作装置不得作业。

（5）影响大型养路机械作业的各类设备、障碍物等应提前拆除，拆除的设备应在作业机组结束当日该地段的作业后，方可恢复。

（6）大型养路机械维修后的线路几何状态应达到铁路线路修理验收标准。

7.3.1.4　大修作业

1. 作业内容

大型养路机械大修作业的主要内容包括成段更换钢轨、轨枕，清筛道砟，更换道床，整治路基翻浆冒泥，物料储运，以及线路、道岔作业后的起道、拨道、捣固，线路砟肩夯拍、稳定、配砟和整形等。

2. 编组配置

根据大修作业内容配备相应的大型养路机械。线路清筛作业机组一般应配备清筛机2台、捣固车4台、动力稳定车2台、配砟整形车2台，还可配备带式物料运输车；道岔清筛作业机组一般应配备道岔清筛机1台、道岔捣固车1台和带式物料运输车2台；大修列车作业机组应配备大修列车1列、轨枕运输车3组（根据更换轨枕数量确定）、捣固车1台、动力稳定车1台、配砟整形车1台；路基整治作业机组应配备路基处理车1台、捣固车2台及一定数量的物料运输车。

3. 相关规定

（1）无缝线路地段大型养路机械作业的天窗时间应避开高温时段，当预测作业轨温高于原锁定轨温时，必须进行应力放散，以使作业轨温符合《普速铁路线路修理规则》的有关规定。

（2）作业前应根据清筛深度和道床的脏污率备足道砟。全面检查钢轨接头螺栓和扣件状态，对路基处理车、清筛机作业项目应全面拧紧扣件。

（3）清筛机清筛深度一般不小于 300 mm（枕下，下同）；道床总厚度不足 300 mm 时，应清筛至路基面（垫层面），并做好排水坡，以利排水；在桥梁上和车站内作业，受建筑物限制时，可酌情减小清筛深度，但不得小于 250 mm，并按原线路标准进行起、拨道。使用大修列车更换轨枕时，轨枕长度不得超过 2 600 mm，枕端露筋不得长于 5 mm，换枕后轨枕间距误差不大于 ±10 mm。

（4）作业时，清筛机枕下导槽应按 1:50 的坡度向道床排水侧倾斜，作业至路基面时坡度不少于 1:25。

（5）被清筛线路两侧的建筑物（包括埋设在道床中的固定物）至线路中心的距离应不小于 2 100 mm。

（6）在道砟质量不良或线路翻浆冒泥地段，可采用清筛机等进行换道床或垫砂（垫布）作业。

（7）基床下沉外挤或翻浆冒泥地段，可采用路基处理车进行路基整治作业。

（8）大型养路机械作业回填道砟应均匀，曲线外股适当多配道砟。换道床作业应在两股钢轨枕下垫道砟袋。

（9）影响大型养路机械作业的各类设备、障碍应提前拆除，拆除的设备必须在作业机组结束当日该地段的作业后，方可恢复。

（10）捣固车、动力稳定车的作业要求参照大型养路机械维修作业的相关要求。作业中，清筛机、配砟整形车、捣固车、动力稳定车采取流水作业方法，使道床在清筛后能及时得到补砟、捣固，尽快恢复道床稳定。

（11）对清筛、更换道砟、路基整治等作业，应采用多次捣固和稳定的方法，整修捣固应采用精确法严格按照线路大修设计技术资料进行作业。

（12）细整捣固顺坡率应符合铁路线路修理规则的规定。当作业终点有拨道量时应输入拨道递减量，以便将线路拨顺，达到安全放行列车的要求。

（13）大型养路机械大修作业后线路质量应达到铁路线路修理标准。

学而思之

铁路大型养路机械有何特点及优势？

查阅资料

（1）在阅读基础知识的基础上，通过线上线下教学资源，查阅铁路大型养路机械的资料，进一步了解铁路大型养路机械的作业。

（2）个人下载 3～5 张关于铁路大型养路机械及其作业的图片，用于小组学习交流。

活动 7.3.2 集体研学

建议本活动在课中进行。在教师指导下，以学生为主体，工学结合，做中学、做中教。

场所建议

场所 1：现场。现场观看铁路大型养路机械及其作业。

场所 2：仿真实训室。通过仿真系统展示铁路大型养路机械及其作业。

场所 3：多媒体教室。通过多媒体课件展示铁路大型养路机械及其作业。

上述 3 个教学场所，最好选择场所 1，其次选择场所 2，起码保证场所 3。

视频欣赏

进入教学资源库，观看铁路大型养路机械及其作业视频，学习、弘扬铁路职工的劳模精神、劳动精神和工匠精神。

小组交流

（1）以事先划定的学习小组为单位，交流个人课前、课中学习情况，分享个人收集的相关资料，对学习中发现的疑点、难点进行小组研讨，并在规定时间内制作小组研学过程的微课，时间不超过 3 min。

（2）各研学小组向全班分享关于铁路大型养路机械及其作业集体研学的微课，并提交任课教师。

学习评价

教师引导学生总结本次课学习收获，并进行自我评价。

1. 长知识（5 分）

1）大型养路机械分类

根据作业功能的不同有不同类型。

2）常用大型养路机械简介

（1）捣固车；（2）动力稳定车；（3）钢轨打磨车；（4）清筛机；（5）配砟整形车；（6）物料运输车。

2. 强能力（5 分）

（1）能根据作业功能的不同简要说明大型养路机械分类。

（2）能辨识常用大型养路机械。

（3）了解大型养路机械施工作业的编组配置及各项规定。

（4）对学习大型养路机械产生兴趣爱好。

（5）提升利用互联网、教学资源库、图书查阅专业资料的技能。

（6）逐步养成自主学习习惯，提升互助学习、探索学习的能力。

3. 提素养（5 分）

（1）尊重铁路大型养路机械作业人员的劳动及劳动智慧，增强职业荣誉感。

（2）塑造新时代健康人格，热爱中国式现代化铁路，激发爱国主义情怀。

（3）成为铁路劳模精神、劳动精神、工匠精神的传承人。

活动 7.3.3　作品制作

建议本活动在课后进行。每名学生单独制作一个开放、个性、富有创造性的学习过程和学习成效的视频，既要反映课程基本学习目标的完成情况，又要反映个人学习的收获，时间在 5 min 以内，至少包括以下 3 项内容。

（1）常用大型养路机械类型。

（2）大型养路机械施工作业的编组配置及各项规定。

（3）通过本次课学习，个人在知识增长、能力强化、素养提升方面的小结。

课后 2 天内将作品提交任课教师，作为教师评价学生学习效果的依据。

活动 7.3.4　学习测试

（1）简述大型养路机械类型。

（2）简述大型养路机械施工作业的编组配置及各项规定。

拓展学习

全路首次投用！铁路"大黄蜂"又添新成员

2024 年 1 月，在西康铁路引镇至青岔区间，全路首台隧道煤粉清理车正式投入使用，铁路大型养路机械再添新成员啦。

作为"大黄蜂"家族的新成员，此次投入使用的 TX-100K 型煤粉清理车（见图 7-25）也有了别称——铁路版"超强吸尘器"

图 7-25　TX-100K 型煤粉清理车

受自然环境及运煤列车开行的影响，煤灰会在线路上、隧道内不断堆积，进而影响列车运输环境。铁路版"吸尘器"负责为铁路既有线路，进行煤灰清理作业。

隧道煤粉清理车由动力车、侧吸车、中吸车三节车厢组成，如图 7-26 所示。

(a) 动力车

(b) 侧吸车

(c) 中吸车

图 7-26　隧道煤粉清理车的组成

隧道煤粉清理车身形庞大却又"心细如发"，行走在线路上，它能又快又安全地将煤灰清理、收集、排放，那么它是怎么做到的呢？

隧道煤粉清理车，采用扫吸结合负压输送原理，能对道床表面、轨道中心 7.2 m 范围内的煤粉进行清理、收集，整机具备防爆、隔爆、泄爆、防火、环境监测等功能。

收集来的煤粉会被怎样处理呢？

收集的煤粉经除尘系统分离后通过输送带传输到物料车上，并在作业完成后，在固定区域内对收集到的煤粉进行统一排放处理。

隧道煤粉清理车投用后，将大幅度节约人力成本，提升铁路设备使用寿命，延长隧道大修周期，改善列车运行环境，提高铁路运输能力。

对于首次投用的隧道煤粉清理车，听听此次参与作业的中国铁路西安局集团有限公司工务机械段职工怎么说？

作为一名入路不久的青工，很开心能成为全路首台隧道煤粉清理车的操作手。今后，我就要跟着我们的"铁哥们"一起"走南闯北"，共同为安全优质的铁路环境作贡献，这感觉简直太酷啦！——职工史岗刚

从最早的人工养护铁路，到现在越来越多机械化运用，我们的大型养路机械设备类型也在不断多样化。能见证机械化水平不断进步，我非常自豪！——职工赵乾亮

参加工作几十年了，非常荣幸成为全路首台隧道煤粉清理车的见证者。我相信，随着现代化机械设备不断更新，我们的铁路养护工作会越来越高效、越来越好。——职工齐彦辉

未来，期待"聪明灵活"、大有可为的"大黄蜂"新成员与其他大型养路机械继续发挥更大作用。

思政案例 军民共建铁路的成功范例——襄渝铁路

1964 年，毛主席发出建设大西南的号召，经铁道部第二勘测设计院于 1965 年 12 月勘测设计，确定修建襄樊至成都的铁路，称襄成铁路。1968 年初，中央出于国防建设的需要，作出了先修渝（重庆）达（县）铁路、缓建成（都）达（县）段的决定。1969 年底，中央确定渝达、襄成两线合一，称襄渝铁路。

襄渝铁路是当时中国地图上，不做标记的秘密国防铁路线。

横贯鄂、陕、川 3 省的襄渝铁路，是联络我国中原和西南地区的交通大动脉，是西南三线铁路建设的重要组成部分。这条铁路东起湖北襄樊（现襄阳），西至重庆，全长 915.6 km。铁路横穿武当山、白云山、大巴山，三跨汉江，九跨东河，七跨将军河，33 次跨后河，在北碚跨嘉陵江。沿线山高谷深，水流湍急，地质复杂，通过深涧百余条，大断层 50 多处，隧道 405 座，桥梁 716 座，桥隧总延长 400 km，占线路总长度的 46%，特别是陕西境内占比高达 81.5%。沿线许多地段上傍悬崖，下临深渊，有 36 座车站不得不建在桥梁上或延伸至隧道内。

襄渝铁路施工采用先两头，后中间，一次部署，全面展开的方针，全线分为 10 段，部署第 1、第 2、第 6、第 7、第 8、第 10、第 11、第 13 师，独立汽车团、独立机械团等共 23.5 万人参建，其中，第 6 师和第 7 师于 1968 年先后开进重庆至达县段施工，第 1 师和第 13 师于 1969 年先后开进湖北施工，从 1970 年下半年起，襄渝铁路大会战逐步全面展开，加上三省动员的 59 万民工，施工高潮时军民筑路大军共达 83 万人，浩浩荡荡，威武雄壮。

中段陕西境内施工条件最差，这里"峰有千盘之险，路无百步之平"，修建临时工房要劈山垒石，或移土填壑；这里人烟稀少，物资短缺，据说当时紫阳县没有一条公路，没有一辆汽车，所有工程和生活物资主要靠肩挑背负；所有施工用水和生活用水都要用机械从汉江中引上来，扬程高达百米。这些问题都要在正式施工之前解决。

施工部队在这样极端困难的情况下，边安家，边准备，积极为正式施工创造条件。据统计，全线施工队伍共架设高压线 1 795 km，修建临时房屋、工棚等 652 万 m²，铺设给水管道 1 061 km，仅修建的公路和运输便道就达 3 140 km，是铁路正线的 3 倍还多。

全线控制工期的关键工程是全长 5 333 m 的大巴山隧道，施工现场地处峡谷陡崖之上，

根本没有立足容身之地。先遣分队好不容易找到一块不足 30 m² 的深谷河滩安下家，每天跋山涉水，肩挑人扛，往返 40 多 km 把 1 000 多 t 的物资、装备运到工地。进洞以后，除了遇上日夜暴涌的地下水来袭，又有铁青钢硬的特坚石和不软不硬的"橡皮泥"轮番挑战，就这样，他们连续奋战 34 个月，闯过一道又一道难关，终于贯通了这条全线最长的隧道。

另一条全长 3 735 m 的白云山隧道施工也捷报频传，连续稳产高产，平均双口月成洞 306 m。然而，在大成隧道，突遭特大山洪袭击，洪水奔涌，迅速灌入隧道，受阻于隧道内的 226 名人员生命受到严重威胁，经多方努力抢救，有 194 人先后脱险，但仍有 32 名顽强奋战的战士为襄渝铁路建设献出了宝贵的生命。

1973 年 10 月 19 日襄渝铁路接轨通车。通车后，又突遭特大暴雨袭击，在山洪的强力冲击下，一些地段的巨大山体缓缓滑向汉江，造成路基坍塌，隧道开裂，钢轨变形。施工队伍及时制定了固山锁石的处置方案，展开了一场别开生面的"锚山"战斗。在 20 多处严重滑坡的地段，增筑大型钢筋混凝土锚固桩 228 根。最大的锚固桩断面长 7 m，宽 3.5 m，桩深达 48 m，从而把移动的大山稳稳"钉"在地球上，保证了行车安全。

襄渝铁路的建成，是以铁道兵部队为主体，沿线几十万人民群众积极参加，国家各有关部门和有关省市密切协作的胜利，是铁路建设史上一个成功的范例。

项目 8

工电供作业安全

铁路基础设施运维作业安全，是铁路高效运营的重要保障，是"强基达标、提质增效"的关键环节，是体现铁路综合技术实力的重要标志，直接关系铁路生产要素和生产资源的系统配置。

本项目共 3 项任务：

任务 8.1　工务作业安全

任务 8.2　电务作业安全

任务 8.3　供电作业安全

这 3 项任务全部来自铁路工电供作业安全实际工作，情境客观，内容真实。

学习目标

（1）掌握铁路线路、桥隧作业安全的基本要求。

（2）掌握电务作业"三不动""三不离""七严禁"的内涵。

（3）掌握道岔转辙设备、轨道电路设备、光电缆设备等作业安全基本要求。

（4）掌握变配电、接触网、电力作业安全基本要求。

（5）能描述工务、电务、供电作业安全内容。

（6）会描述工务、电务、供电作业安全事故特征。

（7）培养学习工电供作业安全的兴趣。

（8）提升自主学习、互助学习、探索学习的能力。

（9）提升利用线上线下资源查阅资料的技能。

（10）通过完成课前自主学习、课中小组研学、课后作品制作，提高个性化创作能力和互助研学能力。

（11）尊重铁路工电供作业人员的劳动成果，增强职业荣誉感。

（12）塑造新时代健康人格，热爱中国式现代化铁路，激发爱国主义情怀。

学习建议

（1）课前自主学习。认真阅读每项任务中的基础知识，通过线上线下教学资源，查阅与任务相关的资料，阅读中国铁路工电供作业安全的文献资料，收集文字、数字、影像资料。

（2）课中小组研学。以事先划定的学习小组为单位，交流个人自主学习情况，分享个人

收集的相关资料，研讨学习中发现的疑点、难点，制作关于小组研学过程的微课。

（3）课后作品制作。学生个人单独制作一个开放、个性、富有创造性的学习过程和学习成效的视频，既要反映课程基本学习目标的完成情况，又要反映个人学习的收获。

任务 8.1　工务作业安全

活动 8.1.1　自主学习

建议本活动在课前进行。按照教学安排，学生预习基础知识，并查阅与本任务相关的资料。

基础知识

铁路工务作业安全基本要求包括：线路作业安全基本要求，桥隧及路基作业安全基本要求。

8.1.1.1　线路作业安全基本要求

（1）作业人员在道岔转辙器部分进行养护作业时，应在尖轨和基本轨间垫设木垫，未设木垫不得将手脚等伸入尖轨与基本轨之间。

（2）多人在线路上一起作业时，应统一指挥，相互间应保持一定的安全距离，防止工具碰撞伤人。

（3）人工分组捣固时，其前后距离应不少于 3 根轨枕，作业人员脚趾不得伸出轨枕边缘；多组捣固机械同时捣固时，前后距离应不少于 3 m，走行应保持同步。

（4）使用撬棍拨道时，撬棍要插牢，作业人员要听从指挥，统一行动，不准骑压或用肩扛撬棍拨道。翻动钢轨应使用翻轨器，并安排有经验的人员操作，其他人员应远离翻动方向，注意钢轨的翻动。不宜用手或使用撬棍翻动钢轨。

（5）打道钉要稳，新枕木要先钻孔，不准用捣镐打道钉；分组打道钉时，其距离应不少于 6 根枕木；在无人行道的桥面上起钢轨外口道钉时，应站在道心，并使用专用工具。

（6）使用锯轨机切割钢轨时，其他人员应远离锯轨机两侧和前方，防止锯片碎裂伤人；钢轨打磨时，其他人员应远离打磨前方；焊补钢轨、辙岔时，电焊机应采取接地措施，防止人员触电灼伤；钢轨焊接时，应严格按操作规程操作，防止烫伤。

（7）在无人行道的桥上，禁止站在钢轨外侧起钉和甩锤打钉；抽换枕木时，禁止站在枕木头外侧用力；紧、松螺栓不得向外用力。

（8）在绝缘接头、道岔尖轨部分、可动心轨等工电结合部设备进行作业时，必须与电务部门配合。

（9）进行硫黄锚固作业，熔制锚固材料时，应戴好防护用具，火源要设在离钢轨 5 m 以外的下风方向，人员应站在上风处操作。

（10）无缝线路区段作业，必须严格执行"一准、二清、三测、四不超、五不走"作业规定。

① 一准：掌握实际锁定轨温要准。

② 二清：维修和经常保养作业半日一清，临时补修作业一撬一清。

③ 三测：作业前，作业中，作业后测量轨温。

④ 四不超：作业不超温，扒碴不超长，起道不超高，拨道不超量。

⑤ 五不走：扒开道床未回填不走，作业后道床未夯实不走，未组织回检不走，质量未达

到作业标准不走，发生异状未处理不走。

（11）在繁忙的站内及道岔群巡查时，巡道工必须两人同路巡查，巡查时应走路肩。上道作业时，必须做到一人作业，一人防护的规定。

8.1.1.2 桥隧及路基作业安全基本要求

（1）在桥面及离地面 2 m 以上的高处或陡坡上作业，不得穿带钉或易溜滑的鞋。高空作业，应戴安全帽，系安全带（绳）；在临时高处设施上移动作业时，应搭设安全网；上、下层不得同时作业，确需双层作业时，应有隔离措施。未设置隔离设施的高处作业，人员不得垂直施工。

（2）隧道内的多项目、多台机械同时作业时，必须互相通报作业地点、作业内容。

（3）砍伐危树和进行修枝作业时，不得侵入接触网的限界，防止因侵界造成联电伤人，作业人员和工具与接触网必须保持 2 m 以上的安全距离。

（4）搭、拆脚手架时，作业人员要绑紧裤脚，不得穿带钉或易溜滑的鞋，脚手架下不准有人停留或通过。脚手架平台，应设置安全围栏或安全网。靠近架空电线搭拆脚手架时，应严格按照供电部门的规定留出安全距离（一般动力线 2 m 以上，照明线 1 m 以上）。

（5）土石方工程开挖作业前，应做好必要的地质、水文和地下设备（如电缆、管道）的调查和勘查工作。

（6）明挖基坑作业，禁止掏底挖土；双层作业时，下层作业人员要戴安全帽；不得在吊运设备下站人和挖土，严禁乘升降架上下。

（7）人工开挖沉井作业，必须戴安全帽，禁止向井下扔物品，作业人员不得乘出土吊车（斗）上下。

（8）组装施工便梁，禁止用手探螺栓孔；组装木排架，必须采取临时支撑措施，以防倒塌伤人。

（9）进行路堑或山体边坡刷方、清石作业时，开挖土方应自上而下，严禁挖悬空土。多人同时在坡面上开挖作业时，严禁上下重叠作业，开挖人相互间距不应小于 2 m。进行撬石作业，施工人员站立点必须稳固，不准站在活动的石块上工作。

8.1.1.3 工务部门安全事故特征

工务部门主要指工务段、大型养路机械作业段及一些工程施工部门，其主要职能是维护铁路线路，保持线路、桥隧技术状态良好。铁路线路是铁路运输基础设施的重要组成部分，对铁路运输安全有着十分重要的作用，铁路事故中因施工作业不当、线路技术质量不良或因铁路道口管理不善等原因造成的事故比率较高。

工务部门常见事故特征如下。

（1）施工作业违章，导致作业者人身伤害或行车事故。

典型事故：2012 年 10 月 6 日 11 时 31 分，渝怀线成都开往广州 K191 次旅客列车运行至冯家坝—甘家坝间，将涪陵工务段在线路上使用小型捣固机作业维修线路的 4 名从业人员撞死，构成铁路交通较大事故。事故因作业人员天窗外违章上道作业，且未设置现场防护员所致。近年来，因施工违章及施工管理不善造成的行车事故和作业人员伤害事故呈上升趋势。

此类事故引发原因有多种，如防护不当或中断防护，不设作业标，作业人员下道躲避列车不及时；不执行天窗作业点，提前施工作业；无调度命令施工，或不经调度批准变更作业地点、超范围施工维修；轻型施工车辆、小车、施工机械、作业机具等设备设施等，造成运行中的列车冲撞。

（2）线路设备陈旧，维修质量不高；钢轨探伤检查不到位，造成钢轨断裂；线路几何尺寸不符合标准；胀轨跑道，钢轨、夹板、岔心折断等造成事故。

典型事故：

1971 年 5 月，保定工务段管辖区间发生胀轨跑道，造成列车颠覆事故。

1987 年 8 月 23 日 7 时 34 分，由兰州站发出的 1818 次货物列车在陇海线兰州东—桑园间 K1724+461 处，穿越十里山二号隧道时因钢轨折断，造成机后六七辆罐车脱转颠覆，16 辆油罐车在洞内起火，烈火燃烧了一昼夜，使陇海线天兰段中断行车 201 h 56 min，2 名押运人员死亡，报废货车 23 辆，隧道裂损 179 m，损坏线路 763 m，直接经济损失 240 万元。事故的直接原因是因钢轨疲劳损伤，没有及时更换造成的。

1938 年 1 月 2 日，粤汉铁路由广州开往武昌的 22 次直通混合列车，行经旧横石—黎洞间，全列 14 辆中有 10 辆颠覆，死伤旅客百余人。原因分析：路基松浮，且列车编组前重中轻。

1949 年 4 月 7 日，527 次货物列车运行至卧里屯—萨尔图间 K155+30 处，由于钢轨折损造成列车颠覆重大事故。

2008 年 6 月 20 日 16 时 50 分，陇海线 81606 次货物列车运行至杨家河—天水间 K1403+846 处，因工务作业人员违法擅自动道造成线路涨轨，导致机后 15 位车辆 B_{15E}7001943 后台车脱轨，中断上行线 5 小时 54 分。构成铁路交通一般 A 类事故。

（3）进入线路的巡守人员、线桥作业人员侵入线界或横穿线路时躲避列车不及时，造成伤害等。

典型事故：2013 年 11 月 22 日 11 时 10 分，京哈上行线台安至盘锦北间，晚点通过的哈尔滨至北京的 D28 次动车，撞上山海关工务段盘锦北一线路工区 5 名横过线路的作业人员，事故造成 4 人死亡，其中有 2 名刚参加工作不久的大学生和 1 名新上岗的高职生，作业班长也在事故中受伤。

（4）卸砂、石料作业不当，路料摆放不当造成事故。

典型事故：2008 年 6 月 1 日 20 时，焦柳线通道—地阳坪 K1353+890—K1353+920 间封锁，57001 次进入该区间卸片石，20 时 30 分运行至 K1353+949 处，因车门关闭不良，车上片石滚落侵限，将机后 2 位敞车垫出脱轨，构成铁路交通一般 C 类事故。

2005 年 12 月 28 日 13 时 21 分，24032 次货物列车运行至黔桂线墨冲站站内三道时，因机后第 7 位车辆在区间卸碴时发生故障后未卸完余碴，造成卸车偏载、脱轨。

（5）轨道车等自轮运转设备作业事故。

1969 年 9 月 21 日，沈丹铁路下马塘至连山关间，发生轨道车与 5511 次货物列车相撞的重大伤亡事故。造成 9 人死亡，62 人受伤，轨道车大破。

（6）风灾、水灾、塌方和落石等自然灾害发生后，因预防不力、监测手段不先进等造成事故。

典型事故：1954 年天兰铁路"8·4"颠覆坠落事故，起因为山洪将路基下层冲毁，191 次客车列车通过时路基塌陷所致。

2007 年 2 月 28 日凌晨 2 时，南疆铁路 5807 次列车运行至珍珠泉至红山渠站间时，因瞬间 13 级大风造成列车机后 9～19 位车辆脱轨，事故造成 3 名旅客死亡，2 名旅客重伤，32 名旅客轻伤。

2010 年 5 月 23 日凌晨 2 时，由上海南开往桂林的 K859 次旅客列车，运行至沪昆线余江至东乡间，遇连日降雨造成的山体滑坡掩埋线路，列车发生脱线事故，机车及机后第 1～9 位车辆脱线。本次地质灾害引发的事故造成 19 人死亡、71 人受伤。

2014 年 11 月 24 日 15 时，襄渝线 755208 次货物列车行至旬阳至棕溪间，发生山体塌方和泥石流，造成机后 1～12 位车辆脱轨。事故造成 2 名司机伤亡；1967 年 4 月 4 日 4 时 34 分，外福线安仁溪至闽清区间 K132+262 处，309 次旅客列车撞上落石，构成机车引导轮脱轨的重大事故。

（7）铁路道口路外伤害事故。

典型事故：1936 年 9 月 13 日，在粤汉铁路易家湾车站 K391+500 m 处，湖南省公路局汽车抢道与 22 次旅客列车相撞。事故造成死亡 9 人、重伤 13 人，中断铁路行车 33 h。

1946 年 6 月 18 日，52 次旅客列车于 5 时 30 分抵达沪宁线真如站 1 道，交会 7 次旅客列车。机车停于道口前 1 m 处，当 7 次由正线进站时，上海万丰海陆运输公司一辆满载火柴的卡车由南开来，不顾道口看守人员显示的危险信号，抢越道口与 7 次特快列车相撞。卡车被撞后，车内储油器破裂，所载火柴受震着火，并延及列车，烧毁客车 4 辆，机车、煤水车脱轨后撞坏 52 次机车，卡车司机死亡，2 人失踪，旅客 27 人受伤。

1963 年陇海线发生"11·24"东闸道口撞车事故，引发汽车所载的 2 t 雷管爆炸。

2006 年包兰线宁夏金沙湾铁路道口"7·11"事故，一辆旅游大巴上的司机未认真瞭望，冲过道口时与一台西行机车相撞，事故造成郑州第五十七中学教师 12 人死亡，6 人重伤，9 人轻伤。

铁路道口长期以来成为路外伤害事故最为敏感的部位，近年来铁路部门加快投资，陆续将大量平交道口改造为立交桥，客观上减少了道口冲撞事故。

（8）人为破坏及其他。

2014 年 4 月 13 日 3 时 17 分，由黑河开往哈尔滨的 K7034 次列车运行到海伦站至东边井区间时脱轨。

事故原因为铁路职工吴某因竞聘工长职位落选后，拆卸下一根 12.5 m 轨条并移位，导致列车脱轨事故。责任者被追究法律责任。

学而思之

为什么铁路工务安全是铁路运输安全的重要保障？

查阅资料

（1）在阅读基础知识的基础上，通过线上线下教学资源，查阅工务安全作业的资料，进一步了解铁路工务安全事故特征。

（2）个人下载 3～5 张关于工务安全的图片，用于小组学习交流。

活动 8.1.2 集体研学

建议本活动在课中进行。在教师指导下，以学生为主体，工学结合，做中学、做中教。

场所建议

场所 1：现场。听现场师傅讲解工务作业安全。

场所 2：仿真实训室。通过仿真系统展示工务作业安全。

场所 3：多媒体教室。通过多媒体课件展示工务作业安全。

上述 3 个教学场所，最好选择场所 1，其次选择场所 2，起码保证场所 3。

视频欣赏

进入教学资源库，观看工务作业安全视频，学习、弘扬铁路职工的劳模精神、劳动精神和工匠精神。

小组交流

（1）以事先划定的学习小组为单位，交流个人课前、课中学习情况，分享个人收集的相关资料，对学习中发现的疑点、难点进行小组研讨，并在规定时间内制作小组研学过程的微课，时间不超过 3 min。

（2）各研学小组向全班分享关于工务作业安全集体研学的微课，并提交任课教师。

学习评价

教师引导学生总结本次课学习收获，并进行自我评价。

1. 长知识（5分）

（1）线路作业安全基本要求。

（2）桥隧及路基作业安全基本要求。

（3）无缝线路区段作业，"一准、二清、三测、四不超、五不走"作业规定。

① 一准：掌握实际锁定轨温要准。

② 二清：维修和经常保养作业半日一清，临时补修作业一撬一清。

③ 三测：作业前，作业中，作业后测量轨温。

④ 四不超：作业不超温，扒碴不超长，起道不超高，拨道不超量。

⑤ 五不走：扒开道床未回填不走，作业后道床未夯实不走，未组织回检不走，质量未达到作业标准不走，发生异状未处理不走。

2. 强能力（5分）

（1）能正确描述工务作业安全基本要求。

（2）会客观分析工务部门安全事故特征。

（3）对学习工务作业安全产生学习兴趣。

（4）提升利用互联网、教学资源库、图书查阅专业资料的技能。

（5）逐步养成自主学习习惯，提升互助学习、探索学习的能力。

3. 提素养（5分）

（1）尊重铁路工务人的劳动及劳动智慧，增强职业荣誉感。

（2）塑造新时代健康人格，热爱中国式现代化铁路，激发爱国主义情怀。

（3）成为铁路劳模精神、劳动精神、工匠精神的传承人。

活动 8.1.3 作品制作

建议本活动在课后进行。每名学生单独制作一个开放、个性、富有创造性的学习过程和学习成效的视频，既要反映课程基本学习目标的完成情况，又要反映个人学习的收获，时间在 5 min 以内，至少包括以下 4 项内容。

（1）线路作业安全。

（2）桥隧作业安全。

（3）工务作业安全案例。

（4）通过本次课学习，个人在知识增长、能力强化、素养提升方面的小结。

课后 2 天内将作品提交任课教师，作为教师评价学生学习效果的依据。

活动 8.1.4 学习测试

（1）写出线路作业安全基本要求。

（2）写出桥隧作业安全基本要求。

（3）正确分析工务部门事故特征。

拓展学习

2012年涪陵工务段"10·6"机车车辆伤害较大事故深度分析

2012年10月6日11时30分，K191次列车运行至渝怀线冯家坝—甘家坝间，将涪陵工务段正在进行维修作业的4名作业人员撞死。构成铁路交通较大事故。

1. 事故概况

（1）发生时间：2012年10月6日11时30分。

（2）发生地点：渝怀线冯家坝—甘家坝间K315+080处。

（3）事故类别：机车车辆伤害。

（4）伤害程度：死亡4人。

（5）事故经过。

2012年10月6日11时30分，涪陵工务段黔江线路车间甘家坝工区在冯家坝—甘家坝间K315+080处线路上作业时，作业人员与K191次列车相撞，造成4名作业人员死亡。构成铁路交通较大事故。

2. 事故调查情况

1）调查访问

（1）经询问黔江线路车间职工张××（男，26岁，涪陵工务段黔江线路车间甘家坝工区班长），其证实：10月6日，班长赵××安排张××带陈××、杜××、许××、张××四名务工人员在渝怀线K316+700处进行"起道"。11时30分，甘家坝站防护员杨××通过对讲机呼叫赵××被火车撞了，杨××要张立即赶往赵××维修工地查看。11时40分，张××赶到达渝怀线K315+120（濯水一号隧道重庆方向洞口）处，看见现场有四具尸体，还有单轨车、道尺、捣股机、压机、铁铲对讲机、手套等物品。

（2）经访问当天参与施工的相关人员：因甘家坝工区工长夏××休息，10月6日班前点名由班长赵××组织，6时25分，赵××组织张××及七名务工人员班前点名并安排当日工作，决定由赵××带领张××、张××、许××三名务工人员在渝怀线冯家坝至甘家坝区间K314+500—K315+100（濯水一号隧道重方洞口处）"起道"，张××带领另外四名务工人员在渝怀线冯家坝至甘家坝区间K316+700—K316+300处"起道"，并安排杨××在甘家坝站运转室开展防护（杨××还未转正，不具备防护资格），在人员不足的情况下，冯家坝车站和工地现场均未设置防护，也未设置联络防护。

（3）经询问杨××（男，20岁，甘家坝工区职工），杨××证实：受赵××安排，其在甘家坝车站运转室开展防护，11时30分，K191次客车通过冯家坝车站，其立即用对讲机呼叫赵××，可赵××一直没有回应，拨通赵××手机也不接应，后来在甘家坝车站运转室听见K191次司机呼叫撞着人了，便立即呼叫张××，喊张××立即查看现场。

（4）根据涪陵工务段提供的资料，事发地点K315+100接近濯水一号隧道重方洞口（重方洞口里程为K315+109）。P60无缝线路，Ⅲa型混凝土轨枕、3‰上坡，允许速度120 km/h。该处位于缓和曲线上，曲线起点：K314+617。终点：K315+185。全长为568 m，缓和曲线长为100 m，超高为45 mm，半径为2 500 mm。黔江线路车间甘家坝工区10月6日上报的作业计划是一个作业组，在甘家坝至鱼泉区间K321+500—K325+000进行整理道床、均碴、除杂草，上道人数11人（机具包括方铲、拉铲、掏扒、簸箕），施工负责人夏××（工长），驻站防护黄×、工地防护王×、怀端关门防护林××、重端关门防护张××，工务段下达同意该作业计划的调度命令号"FDW-8-44-10-4"。

（5）经询问K191次当班司机王×：10月6日其值乘K191次客车通过渝怀线冯家坝车站时，没有接到冯家坝至甘家坝区间的慢行调度命令，冯家坝车站运转室值班员也没有说冯家坝至甘家坝区间有工务部门施工作业，11时30分，列车运行到冯家坝至甘家坝区间K314+500处，前方为一弯道，鸣笛，看见前方灌水一号隧道口有四名身穿工务制服的人员正在施工，现场没有防护人员，王×立即鸣笛并采取紧急制动，施工人员没有反应，列车径直撞上四人。

2）涪陵工务段情况

（1）查车间管理情况。

① 查甘家坝线路工区10月3日报车间的10月6日维修作业日计划，项目为整理道床，经车间、段审批同意。10月6日甘家坝线路工区实际在K315+080处进行补修捣固作业，但作业负责人班长赵××变更作业计划及作业项目，未按规定上报车间。10月2日涪陵工务段检控车间添乘仪报警处所中K314—K316区段共计有10处报警，具体地点为：K314+569、K314+605、K314+681、K314+789、K314+923、K314+959、K315+019、K315+199、K315+857、K316+037，均为垂加Ⅲ级超限。

② 查涪陵工务段9月黔江线路车间包保领导为副段长××，甘家坝线路工区包保干部为劳动人事科科长××；9月28日恢复为××和××。

查看《干部检查指导记录》，4月至9月底，甘家坝线路工区显示××记录1次（5月30日）。黔江线路车间显示××记录3次（5月30日、6月27日、9月3日）、显示××记录2次（4月24日，6月24日），8月4日××添乘K9462次从黔江线路车间至涪陵，9月15日、16日××在黔江线路车间防洪值班。查9月份段领导及机关干部有多人次到甘家坝跟班大机作业的记录。但国庆期间没有包保干部、车间干部到岗，未落实涪陵工务段干部包保"五个一"要求。

③ 查涪陵工务段及车间规定的处理超临补处所程序：上级领导或职能部门（含检控车间、技术科、车间）等添乘发现报警处所后，按照段调度—车间—工区的方式进行通知。工区负责人根据添乘数据，对比查找线路缺陷，对超出临时补修处所的处理方式，按以下程序办理：

a）工区认为有需要申请故障修的，用电话将申请故障修的里程、故障修内容、故障修负责人等项目向所在车间汇报；

b）车间接到工区故障修申请后由车间主任审核认可后以电子表格（表格样式见附件）形式报段调度；

c）段调度接到车间上报的故障修申请后，立即向主管领导汇报，待主管领导审核同意后，由调度通知车间执行故障修；

d）车间接到段调度反馈意见后，电话通知申请故障修的工区执行故障修；

e）工区接到车间电话后，在所在车站登记，申请要点，待路局批准后执行故障修。

④ 查9月天窗作业，按照集中修统一作业，共用集中修天窗进行作业，包括处理临时补修等情况。未能在集中修天窗时间内进行的故障处理（含添乘超临补项目），按故障修程序进行办理。涪陵工务段及黔江车间要求各工区整理道床及检查线路，对危急行车的处所，按照故障修程序进行办理。经查，黔江线路车间国庆期间未安排点内作业项目。

⑤ 甘家坝线路工区工长夏××于9月29日向车间主任甘××请假休双节，夏××按照段及车间要求，安排班长赵××负责工区节日期间工作，主要工作为整理道床及线路检查。

⑥ 存在的问题。

a）10月3日、4日消缺作业2天，与工区上报计划不符，车间未引起足够重视，未及时对工区作业情况进行详细了解和予以指导。

b）经查10月4日、5日、6日黔江线路车间没有安排甘家坝线路工区进行线路补修作业，在工区负责的班长赵××上报车间的作业中也没有线路补修作业项目，但班长赵××擅自增加线路补修作业内容。10月4日、5日作业后，工区向车间上报的作业完成情况中含有补修作业内容。但车间未检查和抽查，未及时纠正。

c）10月1日、2日工区检查K314—K316区段有9处三角坑、高低超保养标准（最大值为8 mm），车间未收集超限处所等情况。

（2）查甘家坝工区情况。

① 10月6日日计划审批情况：

a）查10月6日《涪陵工务段日作业计划预报审批表》，黔江线路车间甘家坝工区计划一个作业组在甘家坝至鱼泉区间K321+500—K325+000进行整理道床、均砟、除杂草，上道人数11人（机具包括方铲、拉铲、掏扒、簸箕），施工负责人夏君臣（工长），驻站防护联络员黄×、工地防护员王×、本务端关门防护员林××、重端关门防护员张××，调度命令号"FDW-8-44-10-4"。

b）工区10月3日中电话向车间上报日计划，上报人：赵××。

c）车间副主任×10月3日审核该工区日计划后，上报段审核。

d）工务段审核人员：朱××。职务：线路科主管工程师。潘×，职务：安全科科长。工务段10月3日审批。

② 实际作业情况：

a）事发当日，工区工作实际分成两个作业组，一组由张××（班长）带领陈××、杜××、许××、张××等4名务工人员在K316+700—K316+300进行整理道床作业。二组由赵××（班长）带领张××、张××、徐××等3名务工人员在K314+500—K315+100进行线路补修作业（工具包括2台眼镜蛇捣固机、1台压机、2台压机小车），驻站联络员由职工杨××（实习线路工，不具备防护员资格）担当，现场未设置专职防护员。

b）作业前，驻站防护员杨××于6时30分到达甘家坝运转室，在《值班员记事簿》上登记：甘家坝线路工区6时35分—12时整在K314+500—K316+00进行整理道床作业，不影响行车。

c）两个作业组到达工地时间约为7时40分。查驻站防护员的《防护通话记录簿》，11时25分左右，驻站防护通知K191次列车从冯家坝发车，一组、二组均有回复，此时二组人员没有下道避车；11时28分，再次通知K191次冯家坝站出站，只得到一组的回复。

3. 事故原因分析

1）现场作业违章蛮干

甘家坝线路工区班长赵××接到驻站联络员通知K191次列车邻站冯家坝接近时，没有组织作业人员停止作业下道避车；赵××擅自改变作业计划，上道使用机具动道作业，点内项目点外干；赵××安排无防护员资质人员担任驻站联络员，作业现场未设置专职工地、关门防护，导致防护失效，是造成此次事故发生的直接和主要原因。

2）甘家坝工区管理混乱

（1）工长夏××9月29日就离开工区，放假休息，而在工区临时负责的班长赵××在上报的周计划、日计划中施工负责人还是工长夏××。

（2）临时负责的班长赵××违反涪陵工务段《天窗修实施细则》中"因设备故障、应急处理等需临时变更作业计划，由各班组电话告知段调度，并经主管副段长同意后由调度告知车间实施"的规定，擅自改变作业计划和内容。

（3）班长赵××严重违反《成都铁路局局长令（第1号）》"严禁在天窗点外进行天窗点内的作业项目"的要求，在擅自变更作业计划的同时，利用列车间隔时间点外进行点内作业项目。

（4）当天工区仅9人（2名职工、1名劳务工、6名务工人员），上道作业根本无法按标准设置防护，还要分成2个作业组，严重违反《成都铁路局局长令（第1号）》"严禁不按标准设置防护进行作业"的要求，一错再错，拿生命当儿戏。同时，另一作业组负责人班长张××对赵××严重违章行为没有质疑和制止，互控、他控制度不落实。

3）黔江线路车间管理失控

（1）车间对班组的日常管理流于形式，对班组的安全管理没有沉到现场，以文件传文件，对班组的日常动道作业没有控制，造成现场作业失控。甘家坝工区工长夏××9月29日就离开工区，车间没有对该工区派驻干部重点盯控。

（2）车间对班组的计划审批、把关不严，没有认真按照文件要求对作业人员、作业内容进行审查，造成计划审批流于形式，没有从源头上进行卡控。甘家坝工区10月3日、4日消缺作业2天，实际作业内容与工区上报计划明显不符，特别是10月4日、5日、6日工区上报的作业计划与实际作业里程不符、作业项目不符、分组不符、人员不符、驻站联络员不符、施工负责人不符，作业后工区上报给车间的作业内容与实际作业计划不符等，表明车间对工区日常作业情况未认真检查和抽查，未对工区存在的安全问题进行纠正。

（3）劳动安全培训教育宣传流于形式。车间未组织对安全培训考试不合格人员进行补强考试。未按照铁路局要求开展《珍爱生命杜绝违章》劳动安全典型事故警示宣传教育。未将《岗位人身安全重点风险卡控表》发到职工手中，致使从业人员安全风险意识淡薄，自我保护意识差，违章蛮干行为屡禁不止。

4）涪陵工务段安全管理不力

涪陵工务段对车间、班组日常安全管理不严，特别是对现场作业卡控严重不到位，对班组作业计划的真实性监控不到位，安全管理薄弱，造成班组作业计划安排的随意性和不可控性。

（1）涪陵工务段领导和包保干部履行职责不到位。9月段领导及机关干部有多人次到甘家坝跟班大机作业的记录。但段领导和包保干部到现场检查发现问题少，帮助指导工作不力，甚至国庆期间在部、局要求包保干部到岗到位的情况下没有到岗包保。

（2）涪陵工务段职能部门对现场作业安全控制不到位，要求不严格，履职不到位。职能部门对作业计划的兑现落实情况检查少，造成车间、工区报虚假作业计划，作业计划与实际作业情况严重不符的情况多发，甚至对日常检查多次发现的下道不及时、点内项目点外干、不按规定设置防护等严重违章行为，也没有引起高度重视，在处理上轻描淡写，放任现场违章作业。

（3）涪陵工务段违反规定安排生产。在国庆期间铁道部0460号调度命令要求停止一切施工和维修作业，但涪陵工务段却安排现场进行恢复道床外观工作，对部、局的要求置若罔闻，轻视安全生产。并且安全措施严重不到位，没有要求车间到岗到位，造成现场监控不到位、安全管理失控。

4. 事故定性定责意见

"10·6"机车车辆伤害较大事故，系涪陵工务段安全管理不力、黔江线路车间管理失控、甘家坝线路工区管理混乱、现场作业失控、擅自组织上道作业、防护不到位、违章蛮干所致。根据《铁路交通事故调查处理规则》第六十八条"铁路作业人员在从事与行车相关的作业过程中，不论作业人员是否在其本职岗位，由于违反操作规程、作业纪律，或铁路运输生产设备设施、劳动条件、作业环境不良，或安全管理不善等造成伤亡，定责任事故"的规定，列涪陵工务段全部责任。

任务 8.2　电务作业安全

活动 8.2.1　自主学习

建议本活动在课前进行。按照教学安排，学生预习基础知识，并查阅与本任务相关的资料。

基础知识

8.2.1.1　严格执行电务作业"三不动""三不离""七严禁"基本安全制度

（1）三不动：未登记联系好不动；对设备性能、状态不清楚不动；正在使用中的设备（指已办理好进路或闭塞的设备）不动。

（2）三不离：工作完了，不彻底试验良好不离；影响正常使用的设备缺点未修好前不离；发现设备有异状时，未查清原因不离。

（3）七严禁：严禁甩开联锁条件，借用电源动作设备；严禁采用封连线或其他手段封连各种信号设备电气接点；严禁在轨道电路上拉临时线沟通电路造成死区间，或盲目用提高轨道电路送电端电压的方法处理故障；严禁色灯信号机灯光灭灯时，用其他光源代替；严禁甩开联锁条件，人为沟通道岔假表示；严禁未登记要点使用手摇把转换道岔；严禁代替行车人员按压按钮、转换道岔、检查进路、办理闭塞和开放信号。

8.2.1.2　道岔转辙设备作业安全基本要求

（1）进行电动转辙机维护作业时，应先打开遮断器，断开安全接点再作业。

（2）安装、拆装机械设备时不得将手指探入螺孔或销子孔内。

（3）在道岔施工作业时，停用设备的调度命令下达前，严禁拆卸安装装置、转辙机固定螺栓；严禁拆除道岔方钢、各种杆件，构成转辙机的道岔假表示。

（4）提速道岔同时拆卸主机、副机与道岔杆件连接时，必须确认车务部门已采取斥离轨锁定措施。整治提速道岔动作阻力的过程中，不得完全拆除锁闭框上固定螺帽。提速道岔油路故障时，严禁采取拆卸锁闭框的方式。

（5）电液道岔施工中，必须严格执行轨排预装制度，在预装完成后，上道前必须执行道岔扳动试验，试验表示、密贴良好。

（6）转辙机内部作业时禁止戴手套。

8.2.1.3　轨道电路设备作业安全基本要求

（1）维修或更换扼流变压器、中心连接板、轨道电路扼流变压器引接线、站内横向连接线等器件时，应使用"两横一纵"连接线沟通牵引电流后，方可开始作业。

（2）更换轨道电路绝缘时，作业人员应在确认扼流变压器连接线各部连接良好后，方可开始作业。

（3）检查轨道电路时，当轨道变压器与扼流变压器连接的低压线圈断开之前，禁止切断其高压线圈回路。

（4）配合工务换轨、换岔时，作业人员必须先检查、确认工务部门安装的疏通牵引回流的引接线连接良好后，方可进行作业。

8.2.1.4　光电缆设备作业安全基本要求

（1）开挖电缆沟作业，应掌握地下设备情况，过道开挖须工务人员配合，并设置防护；开挖后尽快恢复，并夯实捣固；土质松软处所应有防护和加固措施，以防坍塌。挖沟人员间距应在 3 m 以上，注意自身及他人安全。

（2）敷设光电缆作业，电缆盘应架设稳固，轴杠保持水平，方向正确；电缆盘架设距地不应大于 0.1 m，并应有制动措施；两侧作业人员，不得将脚伸入电缆盘下部，手不得伸入轴杠转动部位。电力电缆不得与通信信号电缆同沟敷设，交叉处必须采用物理隔离并符合相关规定。

（3）整修光电缆作业，应先确认电缆外皮（全塑电缆除外）与电缆屏蔽地线连接牢固，接触良好，同沟内数条电缆外皮焊接良好，方准开始作业。在对光缆进行收发光功率测试或运用中的纤芯检查时，禁止将眼睛正对光口或将有光的尾纤正对眼睛，以免激光灼伤眼睛。

（4）进行漏泄电缆作业时，必须先加临时地线，防止作业人员在梯子上接触感应电。

8.2.1.5　安装、撤除高柱信号机机柱安全基本要求

安装、撤除高柱信号机机柱时，必须有 3 个以上方向的牵引绳索；机构吊装必须有专用吊装机具；进行人工立杆、撤杆时，应使用叉杆或绞车等工具。

8.2.1.6　驼峰场作业安全风险控制措施

（1）驼峰室外设备日常巡视（检查）及检修必须全部纳入停轮修。严禁在驼峰溜放中、溜放间隙作业。

（2）拆卸压力容器元件、地沟风管路检修作业时，应先关闭相关电源、气源阀门，并进行压力释放，泄压时压力出口处严禁站人，确认出风口处无人后，方可释放高压气体。

（3）开启驼峰管道沟盖应使用专用工具，应与孔口保持 1 m 以上安全距离；禁止只打开一个沟盖板（单孔除外）；进入管道沟内前，必须先进行 10～15 min 的通风。管道沟内连续作业时间不得超过 1 h，遇头晕、呼吸困难等情况应立即离开。

8.2.1.7　电务部门安全事故特征

电务部门具体指铁路电务段、通信段。电务部门的主要工作是保证铁路信号系统、信号设备正常运转。铁路信号系统、信号设备是铁路运输生产体系极其重要的行车设备，其可靠运行在确保运输安全、提高运输效率方面发挥着不可替代的作用。

铁路信号是由各类信号显示、轨道电路、道岔转辙装置等主体设备及其他有关附属设施构成的一个联锁、闭塞的完整体系。铁路信号设备担负着路网上行车设备的运用状况、列车运行的实时状态、运输调度的指令控制等信息的传递，还承担着列车安全运行的监控任务。伴随着铁路的提速发展，铁路信号也在不断升级换代，如车站将低效率的电锁器联锁设备更换为 6502 电气集中联锁行车设备，从而完成在室内操作信号台，实现站与站之间办理行车，实现闭塞半自动控制。进入 21 世纪，现代信息技术和计算机应用于铁路行车指挥系统，信号

设备大部分升级为计算机联锁设备，站与站之间可利用区间信号机指示自动控制列车运行间隔，进行列车速度监控，实现了列车运行控制与行车调度指挥自动化，铁路工作效率和安全指数大大提高。

当今，铁路通信、信号系统也采用了光纤通信、无线通信、卫星通信与定位等先进通信技术，铁路信号系统技术已融通信、信号、计算机及网络等先进技术设备于一体，并向数字化、智能化、网络化、综合自动化方向发展，实现了车站、区间和列车控制的一体化，实现了列车远程实时监视、追踪、控制和管理等自动化处理，铁路信号又具备安全检测、监测功能，成为实现铁路运输安全的基本保障。

铁路运输自动化离不开可靠、安全的通信信号产品，但铁路运输自动化系统自身故障却又可能成为行车的不安全因素之一。车站或区间的道岔转辙装置、信号机、轨道电路、电气集中或微机联锁等控制设备、通信设备等相关设施一旦发生故障，就会对行车调度指挥系统造成影响。另外，信号装备发展中的安全风险，已经成为安全防范的重点。为了保证铁路运输的安全，要求铁路信号系统具有高可靠性和高安全性，信号产品及其系统必须向标准化、规范化发展。

事故经验表明，科技发展水平越高，交通事故发生的概率越低，但是安全隐患越隐蔽，一旦发生事故，造成的损失越大。铁路通信和信号系统由于科技含量高，由其引发的事故出现多样化特征。如换装机车用"LKJ 监控装置数据芯片"失误；烧损或挖断电缆、光缆造成区间自动闭塞故障；防雷设备安装不当或失效，引发通信信号故障；违章封连继电器接点，道岔定位假表示，造成联锁失效，误接发列车。

代表性的事故有：1997 年 4 月 29 日，昆明开往郑州的 324 次旅客列车，运行到京广线荣家湾时，因工作人员错误使用二极管封连线，改变了列车进路，导致 324 次旅客列车与停在该站长沙开往茶岭的 818 次旅客列车相撞，造成乘务员和旅客死亡 126 人，重伤 45 人，轻伤 185 人。

学而思之

铁路电务设备与工务设备有哪些结合部？

查阅资料

（1）在阅读基础知识的基础上，通过线上线下教学资源，查阅电务安全作业的资料，进一步了解铁路电务安全事故特征。

（2）个人下载 3～5 张关于电务安全的图片，用于小组学习交流。

活动 8.2.2　集体研学

建议本活动在课中进行。在教师指导下，以学生为主体，工学结合，做中学、做中教。

场所建议

场所 1：现场。听现场师傅讲解电务作业安全规定。

场所 2：仿真实训室。通过仿真系统展示电务作业安全规定。

场所 3：多媒体教室。通过多媒体课件展示电务作业安全规定。

上述 3 个教学场所，最好选择场所 1，其次选择场所 2，起码保证场所 3。

视频欣赏

进入教学资源库，观看电务作业安全视频，学习、弘扬铁路职工的劳模精神、劳动精神和工匠精神。

小组交流

（1）以事先划定的学习小组为单位，交流个人课前、课中学习情况，分享个人收集的相

关资料，对学习中发现的疑点、难点进行小组研讨，并在规定时间内制作小组研学过程的微课，时间不超过 3 min。

（2）各研学小组向全班分享关于电务作业安全集体研学的微课，并提交任课教师。

学习评价

教师引导学生总结本次课学习收获，并进行自我评价。

1. 长知识（5分）

（1）电务作业"三不动""三不离""七严禁"基本安全制度。

① 三不动：未登记、未联系好不动；对设备性能、状态不清楚不动；正在使用中的设备（指已办理好进路或闭塞的设备）不动。

② 三不离：工作完了，不彻底试验，确认状态良好不离；影响正常使用的设备故障未修好前不离；发现设备有异状时，未查清原因不离。

③ 七严禁：严禁甩开联锁条件，借用电源动作设备；严禁采用封连线或其他手段封连各种信号设备电气接点；严禁在轨道电路上拉临时线沟通电路造成死区间，或盲目用提高轨道电路送电端电压的方法处理故障；严禁色灯信号机灯光灭灯时，用其他光源代替；严禁甩开联锁条件，人为沟通道岔假表示；严禁未登记要点使用手摇把转换道岔；严禁代替行车人员按压按钮、转换道岔、检查进路、办理闭塞和开放信号。

线路作业安全基本要求。

（2）道岔转辙设备作业安全基本要求。

（3）轨道电路设备作业安全基本要求。

（4）光电缆设备作业安全基本要求。

2. 强能力（5分）

（1）能正确描述电务作业安全基本要求。

（2）会客观分析电务部门安全事故特征。

（3）对学习电务作业安全产生兴趣爱好。

（4）提升利用互联网、教学资源库、图书查阅专业资料的技能。

（5）逐步养成自主学习习惯，提升互助学习、探索学习的能力。

3. 提素养（5分）

（1）尊重铁路电务人的劳动及劳动智慧，增强职业荣誉感。

（2）塑造新时代健康人格，热爱中国式现代化铁路，激发爱国主义情怀。

（3）成为铁路劳模精神、劳动精神、工匠精神的传承人。

活动 8.2.3 作品制作

建议本活动在课后进行。每名学生单独制作一个开放、个性、富有创造性的学习过程和学习成效的视频，既要反映课程基本学习目标的完成情况，又要反映个人学习的收获，时间在 5 min 以内，至少包括以下 4 项内容。

（1）道岔转辙设备作业安全。

（2）轨道电路设备作业安全。

（3）光电缆设备作业安全。

（4）通过本次课学习，个人在知识增长、能力强化、素养提升方面的小结。

课后 2 天内将作品提交任课教师，作为教师评价学生学习效果的依据。

活动 8.2.4　学习测试

（1）写出道岔转辙设备作业安全基本要求。

（2）写出轨道电路设备作业安全基本要求。

（3）写出光电缆设备作业安全基本要求。

（4）正确分析电务部门事故特征。

拓展学习

"7·23"甬温线特别重大铁路交通事故

2011 年 7 月 23 日 20 时 30 分 05 秒，甬温线浙江省温州市境内，由北京南站开往福州站的 D301 次列车与杭州站开往福州南站的 D3115 次列车发生动车组列车追尾事故，造成 40 人死亡、172 人受伤，中断行车 32 小时 35 分，直接经济损失 19 371.65 万元。

1. 基本情况

1）事故线路情况

甬温线北起浙江省宁波市，南至温州市，全长 282.38 km，为双线电气化铁路（由沿海铁路浙江有限公司负责建设，委托上海铁路局运营管理）。2005 年 3 月 10 日，国家发展和改革委员会批准甬温铁路可行性研究报告，其中旅客列车速度目标值 200 km/h；2005 年 8 月，浙江省和铁道部批复初步设计，其中旅客列车速度目标值为 200 km/h，预留进一步提速条件；2008 年 11 月，铁道部鉴定中心印发了《关于甬温、温福等运行时速 250 km 铁路的客车到发线和无缝线路等问题的复函》，将开通运行速度提升为 250 km/h。该条铁路于 2006 年 2 月 28 日开工建设，2009 年 9 月 28 日投入使用，较批准工期提前 4 个月。

事故发生地点位于甬温线永嘉站至温州南站间下行线 583 km 831 m 处（瓯江特大桥上）。该区段 5.8‰下坡，曲线半径 4 500 m，超高 110 mm，跨区间无缝线路，60 kg/m 钢轨，Ⅲ 型混凝土轨枕。桥面距地面高度为 17.4 m。事故发生后对事故地段前后的线路检查测量结果合格。

2）事故列车及司机情况

（1）D3115 次列车及司机。D3115 次列车型号为 CRH1-046B，编组 16 辆，总长 426.3 m；配属上海铁路局上海动车客车段，自杭州站开往福州南站。列车定员 1 299 人，事故发生时乘坐旅客 1 072 人。7 月 22 日 23 时 4 分至 23 日 1 时 30 分在杭州动车运用所进行库内检修作业，各项技术参数及车辆状况均正常。

D3115 次列车司机何×，南昌铁路局福州机务段职工，承担 D3115 次宁波东站至福州南站的值乘任务。2010 年 2 月 25 日经铁道部培训考试合格取得动车驾驶证。上车前按规定进行了待乘休息，出勤手续办理合格，酒精检测合格。经调查认定，司机在永嘉站至温州南站间的作业符合相关作业标准。

（2）D301 次列车及司机。D301 次列车型号为 CRH2-139E，编组 16 辆，总长 401.4 m；配属北京铁路局北京动车客车段，自北京南站开往福州站。列车定员 810 人，事故发生时乘坐旅客 558 人。7 月 23 日 0 时 20 分至 2 时 10 分在北京南动车运用所进行库内检修作业，各项技术参数及车辆状况均正常。

D301 次列车司机潘××，南昌铁路局福州机务段职工，承担 D301 次宁波东站至福州站的值乘任务，已在事故中殉职。2009 年 6 月 23 日经铁道部培训考试合格取得动车驾驶证。上车前按规定进行了待乘休息，出勤手续办理合格，酒精检测合格。经调查认定，司机在永嘉站至温州南站间的作业符合相关作业标准。

3）事故相关设备情况

（1）中国列车控制系统（CTCS）。如图 8-1 所示，车站列控中心、轨道电路、列车超速防护系统（ATP）等构成了 CTCS。CTCS 根据功能要求和配置应用等级分为 0～4 级（其中 CTCS-2 级应用于 200～250 km/h 提速干线和高速铁路上，甬温线即采用该级系统）。CTCS-2 级分两个子系统，即地面子系统和车载子系统。地面子系统由车站列控中心、轨道电路等设备组成。车载子系统由列车超速防护系统（ATP）等设备组成。

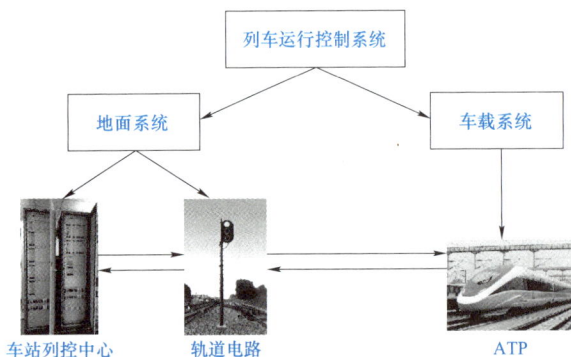

图 8-1 中国列车控制系统

（2）温州南站列控中心设备。温州南站采用的列控中心设备产品型号为 LKD2-T1，由北京全路通信信号研究设计院有限公司研发设计，上海铁路通信有限公司生产，具有轨道电路编码、区间信号机点灯控制、确定行车许可等功能。

（3）甬温线轨道电路。甬温线采用 ZPW-2000A 无绝缘轨道电路实现列车占用及完整性检查，并连续向列车传送行车许可等信息。事故发生在标号为 5829G 的轨道上，轨道全长 1500 m，5829G 轨道电路分为 5829AG 和 5829BG 两段。事故调查组检验测定，因雷击致使温州南站轨道电路 4 个发送盒（5829AG 备、5808AG 主、5808AG 备、S1LQBG 备）、2 个接收盒（5845AG、S1LQG）、1 个衰耗器（S1LQG）损坏，造成轨道电路与列控中心信号传输的 CAN 总线阻抗下降，导致 5829AG 轨道电路发送器与列控中心通信故障。

（4）列车超速防护系统（ATP）。D3115 次、D301 次列车均安装有 ATP。ATP 根据地面设备提供的信号信息控制列车运行。当因轨道电路故障等原因，ATP 接收不到信号或接收到非正常的检测信号时，ATP 将采取自动制动措施控制列车停车。列车停车后如需继续前行，需要等待 2 min 后将 ATP 从完全监控模式转为目视行车模式，以低于 20 km/h 的速度前进。目视行车模式期间，如接收到正常信号，ATP 将自动转为完全监控模式。

（5）列车通信设备。列车司机与列车调度员、车站值班员之间的呼叫使用铁路移动通信系统（简称 GSM-R），其终端设备包括机车综合无线通信设备和手持终端，两种设备使用同一频段。

4）事故地区气象情况

根据事故调查组委托国家电网公司雷电监测与防护实验室利用中国电网雷电监测网对事故所在区域雷击数据进行的统计分析，7 月 23 日 19 时 27 分至 19 时 34 分温州南站信号设备相继出现故障时，温州南站至永嘉站、温州南站至瓯海站铁路沿线走廊内的雷电活动异常强烈，雷击地闪次数超过 340 次，每次雷击包含多次回击过程，电流幅值超过 100 千安的雷击共出现 11 次。8 月 29 日至 9 月 2 日，事故调查组又委托中国气象局组成气象专家组，依据中国气象局雷电监测系统确认了上述温州南站雷电活动及雷击设备情况。

5）事故地段治安情况

经过公安机关现场勘查和调查，事故现场未发现人为破坏铁路线路、通信信号、牵引供电等设备设施的痕迹；温州南站行车室、通信信号机械室等行车要害部门治安未见异常；事故发生前动车组列车车厢内治安秩序良好。因此，排除了人为破坏和线路治安因素。

2. 事故发生经过

2011 年 7 月 23 日 19 时 30 分左右，雷击温州南站沿线铁路牵引供电接触网或附近大地，通过大地的阻性耦合或空间感性耦合在信号电缆上产生浪涌电压，在多次雷击浪涌电压和直流电流共同作用下，LKD2-T1 型列控中心设备采集驱动单元采集电路电源回路中的保险管 F2（以下简称列控中心保险管 F2，额定值 250 V、5 A）熔断。熔断前温州南站列控中心管辖区间的轨道无车占用，因温州南站列控中心设备的严重缺陷，导致后续时段实际有车占用时，列控中心设备仍按照熔断前无车占用状态进行控制输出，致使温州南站列控中心设备控制的区间信号机错误升级保持绿灯状态。

雷击还造成轨道电路与列控中心信号传输的 CAN 总线阻抗下降，使 5829AG 轨道电路与列控中心的通信出现故障，造成 5829AG 轨道电路发码异常，在无码、检测码、绿黄码间无规律变化，在温州南站计算机联锁终端显示永嘉站至温州南站下行线三接近（以下简称下行三接近，即 5829AG 区段）"红光带"。

19 时 39 分，温州南站车站值班员臧×看到"红光带"故障后，立即通过电话向上海铁路局调度所列车调度员张×汇报了"红光带"故障情况，并通知电务、工务人员检查维修。瓯海信号工区温州南站电务应急值守人员滕××接到故障通知后，于 19 时 40 分赶到行车室，确认设备故障属实后，在《行车设备检查登记簿》（运统-46）上登记，并立即向杭州电务段安全生产指挥中心进行了汇报。

19 时 45 分左右，滕××进入机械室，发现 6 号移频柜有数个轨道电路出现报警红灯。

19 时 55 分左右，接到通知的温州电务车间工程师陈××、车间党支部书记王×、预备工班长丁××3 人到达温州南站机械室，陈××问滕××："登记好了没有？"滕××说："好了。"陈××要求滕××担任驻站联络，随即与王×、丁××进入机械室检查，发现移频柜内轨道电路大面积出现报警红灯（经调查，共 15 个轨道电路发送器、3 个接收器及 1 个衰耗器指示灯出现报警红灯），陈××即用 1 个备用发送器及 1 个无故障的主备发送器中的备用发送器替代 S1LQG 及 5829AG 两个主备发送器均亮红灯的轨道电路的备用发送器，采用单套设备先行恢复。

20 时 15 分左右，陈××通过询问在行车室内的滕××，得知"红光带"已消除，即叫滕××准备销记。滕××正准备销记，此时 5829AG "红光带"再次出现，王×立即通知滕××不要销记。陈××将 5829AG 发送器取下重新安装，工作灯点绿灯。随后，杭州电务段调度沈××来电话让陈××检查一下其他设备。陈××来到微机房，发现列控中心轨道电路接口单元右侧最后两块通信板工作指示灯亮红灯，便取下这两块板，同时取下右侧第三块的备用板插在第二块板位置，此时其工作指示灯仍亮红灯。陈××立即（20 时 34 分左右）向 DMIS（调度指挥管理信息系统）工区询问了可能的原因后，便回到机械室取下三个工作灯亮红灯的接收器。此时列控中心轨道电路接口单元右侧第二块通信板工作指示灯亮绿灯，陈××随即将拆下来的两块通信板恢复到两个空位置上，然后通信板工作指示灯亮绿灯。陈××在微机室继续观察。

至事故发生时，杭州电务段瓯海工区电务人员未对温州南站至瓯海站上行线和永嘉站至温州南站下行线故障处理情况进行销记。

20 时 03 分，温州南站线路工区工长袁××在接到关于下行三接近"红光带"的通知后，带领 6 名职工打开杭深线下行 584 km 300 m 处的护网通道门并上道检查。20 时 30 分，经工务检查人员检查确认工务设备正常后，温州南工务工区驻站联络员孔××在《行车设备检查登记簿》（运统-46）上进行了销记："温州南—瓯海间上行线，永嘉—温州南下行线经工务人员徒步检查，工务设备良好，交付使用。"

19 时 51 分，D3115 次列车进永嘉站 3 道停车（正点应当 19 时 47 分到，晚点 4 分），正常办理客运业务。

19 时 54 分，张×发现调度所调度集中终端（CTC）显示与现场实际状态不一致（温州南站下行三接近在温州南站计算机连锁终端显示"红光带"，但调度所 CTC 没有显示"红光带"），即按规定布置永嘉站、温州南站、瓯海站将分散自律控制模式转为非常站控模式。

20 时 09 分，上海铁路局调度所助理调度员杨××通知 D3115 次列车司机何×："温州南站下行三接近区段有'红光带'，通过信号没办法开放，有可能机车信号接收白灯，停车后转目视行车模式继续行车。"司机又向张×进行了确认。

20 时 12 分，D301 次列车永嘉站 1 道停车等信号（正点应当 19 时 36 分通过，晚点 36 分）。

永嘉站至温州南站共 15.563 km，其中永嘉站至 5829AG 长 11.9 km，5829AG 长 750 m，5829AG 至温州南站长 2.913 km。

20 时 14 分 58 秒，D3115 次列车从永嘉站开车。

20 时 17 分 01 秒，张×通知 D3115 次列车司机："在区间遇红灯即转为目视行车模式后以低于 20 km/h 速度前进。"

20 时 21 分 22 秒，D3115 次列车运行到 K583+834 处（车头所在位置，下同）。因 5829AG 轨道电路故障，触发列车超速防护系统自动制动功能，列车制动滑行，于 20 时 21 分 46 秒停于 K584+115 处。

20 时 21 分 46 秒至 20 时 28 分 49 秒，因轨道电路发码异常，D3115 次列车司机三次转目视行车模式起车没有成功。

20 时 22 分 22 秒至 20 时 27 分 57 秒，D3115 次列车司机 6 次呼叫列车调度员、温州南站值班员 3 次呼叫 D3115 次列车司机，均未成功（经调查，20 时 17 分至 20 时 24 分，张×在 D3115 次列车发出之后至 D301 次列车发出之前，确认了沿线其他车站设备情况，再次确认了温州南站设备情况，了解了上行 D3212 次列车运行情况，接发了 8 趟列车）。

20 时 24 分 25 秒，在永嘉站到温州南站间自动闭塞行车方式未改变、永嘉站信号正常、符合自动闭塞区间列车追踪放行条件的情况下，张×按规定命令 D301 次列车从永嘉站出发，驶向温州南站。

20 时 26 分 12 秒，张×问臧×D3115 次列车运行情况，臧×回答说："D3115 次列车走到三接近区段了，但联系不上 D3115 次列车司机，再继续联系。"

20 时 27 分 57 秒，臧×呼叫 D3115 次列车司机并通话，司机报告："已行至距温州南站两个闭塞分区前面的区段，因机车综合无线通信设备没有信号，跟列车调度员一直联系不上，加之轨道电路信号异常跳变，转目视行车模式不成功，将再次向列车调度员联系报告。"臧×回答："知道了。"20 时 28 分 42 秒通话结束。

20 时 28 分 43 秒至 28 分 51 秒、28 分 54 秒至 29 分 02 秒，D3115 次列车司机两次呼叫列车调度员不成功。

20 时 29 分 26 秒，在停留 7 分 40 秒后，D3115 次列车成功转为目视行车模式启动运行。

20 时 29 分 32 秒，D301 次列车运行到 K582+497 处，温州南站技教员幺××呼叫 D301 次列车司机并通话："动车 301 你注意运行，区间有车啊，区间有 3115 啊，你现在注意运行啊，好不好啊？现在设备（通话未完即中断）。"

此时，D301 次列车进入轨道电路发生故障的 5829AG 轨道区段（经调查确认，司机采取了紧急制动措施）。20 时 30 分 05 秒，D301 次列车在 583 km 831 m 处以 99 km/h 的速度与以 16 km/h 速度前行的 D3115 次列车发生追尾。

事故造成 D3115 次列车第 15、16 位车辆脱轨，D301 次列车第 1 至 5 位车辆脱轨（其中第 2、3 位车辆坠落瓯江特大桥下，第 4 位车辆悬空，第 1 位车辆除走行部之外车头及车体散落桥下；第 1 位车辆走行部压在 D3115 次列车第 16 位车辆前半部，第 5 位车辆部分压在 D3115 次列车第 16 位车辆后半部），动车组车辆报废 7 辆、大破 2 辆、中破 5 辆、轻微小破 15 辆，事故路段接触网塌网损坏、中断上下行线行车 32 小时 35 分，造成 40 人死亡、172 人受伤。

此次事故造成的 40 名死亡人员当中，有旅客 37 人、司乘人员 3 人（其中：男性 25 人、女性 15 人；当场死亡 25 人、送医院途中死亡 13 人、医治无效死亡 2 人）；172 名受伤人员当中，有旅客 169 人、司乘人员 3 人（其中：男性 94 人、女性 78 人）。

3. 事故原因和性质

1）事故原因

经调查认定，导致事故发生的原因是：中国铁路通信信号集团所属通号设计院在 LKD2-T1 型列控中心设备研发中管理混乱，通号集团作为甬温线通信信号集成总承包商履行职责不力，致使为甬温线温州南站提供的 LKD2-T1 型列控中心设备存在严重设计缺陷和重大安全隐患。铁道部在 LKD2-T1 型列控中心设备招投标、技术审查、上道使用等方面违规操作、把关不严，致使其在温州南站上道使用。当温州南站列控中心采集驱动单元采集电路电源回路中保险管 F2 遭雷击熔断后，采集数据不再更新，错误地控制轨道电路发码及信号显示，使行车处于不安全状态。雷击也造成 5829AG 轨道电路发送器与列控中心通信故障。使从永嘉站出发驶向温州南站的 D3115 次列车超速防护系统自动制动，在 5829AG 区段内停车。由于轨道电路发码异常，导致其三次转目视行车模式起车受阻，7 分 40 秒后才转为目视行车模式以低于 20 km/h 的速度向温州南站缓慢行驶，未能及时驶出 5829 闭塞分区。因温州南站列控中心未能采集到前行 D3115 次列车在 5829AG 区段的占用状态信息，使温州南站列控中心管辖的 5829 闭塞分区及后续两个闭塞分区防护信号错误地显示绿灯，向 D301 次列车发送无车占用码，导致 D301 次列车驶向 D3115 次列车并发生追尾。上海铁路局有关作业人员安全意识不强，在设备故障发生后，未认真正确地履行职责，故障处置工作不得力，未能起到可能避免事故发生或减轻事故损失的作用。

2）事故性质

经调查认定，"7·23" 甬温线特别重大铁路交通事故是一起因列控中心设备存在严重设计缺陷、上道使用审查把关不严、雷击导致设备故障后应急处置不力等因素造成的责任事故。

任务 8.3　供电作业安全

活动 8.3.1　自主学习

建议本活动在课前进行。按照教学安排，学生预习基础知识，并查阅与本任务相关的资料。

基础知识

8.3.1.1　变配电作业安全基本要求

（1）未按规定参加安全考试和取得安全合格证的人员，在安全等级不低于三级的人员监护下，方可进入牵引变电所高压设备区。

（2）外单位来所作业的人员，应进行安全教育，必要时进行安全考试，经设备运营维护管理单位许可且在安全等级不低于三级的人员监护下，方可进入。

（3）高处作业（距离地面 2 m 以上）人员要系好安全带，戴好安全帽，在作业范围内的地面作业人员也必须戴好安全帽。

（4）雷电时禁止在室外设备以及与其有电气连接的室内设备上作业。遇有雨、雪、雾、风（风力在五级及以上）的恶劣天气时，禁止进行带电作业。

（5）高处作业时要使用专门的用具传递工具、零部件和材料等，不得抛掷传递。登梯前作业人员要先检查梯子是否牢靠，梯脚要放稳固，严防滑移，梯子上只能有一人作业。

（6）使用携带型火炉或喷灯时，不得在带电的导线、设备以及充油设备附近点火。作业时其火焰与带电部分之间的距离：电压为 10 kV 及以下者不得小于 1.5 m，电压为 10～220 kV 不得小于 3 m，330 kV 不小于 4 m。

（7）牵引变电所发生高压（对地电压为 250 V 以上，下同）接地故障时，在切断电源之前，任何人与接地点的距离：室内不得小于 4 m；室外不得小于 8 m。

8.3.1.2　接触网作业安全基本要求

（1）雷电时（在作业地点可见闪电或可闻雷声）禁止在接触网上进行作业。遇有雨、雪、雾或风力在 5 级及以上恶劣天气时，一般不进行 V 形天窗作业。

（2）在接触网上进行作业时，除遇有危及人身或设备安全的紧急情况，供电调度发布的倒闸命令可以没有命令编号和批准时间外，接触网的所有作业必须有供电调度命令。

（3）接触网 V 形天窗停电作业时，撤除相邻线供电（馈线）臂的重合闸；在牵引供电回路开口作业时，应事先采取旁路、等电位措施；吸上线与钢轨及扼流变中性点连接处一般不进行拆卸作业，确需拆卸处理时，必须采取旁路措施，按分界由专业设备管理部门配合。

（4）接触网巡视检查不少于两人，其中一人的安全等级不低于三级；巡视人员应穿戴工作服、安全帽、反光防护服、个人工具，携带望远镜和通信工具，夜间及隧道巡视还要有充足照明灯具。

（5）任何情况下巡视，对接触网都必须以有电对待，巡视人员不得攀登支柱，巡视过程中原则上不得上道巡视，如确需上道观察设备或穿越铁路时，必须相互监护进行，并时刻注意避让列车。

（6）在有轨道电路的区段作业时，不得使长大金属物体（长度大于或等于轨距）将线路两根钢轨短接。

（7）夜间及隧道内进行接触网作业时，应使用接触式音响和灯光报警器验电；禁止夜间进行更换桥支柱或在长大桥梁上采用车梯进行的施工、检修作业。

8.3.1.3　电力作业安全基本要求

（1）电力作业人员必须具备必要的专业知识、熟悉《电力安全工作规程》，参加安全考试合格并取得"电力安全合格证"方可参加作业。

（2）任何作业必须采取工作票制度，抢修作业时凭调度命令执行。

（3）对工作较复杂、有触电危险的作业，应设置专职监护人；停电、检修、接地封线时必须执行"一人作业，一人监护"。

（4）停电作业前必须进行停电、检电、接地封线、悬挂标示牌及装设防护物。

（5）任何情况下都必须与带电设备保持足够的安全距离。

（6）巡视电力线路时发现导线断线，应设置防护物，并悬挂"止步，高压危险！"的警告牌，防止行人接近断线地点 8 m 以内，并迅速报告电力调度和有关领导，等候处理。

（7）登杆作业前必须确认作业范围、检查登杆工具、安全腰带等是否合格，使用梯子时必须有人扶持和采取防滑措施。

（8）砍伐树木时，不应攀抓脆弱和枯死的树枝，应站在坚固的树干上，系好安全带，面对线路方向；为防止树木（枝）倒落在导线上，应用绳索将被砍剪的树枝拉向与导线相反的方向。

（9）巡视电缆线路时，巡视人员只能在路肩上行走，严禁上道行走。

8.3.1.4　供电部门安全事故特征

铁路供电部门，主要负责牵引供电安全，即电气化铁路安全。我国电气化铁路带有 27.5 kV 高压电，该电压已是日常家用电压的 100 多倍以上。电气化铁路具有高电压、大电流、感应电流强大等技术特点。在电气化铁路上，接触网的各导线及其相连元件，电力机车的电力设备上，通常都带有高压电，一般采用绝缘子隔离带电体和非带电体。当接触网绝缘部件作用不良时，特别遇有雷击天气时，在其支柱、支撑装置及其他连接的金属构件上，在回流线与钢轨的连接点、接地线等处，都可能出现高压电和大电流，如果人体与以上设备设施接触，形成过电，即会发生触电事故。

电气化铁路事故特征：接触网接触线断线、倒杆或塌网，引发列车运行故障或事故；错误地向停电区段的接触网供电，引发伤害事故；由于作业不当，引发电气设备烧损；在电气化铁路上工作的铁路职工、沿线居民及广大旅客、押运人员、货主和通过电气化道口的车辆和人员等，由于不熟悉电气化铁道安全的有关知识和规定，作业安全和人身安全时常受到威胁，尤其新电气化铁路线开通使用之初，此类人员受到伤害最为严重；从事接触网作业的供电专业人员、机车司机、施工作业人员违反规定，也成为铁路线上电伤害的主要对象。

代表性事故有：1951 年 4 月 24 日 13 时 45 分，在日本神奈川县横滨市日本国有铁道东海道本线支线樱木町站内，由于施工作业导致线输电线垂落，并落在第 1271 B 列车上，引发电弧火灾，加之列车门没有打开，造成乘客 106 名死亡，92 人受伤。

2005 年 7 月 31 日 5 时 20 分，兰州供电段职工在夏官营车站进行更换绝缘锚段关节隔离开关双引线时，轨回流将两名职工同时击伤。

学而思之

铁路供电设备与电务设备、工务设备有哪些结合部？

查阅资料

（1）在阅读基础知识的基础上，通过线上线下教学资源，查阅电务安全作业的资料，进一步了解铁路供电安全事故特征。

（2）个人下载 3～5 张关于供电安全的图片，用于小组学习交流。

活动 8.3.2　集体研学

建议本活动在课中进行。在教师指导下，以学生为主体，工学结合，做中学、做中教。

场所建议

场所 1：现场。听现场师傅讲解供电作业安全。

场所 2：仿真实训室。通过仿真系统展示供电作业安全。

场所 3：多媒体教室。通过多媒体课件展示供电作业安全。

上述 3 个教学场所，最好选择场所 1，其次选择场所 2，起码保证场所 3。

视频欣赏

进入教学资源库，观看供电作业安全视频，学习、弘扬铁路职工的劳模精神、劳动精神和工匠精神。

小组交流

（1）以事先划定的学习小组为单位，交流个人课前、课中学习情况，分享个人收集的相关资料，对学习中发现的疑点、难点进行小组研讨，并在规定时间内制作小组研学过程的微课，时间不超过 3 min。

（2）各研学小组向全班分享关于供电作业安全集体研学的微课，并提交任课教师。

学习评价

教师引导学生总结本次课学习收获，并进行自我评价。

1. 长知识（5分）

（1）变配电作业安全基本要求。

（2）接触网作业安全基本要求。

（3）电力作业安全基本要求。

2. 强能力（5分）

（1）能正确描述供电作业安全基本要求。

（2）会客观分析供电部门安全事故特征。

（3）对学习供电作业安全产生学习兴趣。

（4）提升利用互联网、教学资源库、图书查阅专业资料的技能。

（5）逐步养成自主学习习惯，提升互助学习、探索学习的能力。

3. 提素养（5分）

（1）尊重铁路供电人的劳动及劳动智慧，增强职业荣誉感。

（2）塑造新时代健康人格，热爱中国式现代化铁路，激发爱国主义情怀。

（3）成为铁路劳模精神、劳动精神、工匠精神的传承人。

活动 8.3.3　作品制作

建议本活动在课后进行。每名学生单独制作一个开放、个性、富有创造性的学习过程和学习成效的视频，既要反映课程基本学习目标的完成情况，又要反映个人学习的收获，时间在 5 min 以内，至少包括以下 4 项内容。

（1）变配电作业安全基本要求。

（2）接触网作业安全基本要求。

（3）电力作业安全基本要求。

（4）通过本次课学习，个人在知识增长、能力强化、素养提升方面的小结。

课后 2 天内将作品提交任课教师，作为教师评价学生学习效果的依据。

活动 8.3.4　学习测试

（1）写出变配电作业安全基本要求。

（2）写出接触网作业安全基本要求。

（3）写出电力作业安全基本要求。

（4）正确分析供电部门事故特征。

拓展学习

高铁列车遭遇前方接触网故障　可利用惯性滑过无电区

前方接触网故障，列车欲靠惯性滑过无电区

2012 年 8 月 14 日 15 时，广州开往武汉的高铁 G1160 次列车从广州出发，16 时 10 分左右，列车临时停车，车内断电没有空调。在停靠 1 h 后，乘务人员解释说前方电网停电，准备后退 20 km，再用加速度冲过去。这让旅客非常吃惊：高铁还能倒着走再冲过去？

据介绍，该列车后退了 20 km，之后又停了半小时，然后以 250～260 km/h 的速度前行。当列车到赤壁北时，比正常时间晚了两个多小时。

对于 G1160 次列车倒退准备加速度冲刺的消息，许多网友好奇：火车还需要"助跑"？

故障修复，最终以常规方式通过该路段

G1160 次列车负责人祖××解释，列车行驶时，前方接触网故障出现一段"无电区"，列车停止运行，并向上级报告了事故情况。事发后铁路方面有人员抢修接触网，列车同时也根据调度的命令，后退了 20 多 km，准备再次启动后，利用列车的惯性滑行通过前方无电区。

"列车后退时，调度员安排好各个区间的列车运行情况，不会出现同一闭塞区间有两列车的情况。"祖××解释，后续列车也都相应停靠，有十多趟列车晚点，"无电区间有多长、后退多少公里、运行速度多大才能依靠惯性滑行过去，都是计算好的，不会滑到一半停在无电区。"

专业人士称，条件具备可用非常规方案

火车后退再利用惯性通过无电区的方式，是否安全呢？业内专业人士介绍，只要无电区内没有其他列车、没有人员作业，道床、路基、钢轨和信号设备也都不存在问题，这个方案还是可行的。

该专业人士介绍，高铁是电气化铁路，列车借助接触网提供的电力运行。为保持电压平稳，接触网每隔一段都由变电站来给接触导线升压，在这个升压点附近，就设置了分相区，也就是俗称的"无电区"。

高铁列车在通过无电区时，会短暂断电，依靠惯性通过，之后再重新恢复供电，以避免列车设备受损，或将接触网高压线熔断。一些乘客乘坐高铁时可能会感觉到，行至某一路段时，列车上的空调、照明等设备突然关闭，过去后又恢复正常，这其实是列车在通过无电区。

该业内专业人士称，当列车运行中出现紧急情况，形成无电区，而又必须保证运行时，可按照《非正常行车组织办法》，在无电区内无列车行驶、无人员作业，道床、路基、钢轨和信号设备也都没问题时，可采取非常规的措施。

思政案例　吃冰疙瘩、烤火焰山修筑的铁路——南疆铁路

南疆铁路吐库段（吐鲁番—库尔勒）于 1974 年 4 月开工修建。当时，施工机械化配置低，桥基挖掘基本上依靠人工。铁道兵冬战严寒，夏战酷暑，凭借手握最原始的铁锹、铁锤挖坑凿路，挖出了一个又一个深达 20 余 m 的桥梁基础。部队的施工任务十分紧张，每年施工达到 240 天，为了完成上级下达的任务，有时竟连续奋战在工地长达 40 多 h。由于体力严重透

支，加之高原、高寒地区施工缺氧，有的战友昏倒在工地，其他战友将他搀扶到避风处稍事休息后，苏醒过来又投入了战斗。在-30 ℃的环境下施工，送到工地的面疙瘩常常成了冰疙瘩，战友们那一双双冻得紫红的手捧着那碗没有多少油水的"冰疙瘩"时，常常两手打战。然而，军令如山，为了完成上级下达的任务，铁道兵快速吞下那碗面疙瘩，为国家的铁路建设继续挥起手里的劳动工具。那刀割似的风沙抽打，那寒彻骨髓的情形是常人难以想象的，只有亲身经历过的铁道兵才能懂得。每一个铁道兵战士将自己的美好青春奉献给了国家的铁路建设事业。

有人说，那低矮破旧的帐篷已经变成铁道兵之家的代称，也是铁道兵独特的富有诗意的象征。一代又一代铁道兵，扛着他们的"家"，走遍了祖国的山山水水，把智慧和汗水洒遍了祖国的四野八荒！

南疆铁路的开山炮声伴随着帐篷城的兴起爆响了。这里将要修建的是一条横贯天山、沟通南疆地区与内地联系的一级铁路干线——南疆铁路第一期工程吐鲁番至库尔勒段，这条铁路，从兰新铁路吐鲁番车站起，经托克逊、鱼儿沟、越天山奎先达坂分水岭，过巴伦台、和静、焉耆，到巴音郭楞蒙古自治州首府库尔勒市，全长 477 km，沿线两头平坦，中间陡峻，自然和地质条件较差，气温变化大，即使是夏天，从各个施工地点去一趟乌鲁木齐，须经滚烫的戈壁和寒冷的冰雪达坂，一天就能体验春夏秋冬的不同滋味。铁道兵第 5 师、第 6 师，第 4 师的第 19、第 20 团，独立机械团，直属通信工程营以及部分地方施工队伍，共同担负施工任务，由铁道兵统一归口。为加强施工领导，铁道兵于 1974 年 2 月在阿拉沟设立了南疆铁路建设指挥所，1975 年 10 月，中央军委批准铁道兵东北指挥部进疆，改称铁道兵第 2 指挥部，统一指挥南疆铁路施工。同时撤销了南疆铁路建设指挥所。

施工部队首先闯过了素有"火洲"之称的吐鲁番盆地。这里是全国陆地的最低点，其底部低于海平面 150 多 m，也是全国几大著名"火炉"中热度最高的一个，当年唐僧西天取经难以逾越的"火焰山"说的就是这里。这里年降雨量只有 5 mm，蒸发量却高达 2 000 mm，春季常有 12 级大风光顾，夏天地表温度可达六七十摄氏度，而且昼夜温差极大，"早穿皮袄午穿纱，怀抱火炉吃西瓜"的说法毫不夸张。施工部队在这"天上无飞鸟，地面不长草，风吹石头跑"的"火洲"上筑路架桥，胶鞋烤变了形，脸部晒脱了皮，嘴唇干裂出血，食欲和体重急剧下降，但铁路依然迅速向前延伸。

如果说吐鲁番的"火焰山"像一团燃烧不尽的大火球，那么天山奎先达坂垭口就是永不开化的大冰窖。奎先隧道就坐落在这个大"冰窖"上，海拔 3 000 m，全长 6 152 m，是全线的"卡脖子"工程。这里四季飘雪，严重缺氧，年平均气温在零摄氏度以下。担负开凿任务的是一支常年在南方钻深山、攻长隧的"尖刀部队"，开凿雪山隧道的战斗，着实让他们领略了不一样的天山风采。这里水不到 70 ℃就开锅，饭菜煮不熟，氧气供应极为苛刻，使人头发脱落，指甲凹陷，胸闷无力。更严重的是，开工就遇上 730 多 m 的冻土地带，炮眼里流出的泥浆很快就变成冰疙瘩卡住风枪的钻头，让你动弹不得。导坑里到处挂满了千姿百态的冰凌，棉作业服被汗水和冰水打湿，一出洞口就会变成"冰盔银甲"。但困难再多也挡不住这把不卷刃的"尖刀"，仅用 3 年时间，他们就凿通了这座天山隧道。

线路穿过奎先隧道后，沿乌拉斯台沟迂回展线，走出了巍峨险峻的天山山区，进入野旷天低的焉耆盆地。也许大家还记得《西游记》中"猪八戒大战流沙河"的惊险情节吧，这个神话故事至今依然在这里流传，这应该不完全是作者的杜撰。据说，古称的流沙河就是南疆焉耆盆地的开都河，一到汛期，借着肆虐的洪水，开都河会像脱缰的野马，浊浪滚滚。施工部队依靠集体智慧和顽强的奋斗精神，克服了一个又一个技术难关，制服了数不清的狂风恶浪，终于在宽阔的河面上，打下 72 根 30 多 m 深的钻孔桩（每个桥墩钻 6 个直径 1.1 m 的钻孔桩），12 个高大威武的桥墩托起了这座全长 438 m 的开都河大桥。

1979 年 11 月，南疆铁路穿越巍巍天山，铺轨到南疆重镇库尔勒，为亘古沉寂的戈壁大漠带来了无限生机和活力。南疆铁路第一期工程经国家组织初验，认为全线选线合理，设计适当，施工质量好，完全符合国民经济发展和战备需要。

项目

9

天窗及其作业

天窗是指列车运行图中不铺画列车运行线或调整、抽减列车运行线为施工和维修作业预留的时间，按用途分为施工天窗和维修天窗。

天窗是铁路基础设施运维特有的、不可或缺的预留时间。

本项目共3项任务：

任务9.1　列车运行图与天窗设置

任务9.2　营业线施工天窗作业

任务9.3　营业线维修天窗作业

这3项任务全部来自铁路运维体系典型工作任务，情境客观，内容真实。

学习目标

（1）了解铁路运行图。

（2）掌握天窗内涵。

（3）掌握施工天窗、维修天窗的区别。

（4）掌握V形天窗、垂直天窗、同步天窗的区别。

（5）了解慢性处所的设置原则。

（6）能描述营业线施工天窗作业组织、作业内容。

（7）会划分营业线施工等级。

（8）能描述营业线维修天窗作业组织、作业内容。

（9）会划分营业线维修等级。

（10）培养学习天窗及其作业的兴趣。

（11）提升自主学习、互助学习、探索学习的能力。

（12）提升利用线上线下资源查阅资料的技能。

（13）通过完成课前自主学习、课中小组研学、课后作品制作，提高个性化创作能力和互助研学能力。

（14）尊重铁路天窗运维修制，增强职业荣誉感。

（15）塑造新时代健康人格，热爱中国式现代化铁路，激发爱国主义情怀。

（1）课前自主学习。认真阅读每项任务中的基础知识，通过线上线下教学资源，查阅与任务相关的资料，阅读中国铁路天窗及其作业的文献资料，收集文字、数字、影像资料。

（2）课中小组研学。以事先划定的学习小组为单位，交流个人自主学习情况，分享个人收集的相关资料，研讨学习中发现的疑点、难点，制作关于小组研学过程的微课。

（3）课后作品制作。学生个人单独制作一个开放、个性、富有创造性的学习过程和学习成效的视频，既要反映课程基本学习目标的完成情况，又要反映个人学习的收获。

任务 9.1　列车运行图与天窗设置

活动 9.1.1　自主学习

建议本活动在课前进行。按照教学安排，学生预习基础知识，并查阅与本任务相关的资料。

基础知识

9.1.1.1　列车运行图认知

1. 列车运行的图解内容

列车运行图是列车运行的图解，是铁路组织列车运行的基础。它规定以下内容。

（1）各次列车占用区间的顺序。

（2）列车在每个车站的到达和出发时刻。

（3）列车在区间的运行时间。

（4）列车在车站的停站时间。

（5）机车交路。

（6）列车重量和长度。

2. 列车运行的图解形式

列车运行图是运用坐标原理表示列车运行的一种图解形式。以垂直线等分横轴表示时间，纵轴表示距离。其中横线表示车站中心线，纵线表示时刻，斜线表示列车运行线。

列车运行图有三种格式：二分格运行图、十分格运行图和小时格运行图。

1）二分格运行图

二分格运行图在编制新运行图时做草图时使用。小时格和十分格用粗线，二分格用细线，如图 9-1 所示。

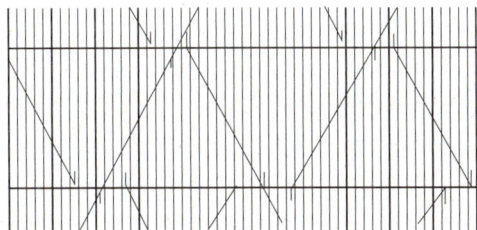

图 9-1　二分格运行图

2）十分格运行图

十分格运行图在调度员绘制实际运行图时使用。小时格用粗线，半小时格用点线。单线成对非追踪平行运行图如图 9-2 所示，双线追踪非平行运行图如图 9-3 所示。

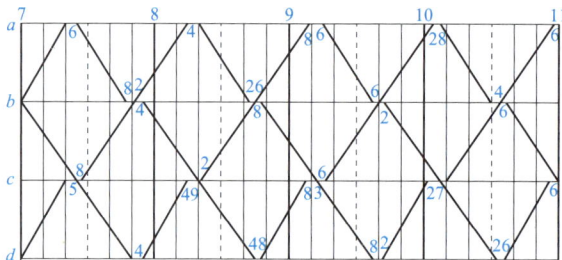

图 9-2　单线成对非追踪平行运行图

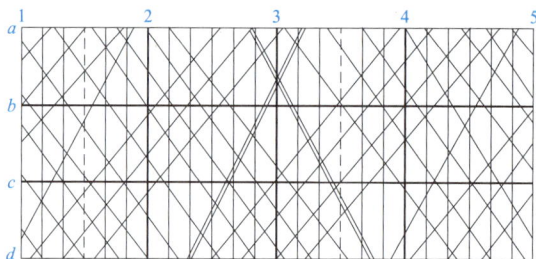

图 9-3　双线追踪非平行运行图

3）小时格运行图

小时格运行图在编制旅客列车方案图和机车周转图时使用，如图 9-4 所示。

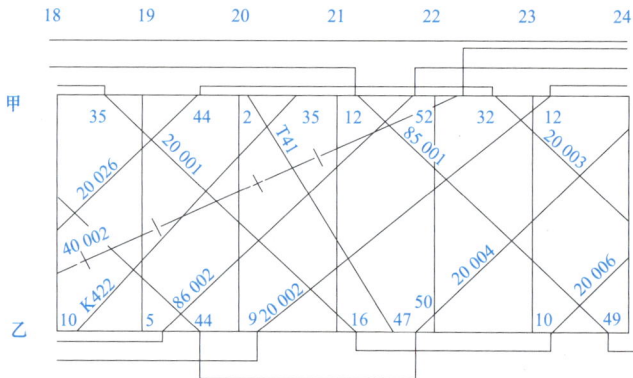

图 9-4　小时格运行图

9.1.1.2　天窗认知

1. 天窗是营业线施工和维修作业预留的时间

天窗是指列车运行图中不铺画列车运行线或调整、抽减列车运行线为施工和维修作业预留的时间，其按用途分为施工天窗和维修天窗。

各条线路天窗时间和位置在编制列车运行图时确定，施工维修时应按照列车运行图预留的天窗条件，满足安全生产、作业标准和质量要求进行安排。

铁路局集团公司因施工维修需临时调整高速铁路、繁忙干线和影响跨局运输的干线天窗时，须报国铁集团运输调度指挥中心（以下简称调度中心）批准，其中涉及调整跨局施工维修天窗和编制施工分号列车运行图时，由国铁集团运输部负责协调。

2. 天窗分类

1）天窗按用途分为施工天窗、维修天窗

（1）施工天窗是指列车运行图预留的、在运营线上进行施工作业的时间。

（2）维修天窗是指列车运行图预留的、对运营线行车设备进行维修作业的时间。

2）天窗按影响范围分为V形天窗、垂直天窗、同步天窗

（1）V形天窗。V形天窗是指列车运行图预留的、对运营线单方向行车设备进行维修作业的时间。

V形天窗的优点。作业人员在停电的一条线路上进行检修作业，同时另外一条线路可以通过包括电力牵引在内的各种列车，可实现局部通车。

V形天窗的缺点。增大指挥系统的工作量。行车调度、电力调度、车站值班员及工务装卸轨枕石砟等部门或单位，应熟悉、掌握分相、分段的具体位置；应熟练掌握管内各停电单元单独停电时各车站须禁止电力机车通过的道岔及渡线，认真进行防护登记，积极配合行车部门，防止电力机车将高压电带入停电作业区段；应掌握供电方式，清楚机车位置、车型、双机重联等情况；增加天窗内列车运行、接发车卡控量，需规定机车位置等。

供电检修人员危险性增高，注意事项增多。如：增加感应电伤害的概率；作业人员及携带的工器具、材料误入带电线路；电力机车将电带入停电线路；内燃机车闯入封锁的作业线路；防护要求增多；等等。

作业车需经常占用区间，保证作业平台不能向带电线路侧旋转。液压系统控制，有时可能失去控制；不能从临线有电侧装材料和上下作业车等。V形天窗作业如图9-5所示。

（2）垂直天窗。垂直天窗是指需同时影响上、下行正线行车设备正常使用而安排的作业时间。

垂直天窗的优点。各级指挥系统的工作易于掌握，指挥统一，便于记忆和操作；双线停电后能保证作业区段检修作业人员免受触电危险，人身安全系数提高。同时，工务、供电、

图9-5 V形天窗作业

信号等施工维修单位可以在上下行线灵活安排维修作业，提高了作业效率，同时也提高了天窗的利用率。

垂直天窗的缺点。双线在天窗点内运输车辆全部停止运行，停电范围大，影响运输量。

（3）同步天窗。同步天窗是指两条及以上干线在同一车站相连时，需同时影响同一车站两条干线行车设备正常使用而安排的作业时间。同步天窗作业如图9-6所示。

图9-6 同步天窗作业

3）临时天窗

临时天窗是图定天窗时间外给点的天窗，是指对严重危及行车安全的设备隐患及严重线路病害需临时封锁要点施工而安排的作业时间。

3. 天窗安排原则

1）高速铁路天窗安排原则

高速铁路天窗原则上应不少于 240 min。

（1）仅开行动车组列车区段的天窗安排。

仅开行动车组列车的区段应安排垂直天窗。

（2）有普速列车运行的区段天窗安排。

有普速列车运行的区段困难条件下可安排 V 形天窗。

（3）开行夕发朝至高铁动卧列车期间天窗安排。

开行夕发朝至高铁动卧列车期间，天窗时间由铁路局集团公司根据列车运行图铺画情况按区间最大化安排，按开行日和非开行日分别公布。

（4）垂直天窗时间不满足 240 min 的区段，执行下列原则：

高铁动卧列车开行日垂直天窗时间应不少于 180 min；

非开行日区间垂直天窗时间应不少于 300 min；

枢纽等地段不满足天窗条件时在列车运行图文件中公布。

2）普速铁路天窗安排原则

（1）普速铁路施工天窗。技术改造工程、线路大中修、桥隧涵大修、大型养路机械作业、接触网大修及改造时，应不少于 180 min。

（2）普速铁路维修天窗。双线应不少于 120 min，单线宜不少于 120 min，能力紧张区段不满足天窗条件时在列车运行图文件中公布。

4. 天窗安排规定

1）施工天窗安排

（1）高速铁路施工时可连续安排施工天窗。

（2）繁忙干线和干线集中修、图定货物列车对数小于 12 对的普速铁路施工时可连续安排施工天窗。

繁忙干线包括京哈、京沪、京广、京九（北京西—向塘西）、陇海（徐州—兰州北）、沪昆（上海西—株洲）、津山、沈山、大秦、石太、侯月、新焦、新兖、焦柳（焦作—石门县北）、襄渝（襄阳北—三汇镇）、兰新（兰州北—乌西）线等。

干线包括滨洲、滨北（哈尔滨—绥化）、滨绥、沈大、平齐、长白、大郑、丰沙、京通、京原、京包（沙城—集宁南）、石德、北同蒲、南同蒲、韩原、瓦日、集通、包兰、胶济、兖石、胶新、陇海（徐州—连云港）、阜淮、淮南、宁芜、皖赣、宣杭、萧甬、鹰厦、峰福、太焦、焦柳（石门县北—柳州）、孟宝、宁西、汉丹、武九、浩吉、侯阎、宝中、宝成、西康、西平、襄渝（三汇镇—兴隆场）、阳安、沪昆（株洲—昆明）、湘桂、黔桂、黎湛、河茂、京九（向塘西—东莞东）、广茂、广深、南昆、渝怀、川黔、成昆、成渝、内六、达成、太中、包西、唐包、兰青、兰新（乌西—阿拉山口）、兰渝、干武、南疆（吐鲁番—喀什）、青藏线等。

（3）其余各线周六、周日不安排施工天窗。

2）维修天窗安排

（1）高速铁路，每日安排维修天窗。

（2）普速铁路，国铁集团组织集中修的区段集中修时间外，周一至周四安排维修天窗，周五、周六、周日不安排维修天窗；其他区段周一至周五安排维修天窗，周六、周日不安排维修天窗。

维修天窗在时间安排上应与施工天窗重叠套用，除春运、节假日及国铁集团调度命令要求停止外，原则上每月每区间应不少于 20 次（双线为单方向）。维修单位确不需要时，经主管业务部室主任或副主任批准，可不申请或减少天窗次数、时间，不计入天窗修考核。

春运、节假日停止天窗期间，可根据旅客列车开行方案和设备检修需求适当安排维修天窗，具体在春运文件和月度施工计划中明确。

3）普速铁路双线车站设备检修天窗安排

普速铁路双线车站同时影响上下行正线的渡线道岔或影响全站信号设备正常使用的以电务为主、工务综合利用的设备检修，每月应保证 2 次垂直天窗，每次不少于 40 min（可结合供电垂直天窗安排）。

编组、区段站可按接发列车方向划分联锁区，按联锁区每月应保证 1 次不少于 40 min 天窗。

4）电气化区段双线车站接触网设备检修天窗安排

电气化区段双线车站，不具备 V 形停电作业条件的接触网设备检修，每月应保证不少于 1 次垂直封锁停电天窗，每次不少于 40 min。

电气化区段编组、区段站每个供电臂每月应保证 1 次不少于 60 min 封锁停电天窗。需要两个及以上供电臂同时停电作业的电分相等接触网设备检修，每半年应保证不少于 1 次，每次不少于 60 min 的封锁停电天窗。

5）天窗增加与调整

不影响跨局运输的干线和其他线路，根据施工和维修需要，铁路局集团公司可适当增加天窗时间和次数或对天窗时段进行调整。

9.1.1.3 慢行认知

1. 减少慢行次数

为了减少慢行次数，各项施工、维修作业应采用平行作业的方式，综合利用天窗，提高天窗利用率。

2. 慢行处所设置

（1）严格按照运行图预留的慢行附加时分控制线路慢行处所。

① 繁忙干线和干线原则上单线 1 个区段慢行处所不超过 2 处。

② 双线 1 个区段每个方向慢行处所不超过 2 处。

③ 同一区间内慢行处所不超过 1 处（包括施工慢行处所）。

各项施工应按规定控制慢行速度和慢行距离。

（2）慢行处所增加。

针对施工需要编制施工分号列车运行图时，可依据慢行附加时分，适当增加施工慢行处所。

① 滚动施工阶梯提速，按 1 处慢行处所掌握。

② 施工后产生的慢行在 12 h 以内恢复常速以及施工涉及的邻线限速可不统计慢行处所。

3. 施工点前不得安排慢行

各项施工作业，施工点前不得安排慢行。大机清筛、换轨、更换道岔、换枕施工时，在运行图条件允许的情况下，应适当增加天窗时间。

增加天窗时间影响图定跨局旅客列车开行时，须报国铁集团调度中心批准。

4. 邻线限速

在线间距不足 6.5 m 地段（两线间已有站台、栅栏等设施的除外）一线施工邻线行车时，邻线限速在执行《铁路技术管理规程》规定基础上并作以下规定：

1）限速范围

除以下情况外的施工作业。

（1）大机线岔打磨、铣磨。

（2）开行路用列车运送人员、装卸机具。

（3）使用检查检测车进行动态检测以及人员不上道的施工。

2）限速标准

（1）限速标准为 60～100 km/h，瞭望困难地段可按 45 km/h。

（2）铁路局集团公司应逐条线路、逐个区间（区段）调查写实，根据天窗时间，结合昼夜通视条件、平纵断面情况、司机瞭望视距、分相位置等因素，逐段确定邻线限速值并公布。

（3）邻线限速长度不应小于实际作业范围。

3）限速措施

（1）施工邻线限速应纳入施工计划，按运行揭示调度命令流程管理，发布运行揭示调度命令。

（2）临时封锁要点的施工需要邻线限速时，设备管理单位须在《行车设备检查登记簿》内登记邻线限速的起止里程及限速值，调度所下达邻线临时限速调度命令。

学而思之

（1）高速铁路和普速铁路施工天窗安排有何异同？

（2）高速铁路和普速铁路维修天窗安排有何不同？

查阅资料

（1）在阅读基础知识的基础上，通过线上线下教学资源，查阅列车运行图与天窗的资料，进一步了解天窗的设置情况。

（2）个人下载 3～5 张关于列车运行图与天窗的图片，用于小组学习交流。

活动 9.1.2 集体研学

建议本活动在课中进行。在教师指导下，以学生为主体，工学结合，做中学、做中教。

场所建议

场所 1：现场。听现场师傅讲解列车运行图与天窗设置。

场所 2：仿真实训室。通过仿真系统展示列车运行图与天窗设置。

场所 3：多媒体教室。通过多媒体课件展示列车运行图与天窗设置。

上述 3 个教学场所，最好选择场所 1，其次选择场所 2，起码保证场所 3。

视频欣赏

进入教学资源库，观看列车运行图与天窗设置视频，学习、弘扬铁路职工的劳模精神、劳动精神和工匠精神。

小组交流

（1）以事先划定的学习小组为单位，交流个人课前、课中学习情况，分享个人收集的相关资料，对学习中发现的疑点、难点进行小组研讨，并在规定时间内制作小组研学过程的微课，时间不超过 3 min。

（2）各研学小组向全班分享关于列车运行图与天窗设置集体研学的微课，并提交任课教师。

学习评价

教师引导学生总结本次课学习收获，并进行自我评价。

1. 长知识（5分）

1）列车运行的图解内容

（1）各次列车占用区间的顺序；（2）列车在每个车站的到达和出发时刻；（3）列车在区间的运行时间；（4）列车在车站的停站时间；（5）机车交路；（6）列车重量和长度。

2）列车运行的格式

（1）二分格运行图；（2）十分格运行图；（3）小时格运行图。

3）天窗是营业线施工和维修作业预留的时间

4）天窗分类

按用途分为施工天窗、维修天窗；按影响范围分为 V 形天窗、垂直天窗、同步天窗；临时天窗。

5）天窗安排原则

高速铁路天窗原则上应不少于 240 min；普速铁路施工天窗应不少于 180 min；普速铁路维修天窗，双线应不少于 120 min，单线宜不少于 120 min。

6）慢行设置

2. 强能力（5分）

（1）能正确描述天窗类型。

（2）会客观研判天窗安排的正确性。

（3）对学习列车运行图及天窗产生学习兴趣。

（4）提升利用互联网、教学资源库、图书查阅专业资料的技能。

（5）逐步养成自主学习习惯，提升互助学习、探索学习的能力。

3. 提素养（5分）

（1）尊重铁路天窗客观实际，增强职业荣誉感。

（2）塑造新时代健康人格，热爱中国式现代化铁路，激发爱国主义情怀。

（3）成为铁路劳模精神、劳动精神、工匠精神的传承人。

活动 9.1.3　作品制作

建议本活动在课后进行。每名学生单独制作一个开放、个性、富有创造性的学习过程和学习成效的视频，既要反映课程基本学习目标的完成情况，又要反映个人学习的收获，时间在 5 min 以内，至少包括以下 3 项内容。

（1）列车运行图。

（2）天窗设置实例。

（3）通过本次课学习，个人在知识增长、能力强化、素养提升方面的小结。

课后 2 天内将作品提交任课教师，作为教师评价学生学习效果的依据。

活动 9.1.4　学习测试

（1）正确识读列车运行图。

（2）写出天窗设置类型。

拓展学习

看图讲故事：利用天窗更换高铁钢轨

2020 年 1 月 2 日深夜 23 点左右，中国铁路郑州局集团有限公司郑州高铁基础设施段 100 余名干部职工，汇集到郑开城际铁路 K24+179 处，等待次日凌晨的天窗作业时间，准备对磨耗达到轻伤标准的钢轨进行更换。

进入冬季以来，为了保证旅客列车绝对安全，中国铁路郑州局集团有限公司郑州高铁基础设施段加密探伤车钢轨探伤频次，由高速铁路修程规则规定的每年对管内钢轨线路全部探伤 7 遍，缩短为每月 1 遍。

在 2019 年 12 月的探伤车探伤作业时，发现郑开城际 K24+900 至 K25+100 上下行范围内有三处达到轻伤标准，经人工上线复测确认，发现该区段两处垂直磨耗达到了 8 mm、一处侧面磨耗达到了 10 mm，基本达到了钢轨轻伤标准，为了保障行车安全平稳，提高旅客乘车平稳舒适度，让旅客出行体验更美好。郑州高铁基础设施段立即组织人力、物力，积极申报换轨计划，对伤轨进行更换。

2020 年 1 月 2 日 0 点 10 分，施工命令下达后，中国铁路郑州局集团有限公司郑州高铁基础设施段 100 余名高铁线路工，登上高架桥，携带各种机具、材料，从 K24+179 作业门进入郑开城际线路，利用春运前有限的天窗作业时间对磨耗严重的钢轨进行更换，让高铁轨道设备处于最佳状态。

经过近四个小时的紧张作业，三处伤轨全部更换完毕，经探伤仪复核探测和几何尺寸的测量，全部实现零误差的标准，施工负责人清点人员、工具、材料，并全部撤至安全地带，当天作业全部结束。据悉，此次换轨 3 段，总计 100 余 m，精调线路 500 余 m。

（1）2020 年 1 月 2 日，深夜 23 点左右，中国铁路郑州局集团有限公司郑州高铁基础设施段高铁线路工在施工前学习安全事项，准备进入郑开城际铁路高架桥作业。

（2）2020 年 1 月 3 日 0 点 10 分，高铁线路工通过作业通道，进入郑开城际铁路高架桥开始作业。

（3）2020 年 1 月 3 日凌晨，高铁线路工在郑开城际铁路卸轨，准备进行换轨，如图 9-7 所示。

（4）2020 年 1 月 3 日凌晨，高铁线路工换轨前对扣件进行松卸，如图 9-8 所示。

图 9-7　高铁线路工在郑开城际铁路卸轨，准备进行换轨

图 9-8　高铁线路工换轨前对扣件进行松卸

（5）2020 年 1 月 3 日凌晨，高铁线路工切断伤轨，准备更换新轨，如图 9-9 所示。

（6）2020 年 1 月 3 日凌晨，高铁线路工在郑开城际铁路移除磨耗严重的钢轨，如图 9-10 所示。

图 9-9　高铁线路工切断伤轨，准备更换新轨

图 9-10　高铁线路工在郑开城际铁路移除磨耗严重的钢轨

（7）2020 年 1 月 3 日凌晨，高铁线路工测量新旧钢轨的水平误差。

（8）2020 年 1 月 3 日凌晨，高铁线路工在郑开城际铁路进行焊轨作业。

（9）2020 年 1 月 3 日凌晨，高铁线路工在郑开城际铁路运送更换后的钢轨。

（10）2020 年 1 月 3 日凌晨，高铁线路工在郑开城际铁路处理钢轨磨耗病害。

（11）2020 年 1 月 3 日凌晨，高铁线路工在郑开城际铁路打磨焊接处的钢轨。

（12）2020 年 1 月 3 日凌晨，高铁线路工在郑开城际铁路利用探伤仪给新焊的接头做"B 超"。

（13）2020 年 1 月 3 日，高铁线路工在郑开城际铁路测量新更换钢轨区段的几何尺寸。

任务 9.2　营业线施工天窗作业

活动 9.2.1　自主学习

建议本活动在课前进行。按照教学安排，学生预习基础知识，并查阅与本任务相关的资料。

基础知识

铁路营业线分为高速铁路和普速铁路。普速铁路分为繁忙干线、干线和其他线路。

9.2.1.1　营业线施工

铁路营业线施工是指影响营业线设备稳定、使用和行车安全的各种作业，按组织方式、影响程度分为施工和维修两类。

9.2.1.2　邻近营业线施工

邻近营业线施工是指在营业线两侧一定范围内、营业线设备安全限界外影响或可能影响铁路营业线设备稳定、使用和行车安全的各种作业。

9.2.1.3　营业线施工作业项目

（1）线路及站场设备技术改造，增建线路、新线引入、电气化改造等施工。

（2）跨越、穿越铁路线路或站场的桥梁、隧道、涵洞、管道、渡槽和电力线路、通信线路、油气（燃气、蒸汽）管线，以及铺设道口、平过道等设备设施的施工。

（3）在铁路安全保护区内架设、铺设、拆除管道、渡槽和电力线路、通信线路、杆塔、油气（燃气、蒸汽）管线等设施的施工。

（4）在规定的安全区域内实施爆破作业，在线路隐蔽工程（含通信、信号、电力电缆径路，给水管路）上作业，影响路基和桥隧涵稳定的各种施工。

（5）信号、联锁、闭塞、CTC/TDCS、列控等行车设备大中修、改造施工。

（6）影响营业线正常运营的铁路重要信息系统运行环境改造、基础设施更新、应用系统变更等施工。

（7）设置在线路上的安全检测、监控设备的新建、技术改造、大中修及 TPDS 设备标定施工。

（8）影响营业线正常运营的通信网络施工和中断行车通信业务的通信设备施工。

行车通信业务是指列车调度电话、站间行车电话、调度命令信息无线传送、无线车次号校核信息传送业务，以及承载列车运行控制、CTC/TDCS、信号闭塞、信号安全数据网、信号逻辑检查、车辆红外轴温探测（THDS）、牵引供电远动、地震灾害和异物侵限监测等系统的网络通道。

（9）线路大中修，路基、桥隧涵大修施工及大型养路机械作业。

（10）成段破底清筛，成组更换道岔（含钢轨伸缩调节器）及轨件成段更换扣件，更换轨道板（道床板），更换无砟道床，无缝线路应力放散。

（11）普速铁路成段更换钢轨或轨枕，使用冻害垫板一次总厚度大于等于 40 mm 的冻害整治等施工，高速铁路使用冻害垫板一次总厚度大于等于 10 mm 的冻害整治，更换钢轨或轨枕，更换道岔（含钢轨伸缩调节器）主要部件等施工。

（12）牵引供电变配电设备、远动设备、电力、接触网技术改造及大修，高速铁路接触网三级修等施工。

（13）车站站台、雨棚、天桥等建筑物及客运上水和吸污设备、站场供水设施技术改造及大中修施工。

（14）工程质量缺陷和高速铁路线路、路基、桥隧涵病害整治等施工。

（15）整锚段更换接触线、承力索、附加线索，更换接触网支柱（吊柱），隧道内接触网预埋件整治等施工。

（16）在线间距不足 6.5 m 地段（两线间已有站台、栅栏等设施的除外）一线作业邻线行车时，单个防护单元内（防护单元长度原则上不超过 100 m）使用小型养路机械（包括捣固机、捣固镐、道岔打磨机、仿形打磨机、内燃扳手、切轨机）总数 10 台及以上的作业和线路允许速度 120 km/h 以上区段使用接触网车梯、梯子的作业。

（17）其他影响营业线设备稳定、使用和行车安全的施工。

9.2.1.4　营业线施工管理责任

1. 责任主体
铁路局集团公司是营业线施工管理的责任主体。

2. 安全生产第一责任人
参与营业线施工的各单位主要负责人是本单位营业线施工安全生产第一责任人，对本单位的安全生产工作全面负责，其他负责人对职责范围内的安全生产工作负责。

3. 安全方针
铁路营业线施工必须把确保安全放在首位，坚持安全第一、预防为主、综合治理的方针，建设、设计、施工、监理、行车组织、设备管理等单位和部门应严格执行营业线施工管理办法。

4. 组织原则

铁路营业线施工是运输组织的重要组成部分，应坚持运输、施工兼顾的原则，规范施工计划管理，加强施工组织和施工期间的运输组织，按计划、有组织地进行各项施工，积极推广使用技术先进的施工机具和施工方法，提高施工作业效率和质量。

9.2.1.5 高速铁路施工等级

高速铁路施工等级分为三级。

1. Ⅰ级施工

（1）超出图定天窗时间且需要调整图定跨局旅客列车开行（含确认列车）的大型站场改造、新线引入、全站信联闭改造、CTC 中心系统设备及列控系统设备改造、换梁、上跨铁路结构物等施工。

（2）中断跨局行车通信业务且影响范围内有图定列车运行的 GSM-R 核心网络设备施工。

2. Ⅱ级施工

（1）不需要调整图定跨局旅客列车开行（含确认列车）的站场改造、新线引入、全站信联闭改造、CTC 中心系统设备及列控系统设备改造、整锚段更换接触线或承力索、换梁、上跨铁路结构物施工。

（2）中断跨局行车通信业务且影响范围内没有图定列车运行以及中断本铁路局集团公司行车通信业务且影响范围内有图定列车运行的通信网络设备施工。

3. Ⅲ级施工

除Ⅰ级、Ⅱ级施工以外的各类施工。

9.2.1.6 普速铁路施工等级

普速铁路施工等级分为三级。

1. Ⅰ级施工

（1）繁忙干线封锁 5 h 及以上、干线封锁 6 h 及以上或繁忙干线和干线影响信联闭 8 h 及以上的大型站场改造、新线引入、信联闭改造、电气化改造、CTC 中心系统设备改造施工。

（2）繁忙干线和干线大型换梁施工。

（3）繁忙干线和干线封锁 2 h 以上的大型上跨铁路结构物施工。

（4）中断繁忙干线 6 h 及以上或干线 7 h 及以上且同时中断两站以上行车通信业务的通信网络设备施工。

2. Ⅱ级施工

（1）繁忙干线封锁正线 3 h 以上或影响全站（全场）信联闭 4 h 及以上、干线封锁正线 4 h 及以上或影响全站（全场）信联闭 6 h 及以上的施工（大型养路机械作业、道床清筛、处理路基基床、成段更换钢轨和轨枕以及不影响邻线正线行车的更换道岔施工除外）。

（2）繁忙干线和干线其他换梁施工。

（3）繁忙干线和干线封锁 2 h 及以内的大型上跨铁路结构物施工。

（4）中断繁忙干线 4 h 以上或干线 5 h 以上且同时中断两站以上行车通信业务的通信网络设备施工。

3. Ⅲ级施工

除Ⅰ级、Ⅱ级施工以外的各类施工。

学而思之

高速铁路施工等级和普速铁路施工等级有何不同？

查阅资料

（1）在阅读基础知识的基础上，通过线上线下教学资源，查阅营业线施工的资料，进一步了解营业线施工项目、施工等级相关情况。

（2）个人下载 3～5 张关于营业线施工的图片，用于小组学习交流。

活动 9.2.2　集体研学

建议本活动在课中进行。在教师指导下，以学生为主体，工学结合，做中学、做中教。

场所建议

场所 1：现场。到铁路现场观看营业线施工实际作业情况。

场所 2：仿真实训室。通过仿真系统展示铁路营业线施工作业情况。

场所 3：多媒体教室。通过多媒体课件展示铁路营业线施工作业情况。

上述 3 个教学场所，最好选择场所 1，其次选择场所 2，起码保证场所 3。

视频欣赏

进入教学资源库，观看铁路营业线施工作业情况视频，学习、弘扬铁路职工的劳模精神、劳动精神和工匠精神。

小组交流

（1）以事先划定的学习小组为单位，交流个人课前、课中学习情况，分享个人收集的相关资料，对学习中发现的疑点、难点进行小组研讨，并在规定时间内制作小组研学过程的微课，时间不超过 3 min。

（2）各研学小组向全班分享关于铁路营业线施工集体研学的微课，并提交任课教师。

学习评价

教师引导学生总结本次课学习收获，并进行自我评价。

1. 长知识（5 分）

（1）铁路营业线分类：高速铁路；普速铁路。普速铁路分为繁忙干线、干线和其他线路。

（2）营业线施工按组织方式、影响程度分类：施工、维修两类。

（3）邻近营业线施工：在营业线两侧一定范围内、营业线设备安全限界外影响或可能影响铁路营业线设备稳定、使用和行车安全的各种作业。

（4）营业线施工作业项目：目前共 17 项。

（5）营业线施工管理责任：铁路局集团公司是营业线施工管理的责任主体；参与营业线施工的各单位主要负责人是本单位营业线施工安全生产第一责任人；坚持安全第一、预防为主、综合治理的方针；坚持运输、施工兼顾的原则。

（6）高速铁路施工等级：高速铁路施工等级分为Ⅰ、Ⅱ、Ⅲ三级。

（7）普速铁路施工等级：普速铁路施工等级分为Ⅰ、Ⅱ、Ⅲ三级。

2. 强能力（5 分）

（1）能描述营业线施工天窗作业组织、作业内容。

（2）会划分营业线施工等级。

（3）对学习营业线施工天窗作业产生学习兴趣。

（4）提升利用互联网、教学资源库、图书查阅专业资料的技能。

（5）逐步养成自主学习习惯，提升互助学习、探索学习的能力。

3. 提素养（5分）

（1）尊重营业线施工天窗作业实际，增强职业荣誉感。

（2）塑造新时代健康人格，热爱中国式现代化铁路，激发爱国主义情怀。

（3）成为铁路劳模精神、劳动精神、工匠精神的传承人。

活动 9.2.3　作品制作

建议本活动在课后进行。每名学生单独制作一个开放、个性、富有创造性的学习过程和学习成效的视频，既要反映课程基本学习目标的完成情况，又要反映个人学习的收获，时间在 5 min 以内，至少包括以下 3 项内容。

（1）铁路营业线施工等级。

（2）铁路营业线施工实例。

（3）通过本次课学习，个人在知识增长、能力强化、素养提升方面的小结。

课后 2 天内将作品提交任课教师，作为教师评价学生学习效果的依据。

活动 9.2.4　学习测试

（1）正确描述铁路营业线施工项目。

（2）正确划分铁路营业线施工等级。

拓展学习

宝成铁路如何更换钢轨

宝成铁路是我国第一条电气化铁路，是连接西北和西南的交通动脉，平均每天有 60 多趟列车运行。

在这些线路维护工作中，有一项就是更换钢轨，今天让我们走进宝成铁路作业现场，了解工务职工换轨全流程。

2019 年 8 月 7 日，汉中工务段略阳线路车间，对乐素河至高潭子区间线路钢轨进行集中更换。

1. 分组施工

如图 9-11 所示，随着现场负责人一声令下，整装待发的职工们奔向作业点，根据现场换轨需要，他们被分为防护组、拨轨组、进轨组、扣件组、焊轨组等小组，职工首先按照预定区间里程打好间隔铁，将到站的长条轨加固在安全限界。

更换钢轨施工现场如图 9-11 所示。

图 9-11　更换钢轨施工现场

2. 卸掉旧钢轨扣件

换轨刚开始，要将旧钢轨的扣件全部卸掉，工务职工迅速将钢轨连接处的螺帽、扣板、弹条等旧材料拆卸掉。

3. 切割钢轨

职工拿起切割机，对准旧钢轨进行切割分离，目的是方便移除旧钢轨，将旧钢轨清出限界以外，堆码，部分旧钢轨可以作为现场备用轨使用，如图9-12所示。

图9-12　更换钢轨作业1

4. 拔出旧钢轨

"一二三……"号子声响彻山间，大家用尽全身力气，紧握手中的撬棍，齐心协力将旧钢轨拔出线路，为新钢轨预留空间，如图9-13所示。

图9-13　更换钢轨作业2

5. 拔入新钢轨

一节节旧钢轨被拔出线路，随着号子声的再次响起，新长轨又上道了，汗水浸湿了大伙的衣衫，如图9-14所示。

图9-14　更换钢轨作业3

6. 复紧扣件

随着新钢轨的上道，职工们迅速将扣件复紧，上好螺栓扣件，如图9-15、图9-16所示。

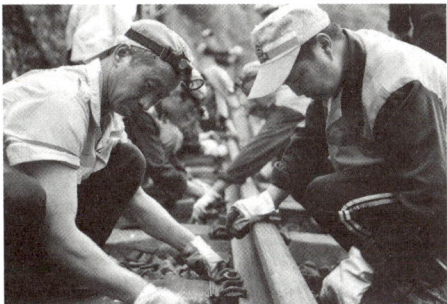

图 9-15　更换钢轨作业 4　　　　　　　　图 9-16　更换钢轨作业 5

7. 焊接钢轨接头

新轨到位后，负责铝热焊的职工准备点火焊接钢轨接头，如图9-17所示。

图 9-17　更换钢轨作业 6

两名熔接工架上拉伸机固定轨缝，利用A型架微调钢轨，安装砂模和夹具，快速抓砂进行封箱。

超过1 000 ℃高温的火焰，要在封箱内持续燃烧5 min，进行预热，轨温最高将达到2 000～3 000 ℃，几米以外的人，都能感觉到热浪的冲击。

8. 打磨接头

铝热焊结束后，职工还要对接头进行打磨，目的是将钢轨接头平顺对接，从而保证列车行驶平稳，如图9-18所示。

一天的作业结束了，尽管疲惫，但大伙感到很充实。

图 9-18　更换钢轨作业 7

直到 8 月 29 日，汉中工务段的职工每天将利用 120 min "天窗" 时间，对宝成线阳平关至油房沟区段 13.9 km 线路钢轨进行更换。

烈日之下，他们用汗水诠释坚守。

任务 9.3　营业线维修天窗作业

活动 9.3.1　自主学习

建议本活动在课前进行。按照教学安排，学生预习基础知识，并查阅与本任务相关的资料。

基础知识

9.3.1.1　营业线维修项目

营业线维修项目是指作业开始前不需对行车条件进行限制，结束后须达到正常放行列车条件并且在维修天窗时间内能完成的项目。

9.3.1.2　维修项目等级划分

维修项目等级分为二级，按照作业复杂程度和设备影响范围，高速铁路和普速铁路维修项目分为Ⅰ级维修项目和Ⅱ级维修项目。

9.3.1.3　高速铁路维修作业项目

1. 工务维修项目

1）Ⅰ级维修项目

开行路用列车运送作业人员、装卸机具。

2）Ⅱ级维修项目

（1）钢轨、道岔小型养路机械打磨。

（2）工务设备上线检查、检测。

（3）轨道精调。

（4）采用改道、垫板方式处理零小线路病害。

（5）整理外观及修理、涂刷线路标志。

（6）螺栓扣件涂油。

（7）防护栅栏内各种排水设备、加固设备的整修及清淤。

（8）整修声屏障、进入防护栅栏门内整修防护栅栏。

（9）一次总厚度小于 10 mm 的冻害垫板整治。

（10）路基封闭层、排水系统以及防护栅栏内的路基边坡防护设施和支挡结构的检查、整修。

（11）桥梁栏杆、桥面防水层、桥面上排水系统的检查、整修。

（12）进入隧道内的检查整修，隧道洞门、缓冲结构及防护栅栏内边坡仰坡的检查整修。

（13）自然灾害及异物侵限监测系统的维修与更换。

（14）可能影响行车安全的危石清理。

（15）无砟轨道结构及封闭层修补作业。

（16）箱梁支座脱空、翻浆整治。

（17）在天窗内可以完成的其他作业项目。

2. 电务维修项目

1）信号Ⅰ级维修项目

（1）年度信号联锁关系检查试验。

（2）室内、外单套设备更换。

2）信号Ⅱ级维修项目

（1）道岔转辙设备检修。

（2）信号机设备检修及显示调整。

（3）区间、站内轨道电路设备检修。

（4）信号机械室、中继站、箱式机房内设备检修。

（5）列控地面设备、CTC/TDCS 设备检修。

（6）各种箱盒、贯通地线、光电缆等设备检修。

（7）室内、外设备整治及零小器材更换。

（8）在天窗内可以完成的其他作业项目。

3）通信Ⅰ级维修项目

（1）影响行车通信业务的光电缆、网络设备整治和网络调整。

（2）影响行车通信业务的 GSM-R 网络设备检修、整治。

（3）影响行车通信业务的通信电源设备检修、整治。

（4）影响自然灾害与异物侵限监控系统业务的检修、整治。

4）通信Ⅱ级维修项目

（1）影响行车通信业务的设备、光缆、电路测试及主备用倒换、试验。

（2）影响行车通信业务的传输、接入设备检修。

（3）影响行车通信业务的数据通信网设备检修。

（4）影响行车通信业务的调度通信设备检修。

（5）影响行车通信业务的直放站设备及天馈线、漏缆等设施的检修、整治。

（6）行车通信业务停用、调整作业。

（7）在道床坡脚以内进行的通信设备、设施的日常检查、维修作业项目。

（8）在天窗内可以完成的其他作业项目。

3. 供电维修项目

1）Ⅰ级维修项目

（1）更换接触网支撑装置、补偿装置。

（2）更换接触网隔离开关、电缆及电缆头等设备。

（3）接触网检修车列进行的接触网维修作业。

（4）三辆及以上接触网作业车进行的接触网维修作业。

（5）两个及以上接触网工区进行的联合作业。

2）Ⅱ级维修项目

（1）更换接触网零部件。

（2）接触网检查检测作业。

（3）接触网悬挂、分相、分段、线岔等检查调整。

（4）接触网吸上线、回流线、上部地线、附加悬挂检查维护。

（5）接触网绝缘部件清扫维护。

（6）6C设备、隔离开关检修及远动设备维护、调试。

（7）站内、栅栏及隧道内电力设备检修。

（8）在天窗内可以完成的其他作业项目。

9.3.1.4 普速铁路维修项目

1. 工务维修项目

1）Ⅰ级维修项目

（1）更换道岔尖轨、辙叉、护轨、基本轨；更换道岔扳道器下长岔枕、可动心轨道岔钢枕及两侧相邻岔枕或辙叉短心轨转向轴处轨枕。

（2）开行路用列车运送作业人员、装卸机具。

（3）利用小型爆破设备开挖侧沟或基坑（限于不影响路基稳定的范围）。

（4）更换和整正桥梁梁缝挡砟板。

2）Ⅱ级维修项目

（1）利用小型养路机械整治线路病害，对轨道（道岔）伤损零部件进行更换或修理。

（2）胶接、焊接钢轨，非成段更换钢轨。

（3）一次起道量、拨道量不超过40 mm的起道、拨道作业。

（4）螺栓扣件涂油。

（5）桥梁施工进行试顶需要起动梁身并回落原位。矫正支座，支座垫砂浆厚度在50 mm及以下时。

（6）更换桥梁护轨，钢梁明桥面单根抽换桥枕、更换护木。

（7）隧道漏水整治、衬砌裂损修补。

（8）整修道口铺面。

（9）不破底处理道床翻浆冒泥、清筛道床。

（10）可能影响行车安全的清理危石、砍伐危树及隧道内刨冰作业。

（11）更换桥梁挡砟块、作业通道步行板。

（12）箱梁支座脱空、翻浆整治。

（13）在天窗内可以完成的其他作业项目。

2. 电务维修项目

1）信号Ⅰ级维修项目

（1）年度信号联锁关系检查试验。

（2）室内、外单套设备更换。

2）信号Ⅱ级维修项目

（1）道岔转辙设备、轨道电路、信号机、光电缆、贯通地线、各种箱盒等室外信号设备检修。

（2）信号机械室、箱式机房内设备检修。

（3）影响道口及车站设备正常运用的设备检修。

（4）影响驼峰信号设备使用的检修作业。

（5）室内、外设备整治及零小器材更换。

（6）CTC/TDCS设备、CTCS-2级列控地面设备检修。

（7）在天窗内可以完成的其他作业项目。

3）通信Ⅰ级维修项目

（1）影响行车通信业务的光电缆整治、网络结构调整。

（2）影响两个车站以上行车通信业务的通信网络设备整治。

（3）影响行车通信业务的通信电源设备检修、整治。

4）通信Ⅱ级维修项目

（1）影响行车通信业务的设备、光电缆、电路测试及主备用倒换、试验。

（2）影响行车通信业务的传输、接入设备检修、整治。

（3）影响行车通信业务的数据通信网设备检修、整治。

（4）影响行车通信业务的调度通信设备检修、整治。

（5）影响行车通信业务的 GSM-R 基站、无线列调车站设备、区间无线中继设备及天馈线、漏缆等设施的检修、整治。

（6）涉及行车通信业务停用、调整的 GSM-R、调度通信网络数据制作。

（7）在天窗内可以完成的其他作业项目。

3. 供电维修项目

1）Ⅰ级维修项目

（1）接触网检修车列进行的接触网维修作业。

（2）三辆及以上接触网作业车进行的接触网维修作业。

（3）两个以上接触网工区进行的联合作业。

2）Ⅱ级维修项目

（1）更换接触网零部件。

（2）接触网检查检测作业。

（3）更换接触网腕臂支撑、补偿装置、器件式分相绝缘器、分段绝缘器、线岔、隔离开关等。

（4）接触网悬挂、分相、分段、线岔等检查调整。

（5）接触网吸上、回流线、上部地线、附加悬挂检查维护。

（6）接触网绝缘部件清扫维护。

（7）6C 设备、隔离开关检修及远动设备维护、调试。

（8）站内、栅栏及隧道内电力设备检修。

（9）在天窗内可以完成的其他作业项目。

9.3.1.5　高速铁路维修组织实施

（1）高速铁路维修作业应按照统筹安排、综合利用的原则，实施综合维修生产一体化作业组织。

（2）高速铁路维修作业原则上按车站和区间上、下行分别划分基本作业单元。

① 接触网检修作业按供电臂划分停电单元。

② 站内维修作业可根据需要划分不同作业区域。

③ 具体划分由铁路局集团公司规定。

（3）高速铁路维修天窗综合利用原则。

① 维修作业原则上按作业单元分别组织，需同时占用两个及以上作业单元时，需相关单位协商一致。

② 区间维修作业综合利用原则。

a）开行路用列车时，同一封锁区间原则上每端只开行一列路用列车（超过时，其安全措施及运行办法由铁路局集团公司规定）。

路用列车是专供铁路部门自己使用而开行的列车。通常车次为 57×××。为运送铁路人员、器材、路料（石碴、枕木、钢轨等）开行的列车，一般在不影响路外运输的前提下开行，是专为运送铁路自用物资或设备的列车。

有多台作业车进入同一区间时，作业车辆应组成综合作业车列合并运行，共用一个调度命令进入区间、返回车站或到达前方站。作业车及车列由车站开往区间后，由主体作业单位统一组织协调，划分各作业车的作业范围及分界点。各作业单位必须严格按规定分别设置防护。

b）不开行路用列车时，由主体作业单位统一划分各单位作业范围及分界点，作业单位必须按规定分别设置防护。

c）天窗内所有影响路用列车运行的维修作业必须在路用列车通过后方可进行，并须在路用列车返回前结束。铁路局集团公司应制定相应安全卡控措施。

③ 站内维修作业综合利用原则。

a）使用作业车时，原则上应分咽喉或者分上下行线进行。

b）不使用作业车时，可根据需要划分不同作业区域作业。

c）由主体作业单位统一划分各单位作业范围及分界点，作业单位必须按规定分别设置防护。

④ 不同部门或单位在同一地点作业的办法由铁路局集团公司规定。

高速铁路固定设备上线检查、检测、维修工作应在天窗时间内进行，天窗时间外不得进入桥面、隧道和路基地段栅栏范围内以及车站站台安全线股道一侧。其他地段的检修作业，由铁路局集团公司规定。

9.3.1.6　普速铁路维修组织实施

（1）普速铁路维修作业应探索一体化作业组织，实施维修作业集中化、专业化，综合利用天窗。

（2）普速铁路维修作业，双线 V 形天窗区段一线作业时不得影响另一线行车设备的正常使用，涉及上下行渡线时由铁路局集团公司施工办安排。同一区间或站内当日安排有施工天窗时，维修作业应在施工天窗内等时长套用，不再单独安排维修天窗。

（3）普速铁路车站到发线及编组站、区段站的维修天窗可根据车站性质、线路功能等特点，按运输影响分级管理，根据需要划分不同作业区域或作业单元，维修天窗时长和时段可适当调整。具体由铁路局集团公司规定。

（4）车站不办理接发列车（含到达场、出发场不办理接发列车一端）的行车设备，在确保安全的前提下，维修作业由车站负责安排。车站驼峰设备检修实行"停轮修"，应利用交接班、调车作业间休等时间进行，原则上每次不少于 40 min。

机务、车辆、动车段（所）内有关行车设备的维修作业，在确保安全和不影响机车（动车组）出入、车辆取送的前提下，由机务、车辆、动车段（所）负责安排。

（5）下列维修作业可在天窗点外进行，但严禁利用速度 160 km/h 及以上的列车与前一趟列车之间的间隔时间作业。其他维修项目必须纳入天窗，严禁利用列车间隔时间作业。

① 工务部门。

a）使用轨道检查仪、钢轨探伤仪（双轨探伤仪除外）等随时能撤出线路的便携设备进行上线检查、检测作业；预卸路料的加固；标志涂刷；整理道床；栏杆油漆；不移动桥枕进行钢梁上盖板涂装；不影响行车安全的隧道除冰；清理垃圾或弃物。其他在道床坡脚以外不影响线桥设备正常使用的作业。

b）本线施工限速小于等于 60 km/h 的地段或除正线外允许速度小于等于 60 km/h 的站内线路，允许使用单人能随时撤出线路的轻便小型机具进行螺栓涂油、捣固、改道、补充或紧固轨道联结零件、垫入或撤出垫板作业，但严禁利用旅客列车与前一趟列车之间的间隔时间作业。

② 信号部门。

光电缆径路检查、室内外设备巡视检查及道岔转换试验。

③ 通信部门。

在道床坡脚以外进行不影响行车通信业务正常使用的通信设备、线路及附属设施的日常维修、业务办理和保护试验。

④ 供电部门。

接触网步行巡视、静态测量、测温等设备检查作业；接触网打冰、处理鸟窝、异物；在道床坡脚以外栅栏以内的标志安装及整修、基础整修、接地装置整修、支柱（拉线）基坑开挖、危树修枝等不影响设备正常运行的作业。电力线路步行巡视、静态测量、测温；站内到发线等客车水栓及给水管路的巡视、检查。

⑤ 在站台安全线以内进行日常设备巡视。

上述作业应制定天窗点外维修作业计划，天窗点外维修作业计划由设备管理单位车间或段一级批准，具体审批程序由铁路局集团公司规定。作业前应在车站《行车设备检查登记簿》内登记，车站值班员签认，应按规定设置驻站联络员、现场防护员，联系中断时必须停止作业。

同一区间或站内安排天窗内施工维修作业时，天窗时间内上述作业不准按天窗点外维修作业实施。

学而思之

营业线维修和营业线施工有何不同？

查阅资料

（1）在阅读基础知识的基础上，通过线上线下教学资源，查阅营业线维修的资料，进一步了解营业线维修项目、维修等级相关情况。

（2）个人下载 3～5 张关于营业线维修的图片，用于小组学习交流。

活动 9.3.2　集体研学

建议本活动在课中进行。在教师指导下，以学生为主体，工学结合，做中学、做中教。

场所建议

场所 1：现场。到铁路现场观看营业线维修实际作业情况。

场所 2：仿真实训室。通过仿真系统展示铁路营业线维修作业情况。

场所 3：多媒体教室。通过多媒体课件展示铁路营业线维修作业情况。

上述 3 个教学场所，最好选择场所 1，其次选择场所 2，起码保证场所 3。

视频欣赏

进入教学资源库，观看铁路营业线维修作业情况视频，学习、弘扬铁路职工的劳模精神、劳动精神和工匠精神。

小组交流

（1）以事先划定的学习小组为单位，交流个人课前、课中学习情况，分享个人收集的相关资料，对学习中发现的疑点、难点进行小组研讨，并在规定时间内制作小组研学过程的微课，时间不超过 3 min。

（2）各研学小组向全班分享关于铁路营业线维修集体研学的微课，并提交任课教师。

学习评价

教师引导学生总结本次课学习收获，并进行自我评价。

1. 长知识（5分）

（1）高速铁路营业线维修作业项目：工务维修项目；电务维修项目；供电维修项目。

（2）普速铁路营业线维修作业项目：工务维修项目；电务维修项目；供电维修项目。

（3）营业线维修组织实施：高速铁路营业线维修组织；普速铁路营业线维修组织。

2. 强能力（5分）

（1）能描述营业线维修天窗作业组织、作业内容。

（2）会划分营业线维修等级。

（3）对学习营业线维修天窗作业产生兴趣爱好。

（4）提升利用互联网、教学资源库、图书查阅专业资料的技能。

（5）逐步养成自主学习习惯，提升互助学习、探索学习的能力。

3. 提素养（5分）

（1）尊重营业线维修天窗作业实际，增强职业荣誉感。

（2）塑造新时代健康人格，热爱中国式现代化铁路，激发爱国主义情怀。

（3）成为铁路劳模精神、劳动精神、工匠精神的传承人。

活动 9.3.3　作品制作

建议本活动在课后进行。每名学生单独制作一个开放、个性、富有创造性的学习过程和学习成效的视频，既要反映课程基本学习目标的完成情况，又要反映个人学习的收获，时间在 5 min 以内，至少包括以下 3 项内容。

（1）铁路营业线维修工电供内容。

（2）铁路营业线维修实例。

（3）通过本次课学习，个人在知识增长、能力强化、素养提升方面的小结。

课后 2 天内将作品提交任课教师，作为教师评价学生学习效果的依据。

活动 9.3.4　学习测试

（1）正确描述铁路营业线维修工电供项目。

（2）正确划分铁路营业线维修工电供等级。

拓展学习

铁路营业线维修房建、车辆、货运项目

一、房建维修项目

（一）Ⅰ级维修项目

（1）雨棚、天桥及跨越线路站房的屋面、檐口板维修。

（2）雨棚吊顶板维修。

（3）线路上方的玻璃设施、幕墙维修。

（4）线路上方的装饰板维修。

（5）线间立柱雨棚钢结构除锈、涂装。

（二）Ⅱ级维修项目

（1）站台、雨棚限界测量。

（2）雨棚落水管路疏通、维修。

（3）雨棚天沟杂物清理、维修。

（4）站台墙及吸音板检查维修。

（5）雨棚照明线路维修、灯具更换。

（6）站台帽石维修。

（7）站台立柱雨棚钢结构除锈、涂装。

（8）在天窗内可以完成的其他作业项目。

二、车辆维修项目

（一）Ⅰ级维修项目

（1）更换 TPDS 压力、剪力传感器。

（2）更换 TFDS、TVDS、TEDS 沉箱、侧箱。

（3）更换 TADS 麦克风阵列箱。

（4）固定脱轨器、列车车辆制动试验装置、踏面诊断及受电弓检测装置、动车组外皮清洗机等设备的安装、拆除、更换大型部件。

（二）Ⅱ级维修项目

（1）5 T、AEI 设备的巡检、小修、春秋季整修。

（2）更换 THDS 探头箱、大门电机、轴温探测器。

（3）调整或更换 TFDS、TVDS 和 TEDS 轨边设备大门电机。

（4）更换 TADS 麦克风、大门电机。

（5）TPDS、TADS 静态标定。

（6）调整、紧固卡轨器，更换磁钢、车号天线及卡具。

（7）更换、校对或焊接轨边电缆。

（8）固定脱轨器、列车车辆制动试验装置、踏面诊断及受电弓检测装置、动车组外皮清洗机等设备的定期校验、标定等。

（9）在天窗内可以完成的其他作业项目。

三、货运维修项目

目前货运方面，规定了Ⅰ级维修项目。

（1）超偏载检测装置、动态轨道衡更换压力、剪力传感器。

（2）超偏载检测装置、动态轨道衡更换配套车号识别设备的天线、磁钢及磁钢卡具等。

（3）超偏载检测装置、动态轨道衡小修和月检。

（4）在天窗内可以完成的其他作业项目。

思政案例　中国重载第一路——大秦铁路

全长 653 km 的大秦铁路，西出煤都大同，飞跃桑干峡谷，横贯燕山山脉，直抵渤海之滨，承担着全国铁路煤运总量的近 1/5，被誉为"中国重载第一路"，是我国名副其实的能源运输"大动脉"。

回首来路，大秦重载在党的坚强领导下，经历了从技术引进到领跑全球的华丽蝶变。进入新时代，它继续以"听党话、跟党走"的自信之基与振兴之本，赓续共产党人的精神血脉，传承铁路的红色基因，以交通强国、铁路先行为使命担当，攻坚克难、奋勇前行。

大秦重载赓续着自强不息的开拓精神。万吨巨龙与和谐机车的铿锵韵律，是披荆斩棘、砥砺前行的生动诉说；高效装运、多拉快跑的繁忙景象，是中国重载扩能改造、提质增效的成功典范。从年运量 5 000 万 t 到 4.5 亿 t……中国重载技术实现了从跟跑到并跑再到领跑的完美超越。这一中国铁路史上气势恢宏、大气磅礴的"美妙华章"，正是一代代"大秦人"敢为人先的开拓进取，是传承红色基因的生动写照。正如习近平总书记强调的"光荣传统不能丢，丢了就丢了魂；红色基因不能变，变了就变了质"。大秦重载从红色基因中汲取强大的信仰力量，自觉做中国特色社会主义建设的实践者与先行军，把革命先烈为之奋斗的伟大事业不断推向前进。

大秦重载赓续着锐意进取的挑战精神。全世界钦羡目光的背后，是"重载人"敢创能拼、日夜抢运的艰苦鏖战，是"重载人"紧盯目标、挑战自我的使命践行。习近平总书记强调"要始终保持锐意进取、永不懈怠的精神状态和敢闯敢干、一往无前的奋斗姿态。"一路走来，大秦重载从精神血脉中汲取强大的前行力量，几经挫折仍不断奋起，勇担重任而淬火成钢，并在实践中不断赋予其新的时代内涵。这是我们党筚路蓝缕奠基立业的宝贵财富，也是大秦铁路创造辉煌开辟未来的成功密码。新征程上，坚持依靠科技创新和管理创新双轮驱动的大秦重载正持续破解"卡脖子"的技术难题，抢占重载技术制高点，不断擦亮中国特色的重载品牌。

大秦重载赓续着继往开来的"三牛"精神。线路上认真巡视的敏锐目光，隧道中寒来暑往的坚毅身影，以及手握闸把全神贯注的火车司机……平凡铸就伟大，英雄来自人民，"重载人"始终坚持做"为民服务孺子牛、创新发展拓荒牛、艰苦奋斗老黄牛"。正是无数"螺丝钉"式的人物，才使得中国重载技术能够在世界铁路技术史上留下浓墨重彩的一笔。习近平总书记强调"我们要一棒接着一棒跑下去，每一代人都要为下一代人跑出一个好成绩。"大秦重载的发展之路正承载着每一代铁路人对发展责任的勇毅担当，对家国利益的执着坚守，对世界一流的不懈追求，以及对中国复兴梦的炽热情怀，不断从使命担当中汲取强大的奋进力量。

百年征程波澜壮阔，百年初心历久弥坚。站在"两个一百年"奋斗目标的历史交汇点，肩负重大使命的大秦重载，要不断从共产党人精神血脉的赓续中汲取前行力量，践行对国家与人民的赤子之心，攻坚克难、奋勇前行。

工电供联合作业组织

　　根据铁路基础设施结合部维修计划和专业特点，通过工电联合、电工联合、桥隧供联合、工电供联合添乘、工电供应急处置一体化等作业组织，将工务、电务、供电等专业生产单元有效联合，逐步形成一套集约、高效、科学的铁路基础设施联合维修生产组织模式，逐步实现人力、天窗和技术的综合利用，堵住维修过程和管理上的漏洞，防止漏检、漏修，克服维修分散和重复的问题，加强各专业之间的技术合作与交流，最大限度保证安全生产。

　　本项目共2项任务：

　　任务10.1　结合部联合作业组织

　　任务10.2　应急处置一体化作业组织

　　这2项任务全部依托铁路运维体系典型作业，情境客观，内容真实。

学习目标

　　（1）掌握道岔结合部工电联合作业内容。

　　（2）掌握轨道电路工电联合作业内容。

　　（3）掌握工电供设备联合作业内容。

　　（4）掌握桥隧供联合检查整治作业内容。

　　（5）掌握工电供联合添乘检查作业内容。

　　（6）掌握工电供应急处置一体化作业组织。

　　（7）能正确描述工电、电供、桥隧供联合作业内容。

　　（8）会客观分析红光带故障原因。

　　（9）能客观认识工电供联合作业的意义。

　　（10）培养学习铁路工电供联合作业组织的兴趣。

　　（11）提升自主学习、互助学习、探索学习的能力。

　　（12）提升利用线上线下资源查阅资料的技能。

　　（13）通过完成课前自主学习、课中小组研学、课后作品制作，提高个性化创作能力和互助研学能力。

　　（14）理解中国铁路工电供联合运维机制，激发民族创新意识，增强职业荣誉感。

　　（15）塑造新时代健康人格，热爱中国式现代化铁路，激发爱国主义情怀。

学习建议

（1）课前自主学习。认真阅读每项任务中的基础知识，通过线上线下教学资源，查阅与任务相关的资料，阅读中国高速铁路修筑、运维的文献资料，收集文字、数字、影像资料。

（2）课中小组研学。以事先划定的学习小组为单位，交流个人自主学习情况，分享个人收集的相关资料，研讨学习中发现的疑点、难点，制作关于小组研学过程的微课。

（3）课后作品制作。学生个人单独制作一个开放、个性、富有创造性的学习过程和学习成效的视频，既要反映课程基本学习目标的完成情况，又要反映个人学习的收获。

任务 10.1　结合部联合作业组织

活动 10.1.1　自主学习

建议本活动在课前进行。按照教学安排，学生预习基础知识，并查阅与本任务相关的资料。

基础知识

10.1.1.1　道岔结合部工电联合作业组织

工电结合部联合管控是保证工电结合部设备质量和稳定道岔整体运行性能的重要措施。工电结合部联合管控范围包括：道岔（含电务转辙机及安装装置）、钢轨绝缘、安装有绝缘的轨距拉杆和地锚拉杆、信号轨旁设备、电缆沟（槽）、道口设备、施工配合等。

1. 道岔结合部工电联合作业要求

道岔是工务和电务专业维修作业的结合部，需要联合整修，其联合整修的质量直接影响着信号联锁的效果和行车安全。

道岔及转辙设备的管理要实施单元化管理，做到"下部稳、上部准、横不移、纵不爬"。

工电双方应共同对造成道岔晃车、转换阻力大，表示缺口变"花"，密贴不良、锁闭不良的问题进行联合整治。

2. 道岔结合部工电联合作业区域

（1）普通道岔尖轨部分前后 5 m 范围内，高速铁路道岔尖轨前基本轨接头至尖轨跟端、可动心轨翼轨趾端至长心轨跟端，在上述范围内进行起、拨、改道、调整作业和捣固作业以及更换轨枕、挖翻浆等整治作业。

（2）更换道岔尖轨、基本轨、长心轨、短心轨、护轨和辙叉心。

（3）修理及更换道岔转辙部分工务设备、调整尖轨连接杆、轨距杆等作业。

（4）在轨道电路区段内更换钢轨、开断钢轨和更换绝缘接头处护轮轨、防脱护轨及安设地锚桩等。

（5）更换（或现场粘结）胶接绝缘、更换绝缘接头夹板。

（6）钢轨绝缘处轨头打磨、扣件整治及更换轨枕。

（7）道岔大机打磨作业，道岔尖轨、可动心轨小机打磨作业。

（8）在轨道电路区段卸长轨作业。

（9）轨道电路引入线、跳线及补偿电容枕等处的线路挖翻浆、清筛、换枕、大机捣固作业。

（10）加装轨距杆。作业前由电务人员对轨距杆进行检查测试合格后，双方做好记录，方可上道安装。

3. 工电联合整治道岔病害

道岔是行车安全的关键部位，是工务和电务部门维修作业的结合部，经统计分析，道岔故障在工、电设备故障中所占比重最大。因此重视和加强道岔的工电联合整治，对全面提高道岔设备的质量，减少道岔设备故障，具有重要的现实意义。

1）道岔转辙部分的常见病害

（1）尖轨与基本轨间、尖轨和顶铁间顶死或缝隙过大。尖轨和基本轨不密贴、尖轨与顶铁间顶死或缝隙过大，会导致轨道框架稳定性不足，列车通过时产生晃动，加剧对尖轨的冲击，进而加快尖轨的伤损，严重时将影响行车安全。

（2）轨距不良、尖轨竖切部位不密贴。尖轨中部轨距小、两基本轨间尺寸不合适、竖切部位不密贴，列车通过时因轨距变化率不良，导致列车左右摇晃，容易引起车载式线路检查仪和轨检车检测出分，病害严重者将影响尖轨正常锁闭或列车通过时尖轨横移，道岔表示缺口容易引起变化。

（3）尖轨与滑床板间离缝。尖轨与滑床板间离缝，导致部分滑床板不接触尖轨，部分滑床板受力过大，磨耗严重，尖轨扳动时因受力不均衡而滑动受阻，甚至不能正常锁闭。

（4）尖轨爬行超标。尖轨爬行量过大，导致尖轨跟端间隔铁顶死，尖轨顶面宽 50 mm 及以下断面处，尖轨顶面高于基本轨顶面超过 2 mm；基本轨侧磨出现肥边，或尖轨尖端有肥边不能密贴，严重者将影响正常锁闭。

（5）基本轨、尖轨及拉杆的联接零配件松动。基本轨、尖轨及拉杆的联接零配件松动，导致轨道框架结构不稳定，拉杆拉伸时旷动量增大，电务转辙机在锁闭时空动距离不足，容易造成表示不良。

2）常见病害的原因分析

（1）尖轨与基本轨不密贴原因分析。

① 尖轨出厂时或在备用存放期间，因堆码时受压时间过长或支垫时受力不均衡导致尖轨产生硬弯。

② 顶铁与尖轨间的缝隙大小不一，在列车荷载作用下，尖轨出现侧翻，在缝隙小的顶铁处易使尖轨产生硬弯。

③ 基本轨框架不符合标准，岔头不方，直基本轨不直，曲基本轨弯折点不标准。

④ 尖轨中、后部滑床板阻力大，造成尖轨在扳动时，尖轨后部因受阻不能正常到位。

⑤ 因尖轨爬行，导致尖轨竖切部位与基本轨剖切部位前后错位。

（2）尖轨与滑床板间有离缝的原因分析。

① 尖轨有拱腰或翘头，其与滑床板间不能全部均衡受力密贴，导致部分滑床板离缝，部分因受力较大磨耗严重。

② 轨枕不在同一水平上或转辙部位高低不良，导致部分滑床板过硬受力较大，部分空吊引起离缝。

③ 个别轨枕有空吊现象，尖轨与滑床板在静态下看似密贴，但其内部受力不均衡。

（3）尖轨爬行的原因分析。

① 更换尖轨或基本轨施工作业时，因钻孔误差、轨温影响、轨缝调整等因素的影响，作业不当造成尖轨爬行。

② 因尖轨长时间受车轮反向摩擦力推动导致尖轨爬行。

③ 因机车制动、线路坡度影响，导致尖轨受纵向推动力，产生尖轨爬行。

④ 因尖轨跟端间隔铁或限位器设置不合适或螺栓松动，导致尖轨克服阻力或带动限位器一起爬行。

（4）基本轨、尖轨及拉杆联结零配件松动的原因分析。

① 基本轨、尖轨联结零配件松动主要指扣件、接头螺栓扭力不足，拉杆零配件松动主要原因为各种零配件因质量缺陷、型号不匹配、超期服役、安装标准等原因，导致受力不均衡，引起松动。

② 工区在日常检修作业时，对零配件的检修和保养工作不到位，未按检修周期进行保养、保养方式不正确或保养时未能按标准扭力进行紧固，零配件长时间带病作业引起磨耗而松动。

3）病害联合整治措施

（1）工电部门要高度重视工电联合整治工作。工务、电务人员要从整体出发，全方位精细化查找问题，分析病害根源，研究整改方案，并积极联合整修，综合整治。

（2）找准控制因素，制定整修方案，综合细致整修。

（3）全面排查原因，找准控制因素。对于综合性病害，病害形式可能有多种，若想在最短时间内解决病害，要全面排查病害原因，先找准控制性病害，优先对其进行解决，再对单个病害逐项消除。

例：如果道岔存在尖轨第一拉杆开口尺寸超限和顶铁与尖轨离缝两种病害，查找原因时要先检查两个病害的共同影响因素，找准"控制性因素"，优先进行整修，再逐项对其他单独影响因素进行整修。

（4）制定整修方案、全面进行综合细致整修。在工电联合整修前，工电双方要提前进行沟通，做好预整道岔的病害调查工作，并制定详细的整治方案，施工过程中坚持精细化整修作业，不符合标准的问题及时进行纠正，从源头上把住设备质量关。在整修作业完毕设备正常使用前，工电双方对整修遗留的问题要本着整治工作一步到位、不达标不放过的原则进行全面整治。

（5）针对不同病害采取不同措施，逐项解决。工务专业在查找并整修完病害，保证了轨道框架尺寸达标后，电务专业再进行调试，检查空动距离、摩擦电流、转辙机联接设备状态等情况，结合发现的问题进行逐项解决，确保工务、电务部门设备均达标。

10.1.1.2 轨道电路联合作业

轨道电路是信号控制设备的重要基础设备，也是工电专业联合整治的重要设备之一。轨道电路的稳定性直接影响信号联锁系统的可靠性和安全性，频繁发生的轨道电路故障影响运输生产安全和效率。加强轨道电路联合管控，有利于预防"红光带"故障的发生。

1. 轨道电路工作的特殊性

轨道电路和其他电路的组成和原理都是相同的，都是一个传送电流的线路，但是轨道电路与架空电线路相比，有独特的工作条件，轨道电路是一种特殊的电路。

1）工作条件恶劣

轨道电路的导线就是钢轨，钢轨放在轨枕上，轨枕放在道床（大地）上，轨道电路对地绝缘不良，工作条件恶劣。钢轨与道砟之间的绝缘好坏用道床电阻的大小来表示，道床电阻越大越好，表明它们之间漏电小，它随轨枕和道砟含水量多少而变化。

2）导电不稳定

钢轨线路要传导轨道电流，希望钢轨线路的电阻越少越好。钢轨接头是用夹板连接的，电气接触不可靠，尽管安装了接续线，钢轨电阻还是在很大的范围内变化，而不像架空线路那么稳定。

3）无绝缘轨道电路钢轨短接

无绝缘轨道电路在 29 m 调谐区内，如需要使用短路铜线时，应将短路铜线在调谐区外将两根钢轨短接。

电气绝缘节由调谐单元、空心线圈及 29 m 钢轨组成，用于实现两相邻轨道电路间的电气隔离，即完成电气绝缘节的作用，在无绝缘轨道电路的自动闭塞区间通过信号机相邻轨道电路之间有一段空白的部分。

因此，工务、电务、供电各工种人员在 29 m 调谐区内，使用短路铜线时，应将短路铜线在调谐区外将两根钢轨短接。

案例：2013 年 7 月 15 日，××机务段 HXD$_{3B}$ 型 0380 号机车，担当××站至××站间 51659 次单机，运行至××站进站前车机联控时，司机误将车站"××站 3 道停车"听为"停车"，使用紧急制动停于调谐区内，造成区间占用无表示（通过信号均为绿灯）。司机于停车 1 分 48 秒后将机车前移 95 m 移出调谐区的过程中，后续××机务段担当的 K345 次追踪运行，速度为 116 km/h，因通过信号机由绿灯直接变为黄灯，司机立即停车，此时距单机仅 2 625 m，而这一距离的运行时间仅 81 s，险些造成后续旅客列车发生追尾冲突。

2. 轨道电路与工务设备的关系

从轨道电路的特点看，道床电阻和钢轨阻抗对于轨道电路十分重要，是衡量轨道电路好坏的标准。当轨道电路在规定范围内发送电压值最低、钢轨阻抗值最大、道床电阻值最小、轨道电路为极限长度和空闲的条件下，受电端的接收设备应可靠工作。

1）道床电阻

道床电阻是指轨道电路中一条钢轨经过轨枕、道砟和大地到另一条钢轨的泄漏电阻（或称绝缘电阻）。

道床电阻越大越好，轨道电路越长，道床电阻越小，即泄漏电流越大，通常道床电阻是用轨道电路每千米长度的数值表示的，单位为"Ω·km"，轨道电路的道床电阻容许值不应小于表 10-1 的要求。

表 10-1 　轨道电路道床电阻容许值

碎石道床	道床电阻/（Ω·km）	
	直流	交流
区间	1.2	1.0
站内	0.7	0.6

胶接式绝缘接头、粘接式绝缘轨距杆的绝缘电阻值应大于 1 MΩ。

2）钢轨阻抗

钢轨阻抗是指轨道电路本身轨条的阻抗和两根钢轨接头处的阻抗。钢轨阻抗与轨道电路的长度成正比，轨道电路长度越长钢轨阻抗越大，电压耗损越大。通常用轨道电路每千米长度的数值表示，单位是"Ω·km"。钢轨阻抗越小越好，在 25 Hz 相敏轨道电路中，采用塞钉式接续线时，区间线路的钢轨阻抗应小于 0.5 Ω·km。

钢轨接头对钢轨阻抗的影响很大，与夹板与钢轨间的接触、接续线与钢轨间的连接、洁净程度、生锈情况、接触压力以及气候条件等因素有关。至于钢轨类型是 60 kg/m 还是 75 kg/m，影响不大。

3. 轨道电路结合部常见故障

1）红光带

红光带是指在没有机车车辆占用的股道上，两根钢轨被短接，显示出异常红光带或"闪红"，令控制台难以判断实际情况的现象。

红光带是轨道电路较为常见的故障，是影响行车安全的主要故障之一。

2）连电造成的轨道电路红光带故障

连电造成的轨道电路红光带故障主要包括分隔绝缘、岔后绝缘、杆类绝缘破损连电故障，工务要加强各类绝缘外观检查，提前防范绝缘破损故障。施工和日常作业"人为连电"也是造成轨道电路红光带故障不可控的主要原因。

案例：××工务段××站整治绝缘接头飞边发生连电事故

1. 事故概况

2012年7月25日6时35分，××次货物列车运行至××站上行进站信号机后，Ⅱ道上行出站信号机突然由绿灯变为红灯，列车于6时36分停于××站站内2道，导致××次、××次、××次、××次列车晚点。

2. 事故原因

当日××工务段××线路车间××工区工长带领职工用剁子处理4道7号极性绝缘接头飞边时，造成17-23DG轨道电路红光带，又由于17-23DG与11DG间的绝缘为侵限绝缘，致使上行Ⅱ道出站信号机关闭。

3. 断轨造成的轨道电路红光带故障

主要包括工务部门作业引起的箱盒引接线、钢轨接续线、各类跳线折断、断轨（拉断）引起的红光带。

案例：××工务段"11·7"××线断轨发生红光带事故

1. 事故概况

2012年11月7日16时37分，××工务段××线桥车间接××车站值班员通知"××下行线××站—××站间第三区段出现红光带"，工务段立即启动相应处置预案，工区工长及5名职工携带防断应急机具设备，于17时04分进网上道检查。17时09分发现××下行线K596+380处钢轨焊缝折断，断缝6 mm（实测轨温11 ℃），立即采取安设无孔夹具实施临时处理，同时对前后50 m范围内扣件螺栓实施复拧加力，于17时25分限速120 km/h开通区间，造成中断正线行车50 min。

2. 事故原因

钢轨折断造成红光带。

4. 轨道电路结合部预防"红光带"措施

（1）检查轨距、支距，必须用绝缘轨距道尺、绝缘道岔支距道尺，切不可随意使用钢卷尺。

（2）上道使用的单轨小车、探伤小车等，必须是绝缘车轮。

（3）上道使用的轨检小车，车轮、车轴必须绝缘。

（4）撬棍是养路作业最常用工具，必须采用带有胶套管的撬棍，以防跌落。

（5）使用的铁铲、筛子、扳手等各种铁制小件工具，在绝缘接头、轨道电路引接线、绝缘轨距杆等处作业时不要随意抛扔，以免铁头接触到轨道电路的联电部位。

（6）在绝缘接头处起道或拨道时，不要把起道机放置在轨端绝缘的下方。

（7）拨道作业时，不要把撬棍放在绝缘接头的下方。

10.1.1.3　电务供电设备联合作业

电务供电（电供）设备结合部联合管控是保证电务供电结合部设备质量和稳定电务供电设备整体运行性能的重要措施。有利于推进电务供电专业融合，强化设备专业管理，提升电务供电设备质量，减少设备安全隐患。

1. 电务供电设备结合部及管理分界

电务供电设备结合部主要是指通信、信号电源引入，以及供电牵引、电力远动系统通道两个方面。

1）通信、信号电源引入

以信号电源引入 G2 盘、通信电源引入 G3 盘上端头为分界点，分界点（不含）至电源侧设备由供电专业负责维护和管理，分界点（含）至负荷侧设备由电务专业负责维护管理。

2）供电牵引、电力远动等各业务通道

以光纤、网线、E1 同轴电缆引入至供电系统设备为界，分界点（含）至供电系统设备由供电专业负责维护和管理，分界点（不含）至通信设备由电务专业负责维护管理。

3）牵引变电所轨回流线与扼流变维护

连接线夹、螺栓及连接线属于供电专业维护管理，扼流变（含连接板）属电务专业维护管理。

2. 电务供电设备结合部终端用户主导管控机制

电务供电设备结合部管控，应明确由终端用户主导的机制。对于通信、信号电源引入来说，电务专业是供电专业的终端用户；对于供电专业各类信息通道传输来说，供电专业是电务专业的终端用户。当发生设备故障或需对设备现状进行优化调整时，应由终端用户主导进行。

1）通信、信号电源引入

通信、信号电源引入的日常检查测试，由电务专业牵头，根据电务设备维修周期，会同供电专业确定全年通信、信号电源引入测试计划，并由电务、供电现场维护人员共同进行检查测试并做好签认记录。

2）牵引、电力远动系统通道

牵引、电力远动系统通道日常检查测试，由供电专业牵头，根据供电设备维修周期，会同电务专业确定全年的通道测试计划，并由电务、供电现场维护人员共同检查测试并做好签认记录。

3. 电供设备结合部管控流程

电供结合部一体化管控流程分为排查计划制定、排查计划下达和执行、整治计划制定、整治实施、验收及销号等五个步骤。

10.1.1.4　桥隧供联合检查整治作业

桥隧供电设备联合检查整治主要包括隧道检查及危树、藤蔓排查处理作业，对隧道内衬砌掉块、漏水、接触网设备松脱等引起的风险进行排查、处置。

1. 检查整治项目

（1）对隧道边墙、拱腰、拱顶等部位进行近距离目视检查，并对日常步行检查过程中，不能触及的重点部位进行敲击检查。

（2）隧道绝缘子全面冲洗。

（3）隧道内接触网预埋件、拱顶地线等稳固性巡视检查。

（4）隧道内重点设备检查，主要包括：补偿装置（上部）、上网点、电联接及引线、吸上线（上部及中部）。

2. 危树、藤蔓排查处理

（1）侵入或可能侵入机车车辆限界，以及影响司机瞭望的危树排查处理。

（2）侵入或可能侵入供电设备安全限界的危树、藤蔓排查处理。

3. 生产组织

桥隧专业牵头，由供电接触网专业和桥隧专业将管内隧道衬砌及危树排查任务按照月份进行铺排，制订年度轮廓计划。按月排查，按周、日卡控。

10.1.1.5　工电供基础设施联合添乘检查

1. 添乘检查

1）便乘

铁路便乘是指机车乘务员乘坐。

2）添乘

铁路添乘是指铁路列车运行中，规定值勤人员之外的职工，随车参加乘务组的工作。其目的是学习、协助、研究或指导乘务工作。

3）添乘检查

铁路添乘检查是对添乘中发现的未按标准化作业、工具和设备配备不齐、不执行作业流程图等危及行车安全的情况，立即通知乘务车间进行处理。

工电供基础设施添乘检查，是铁路局集团公司工电供各段指定人员在司机室通过仪器检查、目视某区间铁路基础设施情况。如工务段主要检查线路的水平高低、轨距、轨向等数据情况，以及线路两侧外观及有无侵线，通过仪器采集数据来分析此区间线路是否平顺。

2. 添乘检查"四观察、一核对"工作要求

工电供基础设施添乘检查，实行"四观察、一核对"工作要求。

（1）观察设备状态是否正常；

（2）观察有无外部因素干扰；

（3）观察作业标准是否规范；

（4）观察线容线貌是否整洁；

（5）核对行车数据是否准确。

3. 一体化添乘检查的主要内容

1）工务设备

（1）线路。人工感觉是否晃车；道床是否存在翻浆打白；线路限界内有无异物侵限风险；道床边坡是否有杂草；护网是否有缺口、破损等；线路标志是否齐全有效；线路两侧安全保护区内是否有非法施工，路外单位在铁路安全限界内施工是否有人监控，是否做到施工机械"车过机停"等规定；限速处所是否按规定设置限速标志。

（2）桥隧。汛期查看降雨区段的Ⅰ、Ⅱ、Ⅲ级防洪地点是否安排布控、人员到位巡守等；汛期查看沿线的江（河）是否存在水位异常涨落；侧沟是否有积水，是否出现明显排水不畅，坡面是否有水直冲道床，视线范围内的涵洞排水是否积水，上游是否有泥土淤积；目视堑坡、山坡脚和道床是否有落石、坍体，坡面是否有明显的裂缝、变形等变化，坡面上的树木有无

倾斜，可能倒伏侵限的现象。线路两侧的支挡设备是否有明显开裂、外挤或倾斜变形等变化；桥梁步行板及栏杆、侧沟盖板有无缺失；隧道内是否有排水不良、水淹道床现象，是否发生严重漏水、涌砂现象。隧道仰坡是否坍方、是否有落石或者树木倾斜歪倒；限高架、防撞墩、防灾系统、防抛网等安防设施有无缺损。

2）电务设备

（1）信号。有无外界因素干扰信号显示，以及信号显示距离是否达标；信号机、轨道电路各类标识有无脱落、缺失，禁停标、预告标等各类信号标牌、基础安装是否固定良好，有无倾斜、脱落、外界影响；电缆槽有无脱落、缺失，电缆盖板安装是否平稳，有无缺失，电缆有无外露，电缆径路周边有无外界干扰，有无动工动土的施工作业等；各类防尘罩固定情况，站内道岔防尘罩、补偿电容罩固定是否良好，有无上翘、脱落等。

（2）通信。检查光电缆径路状况是否良好，有无施工动土迹象，沟槽有无盖板缺失，有无线缆外露；通信院落及房屋外部环境是否正常，有无下沉迹象，房屋外观是否良好，有无明显裂缝，围墙上方防盗刺网有无脱落，院落大门是否紧闭；直放站门锁是否良好，洞室门有无损坏；杆塔有无歪斜，外挂天线、视频监控摄像头安装是否牢固，指向是否正确，其他附属设备紧固是否良好、有无脱落；在通信设备"红黄蓝"区内施工有无防护、标识标志，灰线用白石灰等标示的电缆径路是否明显、有无遮挡，施工动土是否进入标志范围内；车机联控通话是否良好、清晰，有无杂音、有无中断现象；CIR 接收进路预告和调度命令是否正常。

3）供电设备

（1）外部隐患。电缆沟盖板是否齐全、良好，电缆有无被盗、外露；投光灯塔塔体有无异常，四周有无堆积物、取土或其他施工；箱变四周是否有取土、施工及其他堆积物。10 kV架空线路有无异物侵界；沿线可视变配电所大门是否锁闭良好，墙体有无坍塌；铁路沿线藤蔓、危树、竹、杂草、各类彩钢瓦、轻飘物是否侵界；是否有污染源；上跨各类缆线、上跨建筑物及附属设施是否脱落侵界；隧道漏水距接触网带电部分是否小于 300 mm；是否有塌方、落石、山洪水害等影响运行安全的隐患。

（2）接触网线索。各种线索（包括接触线、承力索、供电线、回流线、架空地线、正馈线、中锚辅助绳、吊弦、吊索、电连接、吸上线等）有无断股、散股或异物等。

（3）接触网支柱。支柱、硬横梁、吊柱有无偏斜；支持和定位装置是否偏移、脱落；线岔限制管有无脱落；坠砣限制架是否脱落，坠砣是否超出限界。

（4）接触网电连接。电连接器（上网电连接线、开关引线、避雷器引线、股道电连接线、锚段关节及线岔电连接线）有无脱落、断股。隔离开关有无闪络、燃弧。

（5）接触网分段器。分段器有无闪络、脱落、破损。

学而思之
为什么要组织工电供联合作业？

查阅资料
（1）在阅读基础知识的基础上，通过线上线下教学资源，查阅铁路工电供联合作业的资料，进一步了解铁路工电供的作业组织过程。
（2）个人下载 3～5 张关于工电供联合作业的图片，用于小组学习交流。

活动 10.1.2　集体研学

建议本活动在课中进行。在教师指导下，以学生为主体，工学结合，做中学、做中教。

场所建议

场所1：现场。在现场观看真实的铁路工电供联合作业组织过程。

场所2：仿真实训室。通过仿真系统展示铁路工电供联合作业组织过程。

场所3：多媒体教室。通过多媒体课件展示铁路工电供联合作业组织过程。

上述3个教学场所，最好选择场所1，其次选择场所2，起码保证场所3。

视频欣赏

进入教学资源库，观看铁路工电供联合作业组织过程视频，学习、弘扬铁路职工的劳模精神、劳动精神和工匠精神。

小组交流

（1）以事先划定的学习小组为单位，交流个人课前、课中学习情况，分享个人收集的相关资料，对学习中发现的疑点、难点进行小组研讨，并在规定时间内制作小组研学过程的微课，时间不超过3 min。

（2）各研学小组向全班分享关于铁路工电供联合作业组织过程集体研学的微课，并提交任课教师。

学习评价

教师引导学生总结本次课学习收获，并进行自我评价。

1. 长知识（5分）

（1）工电结合部主要设备：道岔；轨道电路。

（2）红光带。红光带是指在没有机车车辆占用的股道上，两根钢轨被短接，显示出异常红光带或"闪红"，令控制台难以判断实际情况的现象。

（3）电务供电结合部主要设备：通信、信号电源引入分界点；牵引、电力远动系统通道。

（4）桥隧供结合部联检整治项目：隧道边墙、拱腰、拱顶；隧道绝缘子；隧道内接触网预埋件、拱顶地线；补偿装置（上部）、上网点、电联接及引线、吸上线（上部及中部）；危树、藤蔓。

（5）工电供基础设施联合添乘检查"四观察、一核对"工作要求：观察设备状态是否正常；观察有无外部因素干扰；观察作业标准是否规范；观察线容线貌是否整洁；核对行车数据是否准确。

2. 强能力（5分）

（1）能正确描述工电、电供、桥隧供联合作业内容。

（2）会客观分析红光带故障原因。

（3）会客观看待工电供联合作业修制改革。

（4）对学习铁路工电供联合作业组织产生学习兴趣。

（5）提升利用互联网、教学资源库、图书查阅专业资料的技能。

（6）逐步养成自主学习习惯，提升互助学习、探索学习的能力。

3. 提素养（5分）

（1）理解中国铁路工电供联合运维机制，激发民族创新意识，增强职业荣誉感。

（2）塑造新时代健康人格，热爱中国式现代化铁路，激发爱国主义情怀。

（3）成为铁路劳模精神、劳动精神、工匠精神的传承人。

活动 10.1.3　作品制作

建议本活动在课后进行。每名学生单独制作一个开放、个性、富有创造性的学习过程和学习成效的视频，既要反映课程基本学习目标的完成情况，又要反映个人学习的收获，时间在 5 min 以内，至少包括以下 3 项内容。

（1）铁路工电联合作业组织形式。

（2）铁路工电联合作业组织实例。

（3）通过本次课学习，个人在知识增长、能力强化、素养提升方面的小结。

课后 2 天内将作品提交任课教师，作为教师评价学生学习效果的依据。

活动 10.1.4　学习测试

（1）红光带造成的后果及原因分析。

（2）写出工电供联合作业的基本内容。

📖 拓展学习

呼和运营维管段开展工供联合作业

2019 年 9 月 27 日，呼和运营维管段在包兰线组织开展了工务、供电首次大型联合作业，顺利完成乌拉山分相改造及磁枕更换工作，跨出了综合一体化发展的实质性步伐。

此次联合作业，各专业人员共计 180 余人，其中包含工务专业 10 人、电务专业 8 人、供电专业 134 人、机关管理人员 28 人，作业面为南北向 3.5 正线 km，涉及 21 处作业项点，共完成工务专业 16 处磁枕更换和供电接触网专业上下行旧分相拆除、新分相启用工作。

此次作业中，呼和段"资源、项点、专业"融合的工作思路得以全面体现，"融合"作业效果初显。据初步统计，此次联合作业，各专业设备检修兑现率同比增加 10%，天窗资源综合利用率同比提升 12%，工务轨道质量指数提升 0.3%，综合合格率提升至 99%。

资源："纯共性"融合。此次作业实施驻站联络、行车防护、交通出行，机械物资协调共用，改变了以往各专业在防护人员、作业车辆、作业"天窗"点重复消耗的情况，实现综合天窗作业中专业间相互支持、协同辅助。

项点："结合部"融合。按照前期制定的作业办法，作业前召开了详尽的分工预想会，实现各专业对设备检查、安全卡控、应急处置信息的共享运用，并对各专业作业分布、人员数量、作业内容进行精准分组分工，确保同一"天窗"内最大限度地安排各专业作业任务，实现作业效率提升。

专业："纯异性"融合。即专业素质融合。此次作业前，段对参与作业的供电专业人员进行了专项培训，并组织开展了 4 次换枕演练，确保作业当天顺利完成任务，实现了工务、供电专业"兵种"融合；此次作业，有 30 名工程作业队员工参与，最大限度调动劳动力资源，实现了工程作业队无施工时，与工区融合参与检修作业；此次作业，机关各部门管理人员积极参与，发挥了表率作用，是该段在遇有大型检修、施工人员不足时机关人员参与的又一次例证，实现了机关与一线的融合。

此次大型联合作业的顺利完成，是呼和运营维管段推进融合发展的一次有益尝试，为今后深入开展综合一体化发展积累了宝贵经验，呼和段将不断总结经验，以奋勇担当的姿态，在综合发展先行先试的道路上不断探索，向着更安全、更高效的融合发展目标砥砺前行！

任务 10.2 应急处置一体化作业组织

活动 10.2.1 自主学习

建议本活动在课前进行。按照教学安排，学生预习基础知识，并查阅与本任务相关的资料。

基础知识

10.2.1.1 应急处置一体化作业总则

1. 导向安全

应急处置必须坚持安全第一，处置过程必须做到有序可控。必须坚持"先停用、后处理，先试验、后开通"的原则。

2. 快速反应

应急处置各环节都要坚持效率原则，及时获取充分而准确的信息，第一时间启动应急预案，果断决策，迅速处置。

3. 先通后复

在保证安全的情况下，先抢通恢复行车，后进行设备修复，抢通顺序按"先站内设备、后区间设备""先正线设备、后其他设备"的原则，减少对运输干扰。

4. 按章处置

应急处置必须严格遵守相关程序和有关规章制度，严禁无防护上道作业，使用违章方法恢复设备，严禁擅自操纵设备。

5. 减少损失

应急处置必须尽最大可能减少生命财产损失和减少对运输秩序的影响，防止次生灾害发生。

6. 单一指挥

应急处置必须遵循和维护集中领导、统一指挥、逐级负责的原则，实施单一指挥。

7. 统一应急处置

（1）统一安排值守，节省值班值守人力；

（2）统一启动应急，工电工区作为一个整体统一启动应急响应；

（3）统一应急预案，各个专业的预案统一形成一体化预案；

（4）统一组织抢险，应急抢险出动必须不分专业统一出动。

10.2.1.2 应急处置一体化作业组织

1. 应急准备

以"应急派班、应急交通、应急备品、常备资料、应急预案"为工作重点，充分做好应急准备工作，确保发生突发事件时，各级应急处置队伍能迅速组织检查抢修工具备品快速赶赴现场开展应急处置工作。

1）应急派班

工区应急派班执行每日一表制度，在每日综合例会上布置次日应急值守人员、应急汽车

（轨道车）以及司机，严格执行值班值守制度，随时保证通信工具畅通。工电工区合理安排各专业人员共同值班。

2）应急交通

建立应急出动交通模块，业务科室应急主管根据管内每条线实际情况，细化每个站区、每个区间应急出动最快交通方式，可以选择搭乘列车、汽车、轨道车等。应急交通模块设置在生产调度室，遇突发事件，对应故障区段选择最快交通方式。

3）应急备品

车间、工区应急备品执行每周检查并试运转制度，保障应急机具始终处于良好状态，应急材料齐全有效。车间、工区应急备品集中放置，实行"入包、上车、进库"管理。

4）应急资料

调度指挥中心除常备设备技术资料台账外，还需常备路内各单位联系电话、地方气象部门联系电话、地方油气管线产权单位联系电话等资料。

5）应急预案

业务科室要充分结合管内设备特点、班组设置情况编制细化专项应急预案，重点包括信息传递、应急响应出动（交通方式）、应急机具材料、现场处置措施、放行列车条件、添乘处置措施、后续处置措施等内容。

6）卡控措施

（1）值班抽查。段值班调度利用录音电话抽查现场值班值守情况，同时要求上传值班值守人员集体照或视频至调度指挥中心。

（2）预案审查。主管安全领导牵头，组织安全科、生产调度室、技术科、办公室、物资设备科对专项应急预案的准确性和合理性进行审查，同时发文公布并抄业务部核备。

（3）覆盖盯控。建立应急管理钉钉群，通过上传照片或视频对现场应急机具材料每周检查并视运转情况进行覆盖检查。

2. 应急响应

以"信息准确、快速反应、专业联动"为控制环节，确保各级及时准确掌握突发事件信息，迅速启动相应级别应急响应。

1）信息准确

遇突发事件，须准确了解事件概况，迅速落实上情下达、下情上报以及跨单位信息沟通工作，坚决杜绝信息瞒报、谎报等现象。

2）快速反应

接到突发事件信息后，段属地工区应急检查人员和驻站联络员必须立即赶赴现场和车站信号楼，根据突发事件性质大小预判影响程度，其他抢修人员和应急机具材料随后赶赴现场，属地车间干部同步赶赴现场。

3）专业联动

各级各专业迅速响应，按照各自职责应急联动，密切配合，共同实施应急处置。

4）卡控措施

（1）信息处置。安全保卫科要制定安全信息管理相关制度，明确安全信息处置流程，接到安全信息后，应立即按照属地工区、属地车间、段应急领导小组顺序进行通知（及时报告铁路局集团公司调度）。

（2）协调汇报。现场需搭乘列车或开行轨道车至故障现场，段调度指挥中心向列车调度员协调申请办理。

5）其他

（1）由工电车间统一安排应急出动，多专业联合应急，先按就近原则安排人员抵达现场了解情况，及时反馈信息。按安全第一、效率优先的原则选择出行交通方式。

（2）普速区段优先选择汽车前往，具备条件时可搭乘列车或开行自轮运转设备前往。

（3）车间安排出动前应对出行线路情况进行掌握，可通过手机导航了解出行线路的交通情况。车间根据情况可以安排多种交通方式出动，避免交通受阻后应急人员无法抵达现场。

（4）发生设备故障信息，段值班领导、专业技术干部接通知后立即到段调度室了解清楚故障情况，调阅、分析相关数据后赶赴现场（最快交通工具超过 2 h 到达现场时，可在调度室指挥，待备班领导及干部到达段调度室后立即赶赴现场）。

（5）发生挤岔、脱轨掉道、塌方、列车冒出冒进等事故，段值班领导、技术干部接通知后立即赶赴现场。

3. 应急安全卡控

应急安全实行段、车间两级卡控。

段专业值班干部负责设备登记停用，影响范围的核对（含封锁、限速里程），开通条件（联锁试验、限速条件等）的确认。

安全保卫科值班干部负责登销记格式的核对，通过音视频对现场防护的设置及处置安全进行卡控。

车间负责现场应急处置的安全卡控，重点对登销记、应急处置劳动安全、设备开通条件（联锁试验、限速条件）进行卡控。

4. 应急指挥

（1）现场接到故障信息后立即向段调度汇报，对故障发生时间、故障现象、影响范围等进行准确描述，杜绝谎报、瞒报或信息汇报不准确。

（2）车间接到故障信息后，要立即安排现场总负责人和各专业负责人，并向段调度汇报，段安全调度负责与现场总负责人保持联系，各专业调度负责与专业负责人保持联系，时刻掌握现场应急情况。

（3）现场总负责人随时掌握各专业应急处置情况，及时向段安全调度汇报，特别是出动时、到达时、登记前、销记前必须向调度汇报，随时掌握故障判断进度、处置进度并向调度汇报。负责对现场处置全过程进行录像，确保录像能看清整个处理过程，对故障原因等关键处所进行重点拍摄并照相取证，立即传应急"群"实时反映现场情况。

（4）段应急指挥中心（生产调度室）负责应急处置统一指挥，由安全调度下达命令，杜绝多头指挥。现场应急人员必须按调度指挥进行处置，不准擅自盲目处理故障，故障登销记前必须经调度同意方可在《行车设备检查登记簿》内进行登销记。调度指挥中心必须建立不同突发事件对应的登销记模板，指导现场规范正确地办理登销记手续。

5. 现场处置

以"设备故障查找确认、现场抢修先通后固，开通条件复核确认、登销记内容复核确认、劳动安全卡控到位"为关键环节，按照"导向安全、按章处置"的原则，运用信息化技术可视指挥，对现场应急处置全过程进行控制和把关。

1）设备故障查找确认

现场应急处置人员对不同的设备故障，有针对性地进行重点检查，检查范围必须做到全覆盖。现场检查照片或视频要及时上传，以供应急领导小组复核确认、决策指挥。

2）现场抢修先通后固

设备故障不能及时恢复正常使用时，现场应急负责人根据紧急处置以及检查确认情况限速开通，明确限速的区间、行别、起止里程、放行列车速度，待天窗时间进一步处置。

3）开通条件复核确认

现场应急负责人确定的列车放行条件必须经调度指挥中心确认同意后，才能通知驻站联络员办理销记手续。

4）登销内容复核确认

驻站联络员登销记内容必须经调度指挥中心确认同意后才能办理相关手续。考虑应急处置时间紧迫，调度指挥中心指定专人梳理登销记内容发送至车间应急群，指导驻站联络员办理登销记手续。

5）劳动安全卡控到位

段业务科室负责制定应急处置固定走行路径，安全科负责制定应急处置劳动安全卡控措施。现场应急处置人员严格落实。

6）导向安全

应急处置必须坚持安全第一，处置过程必须做到有序可控。

7）按章处置

应急处置必须严格遵守相关程序和规章制度，坚决杜绝冒险放行。

8）卡控措施

（1）音频录制：驻站联络员负责携带录音笔全过程录制应急处置音频，原则上结束后 24 h 内上传音频。

（2）视频录制：现场应急处置总负责人携带作业记录仪全过程录制应急处置视频，原则上结束后 24 h 内上传视频。

（3）实时指挥：段建立应急群，人员包括段领导、科室负责人、段安全调度。各车间建立应急群，人员包括车间干部、段安全调度、工长、副工长、班长。各工区建立应急群，人员包括工区所有职工。遇影响较大事件，生产调度室值班干部负责建立应急处置钉钉群（一事一群），人员包括段领导、专业科室负责人、现场应急处置人员等，还需将业务部相关人员拉进群，实时指挥现场应急处置。

（4）可视指挥：遇突发事件时，段调度指挥中心充分运用综合视频系统，对现场处置进行可视指挥。

6. 分析总结

以"照片视频、工信速报、情况说明、应急台账"为抓手，规范应急处置资料上报。

1）照片视频

现场应急人员及时在应急群上传检查照片或视频，实时反映现场情况。

2）工信速报

安全信息速报要做到快速准确，接到突发事件信息后工务专业 20 min 内将信息接报时间、应急安排、现场设备情况形成速报上报集团公司工务调度，其他专业调度通过电话报集团公司专业调度和应急办，并实时上传应急信息、照片到集团公司各专业应急群。

3）故障分析报告（情况说明）

故障分析报告要做到系统全面，应急处置完毕次日 6:00 前将信息概况、现场处置情况、行车组织情况、设备情况、近期检查及作业情况、后续检查处置情况收集整理，上报集团公司调度、安监室（工务专业同时报送工信专报群）。

4）应急台账

段调度指挥中心负责做好各类应急处置信息的收集、整理，建立台账记录，重点包括各环节响应时间，登销记内容、时间，现场检查处置情况等主要项目。

5）卡控措施

（1）信息上传：段生产调度室各专业调度负责将应急出动、应急处置和现场照片资料实时报送至集团公司各专业应急群，业务部盯控指导。

（2）领导审核：速报必须经段值班领导审核签字；故障分析报告（情况说明）必须经段相关领导审核后签字上报业务部和安监室。

（3）台账上报：每月20日前调度指挥中心将工务专业应急处置台账上报工务部，工务部进行审查。

10.2.1.3　常见故障应急处置流程

1. 轨道电路红光带应急处置流程

（1）登记设备停用。

（2）判定故障点在室内还是在室外。

（3）判定故障是开路还是短路。

（4）检查红光带区段有无断轨，发现断轨启动断轨处置预案。

（5）检查有无可能引起短、断路（铁屑、绝缘、轨距拉杆、轨道电路箱连线等是否良好）。

（6）查看电务设备有无损坏。

（7）找到故障原因后进行处理。

（8）处理完毕后进行测试、试验。

（9）复查、测试，试验情况良好则销记。

2. 断轨应急处置流程

（1）发现钢轨（含道岔各轨件）折断时，应立即封锁线路（涉及联动道岔时，须同时封锁相关线路），线路封锁后，采取紧急处理。

（2）按无缝线路焊缝或母材折断、短轨区段钢轨折断、道岔尖轨、基本轨折断、辙叉折断处置方案进行处置。

（3）处置完成后，负责人向段调度汇报处理情况和放行列车条件（限速的区间、行别、起止里程、放行列车速度等），经段调度同意后，方可向驻站（调度所）联络员报告处理情况和放行列车条件（限速的区间、行别、起止里程、放行列车速度等）。驻站联络员按负责人确定的放行列车条件在《行车设备检查登记簿》内登记，办理销记手续。

（4）断轨经临时处理后需要现场看守监控时，由驻站联络员在《行车设备检查登记簿》内登记，防护体系设置到位后，方可进行线上设备检查。

（5）由生产调度室安排对开通、提速以及恢复常速后首列进行添乘，添乘人员要及时向段调度汇报断轨地点的动态情况。

3. 道岔无表示应急处置流程

（1）登记设备停用。

（2）判定故障点在室内还是在室外。

（3）判定故障是开路还是短路。

（4）确定故障为室外机械故障，工务专业对道岔进行全面结构性检查和重点部位几何尺寸检查，发现断轨启动断轨应急预案。电务专业对转辙设备油路、电气特性、机械特性进行检查。

（5）找到故障原因后进行处理。

（6）处理完毕后进行复查、测试、试验。

（7）复查、测试，若试验情况良好则销记。

4. 接触网网上异物应急处置流程

（1）接到接触网异物信息后通过最快的方式赶赴现场，确定异物情况，有条件地段可通过综合视频确认异物情况。

（2）到达异物地点后通过音视频资料上传段生产调度室，生产调度确定处置方式。当确定异物较大（例如彩钢棚等），采用绝缘测杆、绝缘挂梯不能处理时，立即安排作业车出动进行应急处理。

（3）办理线路封锁、上道手续。对开行动车的普速线路区段，抢修负责人需提前安排驻站联络员，办理故障线路封锁手续后再上道；对于不开行动车组的普速区段，可利用列车间隙上道处理，但必须做好安全防护措施。

（4）间接带电处置。抢修负责人安排驻站联络员立即向供电调度员申请间接带电作业命令。出动前已确定网上异物情况的，抢修负责人可安排驻站联络员提前向供电调度员申请间接带电作业命令，等待抢修人员到达现场后即可开展异物间接带电处理，缩短抢修时间。

（5）接触网作业车出动处理。接触网作业车出动的同时，抢修负责人指挥驻站联络员办理故障线路封锁手续，接触网作业车按照调度命令进入封锁区间。抢修人员到达现场核实网上异物情况、确定处理方案后，立即安排驻站联络员向供电调度员申请相应供电臂停电作业命令。组织抢修人员验电接地完毕后，利用接触网作业车平台及时上网，清理网上异物，同步检查相应区段接触网设备状态。对接触网设备受损影响行车的，需立即进行处理。

（6）销记，恢复现场正常行车条件。现场异物处置完毕，机具人员全部撤离现场后，抢修负责人及时通知驻站联络员销记，恢复线路正常运行。

5. 倒树应急处置流程

（1）段生产调度室第一时间得到铁路线路倒树信息时，应立即查看相应供电臂接触网是否跳闸。接触网未跳闸时，安排相应桥路工区负责人担任现场抢修负责人；接触网跳闸时，安排相应工电工区接触网负责人为现场抢修负责人。

（2）车间、工区接到倒树信息后通过最快的方式赶赴现场，确定倒树情况，有条件地段可通过综合视频确认情况。

（3）确认暂不影响行车安全，在采取安全防护措施后，进行销记，放行列车，利用列车间隙请点进行处置。

（4）确认影响行车安全，现场抢修负责人安排驻站联络员登记封锁线路。当发现有树竹倒伏搭接在接触网上，隧道口藤蔓短接接触网，段调度应立即向局供电调度上报说明对应供电臂不再进行强送电。

（5）需停电处理，现场抢险负责人报段调度同意后，立即登记封锁区间，接触网人员负责停电、接地操作，工务作业人员对倒树进行处理。

（6）处理完毕后，现场确认无后续隐患，报段生产调度室同意后恢复供电，通知驻站联络员销记开通线路，首趟列车通过前安排人员看守。

6. 隧道渗漏水应急处置流程

（1）段生产调度室第一时间得到隧道渗漏水信息时，应立即查看相应供电臂接触网是否跳闸。

（2）车间、工区接到隧道渗漏水信息后通过最快的方式赶赴现场，确定渗漏水情况。

（3）确认暂不影响行车安全，在采取安全防护措施后，进行销记，放行列车，利用列车运行间隙请点处理。

（4）若发现隧道漏水太大或漏水成线影响接触网，向驻站联络员报告情况，同时向段调度汇报，要求封锁区间并停电，加开作业车进行处理。

（5）停电调度命令下达后，工作领导人通知两端接地人员做好验电、接地工作，当验明接触网无电、挂好地线后方可允许作业人员上供电作业车平台进行作业。

（6）桥路专业人员上到作业车平台后，对漏水点进行详细检查，使用引流板对漏水处所进行引排。若隧道内水压过大，无法安设引流板进行引排，应将实际情况报给段生产调度室决策后，再开展下一步工作。

（7）供电人员对接触网设备受损情况进行检查，重点检查承力索有无烧伤、有无断股散股等情况，根据现场实际情况进行处理。检查复核隧道顶或其他异物和供电设备的安全距离。

（8）处理完毕后现场工作领导人组织作业人员下作业车平台、清理材料机具并向工务负责人确认后安排对地线进行撤除，驻站联络员向供电调度申请消除停电命令。

（9）恢复供电后，驻站联络员销记，开通线路，首趟列车通过前安排人员看守。

7. 地震灾害应急处置流程

（1）接到信息后，立即安排工区人员到运转室驻站，根据段的指示办理限速或封锁手续，备好自轮运转设备，应急检查人员到位。

（2）当段接到发生地震灾害通报时，立即召开段应急指挥分部领导小组成员会议，通报震情，按路局要求，向各科室、车间下达紧急抗震救灾任务。如集团公司无通知，按照地震等级，指挥现场应急处理。

① 当地震等级在 3.0 以下时，震中 50 km 范围内的线路立即安排人员添乘。

② 当地震等级在 3.0～4.0 时，震中 50 km 范围内的线路限速 45 km/h，立即安排人员添乘、现场检查影响范围内线路，如经检查具备提速条件时，应逐级提速。

③ 当地震等级在 4.0～6.0 时，震中 50 km 范围内的线路立即封锁，立即安排人员添乘、现场检查影响范围内线路；除进入区间检查的列车外，不得向有关区间放行其他后续列车，区间检查列车按不超过 45 km/h 运行。

④ 当地震等级超过 6.0 级时，按照铁路局集团公司指示办理，如因地震影响导致无法与铁路局集团公司联系，应立即封锁线路进行检查。

（3）按照上述震级划分，影响范围内的包保领导、工区包保干部立即赶到包保工区，段应急指挥分部领导小组另指派各专业技术干部补强，指导工区开展应急检查、处理。当地震影响较大时，段主要领导应分工开展应急值守和现场指导。

（4）按段的指示做好添乘安排，若需要自轮运转设备出巡，应安排轨道车司机 2 人，可安排工务轨道车或供电作业车出巡。添乘检查项目：线路设备状态是否良好，有无明显晃车；防护栅栏等防护设施是否完好无损，线路标志标记、轨旁设备是否倾斜、掉落，是否有异物侵限；沿线环境（如沿线是否有大型机械倾倒侵限、异物坠落、边坡溜坍、地基下沉等安全隐患）是否侵限。

（5）做好隧道病害、地质灾害、线路几何尺寸超限、轨旁设备抢修等应急处理准备。

（6）及时向段汇报现场隐患排查情况，确保信息畅通。发现设备隐患需抢修时，启动相应抢修预案。

（7）巡查完毕后工区根据段的指示，确定检查后的线路具备放行列车条件，开通线路。

（8）做好危险地点的临时看守工作。

（9）因受地震影响导致无法与车间、段进行联系，工区应立即封锁线路或立即拦、扣停列车，全面检查线路，直至与上级取得联系，及时汇报现场检查情况，确认线路设备正常，危险地点得到监控，按照上级指示放行列车。

（10）做好工区生产生活自救。

8. 通信光电缆中断应急处置流程原则

当光电缆（含光电综合缆）线路发生障碍时，抢修工作必须在相关部门的密切配合下进行。不分白天黑夜，不分天气好坏，不分维护界限，用最快的速度和方法，采用抢通回线或通过其他光电缆线路倒通的方式临时恢复。障碍未排除时，抢修不得中止。并形成从接到障碍通知—测试—判定障碍点—组织抢修—及时汇报—现场修复—恢复线路—障碍分析—落实整改措施和经济考核责任制的闭环处理原则。当运用有信号闭塞、计轴、安全数据网等直接行车业务的通信光电缆（含光电综合缆）发生故障时，应遵循"先抢通、后修复"的原则，在具备倒代条件的区段应按"先行车业务后其他业务，先骨干网后局干网"的顺序倒通在用线对（纤芯），并联系相关人员测试良好后恢复设备使用。

（1）段调度接到通信光电缆中断信息后，首先查看光电缆承载业务是否受到影响；根据业务影响范围，初步判断中断点，并安排车间、工区带齐应急工器具、材料出发，先赶往区间两端车站以及大概故障点。

（2）驻站联络员到达区间两端车站后，查找、测试有无备用芯线可以倒代，若有芯线（纤芯）可用则区间两端车站应急人员配合立即实施倒代恢复业务使用，对于闭塞电缆芯线安装有倒换闸刀，联系信号人员立即进行备用切换恢复设备正常使用，无法倒代的根据情况登记停用设备。

（3）应急人员对光电缆故障芯线（纤芯）进行测试，判断具体故障点，段值班人员加强与段调度及现场应急人员联系，指导现场人员到达故障点。

（4）无法立即修复的电缆线路，先用胶质线临时抢通恢复，并做好现场恢复，业务试验良好，待现场应急人员确认光电缆径路安全对行车无影响后，段调度指导驻站联络员销记，恢复正常行车，待后续请点进行正式恢复。

（5）对无法进行倒代、临时抢通恢复的，抓紧安排人员查找、开挖断点位置和线缆，布放线缆，抓紧时间安排抢修接续和组织实施光电缆径路恢复工作，在抢修过程中现场抢修人员与车站监测人员保持密切联系，确保光缆纤芯接续纤序正确、质量合格。抢修接通后联系两端车站进行业务试验，与车站和信号人员确认试验良好后驻站联络员销记，恢复正常行车。

（6）应急抢修过程做好信息流转。最后进行障碍分析并形成报告。

学而思之

哪些情况下，工电供需要一体化应急处置？

查阅资料

（1）在阅读基础知识的基础上，通过线上线下教学资源，查阅铁路应急处置一体化作业资料，进一步了解铁路应急处置一体化作业组织过程。

（2）个人下载 3～5 张关于应急处置一体化作业的图片，用于小组学习交流。

活动 10.2.2　集体研学

建议本活动在课中进行。在教师指导下，以学生为主体，工学结合，做中学、做中教。

场所建议

场所 1：现场。听现场师傅讲解铁路应急处置一体化作业组织过程。

场所 2：仿真实训室。通过仿真系统展示铁路应急处置一体化作业组织过程。

场所 3：多媒体教室。通过多媒体课件展示铁路应急处置一体化作业组织过程。

上述 3 个教学场所，最好选择场所 1，其次选择场所 2，起码保证场所 3。

视频欣赏

进入教学资源库，观看铁路应急处置一体化作业组织过程视频，学习、弘扬铁路职工的劳模精神、劳动精神和工匠精神。

小组交流

（1）以事先划定的学习小组为单位，交流个人课前、课中学习情况，分享个人收集的相关资料，对学习中发现的疑点、难点进行小组研讨，并在规定时间内制作小组研学过程的微课，时间不超过 3 min。

（2）各研学小组向全班分享关于铁路应急处置一体化作业组织过程集体研学的微课，并提交任课教师。

学习评价

教师引导学生总结本次课学习收获，并进行自我评价。

1. 长知识（5分）

（1）应急处置总原则：先停用、后处理，先试验、后开通。

（2）应急处置先通后复原则：先站内设备、后区间设备；先正线设备、后其他设备。

（3）应急处置单一指挥原则：应急处置必须遵循和维护集中领导、统一指挥、逐级负责的原则，实施单一指挥。

（4）应急处置一体化作业组织：应急准备；应急响应；应急安全卡控；应急指挥；现场处置；分析总结。

（5）常见故障应急处置：轨道电路红光带应急处置；断轨应急处置；道岔无表示应急处置；接触网网上异物应急处置；倒树应急处置；隧道渗漏水应急处置；地震灾害应急处置；通信光电缆中断应急处置。

2. 强能力（5分）

（1）能正确描述常见故障应急处置流程。

（2）会模拟指挥工电供一体化应急处置。

（3）对学习铁路工电供一体化应急处置产生学习兴趣。

（4）提升利用互联网、教学资源库、图书查阅专业资料的技能。

（5）逐步养成自主学习习惯，提升互助学习、探索学习的能力。

3. 提素养（5分）

（1）理解中国铁路工电供一体化应急处置修制，激发民族创新意识，增强职业荣誉感。

（2）塑造新时代健康人格，热爱中国式现代化铁路，激发爱国主义情怀。

（3）成为铁路劳模精神、劳动精神、工匠精神的传承人。

活动 10.2.3　作品制作

建议本活动在课后进行。每名学生单独制作一个开放、个性、富有创造性的学习过程和学习成效的视频，既要反映课程基本学习目标的完成情况，又要反映个人学习的收获，时间在 5 min 以内，至少包括以下 3 项内容。

（1）工电供应急处置一体化作业组织。

（2）工电供应急处置一体化作业实例。

（3）通过本次课学习，个人在知识增长、能力强化、素养提升方面的小结。

课后 2 天内将作品提交任课教师，作为教师评价学生学习效果的依据。

活动 10.2.4　学习测试

（1）工电供应急处置一体化作业组织总原则描述。

（2）写出常见故障应急处置内容。

拓展学习

接触网挂异物情况下应急处置规定

（1）电力机车（动车组）乘务员在运行中应加强瞭望，对发现接触网挂异物情况及具体里程及时向车站（列车调度员）汇报。

（2）当异物挂于承力索、吊弦处，未低于接触导线线面时，电力机车（动车组）可正常通过。如不能确认是否低于接触导线线面，严格按照《列车运行中遇突发情况"八必停"制度》要求执行。

（3）当异物挂于回流线、架空地线、AF 线、PW 线、供电线、补偿装置等处，不侵入限界时，电力机车（动车组）可正常通过。

（4）电力机车（动车组）乘务员在运行中，发现异物低于接触导线线面时，应立即断电、降弓并采取减速或停车措施，避免发生因异物缠绕弓网而引发严重后果，降弓通过或停车后，应立即向车站（列车调度员）汇报接触网挂异物具体里程及对列车运行安全影响情况。区间不封锁时，车站（列车调度员）及时将接触网挂异物情况及具体里程告知后续列车，后续列车根据车站（列车调度员）告知里程，注意瞭望，在公里标前后 50 m 及时采取降弓措施。后续处理异物工作由铁路局集团公司调度所安排。接触网设备图如图 10-1 所示。

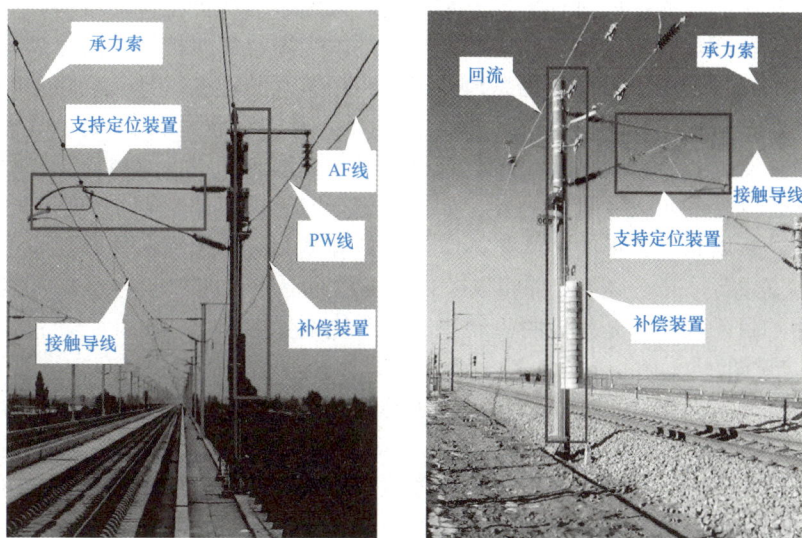

图 10-1　接触网设备图

（5）普速铁路区段，各供电段接相关部门通知挂异物信息后，要及时组织人员出动检查，对影响行车情况，立即申请处理；对暂不影响行车情况，申请利用列车间隙处理。

（6）高速铁路区段，接触网挂异物应急处置严格按照《铁路技术管理规程》（高速铁路部分）相关要求执行。

认真学习接触网挂异物情况应急处置规定，保证正常运输秩序，减少接触网挂异物（塑料布、塑料袋、地膜、风筝等等轻飘物）造成的列车途停。

思政案例　生态化施工组织设计的铁路——青藏铁路

青藏铁路（西宁—拉萨）起于青海西宁，途经格尔木、昆仑山口、沱沱河沿，翻越唐古拉山口，进入西藏安多、那曲、当雄、羊八井、拉萨，全长 1 956 km。

青藏铁路分两期建成，一期工程西格段，东起西宁市，西至格尔木市，1958 年开工建设，1984 年 5 月建成通车；二期工程格拉段，东起格尔木市，西至拉萨市，2001 年 6 月 29 日开工，2006 年 7 月 1 日全线通车。

青藏铁路是重要的进藏路线，被誉为天路，是世界上海拔最高、在冻土上路程最长的高原铁路，是中国新世纪四大工程之一，2013 年 9 月入选"全球百年工程"，是世界铁路建设史上的一座丰碑。

青藏铁路沿线的环境具有"原始、独特、高寒、脆弱"的显著特点，为了全面系统保护生态环境，在青藏铁路格拉段建设中，环保投资达 15.4 亿元，占工程总投资的 4.6%，大大高出当时国家规定的大型工程环保投入应达到 3%的标准。

青藏铁路格拉段从立项开始，就对沿线自然保护区、生物多样性和多年冻土环境状况进行了 8 次大规模现场调研、踏勘和采样。用获得的试验成果指导青藏铁路建设的环保设计和施工，在攻克"生态脆弱"难题中起到了重要作用。

青藏铁路的设计线路，充分考虑了环境保护、野生动物迁徙等因素。设计中对穿过可可西里等自然保护区的线路区段进行了多方案比选，采用了对保护区扰动最小、对自然景观影响最小的线位；在西藏自治区境内，避开了神湖纳木错湖及其保护区；为保护林周彭波黑颈鹤自然保护区，选择了绕避黑颈鹤栖息地林周改经由羊八井通过，延长线路 30 km，为此增加投资 3 个亿。在野生动物活动地段设置通道 33 处，其中缓坡通道 13 处，桥梁通道 18 处，隧道上方通道 2 处，以保障沿线野生动物迁徙活动不受影响。进入具体施工过程后，根据实际需要，进一步强化和扩大了这种力度。如，为稳定冻土层和便于野生动物的穿行，在原设计量的基础上，新增修了大量的桥梁和隧道。2003 年 8 月，国家青藏铁路建设领导小组对青藏铁路设计方案进行了部分调整，并将以桥代路工程从原设计的 70 多 km 增加到 150 多 km，增加以桥代路的目的之一，是保证野生动物迁徙路线不受影响。

1. 保护"天湖"

海拔 4 650 m 的措那湖，地处西藏安多色林错自然保护区，是当地藏族群众心中的"天湖"。青藏铁路与它贴身而过，最近处只有几十米。最初进行环保论证时，专家担心这可能对错那湖的环境产生影响，提出线路设计应该离得远一些。但后来的调查发现，这个地区除了错那湖周边是平原外，都是丘陵地段，如果改线避让，需要打很长的隧道，比昆仑山和羊八井的隧道还要长得多，在劳动保障、技术、设备方面难以实现。

改线不行，施工时就要采取更严格的保护措施。为防止施工污染湖水，青藏铁路建设者们用 24 万多条装满沙石的沙袋沿错那湖一侧堆码起一条长近 20 km 的防护"长城"，把"天湖"与热火朝天的施工工地隔开。

为了保护生态，建设单位在湖边施工的工地全用铁网围了起来，封闭施工，爆破区周围用彩条布覆盖，防止灰尘落入草皮。在靠近错那湖的营区，投资 70 万元，安装了污水处理设备。在施工便道每隔 1.5 km 设置一个垃圾箱，定期清走。

2. 动物通道

为了不影响野生动物种群的栖息和繁殖，青藏铁路在设计时尽可能避开保护区，在施工中减少噪声，避免惊扰野生动物，在沿线野生动物经常通过的地方，设置了 33 处野生动物通道。为动物建通道，这在我国铁路工程建设史上尚属首次。位于可可西里东缘的索南达杰自然保护站南面就是青藏铁路著名的清水河特大桥，这座桥动物通道从最初设计的 19 个增加到了 25 个，尽管受气候影响，每年青藏铁路的施工时间不到 6 个月，但为了保护藏羚羊，筑路人员牺牲有效的施工时间，换来的是成千上万只迁徙藏羚羊安全、顺利地通过了青藏铁路野生动物通道。

3. 移植草皮

在高原生态脆弱区域内，铁路线遵循"能避绕就避绕"的原则，施工场地、便道、沙石料场的选址都经反复踏勘确定，尽量避免破坏植被。为了恢复铁路用地上的植被，科研人员开展了高原冻土区植被恢复与再造研究，采用先进技术，使植物试种成活率达 70% 以上，比自然成活率高一倍多。在铁路修建过程中，施工人员在取土前就把表层的植被和表土铲除，铲除以后集中堆放、养护，取完后回铺，仅沿线草皮移植的花费就高达 2 亿多元，回铺的草皮达数千万平方米。

项目

11

高铁综合维修一体化管理实践

随着高铁基础设施质量、信息化水平、检修人员素质等的不断提升，国铁集团适时启动了新一轮基础设施修程修制改革。通过创新生产组织方式，对高铁基础设施实行综合维修生产一体化管理，即成立基础设施段、综合维修车间，在同一天窗、统一调度下完成工务、电务、供电不同专业的在线维修作业，实现基础设施各专业上下贯通、横向衔接的专业管理体系和工作机制，增强专业管理的系统性、整体性和协同性；推广固定设备维修由工区分散组织向车间集中组织、检养修分开作业的组织模式，持续提升高铁基础设施维修的规模化、集约化水平；按照设备分等级管理、差异化维修的原则，科学合理确定基础设施设备检修周期区间弹性，减少过渡修、避免失修；优化固定天窗修、集中修和运输繁忙区段天窗设置，探索适应新修程修制的临时天窗组织模式，提高天窗兑现率和综合利用率，减少对运输效率的影响。

本项目共 3 项任务：

任务 11.1　高铁综合维修管理"七统一、一联合"模式

任务 11.2　高铁综合维修工电段模式

任务 11.3　高铁综合维修基础设施段模式

这 3 项任务，全部来自高铁运维体系典型工作模式，情境客观，内容真实。

学习目标

（1）掌握高铁综合维修"七统一、一联合"作业组织。

（2）掌握工电段的任务目标和作业组织架构。

（3）掌握基础设施段的主要职责和机构设置。

（4）能正确描述综合维修车间（工区）的作业组织。

（5）能客观看待高铁基础设施修制改革。

（6）培养学习高铁基础设施综合维修一体化管理的兴趣。

（7）提升自主学习、互助学习、探索学习的能力。

（8）提升利用线上线下资源查阅资料的技能。

（9）通过完成课前自主学习、课中小组研学、课后作品制作，提高个性化创作能力和互助研学能力。

（10）理解中国高速铁路基础设施运维修制，激发民族创新意识，增强职业荣誉感。

（11）塑造新时代健康人格，热爱中国式现代化铁路，激发爱国主义情怀。

学习建议

（1）课前自主学习。认真阅读每项任务中的基础知识，通过线上线下教学资源，查阅与任务相关的资料，阅读中国高速铁路修筑、运维的文献资料，收集文字、数字、影像资料。

（2）课中小组研学。以事先划定的学习小组为单位，交流个人自主学习情况，分享个人收集的相关资料，研讨学习中发现的疑点、难点，制作关于小组研学过程的微课。

（3）课后作品制作。学生个人单独制作一个开放、个性、富有创造性的学习过程和学习成效的视频，既要反映课程基本学习目标的完成情况，又要反映个人学习的收获。

任务 11.1　高铁综合维修管理"七统一、一联合"模式

活动 11.1.1　自主学习

建议本活动在课前进行。按照教学安排，学生预习基础知识，并查阅与本任务相关的资料。

基础知识

高速铁路综合维修生产一体化管理

2017 年 3 月，《中国铁路总公司关于推进高速铁路综合维修生产一体化管理的指导意见》（铁总办〔2017〕63 号）文件印发，提出生产组织管理"五统一"要求，统一组织架构、统一天窗安排、统一生产计划、统一作业组织、统一应急处置。

2018 年 9 月，《中国铁路总公司关于加快推进高速铁路综合维修生产一体化管理的通知》（铁总工电〔2018〕148 号）文件印发，是 63 号文件的"升级版"，在"五统一"基础上又增加了统一防护管理、统一生产平台、联合调度，形成了"七统一、一联合"的高铁综合维修一体化管理模式。高铁全部建成综合维修工区，沿线普遍设立综合维修车间，为建立科学规范、制度配套、运行高效的高铁基础设施综合维修管理体系奠定了基础。

按照"专业负责、站段协调、车间组织、工区落实"的原则，以综合维修工区作为独立生产作业单元，实行"资源综合、专业强化、集中管理"的综合维修模式，在强化专业管理的基础上，实现条块管理的有机结合，建立区域性生产一体化管理模式，提高天窗利用率、维修作业效率和资源利用率，提升高速铁路基础设施维护和运营管理水平。

11.1.1.1　高速铁路综合维修工区及职责

1. 综合维修工区人员组成

综合维修工区由工务、电务（通信、信号）、供电（电力）、房产等专业工区和值守点人员组成。

2. 综合维修工区工长

工务工区工长担任综合维修工区工长，电务、供电、房产工区工长担任副工长。综合维修工区工长、副工长分别由相关单位根据用人管理权限任免。

3. 综合维修工区职责

综合维修工区主要负责在落实专业管理要求的基础上，统一组织生产作业和应急处置管理，协调各专业工区作业计划、作业内容，制定联合作业安排和安全措施控制；负责工区内生活后勤保障工作，组织开展职工文体活动和联合学技练功；负责定期召开工区例会，开展生产一体化管理的日常检查考核，协调解决或上报各专业之间结合部等具体问题。设立综合维修工区联合党支部，组织抓好工区党支部工作。

11.1.1.2 生产一体化组织

1. 统一组织架构

（1）组成高速铁路综合维修工区的工务、电务（通信、信号）、供电（电力）、房产工区和其他值守点单位，管辖范围保持一致，为实现综合维修一体化管理奠定基础。

（2）车间管界不能统一时，同一基地内工务、电务、供电工区管界统一。

（3）个别车间、工区实现位置、管界统一有困难的，可暂缓实施。

（4）以工务车间所在基地为单元，成立工电供联合调度室，由工务专业牵头。

（5）管理组范围内的各专业车间应采取集中办公方式。

2. 统一天窗安排

（1）根据高速铁路基础设施实际，在同一时段、同一区域范围内，统筹各专业综合利用维修天窗。

（2）运输部门尽量创造条件，延长高铁天窗时间，减少申请天窗次数，各专业加强相互协调，合理安排作业计划，提高作业计划兑现率和天窗利用率。

3. 统一生产计划

（1）综合维修计划由工务部门牵头协调相关部门，统筹平衡、汇总编制。

（2）月度维修计划由工务段牵头编制。

（3）周、日生产计划由综合维修工区工长牵头，工区相关专业人员联合细化实施方案，共同抓好作业计划的执行落实。

4. 统一作业组织

（1）根据检查周期，综合维修工区组织对工务与电务、工务与供电、工务与房产、电务与供电、房产与供电等专业结合部设备进行联合检查、联合分析、联合计划、联合作业、联合验收，为编制维修计划及统筹天窗利用提供依据。

① 工务、电务、供电、房产专业成立区间联合小组，每半年检查、分析一次。

② 工务、电务专业成立道岔和钢轨绝缘联合检查小组，每月检查、分析一次。

③ 工务、房产专业成立建筑限界联合检查小组，每季度检查、分析一次。

④ 工务、供电专业成立轨面标准线联合检查小组，每年检查、分析一次。

⑤ 电务、供电专业成立站内吸上线联合检查小组，每季度检查、分析一次。

⑥ 供电、房产专业成立雨棚和接触网设备联合检查小组，每季度检查、分析一次。

（2）根据检查结果及维修计划，编制联合作业方案，各专业共同审核签认后实施。

（3）作业时采取以作业车为主的出行方式，原则上各专业人员同出同返。

（4）具体作业由各专业分别实施。

5. 统一应急处置

（1）发生设备故障等非正常情况时，在集团公司调度的统一指挥下，对工务、电务、供电、房产等专业的人员、机具等资源力量进行跨专业统筹调配，有序高效开展应急处置。

（2）制订日常联合值班制度、应急培训演练计划，完善联合应急抢修预案，强化联合应急管理能力。

6. 统一防护管理

（1）联合作业时，按照工务、供电、电务、房产等单位的顺序确定主体单位，由主体单位担任总负责人，负责现场主体防护，并负责联系确定驻站联络员，其他车间各自担任分组负责人，超出主体防护范围的，专业车间各自负责现场防护。

（2）垂直天窗条件下，综合维修作业区段内无作业车开行时，由车务人员承担驻站联络员职能，现场防护员在除调度命令传达、清点工机具、作业回检等时间段以外可参与作业。

（3）应急处置时，取消综合维修生产一体化工区各专业应急值守驻站人员，由车务人员承担驻站联络员职能。

7. 统一生产平台

（1）建立高铁综合维修生产一体化信息平台，办公统一界面、数据统一界面，实现跨专业数据共享。

（2）接入工务、电务、供电专业生产管理、设备监控系统，开展固定设备状态综合分析，完善综合维修生产一体化管理流程。

8. 联合调度

由工务牵头组建联合调度室，职能为实施各专业联合管控，负责专业协调，信息管理，设备监控，应急处置，汽车管理。

11.1.1.3　推进生活一体化

（1）坚持高铁生产生活设施集中建设、统一管理。

（2）生活一体化常态保持在较高水平，不断丰富职工的物质和精神文化生活，增强职工的认同感和凝聚力。

（3）深入推进生活一体化，具体要在综合维修工区不同专业人员之间坚持做到同食同宿、同学同练、同娱同心。

学而思之
为什么要设置高速铁路综合维修工区？

查阅资料
（1）在阅读基础知识的基础上，通过线上线下教学资源，查阅高铁综合维修管理"七统一、一联合"模式的资料，进一步了解高速铁路综合维修工区的设置情况，以及"七统一、一联合"的作业组织过程。

（2）个人下载 3～5 张关于"七统一、一联合"实际作业的图片，用于小组学习交流。

活动 11.1.2　集体研学

建议本活动在课中进行。在教师指导下，以学生为主体，工学结合，做中学、做中教。

场所建议
场所 1：现场。在现场观看真实的高铁综合维修"七统一、一联合"作业组织过程。
场所 2：仿真实训室。通过仿真系统展示高铁综合维修"七统一、一联合"作业组织过程。
场所 3：多媒体教室。通过多媒体课件展示高铁综合维修"七统一、一联合"作业组织过程。

上述 3 个教学场所，最好选择场所 1，其次选择场所 2，起码保证场所 3。

视频欣赏

进入教学资源库，观看高铁综合维修"七统一、一联合"作业组织过程视频，学习、弘扬铁路职工的劳模精神、劳动精神和工匠精神。

小组交流

（1）以事先划定的学习小组为单位，交流个人课前、课中学习情况，分享个人收集的相关资料，对学习中发现的疑点、难点进行小组研讨，并在规定时间内制作小组研学过程的微课，时间不超过 3 min。

（2）各研学小组向全班分享关于高铁综合维修"七统一、一联合"作业组织集体研学的微课，并提交任课教师。

学习评价

教师引导学生总结本次课学习收获，并进行自我评价。

1. 长知识（5 分）

（1）综合维修工区：人员组成；工长设置；工作职责。

（2）"七统一、一联合"内涵：统一组织架构；统一天窗安排；统一生产计划；统一作业组织；统一应急处置；统一防护管理；统一生产平台；联合调度。

（3）工电供各专业"6 同生活"：同食同宿；同学同练；同娱同心。

2. 强能力（5 分）

（1）能正确描述综合维修车间（工区）的作业组织。

（2）会客观看待高铁基础设施修制改革。

（3）对学习高铁基础设施综合维修一体化管理产生学习兴趣。

（4）提升利用互联网、教学资源库、图书查阅专业资料的技能。

（5）逐步养成自主学习习惯，提升互助学习、探索学习的能力。

3. 提素养（5 分）

（1）理解中国高速铁路基础设施运维修制，激发民族创新意识，增强职业荣誉感。

（2）塑造新时代健康人格，热爱中国式现代化铁路，激发爱国主义情怀。

（3）成为铁路劳模精神、劳动精神、工匠精神的传承人。

活动 11.1.3 作品制作

建议本活动在课后进行。每名学生单独制作一个开放、个性、富有创造性的学习过程和学习成效的视频，既要反映课程基本学习目标的完成情况，又要反映个人学习的收获，时间在 5 min 以内，至少包括以下 3 项内容。

（1）高铁综合维修"七统一、一联合"作业组织。

（2）综合维修工区实例。

（3）通过本次课学习，个人在知识增长、能力强化、素养提升方面的小结。

课后 2 天内将作品提交任课教师，作为教师评价学生学习效果的依据。

活动 11.1.4 学习测试

（1）综合维修工区的工长日常做什么工作？需要组织哪些人工作？

（2）写出"七统一、一联合"的基本内容。

拓展学习

材料一：现代化的高铁综合维修工区

新乡东高铁综合维修工区位于京广高铁沿线。是一座集办公、居住、餐饮、休闲、学习、娱乐于一体的综合型工区，里面有新乡桥工段、新乡电务段、新乡供电段、郑州通信段、郑州北建筑段5个兄弟单位11个工区近200名职工。这里的物业管理由新乡桥工段负责。

2013年，综合维修工区建成伊始，共管共建委员会就敏锐地认识到，只有升级换代传统的管理方式，打造一流的后勤服务管理体系，在软件上更好地满足不同工种高铁职工"时间差""多样化"需求，才能与一流高铁的发展相匹配。通过系统分析和全面调研，共管共建委员会明确了"一体化管理，信息化支撑"的思路，新乡桥工段借助"互联网+服务"理念推行一体化管理，着力从系统建设、日常住宿、饮食服务、设施管理、职工教育、安全生产6个方面打造职工满意的信息化高铁综合维修工区。

在建立"硬件"设施的基础上，新乡桥工段还把职工精神层面的建设当作大事，建立了职工书屋和职工网吧，集读书学习和网上冲浪于一体，充分满足职工求知和娱乐的需求。一切为了职工，一切服务职工，在房间布置上以"简洁、大方、实用、温馨"为追求目标，在充分考虑高铁职工多为年轻人的基础上，让物品配置保持现代感、洋溢青春气息。在书籍配置上，增添了工务、电务、供电、通信等高铁各工种的专业书籍以及反映中国铁路前景的理论专著，小小的书屋和网吧正逐渐成为高铁职工"陶冶情操、提升素质、铸魂聚力"的充电站。

新乡东高铁综合维修工区书屋和网吧如图11-1所示。

职工活动室的建成开放使广大职工在紧张的工作之余，有一个放松身心、强身健体、休闲娱乐、互相交流的场所，深受职工的喜爱和好评，体现了"营造温馨之家，构建和谐工区"的人文精神。它面向综合工区全体职工开放，立足于高铁职工工种繁多、作息时间交叉的实际情况，根据职工不同需要设置多种运动器械和娱乐设施。同时，为了5个兄弟单位能在一起更好地开展工作，新乡桥工段还会不定时开展联谊活动，使职工在工作之余体验"我运动，我健康，我快乐"的幸福生活。新乡东高铁综合维修工区职工活动室如图11-2所示。

图 11-1　新乡东高铁综合维修工区书屋和网吧

图 11-2　新乡东高铁综合维修工区职工活动室

按照生产生活一体化的思路，对高速铁路生产生活设施实行"集中建设、统一管理"，不再按专业分散建设、分开使用，最大限度提高资源利用率。通过因地制宜、科学规划、合建共享，实现"功能一体化、设施现代化、管理规范化"目标。新乡东高铁综合维修工区工器具室如图11-3所示。

生产一体化管理。在强化专业管理的基础上，综合维修工区作为独立生产作业单元，组织开展高速铁路综合维修作业，实现高速铁路综合维修生产组织管理"五统一"，即：统一组织架构、统一天窗安排、统一生产计划、统一作业组织、统一应急处置。

生活一体化管理。在坚持高铁生产设施"集中建设、统一管理"、从硬件上全面适应一体化要求的基础上，着力在管理的规范化和精益性上下功夫，使生活一体化常态保持在较高水平，不断丰富职工的物质和精神文化生活，增强职工的认同感和凝聚力。深入推进生活一体化，具体要在综合维修工区不同专业人员之间坚持做到"六个同"，即：坚持同食同宿、坚持同学同练、坚持同娱同心。新乡东高铁综合维修工区厨房如图11-4所示。

图11-3　新乡东高铁综合维修工区工器具室

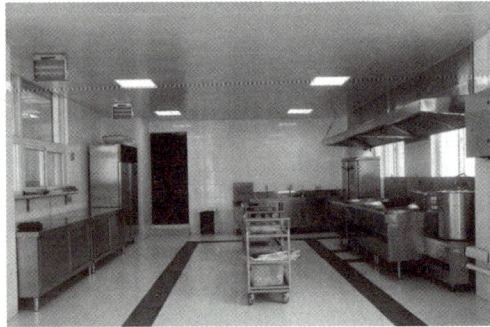

图11-4　新乡东高铁综合维修工区厨房

按照路局"三线"建设和安全标准线建设有机结合、同步跟进的统一部署安排，在不久的将来，我们的家园会越来越高大上、越来越现代化。

材料二：高速铁路综合维修生产一体化管理探索

1. 普速铁路延伸管理高速铁路模式

自2008年京津城际铁路开通运营以来，中国高铁基础设施维修基本采用专业垂直管理，主要由工务、电务、供电各专业普速铁路延伸管理高铁的模式，为确保设备质量、高铁安全提供了有力保障。

随着高速铁路网规模快速扩大，高铁技术装备水平大幅提升，高速动车组运行密度大幅增加，运营环境更趋复杂，确保高铁和旅客安全万无一失面临许多新情况、新问题、新挑战。

传统的分专业管理模式已明显不适应技术设备高度融合的现实需要，"天窗"利用率较低、专业结合部多、生产资源无法统筹共用、运维成本高等问题随之凸显。

实施高速铁路一体化管理能有效减少各专业维修作业的相互干扰，强化高铁设备设施的质量基础。同时，推进一体化管理也是推动铁路高质量发展的必然选择，有利于实现劳动力、机械设备、维修"天窗"的资源综合利用，促进提质增效；有利于降低运维成本，构建中国特色、世界一流的高铁基础设施运维管理标准体系，助力中国高铁"走出去"。

2. 高速铁路综合维修生产生活一体化管理探索

2009年4月，合武高铁开通初期在金寨站区开展生活一体化探索。

中国铁路济南局集团有限公司济南西工务段围绕"共用天窗、联合作业、高效协作"，从运作机制入手，细化一体化制度体系，规范一体化生产流程，建立一体化考核机制，成效显著：结合部协调更加顺畅，设备质量稳步提升，工务部门保持零故障，信号、通信、供电设备故障率均大幅下降，应急处置上道次数有效减少。

中国铁路广州局集团有限公司长沙高铁工务段应用《工务 8M 信息系统》，提高了监控分析的智能化水平；衡阳工务段渌口线路车间撤销了全部线路工区，初步形成了"检养修"分开、车间组织生产、集中化作业的模式。

中国铁路武汉局集团有限公司驻马店西试点车间在生产组织全流程各环节探索促进专业融合，形成了一批可复制、可推广的成果。

中国铁路昆明局集团有限公司结合实际进行创新，将部分车站道岔巡视周期统一调整为 10 天/遍，工务和电务部门联合组织；建立了道岔、绝缘接头等工电结合部设备故障统一应急机制，有效提升了工电结合部故障处置效率。

中国铁路西安局集团有限公司制定了专业结合部检修标准，摸索在专业间联合应急，并在地震灾情报告时联合出动。

全路首个采用综合维修模式的站段——上海高铁维修段，大胆探索高铁综合维修管理模式，加强制度建设，科学组织生产，强化专业管理，在站段设置、定员标准、劳动定额、安全管理、质量效益等方面达到全路领先水平，树立了先进标杆。

2018 年 1 月 5 日，由涪陵工务段、达州工务段、遂宁工务段、重庆电务段、重庆供电段、达州供电段、成都通信段合并成立了重庆工电段。实施"资源综合、专业强化、集中管理"的综合维修模式，该段道岔设备优良率提高了 45% 左右，道岔报警降低 64.4%。

2018 年底，全路有京沪、京广、沪昆等 15 条既有高铁线路率先实现了一体化管理，占当时已投产高铁里程的 81%，新投产的高铁均全面实行一体化管理，高铁安全风险全面受控，基础设备质量保持稳定，总体故障率不断降低。

任务 11.2　高铁综合维修工电段模式

活动 11.2.1　自主学习

建议本活动在课前进行。按照教学安排，学生预习基础知识，并查阅与本任务相关的资料。

基础知识

设置高铁工电段

根据 2019 年 3 月 22 日《中国铁路总公司关于深化高速铁路综合维修生产一体化改革的指导意见》（铁总工电〔2019〕45 号）精神，新成立的高铁基础设施维护机构应为工电供一体化管理的站段，统一命名为"工电段"，鼓励有条件的铁路局集团公司整合既有高铁管理机构为工电段，铁路局集团公司要统筹专业修理力量，根据实际情况优化完善专业修理段，工电段负责日常养护，专业修理段负责专业化修理，构建"一体化管理、集中化组织、专业化维修"的高铁基础设施运用维修管理体系。

11.2.1.1　总体要求

进一步厘清高铁"检养修"权责界面、优化组织机构设置、创新生产组织方式。

11.2.1.2　主要目标

构建"一体化管理、集中化组织、专业化维修"的高速铁路基础设施运用维修管理体系。

1. 实现高铁检养修分开

实现高铁检养修分开，减少结合部，不断提升高铁基础设施运营和维护管理水平。

2. 成立高铁基础设施维护机构

高铁基础设施维护机构为工电供一体化管理的工电段，负责高速铁路日常养护。

3. 完善高速铁路专业修理段

铁路局集团公司统筹专业修理力量，根据实际情况优化完善专业修理段，专业修理段负责专业化修理。

11.2.1.3　优化组织架构

1. 总体架构

1）检测监测

建立检测监测三级管理架构：

（1）国铁集团铁路基础设施检测中心；

（2）铁路局集团公司工电检测所；

（3）站段检测机构。

负责设备检测监测及分析，实施全面检测、科学分析、准确评价、超前预警，指导精准维修。各单位机构设置按照国铁集团有关规定执行。

2）日常养护

建立日常养护三级管理架构：

（1）铁路局集团公司；

（2）工电段（高铁维修段）；

（3）综合维修车间。

负责设备日常检查检测、养护维修管理、故障抢修、营业线施工管理、路外环境检查等工作，实现设备检查到位、日常养护精细、应急处置高效的工作目标。

3）专业修理

按照专业化修理、差异化施修、集中化组织、机械化作业的原则，建立专业修理管理架构。

（1）工电段设立专项修理车间，负责专项修理工作；

（2）专业修理段承担设备技术改造、大修、成规模维修和信号器材的入所修、信号系统电子设备及车载设备的修理等工作；

（3）对于专业细分程度高、投入产出性价比低、市场上技术较为开放成熟的业务，由铁路局集团公司按照市场化的原则组织实施。

2. 机构设置

1）工电段设置

工电段管理设备以高铁工务、电务、供电专业为主。

管辖范围以 1 000 km 左右（营业里程，下同）为宜，站间距较小的城际铁路、山区、高原、严寒、枢纽地区以及含有普速线路时，可适当缩减。管辖跨度要适中，方便快速应急抢险。

2）生产科室设置

按照精简高效、强化专业管理的原则，设置工电段专业管理科室和辅助生产机构。

3）车间及职责

工电段设综合维修车间和专项修理车间。

（1）综合维修车间负责日常生产组织、设备状态检查分析、应急处置、职工实作培训等工作。

综合维修车间管辖范围：原则上高铁有砟线路按每 100～150 km 左右设置 1 个、高铁无砟线路按每 150～200 km 设置 1 个，大型枢纽和动车所宜单独设置，工务、电务、供电三个专业的管界宜保持基本一致。

（2）专项修理车间设置数量，根据生产需要确定。

兼管普速线路的工电段，高速与普速车间应分设。

学而思之

工电段与"七统一、一联合"有什么本质区别？

查阅资料

（1）在阅读基础知识的基础上，通过线上线下教学资源，查阅高铁工电段相关资料，进一步了解高铁工电段的设置情况、运行情况。

（2）个人下载 3～5 张关于高铁工电段实际作业的图片，用于小组学习交流。

活动 11.2.2　集体研学

建议本活动在课中进行。在教师指导下，以学生为主体，工学结合，做中学、做中教。

场所建议

场所 1：现场。在现场观看真实的高铁工电段作业组织过程。

场所 2：仿真实训室。通过仿真系统展示高铁工电段作业组织过程。

场所 3：多媒体教室。通过多媒体课件展示高铁工电段作业组织过程。

上述 3 个教学场所，最好选择场所 1，其次选择场所 2，起码保证场所 3。

视频欣赏

进入教学资源库，观看高铁工电段作业组织过程视频，学习、弘扬铁路职工的劳模精神、劳动精神和工匠精神。

小组交流

（1）以事先划定的学习小组为单位，交流个人课前、课中学习情况，分享个人收集的相关资料，对学习中发现的疑点、难点进行小组研讨，并在规定时间内制作小组研学过程的微课，时间不超过 3 min。

（2）各研学小组向全班分享关于高铁工电段作业组织集体研学的微课，并提交任课教师。

学习评价

教师引导学生总结本次课学习收获，并进行自我评价。

1. 长知识（5 分）

（1）工电段职责：负责高速铁路日常养护。

（2）高铁检测监测三级管理架构：国铁集团铁路基础设施检测中心；铁路局集团公司工电检测所；站段检测机构。

（3）高铁日常养护三级管理架构：铁路局集团公司；工电段（高铁维修段）；综合维修车间。

（4）工电段管理设备：以高铁工务、电务、供电专业为主。

（5）工电段管辖范围：以 1 000 km 左右（营业里程，下同）为宜。

（6）工电段主要车间设置：综合维修车间；专项修理车间。

2. 强能力（5分）

（1）能正确描述高铁工电段的作业组织。

（2）会客观看待工电段改革。

（3）对学习高铁工电段产生兴趣爱好。

（4）提升利用互联网、教学资源库、图书查阅专业资料的技能。

（5）逐步养成自主学习习惯，提升互助学习、探索学习的能力。

3. 提素养（5分）

（1）理解中国高速铁路基础设施运维修制，激发民族创新意识，增强职业荣誉感。

（2）塑造新时代健康人格，热爱中国式现代化铁路，激发爱国主义情怀。

（3）成为铁路劳模精神、劳动精神、工匠精神的传承人。

活动 11.2.3　作品制作

建议本活动在课后进行。每名学生单独制作一个开放、个性、富有创造性的学习过程和学习成效的视频，既要反映课程基本学习目标的完成情况，又要反映个人学习的收获，时间在 5 min 以内，至少包括以下 3 项内容。

（1）高铁工电段作业组织。

（2）综合维修车间实例。

（3）通过本次课学习，个人在知识增长、能力强化、素养提升方面的小结。

课后 2 天内将作品提交任课教师，作为教师评价学生学习效果的依据。

活动 11.2.4　学习测试

（1）工电段职责描述。

（2）高铁检测监测三级管理架构描述。

（3）高铁日常养护三级管理架构描述。

（4）工电段管辖范围描述。

（5）工电段主要车间设置描述。

🔍 拓展学习

成都局集团公司成立重庆工电段

图 11-5　成都局集团公司重庆工电段

2018 年 1 月 5 日，由涪陵工务段、达州工务段、遂宁工务段、重庆电务段、重庆供电段、达州供电段、成都通信段合并成立了重庆工电段。成都局集团公司重庆工电段如图 11-5 所示。

新成立的重庆工电段实行工务、电务、通信、供电专业一体化管理。

工务管辖营业里程 659.002 km、其中高铁营业里程 528.4 km；电务信号专业管辖营业里程 675.08 km、道岔 12 782 组；通信专业管辖营业里程 674.676 km；供电专业管辖营业里程为 695.388 km。

管辖线路涉及沪蓉铁路凉雾至重庆北段、郑襄高速万州北至重庆北段、襄渝线、渝怀线、渭井线、万凉线及重庆枢纽等部分区段线路。

　　成立重庆工电段是落实铁路综合维修一体化管理的重要决策部署，创新经营管理模式、促进专业融合、提高劳动生产率，不断推进集团公司改革发展的具体体现。

　　重庆工电段的成立是国有企业自上而下改革决策部署的一个具体行动，也是铁路推动工务、电务、供电、通信等基础设施管理改革的迫切目标。推进实施工务、电务、供电、通信多工种管理综合化、维修一体化和大修专业化试点工作，对各集团公司的改革发展具有引领意义。

　　铁路正在积极探索建立与铁路发展相适应的劳动组织和生产管理模式。

任务 11.3　高铁综合维修基础设施段模式

活动 11.3.1　自主学习

　　建议本活动在课前进行。按照教学安排，学生预习基础知识，并查阅与本任务相关的资料。

基础知识

设置高铁基础设施段

　　根据 2019 年 7 月 23 日《国铁集团关于进一步深化高速铁路综合维修生产一体化站段改革的指导意见》（铁办〔2019〕19 号）精神，进一步深化高铁综合维修生产一体化站段改革、设置高铁基础设施段。

　　该文件指出，沈阳、西安局集团公司在国铁集团指导下开展试点工作，其他铁路局集团公司要结合本单位实际，需按本指导意见要求设置基础设施段的，方案报国铁集团审核同意后方可实施。前发文件与本指导意见相抵触的，以本指导意见为准。

　　按照统一部署，中国铁路沈阳、西安局集团有限公司先行开展试点工作，2019 年 8 月，沈阳、长春、西安 3 个高铁基础设施段组建完成，正式运营。

11.3.1.1　基础设施段设置原则

　　高铁营业里程不超过 2 000 km 且管辖半径一般不大于 500 km 的铁路局集团公司原则上设置 1 个基础设施段。

　　高铁房建设备管理不纳入基础设施段。

　　高铁通信设备管理是否纳入基础设施段由各铁路局集团公司根据通信专业力量自行决定。

11.3.1.2　基础设施段主要职责

　　基础设施段负责高铁基础设备设施日常巡视检查、检测监测、养护维修、故障应急、营业线施工管理、路外环境检查等工作，包括高铁线路、桥隧、信号、牵引供电、电力设备管理。

11.3.1.3　基础设施段机构设置

1. 综合科室

（1）办公室（党委办公室），含党委宣传、融媒体、工会、团委；

（2）劳动人事科（党委组织科），含党委组织、纪检；

（3）职工教育科；

（4）计划财务科；

（5）材料科；

（6）安全科，含武装保卫。

2. 生产技术中心

按"技术+生产"重组机构，设立生产技术中心，分为专业维修技术中心和生产调度监控中心。

根据工作内容、工作量和专业管理、生产组织需要确定岗位，配足专业技术人员。

1）专业维修技术中心及职责

负责专业技术管理；设备的安全质量管理；生产计划编制和生产组织；施工组织和配合；监测、检测及数据分析；职工业务培训；组织专修队生产，完成全段范围内有规模的专项集中修；属地综合维修车间的技术业务管理；指导车间的生产作业。

（1）工务维修技术中心。工务维修技术中心负责线路、桥隧、路基设备的技术管理，生产计划，质量验收，技术问题分析处理等工作；防洪管理；工务专修队；综合维修车间自轮运转设备及相关人员的安全、检修、维护、培训及相关技术管理，综合维修车间自轮运转设备日常运用指导和协调；机修车间涉及工务机械设备的技术业务管理。

工务维修技术中心下设钢轨专修队、道岔专修队、无砟道床专修队、有砟道床专修队、桥梁检测维修队、钢轨探伤队。工务各专修队由铁路局集团公司根据修理工作量、专业技术人员力量设置或合并设置。

钢轨专修队负责一定规模的线路打磨、换轨焊轨、成段轨道精调精整等工作。

道岔专修队负责岔区精调精整和打磨、道岔结构病害整治等工作。

无砟道床专修队负责无砟道床修理、道床结构病害整治。

有砟道床专修队负责有砟道床修理、道床大修配合、日常道床病害整治。

桥梁检测维修队负责桥梁专项检测，桥隧及路基设备维修、施工（含监管）和结构性病害整治。

钢轨探伤队负责钢轨、焊缝探伤和探伤车信息复检等工作。

（2）电务维修技术中心。电务维修技术中心负责联锁、闭塞、列控地面、车载设备的技术管理及相关数据管理，生产计划，质量验收，技术问题分析处理等工作；联锁试验，列控地面设备及其数据维护；工程施工配合，工程验交测试任务；信号防雷；车载设备车间技术业务管理。

电务维修技术中心下设信号集中修队、电子检测维修队、电务检修所。

信号集中修队负责信号设备集中检修、中修整治、工程施工配合、局部设备改造等工作。

电子检测维修队负责电务检测监测和数据分析、电子设备集中维护等工作。

电务检修所负责继电器、电源屏、转辙机、轨道电路等器材轮修等工作。

（3）供电维修技术中心及职责。供电维修技术中心负责接触网、变电、电力、远动设备技术管理，生产计划，质量验收，技术问题分析处理等工作；接触网维修队自轮运转设备（及相关人员）的安全、维护、培训及相关技术管理；电力车间技术业务管理；机修车间涉及供电机械设备的技术业务管理。

供电维修技术中心下设接触网维修队、电力维修队、变配电修试队、供电检测队。

接触网维修队负责接触网设备的二级修（综合修）、局部三级修、大规模绝缘清扫、专项整治、集中排查整治和大型故障抢修等工作。

电力维修队负责电力设备的集中修、专项整治、集中排查整治和大型故障抢修等工作。

变配电修试队负责牵引变电、配电、远动设备的修理、试验、专项整治、缺陷处理、复杂故障处理等工作。

供电检测队负责供电 6C 等检测监测装置的运用、上线检测、装置的维护保养、检测监测数据分析等工作。

2）生产调度监控中心及职责

负责工务、电务、供电各专业日常安全生产调度和信息统计，统一实施天窗管理，现场作业和设备的监测、监控，综合检测装置运用管理，统筹应急处置指挥等工作。

3. 车间设置

1）综合维修车间及职责

原则上有砟高铁线路营业里程每 100～150 km 设置 1 综合维修车间、无砟高铁线路营业里程每 150～200 km 设置 1 个，大型枢纽所在地的车间由铁路局集团公司根据实际情况设置，工务、电务、供电三个专业的管界要保持基本一致。

综合维修车间负责日常生产计划和组织、设备检查巡视和保养、路外环境检查、防洪检查、值班值守、应急处置、施工配合和监护、专业修理验收等工作，以及配属自轮运转车辆的日常运用管理。

根据专业技术管理需要配齐配全线路、桥梁、隧道、信号、供电专业技术人员，统一天窗安排、统一作业组织、统一机具使用、统一防护管理。

2）电力车间及职责

原则上设置 1～2 个电力车间，负责牵引变电、电力设备的运行管理，包括日常检查巡视保养、设备简单调试、绝缘器具电气试验、值班值守、应急处置、施工配合、质量验收、路外环境检查等工作。

3）车载设备车间及职责

根据动车段（所）数量设置 1～2 个车载设备车间，负责电务车载设备及其数据维护、技术改造、高级修、器材管理等工作。

4）机修车间及职责

原则上设置 1 个机修车间，负责自轮运转、机动车辆、机具设备集中修理和设备质量保障。

5）其他车间设置及职责

（1）高铁桥梁车间及职责。跨越大江大河的大型钢梁桥、特殊结构桥梁，应单独设立高铁桥梁车间，技术业务管理由工务维修技术中心负责。

车间负责设备的检查、应急保养、结构性病害整治，桥梁范围内防洪检查、值守等相关工作。

（2）高铁通信车间及职责。铁路局集团公司根据专业技术力量实际情况决定基础设施段是否设立高铁通信车间，高铁通信车间的技术业务管理由电务维修技术中心负责。

GSM-R 核心网及铁路局集团公司通信枢纽机房设备由既有通信段负责，一般不纳入基础设施段。

（3）枢纽站场运维管理。仅运行动车组的枢纽站场由基础设施段负责维护管理。

高普共用的枢纽站场根据该地区运输组织和设备特点，充分考虑电务、供电设备关联性和综合天窗安排等因素，由铁路局集团公司比选确定维护管理单位，工务、电务、供电各专业管辖范围可不完全一致。

动车段（所）、动车走行线根据专业设备特点由铁路局集团公司确定维护管理单位。

（4）CTC/TDCS 中心设备运维管理。CTC/TDCS 中心设备不由基础设施段负责维护管理，仍由铁路局集团公司所在地的电务段管理。

学而思之

基础设施段与工电段有什么本质区别？

查阅资料

（1）在阅读基础知识的基础上，通过线上线下教学资源，查阅高铁基础设施段相关资料，进一步了解高铁基础设施段的设置情况、运行情况。

（2）个人下载 3～5 张关于高铁基础设施段实际作业的图片，用于小组学习交流。

活动 11.3.2　集体研学

建议本活动在课中进行。在教师指导下，以学生为主体，工学结合，做中学、做中教。

场所建议

场所 1：现场。在现场观看真实的高铁基础设施段作业组织过程。

场所 2：仿真实训室。通过仿真系统展示高铁基础设施段作业组织过程。

场所 3：多媒体教室。通过多媒体课件展示高铁基础设施段作业组织过程。

上述 3 个教学场所，最好选择场所 1，其次选择场所 2，起码保证场所 3。

视频欣赏

进入教学资源库，观看高铁基础设施段作业组织过程视频，学习、弘扬铁路职工的劳模精神、劳动精神和工匠精神。

小组交流

（1）以事先划定的学习小组为单位，交流个人课前、课中学习情况，分享个人收集的相关资料，对学习中发现的疑点、难点进行小组研讨，并在规定时间内制作小组研学过程的微课，时间不超过 3 min。

（2）各研学小组向全班分享关于高铁基础设施段作业组织集体研学的微课，并提交任课教师。

学习评价

教师引导，学生总结本次课学习收获，并进行自我评价。

1. 长知识（5 分）

（1）基础设施段设置：高铁营业里程不超过 2 000 km 且管辖半径一般不大于 500 km 的铁路局集团公司原则上设置 1 个基础设施段。

（2）基础设施段主要职责：高铁基础设备设施日常巡视检查、检测监测、养护维修、故障应急、营业线施工管理、路外环境检查等工作，包括高铁线路、桥隧、信号、牵引供电、电力设备管理。

（3）生产技术中心：工务维修技术中心；电务维修技术中心；供电维修技术中心；生产调度监控中心。

（4）综合维修车间设置：有砟高铁线路营业里程每 100～150 km 设置 1 个、无砟高铁线路按每 150～200 营业千米设置 1 个，大型枢纽所在地的车间由铁路局集团公司根据实际情况设置，工务、电务、供电三个专业的管界要保持基本一致。

2. 强能力（5分）

（1）能正确描述高铁基础设施段的作业组织。

（2）会客观看待高铁基础设施修制基础设施段改革。

（3）对学习高铁基础设施段产生兴趣爱好。

（4）提升利用互联网、教学资源库、图书查阅专业资料的技能。

（5）逐步养成自主学习习惯，提升互助学习、探索学习的能力。

3. 提素养（5分）

（1）理解中国高速铁路基础设施运维修制，激发民族创新意识，增强职业荣誉感。

（2）塑造新时代健康人格，热爱中国式现代化铁路，激发爱国主义情怀。

（3）成为铁路劳模精神、劳动精神、工匠精神的传承人。

活动 11.3.3　作品制作

建议本活动在课后进行。每名学生单独制作一个开放、个性、富有创造性的学习过程和学习成效的视频，既要反映课程基本学习目标的完成情况，又要反映个人学习的收获，时间在 5 min 以内，至少包括以下 3 项内容。

（1）高铁基础设施段作业组织。

（2）基础设施段实例。

（3）通过本次课学习，个人在知识增长、能力强化、素养提升方面的小结。

课后 2 天内将作品提交任课教师，作为教师评价学生学习效果的依据。

活动 11.3.4　学习测试

（1）基础设施段设置原则。

（2）基础设施段主要职责描述。

（3）基础设施段生产技术中心设置描述。

（4）综合维修车间设置原则。

拓展学习

高速铁路综合维修生产一体化站段改革有序推进

为适应高铁生产力发展要求，推进铁路运输生产力布局优化，不断提升高铁基础设施运维质量和效率，2019 年，铁路下发《关于进一步深化高速铁路综合维修生产一体化站段改革的指导意见》（以下简称《指导意见》），提出设立高铁基础设施段。按照统一部署，中国铁路沈阳、西安局集团有限公司先行开展试点工作，目前，沈阳、长春、西安 3 个高铁基础设施段已组建完成。

实行高速铁路综合维修生产一体化改革是推动铁路高质量发展的重要举措。近两年来，铁路针对高铁安全生产实际，不断摸索总结经验，采取积极有效措施改进高铁检养修生产组织方式和管理模式，加快实现高铁安全生产治理体系和治理能力现代化。2018 年，铁路提出构建"七统一、一联合"的高铁综合维修生产一体化管理模式，一体化工作在车间层面逐渐铺开。2019 年以来，铁路逐步优化完善一体化改革方案，开始在站段一级全面推行一体化管理，深入调研中国铁路沈阳、北京、西安局集团有限公司等 6 个铁路局集团公司、22 个站段、15 个车间的综合维修生产一体化推进情况，部署设立站段级高铁基础设施维修机构，并统一命名为高铁基础设施段。

《指导意见》本着确保安全质量、突出集约高效、强化专业管理的基本原则，遵循深度融合强化质量、强本简末优化机构、扁平贯通提升效能的工作思路，明确高铁基础设施段的设置原则和主要职责，细化高铁基础设施段下属综合科室、生产技术中心、车间等机构设置，同时细化用工管理，完善用工机制，创新岗位工种，体现了诸多新变化。高铁基础设施段作业现场如图11-6～图11-9所示。

图11-6　高铁基础设施段作业现场1

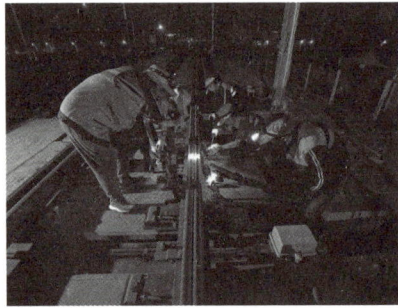

图11-7　高铁基础设施段作业现场2

当前，我国已开通高铁90%以上实现了一体化组织。各铁路局集团公司在推进一体化管理方面做了大量工作，取得了积极成效，"天窗"综合利用率大幅提升，结合部故障率显著降低，设备修理精准高效，应急处置顺畅有序，但一体化改革仍处于开局阶段，许多问题亟须解决。《指导意见》对全路推进一体化站段改革向纵深发展具有积极的指导意义。

《指导意见》下发后，沈阳、西安两个试点铁路局集团公司高度重视，严格按一体化改革方案逐项落实，迅速配齐高铁基础设施段领导班子，并高效完成了综合科室、生产技术中心和车间的组建工作。沈阳局集团公司进一步厘清权责界面，重新修订《安全管理办法》，补充车载专业相关内容，修订完善各专业应急预案和专业规章。

沈阳、长春高铁基础设施段相关部门召开作业对话会，对重点作业、人员组织、关键技术、人身安全、作业安全及控制措施等事项进行确认核对，重点解决不同专业间交叉作业、联合作业涉及的结合部问题。西安局集团公司积极开展专业融合培训，进一步明确西安高铁基础设施段各机构人员分工和岗位职责，确保安全生产有序、设备质量可靠。他们制定包保分工表，由领导干部带队对一体化工作落实、生产作业组织等进行现场跟班写实，及时有效解决问题，确保过渡期安全及职工队伍稳定。

图11-8　高铁基础设施段作业现场3

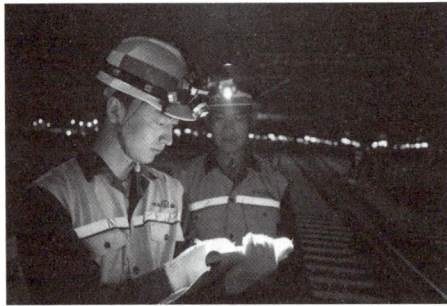

图11-9　高铁基础设施段作业现场4

中国国家铁路集团有限公司工电部牵头成立督导组，对沈阳、西安局集团公司一体化推进情况进行指导、帮助，认真梳理存在的问题并建立问题库，协助督导解决，待完善后，将在全路推广。

思政案例 "一带一路"廉洁之路——中老铁路

中老铁路是中国和老挝两党两国最高领导人亲自决策和推动的重大战略合作旗舰项目，是深化中老两国全面战略合作伙伴关系的重要内容，是"一带一路"建设的标志性成果。为贯彻落实习近平总书记提出的让"一带一路"成为廉洁之路的重要倡议，中老两国开展了中老铁路"廉洁之路"建设。

中老铁路自开工建设，始终把廉洁建设与工程建设同谋划、同部署、同实施、同检查，既努力打造"一带一路"标志性工程、又努力打造"廉洁之路"示范性工程。

中老铁路廉洁建设，是落实两国领导人加强反腐败合作、建设廉洁之路共识的具体行动，对于增进中老两国在政治上高度互信、经济上全面合作，建设高度互信互助互惠的全面战略合作伙伴关系，具有重要实践意义。同时，中老铁路是第一个以中方为主投资建设、采用中国铁路技术标准、双方共同运营并与中国铁路网直接连通的境外铁路项目。加强中老铁路廉洁建设，对于推动"一带一路"合作高质量发展具有重要示范作用。

依法合规建设是中国铁路企业走出去参与"一带一路"建设的竞争力、生命力所在。中国铁路总公司先后制定了《中老铁路精品工程建设指导意见》《中老铁路项目廉洁建设工作方案》等制度办法，成立工作机构，把"廉洁工程"作为"精品工程"建设的八大目标之一，一体推进，互保互促。

中国铁路总公司全面梳理排查工程建设的廉洁风险，制定《中老铁路项目廉洁风险防控手册》，细化廉洁风险防控点 648 个，制定防控措施 430 条，完善管理制度 154 项，协调参建各方建立严明精准高效的廉洁风险防控体系，把风险防控措施嵌入工程项目管理过程。制定《中老铁路廉洁建设十条行为准则》，严格廉洁教育监督，组织全员自觉规范履职行为。

压实工作责任，一方面，坚持优中选优，推荐优秀管理人员作为老中铁路公司董事长、总经理人选，履行好工程建设和廉洁建设主体责任；牵头组织各参建单位成立专门的反腐败联合协调机构，统筹组织反腐败工作，并增派人员专职负责协调和检查廉洁建设、合规经营情况。明确反腐败联合协调机构的职能职责、工作内容和保障措施，与所属部门、单位及分包队伍负责人签订廉洁责任书 676 份，把廉洁建设的责任落实到工程建设的各层面、各岗位。另一方面，强化教育监督。围绕项目依法建设、人员依规管理，全线召开廉洁建设宣讲会 324 场次、参建人员 23 739 人次听讲；召开管理人员座谈会 245 场次、2 940 余人次接受教育，组织开展"管理精英""技术专家"和"铁路工匠"评选活动，增强了中老铁路建设者做好中老铁路廉洁建设的政治自觉和行动自觉；制定下发《中老铁路项目廉洁建设监督检查工作制度》，明确中老铁路廉洁建设监督检查工作方式、方法，通过单位自查、定期检查、专项检查，约谈提醒整改工程建设推进中存在的问题。

中老两国监察机关、参建各企业都把加强中老铁路廉洁建设作为共同责任和重中之重的工作，合力推动落实。中老两国监察机关在长期友好合作的基础上，认真履行《联合国反腐败公约》义务，持续落实《中国—东盟全面加强反腐败有效合作联合声明》，进一步凝聚共识，创新反腐败合作方式，将中老铁路廉洁建设纳入中老监察机关签署的《合作谅解备忘录》，共同推进和抓实中老铁路廉洁建设。

中老双方坚持问题导向，每半年组织一次中老铁路廉洁建设工作会商，共同研究解决铁路建设中的沿线治安、联合执纪、日常沟通以及防止利益输送等问题。围绕建设资金管理、免税物资管理、安全质量、发票规范等问题，共同梳理明确廉洁风险卡控点，开展联合检查，督促解决影响工程推进的瓶颈问题，检查监督、约谈整改工程建设中的不廉洁现象。

同时，围绕加强中老两国反腐败合作及廉洁建设，开展研讨交流。2018 年 9 月，中老铁路廉洁建设研讨班在北京举行，老挝政府监察总署、公共工程与运输部、老中铁路项目管理组等领导人员共 50 人参加学习研讨，中老双方共同探讨廉洁建设经验，协商中老铁路廉洁建设方法措施。

"廉洁之路"建设深入人心，收到初步成效

开展中老铁路"廉洁之路"建设，对于各方完善工作机制，加强项目质量安全管控和廉政建设，促进项目建设顺利推进具有重要作用，已经收到初步成效。

在中老双方的共同努力下，中老铁路项目廉洁建设已成为中老铁路建设管理文化，深入人心，有效保障了中老铁路项目的整体规范运作。中老铁路招标，没有发现围标、串标、泄密等问题；完成物资设备集中采购，保质保量供应，没有产生不良反应；工程建设重点环节廉洁风险得到有效管控，从业人员的廉洁自律意识明显增强，建设管理行为依法合规，安全质量平稳可控，项目实施进展顺利，初步形成了清正廉洁、规范有序的建设环境。

廉洁之路与精品工程建设，相辅相成、互促互保，有力推动了中老铁路工程质量提升和安全规范管理。

拓展模块

打造亮丽"中国名片"——中国高铁

创造了从"追赶者"到"引领者"的跨越奇迹

中国高铁从零起步，截至 2024 年 9 月运营里程突破 4.6 万 km，纵横神州，驰骋天下。以 2008 年我国第一条设计时速 350 km 的京津城际铁路建成运营为标志，一大批高铁相继建成投产。中国高铁串珠成线、连线成网。从当初的"四纵四横"到现如今的"八纵八横"，四通八达的高铁以最直观的方式向世界展示了"中国速度"，创造了从"追赶者"到"引领者"的跨越奇迹，建成世界最发达高铁网。中国高铁也以技术先进、安全正点、便捷高效、节能环保等优势受到国内外普遍赞誉，成为亮丽的"中国名片"。

中国高铁发展虽然较发达国家起步晚 40 多年，但经过几代铁路人接续奋斗，中国高铁做到了运营里程世界最长、商业运营速度世界最快和运营网络通达水平世界最高。拉林铁路的开通，也让复兴号首次登上"世界屋脊"。这一个个"高铁之最"充分表明，中国高铁的发展之路，凝聚了中国智慧，充分展现了中国实力！

中国高铁全心为民服务

中国高铁作为现代化轨道交通建设的重大成果，在底层深刻影响和带动了城市格局、人口布局、经济版图的积极变化，极大促进了国家现代化进程。老百姓在享受日常出行安全舒适便利的同时，更满足了"坐着高铁看中国"的出行愿望，基本解决了客运高峰期运力严重短缺问题，且近期部分高铁线路推出的计次票，也是中国高铁为民服务的良好体现，增强了人民群众的获得感、幸福感、安全感。

在高铁舒适性方面，我国高铁线路基本采用无砟轨道，铺设重型超长钢轨和无缝线路，具有超高的平顺性，车体振动加速度小、振幅低、噪声弱，平稳性指标达到国际优级标准。同时中国铁路推出电子客票、手机移动支付、12306 App 客户端在线选座、刷脸进站、互联网订餐等服务举措，同时保留纸质车票、车站窗口等传统服务渠道，保证老年人和脱网人群出行便利，显著提升了铁路服务品质。在高铁安全方面，坚持把"安全第一，质量为本"的理念贯穿于高铁建设和运营管理的全过程各方面，深入实施高铁"强基达标、提质增效"工程，健全高铁人防、物防、技防"三位一体"安全保障体系，推进高铁外部环境安全综合治理，确保了高铁安全持续稳定。

中国高铁走向世界舞台

随着我国高速铁路快速发展以及铁路走出去取得重大突破，在世界高铁的舞台上持续展现着魅力，绽放着精彩。提高了我国铁路走出去的信誉，为实现高水平对外开放、推动共建

"一带一路"高质量发展发挥了积极作用。中国的高铁如此发展之快的原因，离不开中国铁路人孜孜不倦的奋斗精神，他们在困难中成长，不断地从实验中获得数据，从而解决了高铁棘手问题，让中国高铁伫立在世界铁路之林，显现中国人民智慧和艰苦奋斗的精神。

交通强国，铁路先行。未来，中国高铁必将以更稳健的发展步伐，更强大的经济贡献不断擦亮"中国名片"，继续展现国家魅力，让"中国名片"的底色更加亮丽。

中国高铁发展规划

到 2035 年，中国将率先建成服务安全优质、保障坚强有力、实力国际领先的现代化铁路强国。全国高铁 7 万 km 左右，20 万人口以上城市实现铁路覆盖，其中 50 万人口以上城市高铁通达。创新引领技术自主先进，智能高铁率先建成，智慧铁路加快实现。运输服务供给品质一流，全国 1、2、3 h 高铁出行圈和全国 1、2、3 天快货物流圈全面形成，人享其行、物畅其流，安全优质、人民满意。铁路运输安全持续稳定，人防、物防、技防"三位一体"的安全保障体系健全有力，本质安全水平、安全预防及管控能力、应急处置及救援能力全面提升，高铁和旅客列车安全得到可靠保障，铁路交通事故率、死亡率大幅降低。

到 2050 年，全面建成更高水平的现代化铁路强国，全面服务和保障社会主义现代化强国建设。铁路服务供给和经营发展、支撑保障和先行引领、安全水平和现代治理能力迈上更高水平；智慧化和绿色化水平、科技创新能力和产业链水平、国际竞争力和影响力保持领先，制度优势更加突出。形成辐射功能强大的现代铁路产业体系，建成具有全球竞争力的世界一流铁路企业。中国铁路成为社会主义现代化强国和中华民族伟大复兴的重要标志和组成部分，成为世界铁路发展的重要推动者和全球铁路规则制定的重要参与者。